帰ってきた
人間コク宝
吉田豪

TENTS

目次

CONTENTS

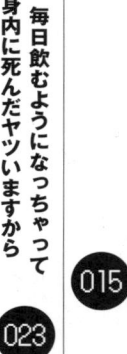

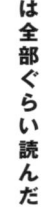

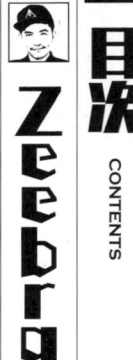

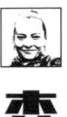

帰ってきた人間コク宝

CON

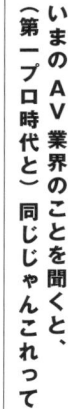

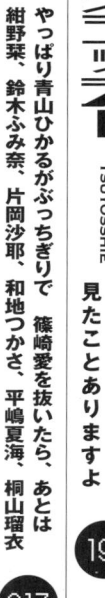

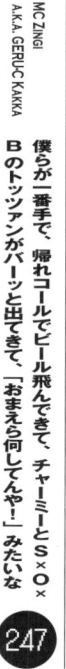

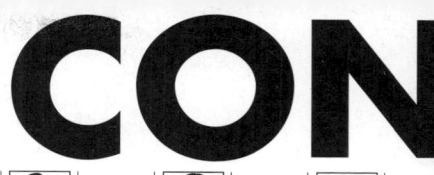

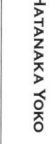

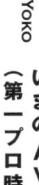

カバーデザイン■中田薫／EXIT
本文デザイン■柚木公徳（Sorairo）

カメラマン■
クラタマコト
（すぎむらしんいち、姫乃たま、茜さや、西田藍、伊藤麻希、畑中葉子、ツヨッシー、呂布カルマ、戦慄かなの、GERU-C閣下、ギュウゾウ）

岡崎隆生
（Zeebra、森下恵理、漢a.k.a.GAMI、小林清美、絵恋ちゃん、テレンス・リー、泰葉）

森モーリー鷹博
（小林清美、小田原ドラゴン、相原コージ）

編集部（浅野いにお）

初出■
『実話BUNKA超タブー』
『BREAK MAX』（小田原ドラゴン、相原コージ、浅野いにお）

脚注■編集部

文字校協力■佐々木あらら

藤子不二雄と名のつくものは
全部ぐらい読んだ

Zeebra

2016年4月収録

ラッパー。1971 年生まれ。東京都出身。日本を代表するヒップホップ・アクティビスト。1993 年、K ダブシャイン、DJ OASIS とともに、キングギドラを結成。1997 年にソロデビュー後、計 8 枚のアルバムを発表。2012 年、審査委員長を務める『BAZOOKA!!! 高校生 RAP 選手権』（BS スカパー）が放送開始。2015 年、『フリースタイルダンジョン』（テレビ朝日系列）放送開始。2016 年、『渋谷区観光大使ナイトアンバサダー』に就任。

――一度会ったことあるのは覚えてます？

Zeebra ……え、Kダブ関係で？

――宇多丸さんのラジオ（『ライムスター宇多丸のウィークエンド・シャッフル』）にボクが出たときに、泥酔したＺｅｅｂｒａさんが乱入して嵐のように去っていったんで、あれは覚えてないだろうと思ってました（笑）。

Zeebra そうかそうか！ 俺のいままでの一番最悪な出演経験だ、あれは（笑）。ホント申し訳ないです。いまそれによって禁酒が結構厳しいことになってるんですけど。

――酒癖はどんな感じなんですか？

Zeebra 記憶がなくなると正直よくないですね。たいていよくないことしてて、次の日に起きると嫁がすごい怒ってるんです。俺べつに何もした覚えないから「なんなの？」って聞くと、「朝たいへんだった、うるさくてもう！」って。玄関で叫んでたり見えない敵と闘ったりしてるらしいですね。

――ダハハハ！ 見えない敵と闘うレベル（笑）。

Zeebra 基本的にはハッピーなパーティー飲みって感じなんですけど、1回寝ちゃうと結構ヤバいんだよな。自分の誕生日でも、完全に潰されて寝てたらしいんですよ。で、俺を起こそうとしたマネージャーを「うるせー！」ってパカーンとブン殴っちゃって。

――最悪じゃないですか！

Zeebra 朝起きたらまず嫁に「いますぐ電話して謝りなさい」とか言われて。俺マジで暴力とか振るわないんですよ。その瞬間にとりあえずツイッターで140文字いっぱいに「ごめんなさいごめんなさい」ってまずつぶやいて（笑）。それで嫁的にも堪忍袋の緒が切れて、「これ以上飲むんだったら離婚する」って離婚届を持ってこられて、家族を取るか酒を取るかってことになって。

――そこまでの状態だったんですか！

Zeebra それで、もうしょうがない、酒はやめますよってことになったんです。

――Ｚｅｅｂｒａさんがお酒をやめるのと同時ぐらいに、下戸だったKダブさんが酒を覚えるっていう展開もおもしろいですよね。

Zeebra そうなんですよ。長いあいだ酒を飲まないから社交的じゃなくて、俺もホントたいへんでね。でも、いまはおかげさまで。

――かなり社交的になって（笑）。ただ、昔のキングギドラを知ってる人からすると、すごい時代が来たと思ってるんですよ。Ｚｅｅｂｒａさんが地上波でフリースタイルバトルの番組をやってるのもそうだし、Kダブさんがバラエティタレント化したのもそうだし。

Zeebra だってKダブなんてAbemaTVで『日本一の美女を探せ』みたいな、わけわかんない番組の司会とかやってますから。

――元AKBの倉持明日香さんと。

Zeebra ぜんぜんわけわかんない方向にひた走ってるんですよね、あの人。でも、そもそもコッちゃん（Kダブシャイン）はすごいおもしろいヤツなんで、そこが広がってくれたらいいなとは思ってて。本人は結構本気なんで。普段からテレビの話ばっかするから。「こういうときはこういうふうに笑いを取ってどうのこうの」とか、完全に芸人視点で話してるの（笑）。

――お笑いスキルの話を！ 芸人さんが衝撃を受けてました

Kダブ
Kダブシャイン。キングギドラのリーダー。麻薬、児童虐待、シングルマザーなどのネタを扱い、「元祖『社会派ラッパー』」と呼ばれている。現在はワタナベエンターテインメント所属。吉田豪によるインタビューが『新・人間コク宝』に掲載されている。

宇多丸
ラッパー。90年代前半から活躍するヒップホップグループ・ライムスターのMC。アイドル文化や映画などカルチャー全般に造詣が深い。また、07年よりTBSラジオ『ライムスター宇多丸のウィークエンド・シャッフル』のパーソナリティを務めた（18年3月に終了）。

キングギドラ
93年にZeebra、Kダブシャイン、DJ OASISの3人で結成されたヒップホップユニット。95年にデビューアルバム『空からの力』発表。メッセージ性の高いライミングと、圧倒的なライブパフォーマンスが話題を呼ぶ。96年に活動を停止し、それぞれのソロ活動に移行。11年に二度目の再結成をした際に、表記をKGDRに改名。

渡邊美佐
マナセプロダクションの創業者の長女。沢田研二や森進一の育ての親として知られ、ナベプロ躍進の立役者となった。現在、イザワオフィス代表取締役も兼任。映画・ドラマで女業界人のモデルにされること多数。

DJ YUTAKA
ヒップホップDJ、トラックメイカー。キングギドラの作品のリミックスも手がけている。10年に起きたハイチ地震をきっかけに、ハイチ復興プロジェクト「JP2HAITIプロジェクト」を立ち上げる。チャリティ

よ、「あのKダブシャインがすべての控室に挨拶に来る」って。

Zeebra うわ、半端じゃない！ さすがだな、コッちゃんそういうとこすごいな。

――Kダブさんが、いまワタナベエンターテインメント所属っていうのも感慨深いじゃないですか。Ｚｅｅｂｒａさんも、じつは子供の頃からナベプロとは接点あったんですよね。

Zeebra そうなんですよ。それこそ名誉会長の渡邊美佐さんが、もともとウチの母親と仲良かったんで、いまの代表の（渡邊）ミキさんもちっちゃい頃から面識あって。

――Ｚｅｅｂｒａさんが音楽活動を始めるとき、ナベプロ入りの話もあったらしいですよね。

Zeebra そうですね、超昔から言われてたんで。ただその当時はヒップホップの「ヒ」の字もなかったころで、当時メディアでヒップホップって、それこそターンテーブルの上に寿司を乗っけられて回転寿司とかやってチュクチュクやらされたDJ YUTAKA君とかの時代だから。そこで入ってても絶対に歪曲されちゃうし、「親の七光りで上がって行くのはぜんぜんヒップホップじゃないから大丈夫です」ってことで。逆に言ったら自分もある程度いっぱしな芸能人的なところになってから、何度かお会いしてお話したりしてたんですけど。今回Kダブが入ったことによって、ナベプロさんともふつうにお仕事しようかみたいな感じにはなってますね。

――そしていま『フリースタイルダンジョン』が、なぜかアイドルとかアニヲタにも人気になってますけど、それって『少年ジャンプ』に近い世界だからだと思うんですよ。

Zeebra ああ、この前、声優さんと対談をさせてもらって、そのときにそれをすごく言われて。それこそ俺も『ジャンプ』は毎週読んでたし、漫画家になりたかったぐらいだから。『ダンジョン』に関しては、モンスターが5人いて、全部倒すとラスボスが出てくるのは、『リンかけ』（車田正美『リングにかけろ』）感覚みたいなのもあったりして。

――Ｚｅｅｂｒａさんの自伝を読んだら、テニスを始めたきっかけも小谷憲一の『テニスボーイ』だし、漫画の影響が大きいですよね。

Zeebra ハハハハハハ！ 『テニスボーイ』は超ハマってたし。それこそ俺、『キャプテン翼』でサッカースクールにも入ったし。

――影響の受けやすさがすごいじゃないですか。『ゲームセンターあらし』が大好きになったら即座にマイコンも購入みたいな（笑）。

Zeebra たしかにそう考えると俺は漫画にすべて支配されてる。漫画はもともと藤子不二雄が大好きだったんですよ。藤子不二雄と名のつくものは全部ぐらい読んだ、ＦもＡも。『まんが道』も読みまくって。この前、ｉＴｕｎｅｓのレンタルで『トキワ荘の青春』を速攻観て最後に泣く、みたいな（笑）。

祖父・横井英樹の思い出

――お祖父さんの件を詳しく知ったのが漫画だったっていう噂も耳にしたんですけど。

Zeebra そうですね、『栄光なき天才たち』（森田信吾）ってあるじゃないですか。あれで安藤組の花形敬さんの話があって（単行本未収録）、そこにおじいちゃんが出てきたんですね。そしたら安藤昇さんに「俺は借りた金は返さん主義だ！」とか

シングル『光・Ｈｉｋａｒｉ・』を発売。

『フリースタイルダンジョン』 毎週火曜日にAbemaTV及び、テレビ朝日系列で放送されているMCバトルの番組。挑戦者のラッパーはモンスターと呼ばれる5人の実力派ラッパーと、フリースタイルラップでバトルを行う。ラスボスの般若まで倒すことができれば賞金１００万円が得られる。Ｚｅｅｂｒａが企画立案したもので、現在まで続くフリースタイルブームの礎を作った。

『テニスボーイ』 作画・小谷憲一、原作・寺島優。ジャンプ黎明期に掲載されていたテニス漫画。奇天烈な必殺技が飛び出す、昔ながらの演出が印象的。少年漫画ながら、女性キャラも多く登場する。

お祖父さん 横井英樹のこと。百貨店の白木屋の株買い占めで脚光を浴びた実業家。その仕事柄、敵も多かったのか、金銭トラブルから安藤組の組員に銃撃されたことも。後述のホテルニュージャパンのオーナーでもあった。

『栄光なき天才たち』 『週刊ヤングジャンプ』（集英社）に掲載されていた偉人伝漫画。過小評価されている人物や、歴史に埋もれてしまった人物にスポットを当てているのが特徴。

花形敬 前科7犯、22回の逮捕歴を持つ。昭和中期に渋谷を縄張りにしていた暴力団・安藤組の大幹部。武器を持たず、素手での喧嘩がポリシーであった。東声会との抗争中に刺殺され、わずか33歳でこの世を去った。

言ってるんですよ。どんな主義だと思って。俺、中1ぐらいだったかな？　ニュージャパンの事件があったとき、いろいろ悪名高いヤツだったってことはなんとなくわかったんですけど。

――よりによって名前がほぼ一緒だから、当時はかなりたいへんだったと思うんですよ。

Zeebra　ホントそうなんですよ。「横井英之です」って言っても「え、横井英樹さん？」ってなるぐらいだったんで。ただ、初めはダイエーの社長だと思ってたんです。っていうのは、碑文谷のダイエーのビルのオーナーだったみたいで。当時、日曜日とかダイエーに連れてってくれるんですよ。それで何がほしいんだ？」って聞かれて「この飴がほしい」っていうと、ボックスで買ってくれて「マジか！」って。とにかくなんでもまとめて買うと安くなるみたいな意識の人だから。

――商人発想なんですね。

Zeebra　たぶんその場で値切ってるんですよ。で、ダイエーに行くと「社長！」とか「オーナー！」とか言われてるから、「あ、俺ここの孫なんだ。俺すげえ！」って思ってたんだけど、じつはそうじゃなくて。ニュージャパンの事件でなんとなく、昔にもいろいろ問題があった人だったんだなって。白木屋事件のこととか、なんとなく耳にしたりして。

――そして安藤組と揉めて銃撃されていたことを『栄光なき天才たち』で知った、と。

Zeebra　ガキの頃、よくおじいちゃんと風呂に入ると、「おじいちゃんのお腹にはピストルの弾が入ってるんだ」って言われてて。てっきり戦争で撃たれたんだろうとばっかり思ってたら、「これか！」って（笑）。

――しかし、渋谷を拠点とする安藤組と敵対していた人のお孫さんが、後に渋谷を拠点に活動するっていうのもおもしろいですよね。

Zeebra　だから俺が14～15歳で家に帰ってこないってなっちゃったときに、「渋谷にいるらしい」ってなったら超心配したらしいですよ、おじいちゃんが。「なんとしてでも探し出せ！」みたいなことになって。

――つい過剰反応しちゃって（笑）。

Zeebra　会社の人とかが俺を探しに渋谷を周らされたぐらいビビッてたらしいですけど、ぜんぜん関係ないですから（笑）。

――音楽を始めたら、お祖父さんが「金になるのか？」って聞いた話が好きなんですよ。

Zeebra　ああ、モロ言われました。キングギドラの1ｓｔができたときに、その前から雑誌に名前が載るようになって、深夜のテレビにチョロッと出たぐらいの頃にそんなものを見せたんですよ。俺が頑張ってるっていうことはわかってて、「アルバムができました」って持ってったら、「そうか。音楽は素晴らしい商売だと思う。だけど、これを売っていくら入るんだ？」って。「まあ、俺に入るのは印税だけなんだけど」みたいな。しかも1ｓｔを出したときはふつうにバイアウトで、アルバム1枚30万円だったんです。

――あれだけ売れたのに！

Zeebra　だから1人10万ずつもらってそれだけ。製作費は向こう持ち。でも、それは初めたぶん２０００枚ぐらいしか売れないだろうと思って作ったら、2万枚3万枚と売れたんで、途中からＫダブがレコード会社のＡ＆Ｒに毎日毎日苦情入れ続けた結果、Ａ＆Ｒが同じ年ぐらいだったんですけど、3カ月で髪の毛全部真っ白になって、それで8パーセントいただきま

ニュージャパンの事件
79年、横井英樹が社長兼オーナーを務めるホテルニュージャパンで起きた大火災のこと。経費削減のため消防設備を設置しなかったのが事故の原因とされている。33人の死者が出た。

白木屋事件
53年当時、経営が不安定だった白木屋の株を横井英樹が買い占めた事件。横井の乗っ取りを阻止すべく、多くの財界人や総会屋が集結し、大きなニュースとなった。この争いは3年ほど続いた。

キングギドラの1ｓｔ
アルバムタイトル『空からの力』。95年12月にリリースされた。まだ、日本語で韻を踏むというカルチャーがなかった時代の作品で、多くのラッパーに影響を与えた。

して。

――すごいじゃないですか、Kダブさん！

Zeebra 原盤を半分持ってるのと同じですよね、8パーセントってことは。P-VINEレコードとKダブの家がすごい近かったっていうのがP-VINEのすべての敗因だと思うんですけど（笑）。初めはバイアウトで、あと作詞作曲印税はもらえるって感じだったから、ホント何十円の世界で。じいさんには「そうか、ハハハハハ」って笑われて、悔しいなと思って。「でも、これによっていろいろテレビ出たりライブでギャラが増えたりっていうことになっていくから」って言ったら、「そうか」って、それ以上は何も言われなかったですけど、ちゃんとそこを見ておけっていうことだと思うんですよね。

――いや、正しいと思いますよ。

Zeebra 英樹さんはすごくシンプルに、小学生でもできるような算数でなんでも考えてたから。ただ、ケチなんで。ニュージャパンの件に関してはケチが高じたんで、あれはすべてじいさんが悪いと思うんですけど。

――防火設備をケチッちゃったんですよね。

Zeebra そうなんです。あれだけはホントによくないと思うんですけど、乗っ取りだったり、先見の明のタイプなんですよね。

――ちなみに安藤昇さんのことはどう思います？ ギャングスタ的にはカッコいいとか？

Zeebra やっぱり僕も初めはそういう話を知ってたんで、あんまり気持ちよくないじゃないですか、自分のじいさんが撃たれたら。だから10代の頃はヤクザの世界とか興味がなかったですね。それよりも向こうのカルチャーに興味があったから、チーマーとかギャング的な感じで。でも、だんだんいろんなことやっていくうちに全部がつながっていくじゃないですか。そうすると多少は知ってないとな、みたいなことになってきて、それでコンビニに売ってる漫画みたいなヤツで安藤昇さんのを読んだら、こういう方なんだ、スターなんだなと思って。

――そっちの世界の人がなぜか映画スターになっちゃった、みたいな特殊な例ですからね。

Zeebra 実際ヒップホップシーンに入っても、不良っぽいヤツは誰々の後輩だとか。雷周りとかそういうのチョコチョコいたんですけど、みんなサクッとつながっていったんですよね。Kダブなんかはもともとはブラコン（ブラック・コンテンポラリー）好きな3コ上のパイセン的な感じで。家行くとブラコンをクソいっぱい持ってて。全部シスコとかからパクッたヤツなんですけど。万引き得意でマジ困ったっすよ、一緒に逃げたことありますけど。

――前に「西武系のWAVEとか大企業だったら盗んでもいい」って言ってましたよ（笑）。

Zeebra そんなこと言うんですよ。ただ僕もシスコさん、タワーレコードさんは、アーティストになってだいぶ還元したなと思うんで、いまは言えるんですけど。当時、シスコの看板を持って帰るのが流行ってて。

――そんなブームがあったんですか！

Zeebra はい。俺らの周り、全員シスコの看板が家にあって。何個盗られたかわかんないと思いますよ、しまいには下の「2階シスコ」ってパネルまで持って帰ってましたから。それが15～16歳ぐらいのときです。

――Ｚｅｅｂｒａさん、それぐらい不良文化にどっぷりい

安藤昇
安藤組の初代社長。安藤は端整な顔立ちかつ、刺青や指詰めを嫌悪していた。そのため、オシャレな暴力団として従来の暴力団のイメージを刷新。若者から絶大な人気を誇った。

雷
95年頃から活動を開始。RINO LATINA II、TwiGy、DO、YOU THE ROCK★など、後のヒップホップ界をリードするメンバーが揃っていたことで知られている。西麻布のクラブゾアで開催されていた「ブラックマンデー」を中心に、ライブ活動を行った。現在は「KAMINARI-KAZOKU.」に改名されている。

シスコ
渋谷・宇田川町などに店舗展開していたアナログ盤を中心とするレコード店。90年代はクラブDJブームに乗って隆盛したが、07年に全店舗を閉鎖し、WEB通販に移行。その1年後に完全廃業。

XL

ってた人のはずが、いまはホントにジェントルなイメージじゃないですか。

Zeebra うん。でも当時からあんまり変わらないのは、昔から『フリースタイルダンジョン』のオーガナイザーみたいな感じなんですよ。たとえばウチらの世代はまず夕方ぐらいにみんな渋谷に集まって、「誰々先輩があそこでバックやってるからあそこ行かない?」とか、どこ行くかを俺が決めて。当時、1コ上とかとツルんでたんですけど、また俺が学校に行ってなかったりして、時間がクソあるから、それこそ初めのうちは1コ上の先輩に敬語を使ってるうちに、「もう敬語いいよ」「あ、ホント?」って、やがて1コ上には全員敬語使わないっていう方針になって。

――方針(笑)。

Zeebra 初めて会った1コ上にもぜんぜん敬語を使わないでいるから、「あれ? 1コ下じゃなかったっけ?」「そうなんだけど4月2日の午前3時に生まれてるから、あと3時間早かったらタメだ」とかわけわかんないロジックで、みんな納得して。1コ上の代と遊んでるうちに、当時中2、中3で、高校生に「パー券を売ってこい」とか言われるわけですよ。俺はネットワーク広がってるから、さらに上の先輩と直接話すようになって。3コ上、Kダブの世代がすげえフランクで、俺もたまにタメ口を混ぜて、だんだんOKにしていって。とにかく先輩にかわいがってもらえるキャラだったんですよね。俺はその世界の中心人物みんなと仲良かったから、俺に文句を言ってくるヤツはひとりもいなかったです。

――腕力じゃなくて、人間関係で制覇して。

Zeebra そう、まったくそれだけで。当時、指1本触れられたことないですよ。

――その結果、だいたい友達になった、と。

Zeebra そういうことです。気まずかったのは中2のときに、ホントは2コ上なんだけどダブッてて1コ上にいる先輩にすごく意地悪をされてて、「坊や」とか言われて呼び出されたりして、こいつうるせえなと思ってたんですよ。で、たまたま渋谷にいたら、そいつが「おう」とか言ってきて、俺の隣にいたファンキーズの頭みたいなヤツが「おめえ誰なんだよ!」って、そこでいきなりボッコボコにしちゃって、学校に行ったら包帯とかして、俺とはもう目を合わさない先輩になって。俺はべつにそんなことしてほしいとは思わなかったんだけど、しょうがないよな、この人は俺に嫌な感じだったもんなと思って。

――自然とそうなっていく(笑)。

Zeebra そう。とにかく俺は争いごとっていうよりも、みんなと仲良くして輪をつなげてって場を楽しくするのが立ち位置で。

内田裕也との並々ならぬ関係

――話は変わりますけど、十数年前にボクが初めて内田裕也さんの取材したとき、「いまいいのはゼブラだ」って言ってたんですよ(笑)。

Zeebra ハハハハハハ! そう、裕也さんだけゼブラOKにしてるんですけど、俺がOKにしてるってネタにしたことが向こうの事務所の耳に入って、「あれ恥ずかしいからやめてくださいよ」ってマネージャーさんに言われたらしくて、最近はジブラって言ってくれるようになりました。

内田裕也
59年に日劇ウエスタンカーニバルで本格的デビュー。GSグループ「内田裕也とザ・フラワーズ」などを経て、ロックボーカリスト、俳優、映画監督として活躍。年末に開催される「ニューイヤーズワールドロックフェスティバル」も主催。77年に大麻取締法違反、83年に銃刀法違反、11年に住居侵入など、たびたび逮捕されている。

――Ｚｅｅｂｒａさんがニューイヤーズロックフェスの常連になるとは思わなくて。

Zeebra 裕也さんの会に行くと、最近ロックのパイセン、あそこのクルー亡くなられちゃったんで、近田（春夫）さんと（高木）完さんとブラザー・コーンさんと俺と、ヒップホップ系ばっかなんです。鮎川（誠）さんと白竜さんはもちろんいらっしゃるけど。

――裕也ファミリーは最高ですよね。

Zeebra 当時、日本人でこの人カッコいいなって初めて思った人って松田優作さんなんですけど、優作さんの葬儀のときに力也さんから裕也さんからズラーッと棺桶を担いで、それがマフィアの葬式みたいで。こんなに日本人でカッコいい人たちいるんだ！ って、もうすごい興味を持っちゃって。知れば知るほど、昔のショービズってじつはヤバかったんじゃね？ ってなってきて。そのへんから裕也さんたちのクルーに対するちょっとしたあこがれもあって。で、カイキゲッショクのＨＩＲØ君、ＡＩの旦那が昔からすごい仲良くて。

――六本木の不良ですからね。

Zeebra ＨＩＲØ君なんかも俺が14ぐらいの頃からかわいがってくれてたんで、そのうちにＨＩＲØ君も気がついたら裕也さんとこの若頭みたいになってて（笑）。じつはＨＩＲØ君のお父さんと裕也さんが昔から仲良くて、みたいな感じもあったらしくて。「俺はこいつの親父から頼まれてるから」って俺いっつも裕也さんに言われるんですよ。

――あ、そういう関係でもあるんですね。

Zeebra あと、ナベプロの50周年のパーティーにウチの母親に付き合わされて行って。そのときは自分もそれなりになったんで、行って華でも添えられたらぐらいのつもりでいたら、華どころかもうオールスター中のオールスターで。布施明さんから谷村新司さんからどんどん歌うんですよ。なんだこの会は恐ろしいな、みたいな。俺も居場所なくて途中で廊下に出てたら、向こうからＨＩＲØ君のマネージャーが血相変えて走って来るんですよ。何かなと思ったら裕也さんとか力也さんの一派が会が終わる10分前ぐらいに到着して、そしたら5分後ぐらいに裕也さんがサンタクロースの格好してトリで出てきて、「ナベプロのおまえら全員ステージ上がれ！」とか言って全員上げて、いつものあれかましてダーンと終わらせるんですよ。この人やっぱドンだわって、そのとき超好きになっちゃって。で、終わったあとに挨拶させていただいたら、「おう！ そうかおまえか！ 最近ラップやりたがるヤツいっぱいいるだろ？ そういうヤツにおまえの2nd聴けって言ってるんだ」っていきなり言われて、「マジですか！ ありがとうございます！」ってなったのが初めてですね。だからいきなりLOVE受けちゃったんで、もうお腹を出しちゃう犬みたいになっちゃって（笑）。

――不思議な関係ですよね。

Zeebra そしたら完ちゃんのバースデーを俺にプロデュースしてほしいっていう話がル・バロンって青山のクラブから来て。当時、完ちゃんと一緒にイベントをやり始めてすごく仲良くなりだした頃だったんで、「もちろんいいっすよ！」って。俺はヒップホップ系のウチらよりも若いヤツらから先輩までいっぱい呼んで、完ちゃんを盛り上げようってことで声かけてたんですけど、1週間ぐらい前に完ちゃんから電話かかってきて、「どうやら裕也さんも誕生日の時期が一緒らしくて、合同でって言われちゃったんだよ」「え、マジですか！」ってなって、

カイキゲッショク
ミクスチャーバンド。ヒップホップ界からＺｅｅｂｒａ、ミクスチャー界からはＨＩＲØやＪＥＳＳＩＥ、パンク界からはＭＯＴＯＡＫＩ、と様々なジャンルからその第一人者が集まっている。ＨＩＲØは歌手ＡＩとの結婚でも話題に。白塗りのメイクもインパクト大。

2nd
アルバムタイトル『最終兵器』。02年10月にリリースされた。1stアルバム『空からの力』から7年の歳月を経てのリリースだった。Ｄｒａｇｏｎ ＡｓｈのＫＪこと降谷建志を攻撃対象とした『公開処刑』も収録。

いきなり一気に内田裕也&高木完合同パーティーを俺が仕切るっていうすごいことになっちゃって。

――それはプレッシャーですよね（笑）。

Zeebra それで先輩という先輩みんな声かけて、「とにかく来てくれ」って言って、その日は終わる朝5時ぐらいまでずっと背筋ピリッとして、全部の席を周って超たいへんだったんですけど。そしたら朝5時半ぐらいに、ほとんどみんな帰ったら裕也さんが「おう、今日は楽しかったぞ。じゃあ、お茶でも行くか。この時間は帝国ホテルしかやってないから」ってことで帝国ホテルに行って。朝7時半ぐらいに近田さんが先にお勘定して帰っちゃったんですよね。それで裕也さんが「なんだよ近田の野郎、カッコつかないじゃねえか！　もう一軒行くぞ！」「えーっ!!」みたいな。それこそヒップホップとかパンクみたいなのが10人ぐらい裕也さん一派として帝国ホテルに行くだけでもとんでもないのに、「これからオークラ行くぞ」ってなって、朝8時半ぐらいまで。途中で眠すぎて眠すぎて、緊張しっぱなしじゃないですか。もうダメだと思って、途中でトイレ行って3分間タイマーつけて寝たっスから。

――もう完全に限界だった（笑）。

Zeebra まあ、そんなことから非常に仲良くしていただいてます。裕也さんは、完ちゃんたちが日本にパブリック・エナミーを呼んでみたり、そのフロントアクトをやったり、あの感じにすごい近いんだと思ってるんですよね。裕也さんの志をふつうに俺は受け継ぎたいと思ってる感じですね。それがロックの人たちに少ないのが残念で。裕也さんだってある意味すごくジェントルなんですよ。

――基本そうですよね。

Zeebra ただ曲がったことは嫌いってだけであって。俺は単純に裕也さんイズムです。あと、ガキの頃から俺は、とにかく後輩キャラなんですよ。一番年下でずっときたんで、先輩に言われたことを全部やるのが一番いい。先輩に言われたことを120パーセントやるのがホントは気楽なんです。だから裕也さんといると、すごく気持ちいいし。いまヒップホップのシーン行くと俺が一番年上だったりしちゃうから、ちょっと面倒くさいです。カッコつけなきゃいけないから。

――そういえば、さっきKダブさんからメールがきたんですけど、「ヒデに愛してるって言っといて」「俺とヒデは、いまN.W.A.よりは仲がいいよ」ってことでした（笑）。

Zeebra ハハハハハハ！　それは間違いない。ぜんぜんふつうに仲いいですよ。俺も愛してるって伝えといてください（笑）。

パブリック・エナミー
ニューヨーク出身のヒップホップグループ。社会問題について積極的に発言することで知られる。スラッシュメタルバンドのアンスラックスとの共演など、様々な点で革新的だった。

N.W.A.
カルフォルニア出身のヒップホップグループ。ドラッグ業を営むイージー・Eが、ドクター・ドレー、アイス・キューブ達とともにラップグループを結成し、一躍スターダムにのし上がる。暴力的な歌詞で有名で、アメリカではそれが社会問題にもなった。金のトラブルが原因で数年の活動を経て解散。伝記映画に『ストレイト・アウタ・コンプトン』（15年）がある。

中森明菜さんが絡んできた後半2年はキツかったですね

森下恵理

2015年10月収録

シンガーソングライター。1967年生まれ。北海道出身。1985年、RVCレコードより『ブルージン・ボーイ！』でアイドルデビュー。ファーストアルバム『ボーイ・フレンド』は加藤和彦完全プロデュース。1996年、アイドルからシンガーソングライターへ転身し、名前も「Eri」に改名した。その後、バンド活動などを経て、2008年自身のレーベル「TOM RECORDS」を立ち上げる。名前を本名の「Nobori Eri」と改め、ライブ活動を中心に活動中。

――ニューアルバム素晴らしかったですよ！

森下 ありがとうございます！

――85年デビューのアイドルが、95年に自作曲を歌う女性シンガーとして再デビューして、15年にこんないいアルバムを出すなんて奇跡みたいなことだと思うので、せっかくだから現在に至るまでの話を聞かせて下さい。もともと81年の西城秀樹の妹オーディションがきっかけで芸能界入りしたんですよね？

森下 あのときは地元でモデルをやってて、ホントのカメラマンの人に撮ってもらった写真を送ったんで、地元の大会は速攻決まっちゃったんです。九段会館で最終オーディションがあって、事務所の人も「東京に来たらどこ住みたい？」とか、もう決まったかのように言ってたので、「私よ！」みたいな感じで座ってたんです。（石川）秀美ちゃんはすごい地味で。そしたら最終的に名前を呼ばれたのが秀美ちゃんで、九段会館がブーイングで。

――えーーーっ!? そうだったんですか？

森下 すごかったです。そのとき14歳で、まだ若すぎるから時間を置いてデビューさせようっていうことで、RCAレコードのほうから「事務所を探すんで、高3から東京に来ないか」と誘われたんです。でも、バレエの先生には「芸能界なんて人売りだから、そんなとこ入っちゃいけません」って怒られて。

――実際、ブログにも事務所の社長に「恵理のママが30万バンス（前借り）したから、給料から天引きする」って言われたとか、ホームシックになってお母さんに電話をかけたら名前を間違えられたとか、人売り感のあることを書いてましたよね。

森下 そうなんですよ(笑)。ずっとバレエやってたんですけど、親が離婚したし、いろんなことが変わっちゃったんで1回グレて。私立の中学に行ってたんですけど、公立に移ったら悪いのがいっぱいいて、親が夜の仕事になったので。どっちかっていうと、私がバレエを本気でやってたのをやめさせた負い目を彼女は持ってたらしくて、そんなに厳しい親ではなかったんですけども、麻雀が大好きで芸能界に入る頃には借金まみれで。私には何も言わないんですよ。それで、アイドルで上京して半年でまず兄が私の部屋に転がり込んできて。トヨタの工場で働いてたんですけど、なんか嫌だからって私のところに来て。

――なんか嫌だからって理由で（笑）。

森下 で、事務所が「たとえ兄弟とはいえ男と女が一緒に住んでちゃいけない」って言ってたので、出て行ってもらって。その半年後に今度はお母さんが借金まみれで転がり込んできて。兄がいなくなってから犬を2匹飼ってたんですけど、六畳一間に犬2匹に私に母、それに兄も戻ってきちゃったという。

――バレエを本気でやっていた人がアイドルをやってみて、やっぱり違和感もありましたよね？

森下 そうですね。すごい生意気だったんですよ。世界を知ってるみたいな顔して。バレエやってたので、ロシア、ドイツ、フランス、イギリスとか知識がすごいあったから。すごい大きいバレエ団で、広田レオナさんと一緒だったんです。だから、ほかの子は踊りにしても何にしても、ホントに素人だなーって見てたんですよ、オーディションのとき。

――当たり前ですよ（笑）。デビューするとき、音楽的にはすごい、最良と言っていいぐらいのバックアップをされてましたけど。

森下 はい。あれはRCAのディレクターさんが石川秀美さんの『あなたとハプニング』という曲で加藤和彦さんと仕事され

西城秀樹の妹オーディション
芸能事務所「芸映」が主催した新人発掘のオーディション、「HIDEKIの弟妹募集!!全国縦断新人歌手オーディション」のこと。79年の第1回は河合奈保子が優勝し、81年の第2回は石川秀美が優勝している。

石川秀美
80年代に活動した元アイドル。デビューは82年で、同期の小泉今日子、堀ちえみ、早見優、松本伊代、中森明菜らとともに「花の82年組」と呼ばれた。90年6月、俳優でタレントの薬丸裕英との結婚をキッカケに芸能界を引退。

広田レオナ
映画監督、女優。幼少期からバレエの英才教育を受けるも、18歳の時、ケガによりプリマを断念。その後、鈴木清順監督の『夢二』(91年)でヨコハマ映画祭助演女優賞を受賞するなど、個性派女優として活躍。00年には、全編を家庭用ビデオカメラで撮影した初監督作品『DRUG GARDEN』を発表。現在は、芸能エージェント・株式会社ジュデコンの代表も務めている。

加藤和彦
音楽プロデューサー、作曲家、歌手。60年代後半、フォークグループ「ザ・フォーク・クルセダーズ」でデビュー。70年代には、ロックバンド「サディスティック・ミカ・バンド」を結成し、斬新な創作活動で支持を得る。80年代からは映画や舞台など様々なジャンルの音楽を手掛

てて、紹介されたんです。最初、加藤さんは感じ悪かったんですよ。母はすごい人だと言うけど、私はぜんぜん知らないし、スネークマンショーでときどき「加藤」とか出てくるぐらいの人だなと思ってて。それがデビュー曲の『ブルージン・ボーイ!』を1回か2回聴いてすぐ歌ったら、ブースからすごい笑顔で出てきて、「いいよ! 僕、アルバムプロデュースしちゃう」って、その日に決まったんです。

――だから音楽面に関しては良かったと思うんですけど、アイドル業で何が嫌だったんですか?

森下 グラビア。グラビアはみんな嫌がってました。亡くなっちゃいましたけど当時は本田美奈子ちゃんと一番仲良くて。夜どっかの番組で集合したりすると、美奈子ちゃんが「美奈子なんて今日、エロい水着を突き付けられたから2階の窓から水着をぶん投げてやったんだ」とか、いかに自分が暴動を起こしたかっていう話になるんですよね(笑)。

――森下さんもそんな感じだったんですか?

森下 私はそんなに横暴じゃなくて、(資料として持参した87年のグラビアを見て)あ、この頃はもう大人で、なんなら脱いでも平気ぐらいの気持ちでした。85年がピークだと思うんです、最後の豊作。みんなアイドルになればいいことがあるんじゃないかって希望を持ってた年で、崩れた年でもあったんですよね。だって本田美奈子ちゃんなんて……美奈子ちゃんの話ばっかりになっちゃうけど。

――ボクも彼女のことは大好きでした。

森下 私も大好きでしたね。ホントに頑張り屋さんだったんですよ、歌に関しては。

――でも、正統派アイドル路線では売れなくて。

森下 そうなんです。しかも東芝EMIって立派なところに入って、1曲目と2曲目と3曲目のイメージがぜんぜん違うじゃないですか。

――そしたら急にマドンナ路線になって。

森下 『１９８６年のマリリン』になって。これちょっと自慢になっちゃうんですけど、本田美奈子ちゃんにマドンナを教えたのは私なんです。「知ってる?」って聞いたら「知らない」って。洋楽とかぜんぜん聴かないから。

――それがブライアン・メイとやったりで。

森下 すっごい悔しかった! 私はクイーン命で生きてきて、美奈子ちゃんはブライアン・メイなんて絶対知らないはずなのに、フレディ・マーキュリーと肩を組んで写真を撮ってて。悔しくて、あれから口をきかなくなりました。

――そうだったんですか!

森下 それで、この子(マネージャー代わりに同行していた息子さん)を産んだら電話かかってきて「親友じゃん」って言われて。「3年も会わない親友ってどこにいるの?」って私が言って電話を切ったという悲しい結末でしたけど。お葬式には行きました。

中森明菜に息子を誘拐されかかった

――当時は『歌謡びんびんハウス』とかバラエティも結構出てましたけど、そのうち「歌がやりたいのに、なんでこういうことをやってるんだろう」とか考え始めたわけですか?

森下 そういうことですね。1stアルバムの『ボーイ・フレンド』を加藤さんも自分で業界にいっぱい撒いてくださって、

けるも、09年に自殺。代表曲は『帰って来たヨッパライ』『あの素晴しい愛をもう一度』『タイムマシンにおねがい』。

本田美奈子
歌手、女優、声楽家。85年、シングル『殺意のバカンス』でアイドル歌手としてデビュー。86年にリリースされた『１９８６年のマリリン』において、へそを露出させた衣装や激しく腰を動かす振り付けなどの演出が話題となり知名度が上昇。90年代以降はミュージカル女優として活躍していたが、05年、白血病のため38歳で死去。

ブライアン・メイ
イギリスのミュージシャンで、ロックバンド・クイーンのギタリスト。ピックではなく硬貨を使った演奏法が特徴。大学院では宇宙工学を研究し、天文学者としての顔も持つ。

『歌謡びんびんハウス』
86年11月から94年9月まで放送された、テレビ朝日系列の音楽バラエティ番組。当時、人気だったアイドルや演歌歌手が出演し、クイズやゲームに挑戦するという内容。メインMCは笑福亭鶴瓶。

『ボーイ・フレンド』
85年に発表された、森下恵理のファーストアルバム。加藤和彦プロデュース。作品提供者も竹内まりや、鈴木博文、松任谷由実など豪華。

参加しているメンツがすごすぎるっていうことで当時話題になったんですよ。その後すぐ次のレコーディングに入るかなと思ったんですけど、加藤さんとウチの事務所が揉めたらしくて、それからお会いできなくなっちゃって。その次はカシオペアとかやってた人が担当になって。

――それで方向転換になったんですね。

森下 はい。でも2枚目に関しては、じつを言うと私をデビューさせた人がピラミッドっていう事務所を作って出て行っちゃって、社長しかいなくなってたんですね。だから仕事もほとんどバラエティとグラビアしかなかったですし、アイドルってなんだろう、みたいに思ってて。のりピーが私の2年あとにデビューして、すっごいかわいかったんですけど、すっごい性格が悪くて、すっごい嫌いで。

――それでアイドルってなんなのか考え始めた、と。再デビュー時、曲を作り始めた頃に戦友だと思ってた女の子が亡くなった話をされてましたけど、これは岡田有希子さんですか？

森下 そうですね。同い年で、芸能界では1年先輩ですけどメチャクチャいい人だし、その前の週ぐらいまで楽屋で一緒にテレビを観て笑ったりして、ぜんぜん芸能人っぽくなくて。そしたら昼にTBSの『加トちゃんケンちゃん』に入る前に事務所で『いいとも！』を観てたら速報でユッコちゃんの自殺を知って、怖いっていうよりもショックで。変な話、ユッコちゃんは精神的に高いときと低いときがあるっていう話はすごく有名だったんですよ。でも、そんなことすると思えない、殺されたんだと思って。私が一番ショックだったのは、TBSに入ったら、堀ちえみさんと早見優さんと石川秀美さんがいて、堀ちえみさんが、「よかったよね、ライバルがひとり減って」って。私たちのあいだではホリチって呼ばれてるんですけど、すごい嫌われてて。それがショックで私は固まっちゃって……。

――とんでもない世界だと思いますよね……。

森下 森高千里ちゃんもいたかな。彼女も「えぇっ？」て顔になっちゃって。ホリチだけが、「え、どうしたの？」みたいな。それもあったかな、嫌だなこの世界、と思ったの。

――精神的にしんどくなったみたいですね。

森下 そうです。いまみたいに鬱病とかそういう理解がなかった時代だから、スタジオのドアがドンッと閉まると、レコーディングとかは平気なんですけど、テレビ局、ラジオ局のドアが閉まると、動悸と脂汗が出てきて。不安症みたいな感じですよね。……これって、全部しゃべっちゃっていいんですか？

――原稿チェックはちゃんとありますから。

森下 芸能界のことは知ってらっしゃいますもんね。だから……【以下、さすがに物騒すぎて自粛】私が「ザ・芸能界」って表現してるのは、ヤクザっぽいところ。営業ってほとんどそういうヤクザの仕切りで入ってたんですけど、いい方がすごく多くて。成人式も営業で行けなかったらキャッシュで3万円くれたり。ヤクザが「おめでとう！」って（笑）。

――元アイドルの方を取材してると、精神的に病んだ人が異常に多いことに驚くんですよね。

森下 わかります。みんな病んでました。かわいそう。カメラマンの人も脱がせ方が上手だったんですよね。芸能界をやめたあと、すぐ個人的に電話がきて、「オールヌードの写真集を出すなら100万とか200万とかキャッシュで渡すよ」って。私は自発的に事務所をやめてるので、2年間は芸能活動しませんっていう契約書を書かされてたんでやらなかったんですけど。

岡田由希子
80年代中期に活躍した伝説のアイドル歌手。84年、シングル『ファースト・デイト』で歌手デビュー。86年1月に発売された『くちびるNetwork』が大ヒットし、人気を不動のものとするも、同年4月に飛び降り自殺した。

堀ちえみ
歌手、女優、タレント。83年に放送されたドラマ『スチュワーデス物語』（TBS系列）で主演を務め、劇中でのセリフ「教官！」「ドジでノロマな亀」が流行語に。近年は主婦タレントとしても活躍。

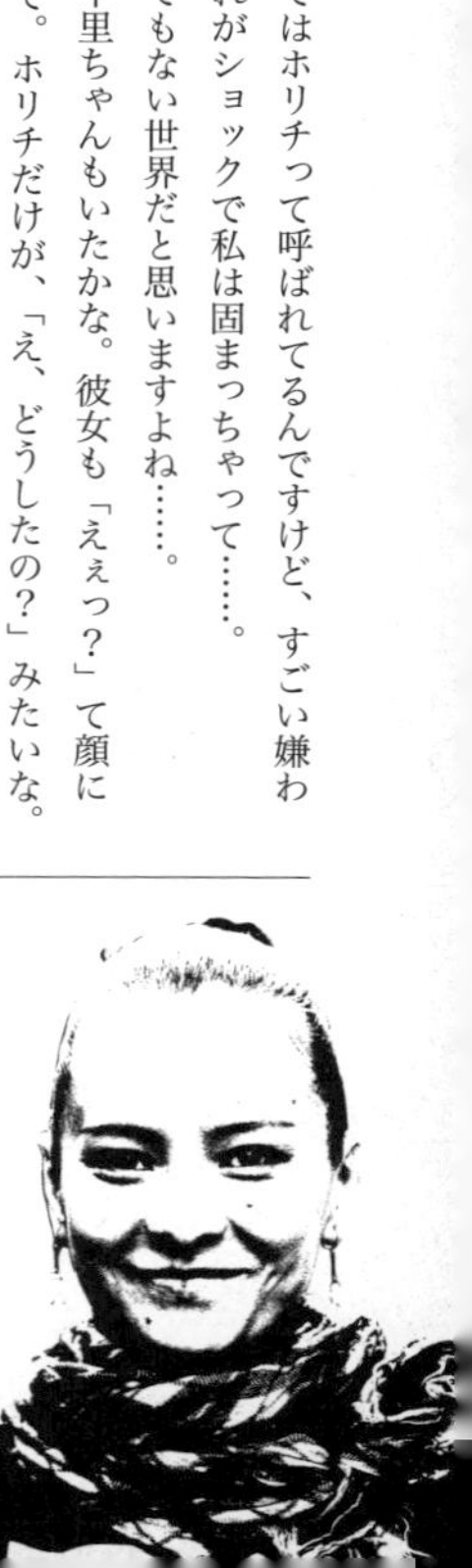

FAITH S
BEING
CERTAIN OF
WHAT WE
O NOT SEE

それに、そのときはこの子がお腹にいたんで、そんなことできないですし。

——結婚、出産も相当早かったですよね。

森下 そうですね。だって芸能界の後半3カ月ぐらいは、もう妊婦でしたから（笑）。

——アイドルはもう限界だと思って結婚して出産もして、良かったと思ったら、結婚生活がまたたいへんだったみたいですけど……。

森下 私は後半、事務所の人が怖いから家にいたくなくて、飲みに出やすいように六本木に住んでたんですよ。ある日、看板のないタレントさんしか来ないお店にテレビ制作会社の人が連れてってくれて。そこはマッチとか明菜さんとかシブがき隊とかとんねるずさんとか、仕事が終わったらみんな集まるようなお店で、そこの店長さんと結婚したんです。でも、ぜんぜん帰ってこないんですよ。こっちは妊婦だから、そのうち家で破水しちゃって。それを助けてくれたのがオリンピック選手の馬淵よしのちゃん。山王病院から日赤医療センターまで運んでくれて。彼女がいなかったらこの子は死んじゃってたかもしれない。

——危ないところだったんですね……。

森下 彼は突然キレるし、波もすごいあって。何がたいへんって、芸能人を相手にするお店をその後も続けたので。ご存知かもしれないですけど、その後、中森明菜さんのマネージャーもやってたんで。中森明菜さんが絡んできた後半2年はキツかったですね。「いま中森さん来てるから来てくんない？」って言われてお店で相手させられたり、中森さんにこの子が誘拐されそうになったり……。

——えっ!? 誘拐ですか？

森下 この子を抱っこしたまま3時間ぐらいいなくなったことがあるんですよ。あと3分ぐらい遅かったら警察に電話してました。あとはほかの人が「明菜さんと旦那さんがイタリアンレストランで脚を絡めてたよ」とか告げ口してきたり。浮気とかはべつに結婚のなかでは当たり前のことだと思ってたんで聞き流してたら、旦那さんが捕まっちゃったんです。2週間ぐらい前に電話があって、「警察の人が来るかもしれないけど、もう別れたって言ってくれる？」とか言って。それまでふつうに暮らしてたのに、2週間後にホントにガサ入れっていうヤツがダダダーッと来て。

——原因はドラッグですか？

森下 ドラッグ。で、彼の私物っていうか、開けちゃいけない系のものは電話あってすぐ捨てました。これヤバいものだなと思って。で、なんにも出てこなくて。それで彼は自首したみたいで捕まって。これは笑い話にしていただきたいんですけど、私、すごい健気に下着とかジャージとか、「スウェットは何色が好きなの？」とか聞きながら（笑）。

——ちゃんと差し入れもして。

森下 そう、小菅に通って。そしたら何回目かの面会のときに「別れてくれ」って言われたんですよ。それは本来こっちのセリフじゃないですか。それで頭ボーッとしちゃって。息子はもう3歳で、外でキャッキャ遊んでるんですよ。これってテレビとか映画でも観たことない世界だなと思って。「じゃあもう荷物とかいいのかな」って聞いたら「来週にはもう出られるんで」みたいな。で、離婚。

——それで夫婦生活終了ですか……。

森下 終了です。ホントにメチャクチャな4年間で。まだその

馬淵よしの
元飛び込み選手、元タレント、元女優。84年、高飛び込みでロサンゼルス五輪に出場し9位。引退後はバラエティ番組、クイズ番組などで活躍。現在は、飛び込みの大会で審判を務めると同時に、指導者としても活動している。

とき23～24歳ですけど、シングルマザーになって、親のところに逆に乗り込んで。その後、中森明菜さんの件で1回週刊誌が来たんですよ。インターフォンで『女性セブン』の記者にいろいろ聞かれて。「中森さんは大スターですから、お近づきになれるような方ではないです」って言ったら、誌面で「友達になれるタイプじゃないです」になってたんですよ。そしたら旦那から電話がかかってきて、「明菜が余計なこと言うなって言ってる」って怒られて。すぐその変な旦那さんは再婚したんですよ、中森さんじゃない人と。ただ日刊ゲンダイかなんかに一面で載っちゃって、どうしようと思って。トイズも決まりかけてたときで。そこからシンガーソングライターになるんですね。

一緒に事務所をやめた知り合いが自殺

――よくそこからトイズファクトリーで再デビューできましたよね。子持ちってことは隠してたんですか？

森下 ぜんぜん隠さないです、一緒に現場に連れてって。子持ちのほうがいいと思って。

――Eri名義のソロ活動もよかったですよね。自作曲のクオリティも上がっていて。

森下 ありがとうございます。やっぱり芸能界とぜんぜん違ったんですよね。音楽だけに集中させていただけるし、バレエのために通っていた私立の学校のときみたいに、音楽以外のことはしなくていいっていうのがあって。CDを何枚買っても領収書で落ちるとか、信じられない生活で。月給ウン十万もらって印税もいただける状態だったので、なんで最初からこっちに来なかったんだろうって思いました（笑）。

――たしかに、アイドルは儲からないうえにやたらと気苦労だけは多いですからね（笑）。

森下 そうそうそう、事務所の人に殴られたりするのに（あっさりと）。まあ、加藤さんと出会ったってのがシンガーソングライターになった大きなきっかけですから、殴られるぐらいいいかなって（笑）。それですべての時間を作曲に与えてもらえて、行きたいライブがあったら全部入れてもらえて、洋楽はほとんど全部観に行ってました。そしたら、日本は遅れてると思って。当時、TK全盛期でしたから。私、華原朋美ちゃんのCD1枚聴いたあとにめまいしたんですよ。音程の周波数がたぶんおかしいんですよ。工藤静香さんの曲もヘッドフォンで聴くとめまいがするんですよね。

――不安になってくる歌ですよね。

森下 絶対音感ある人って具合悪くなるんですよ、吐きそうになっちゃう。私の近くにはミスチルがいて闘ってたんですよ、売れてることと成長していくこととどっちを取るかっていうことで。でも結局、すごい売れちゃったら変えられないってことを桜井（和寿）君が何かのインタビューで言ってるのを聞いて、じゃあ 私は売れてないからと思ってメチャクチャやったんですね。それこそビョークとかPJハーヴェイみたいな感じで。で、CD不況が2000年あたりから始まって、最終的には全部自分で録音したものになって。

――そしてレコード会社との契約も終わり。

森下 私をトイズ・ファクトリーに入れてくれた方がちょっと変わってて、私の元旦那さんに似たような方なんですけど、その方が会社に来ない。会社での態度が悪くてクビになることに

ビョーク
アイスランド出身の女性歌手。実験的かつ独創的な音楽で、熱狂的な人気を集めている。17年、#MeToo運動の流れで、「デンマーク人の映画監督」からのセクハラを告白。

PJハーヴェイ
従来の価値観に縛られない表現手法で知られるイギリスの女性ロックミュージシャン。評論家からの評価も高く、英国&アイルランドにおいて、毎年最も優れたアルバムに贈られるマーキュリー賞を二度も受賞。

なって。そしたら私も連れて行くっていうのが条件だったらしくて、その人がやめるからってことで私もやめて。結局、その方とまた新しく始めようってことを3年ぐらいやったときに、その方が自殺しちゃって。

――うわーっ！

森下 私、遺書に名前書かれて。

――……それは悪い意味で？

森下 完全に悪い意味でですね。私は私で音楽をやめるつもりはまったくなかったので、バンド活動をやってたんです。その人、ストーカー！みたいになって。そのとき30代前半で社会も知っておきたくて、金融の会社で働いてたら、そこで出待ちされたり。で、あんまり怖いから電話番号を替えたんですよ。そしたら翌日から「連絡が取れないんだけど」っていうことで……。それもキましたね。好きなことやって毎日生きていくことが幸せかどうかっていうことと、あと人間としてどういう精神状態でいるのが安定なのかっていうのはみんな違うんだなって。母もその年に死んで、それを忘れるためにブワーッと働いて。

――精神的に壊れたのがその頃ですか？

森下 ちょうど息子が高校3年生のときですね。もうどうでもいいやと思っちゃったときに、朝起きられなくて、布団から出られなくて。動けないから手探りで携帯で会社に電話して。そのときはすごいお気楽な、カラオケのテロップを作るバイトしてたんですよ。その会社で仲が良かった同い年の人が癌で死んじゃったりが重なって、1回北海道に帰ったんです。まだ鬱病で病院に通ってますからね。

――それが原因で、しばらく本格的な音楽活動ができないぐらいだったんですよね。

森下 できなかったですね。それが2005年から……2012年ぐらいでもまだ失神とかしてたんですけど。その年に『HARD flower』っていうアルバムを自分の家でプリンタでブワーッと作って、その頃からどんどん元気になりました。私が行かないとことが始まらないっていうことを増やしていったら元気になってきた。で、私に一番元気をくれたのが森下恵理ファンなんです。

――アイドル時代からの。

森下 はい。彼らがオーダーメイドファクトリーで『ボーイ・フレンド』を再発してくれって言って。

――それで全曲集が出ることになって。

森下 彼らの応援で、もう一回やれるっていう気持ちになれたんです。今回のアルバムを一緒に作った森（達彦）さんと、「そんな痛い目にいっぱい遭って1回も売れてなくて音楽を30年続けてるヤツなんていなくない？」「でも音はちゃんと作ろう」ってことになって。だから、これがいいアルバムだって言っていただけるとすごくうれしいんです。

――アイドルやってからアーティスト路線になった人が、熱狂的なアイドル時代のファンによってよみがえるって美しい話ですよね。

森下 そうですね、美しいですね。アイドルファンの人ってしつこいっていうか（笑）。

『HARD flower』
森下恵理がNobori Eri名義で発売したアルバム。12年リリース。Eri名義での前作『spend ~run to run~』から13年ぶりのアルバムとなった。

森達彦
シンセサイザープログラマー、エンジニア、サウンドプロデューサー。特にプログラマーとして、おニャン子クラブやムーンライダーズ、CHAGE and ASKAなど、幅広いジャンルの楽曲を手掛ける。

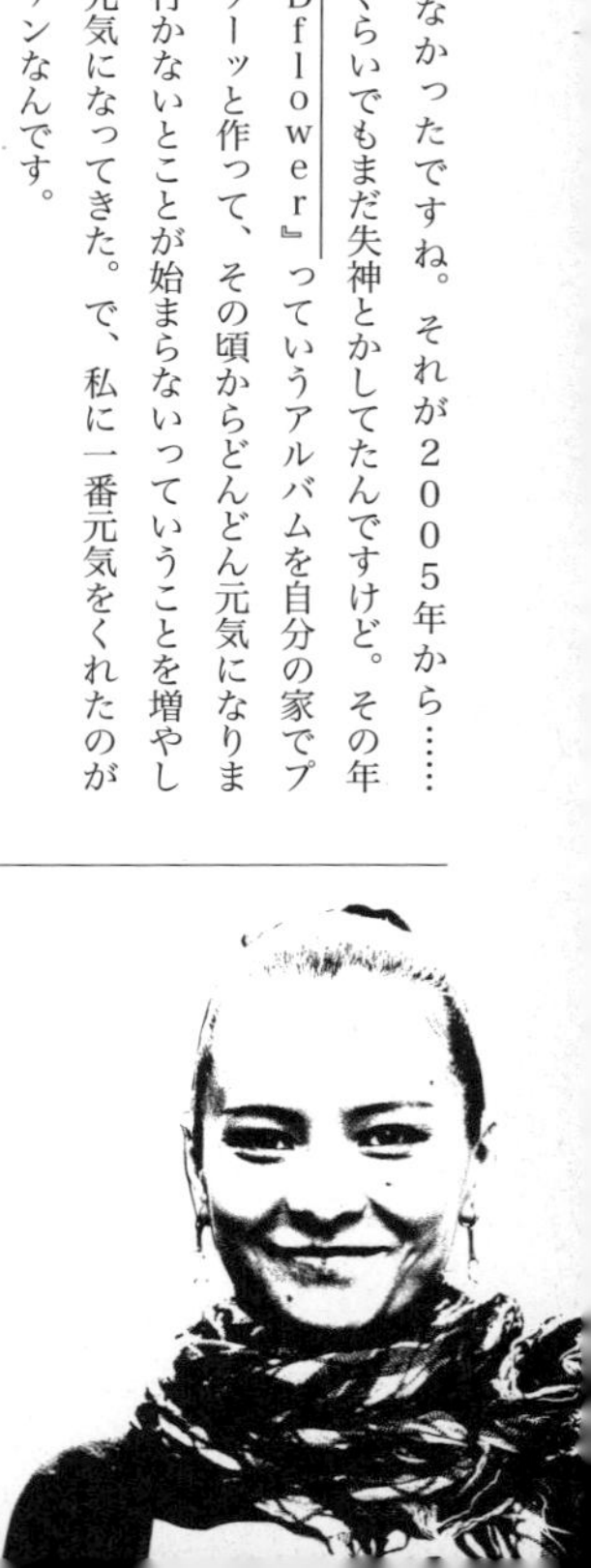

……最近、毎日飲むようになっちゃって
マズいな。身内に死んだヤツいますから

すぎむらしんいち

2016年2月収録

漫画家。1966年生まれ。北海道出身。1986年、『きょうの出来事』で第14回ちばてつや賞ヤング部門大賞を受賞してデビュー。翌年、『サムライダー』の連載をスタート。代表作として『右向け左！』『ホテルカルフォリニア』『ブロードウェイ・オブ・ザ・デッド 女ンビ -童貞SOS-』（すべて講談社）など。2016年に『ディアスポリス 異邦警察』（講談社）が、松田翔太主演でドラマ化＆映画化されている。

――ずっと警戒して「吉田豪のインタビューだけは受けない」と公言していたすぎむら先生の取材が、ようやく実現しましたよ！

すぎむら　いまもバリバリ警戒してますけどね。でも、吉田さんの本はほぼ買ってます。ゲラは見せてもらえるんでしょうね？

――当たり前ですよ（笑）。出版社の謝恩会とか漫画家飲み会に行くと、すぎむら先生が若手のリーダー格感というか上の世代との橋渡し役感があるなと思ってたんですけど。

すぎむら　えぇー？　橋渡しするつもりはべつにないんですけど、単純に謝恩会とかに来る俺の世代ってあまりいないんですよ。俺、基本タダ酒好きなんで行っちゃいますけど。

――『ヤンマガ』の元編集長が本（関純二『担当の夜』）を出して、すぎむら先生が表紙を描いてましたけど、あれを読んだら昔はデタラメな時代だったんだなと思いました。

すぎむら　ああ、無茶苦茶でしたからね、あの頃は。お金を遣い放題みたいな。バブルはもう終わりかけてたんですけど。出版バブルは5年ぐらいまだ長持ちした感じでしたね。

――結構長かったですよね。ボクが講談社の謝恩会に行き始めたとき、まだバブルの残り香ありましたもん。ミスマガとかのアイドルが水着姿で並んで、ビンゴの景品も豪華で。

すぎむら　ハワイ旅行とかもありましたよ。俺ずっと参加してますけど、何ひとつ当たったことないです。ティッシュすらも！　それに最近は一気にああいう会もやめちゃって。『ヤンマガ』が200万部いったときも豪華客船を借り切ってクルーズパーティーやって、ランバダダンサーがデッキで踊る、みたいなの、いまありえないもんな。まさか漫画業界がこんなに傾くとは思ってませんでした。

――出版不況ですからね。昔の『ヤンマガ』って、いつも飲んでる感じだったんですか？

すぎむら　毎週打ち合わせと称して飲みに行ってましたね。打ち合わせなんかタクシーの中だけで、「じゃあそれでヨロシク」って、あとは漫画の話しないみたいな感じで。『サムライダー』で北海道から東京に出てきて、いきなり六本木のキャバクラ連れてかれて。

――漫画家ってキャバクラでモテます？

すぎむら　モテるわけないじゃないですか、そんなもの！　だから嘘ついてましたよ、『ドラゴンボール』描いてます」とか。後半はおっパブとかになってました。でも、おっパブのときはもう俺はあんまり連れてってもらってなくて。作家を連れて行かずに編集だけで行くようになってましたけど（笑）。

――ダハハハハ！　最悪ですね（笑）。

すぎむら　昔は経費が何件でも落ちてたと思うんですけどね。編集長とかになると、かなり美味しい店に連れてってもらったりして。

――そこで酒も鍛えられて。

すぎむら　鍛えられてないです。おかげで酒の飲み方が汚くなったかもしれないです。

――酔いつぶれるまで飲む、みたいな。

すぎむら　そうそうそう、朝までが基本、みたいな。長っ尻癖がついちゃって。

――飲むと絡むタイプなんですか？

すぎむら　……当時は、やっぱ飲むと問題提起しないと気が済まないような雰囲気があったんですよ、場に。そうでもないで

『担当の夜』
週刊青年漫画雑誌の編集者と漫画家たちの闘いを描いた短編小説集。関氏の実体験に基づいた作品ともいえる。

『サムライダー』
すぎむらしんいちのデビュー作。兜のようなヘルメットをかぶり、鎧風のバトルスーツを身に付け、日本刀が武器という「サムライダー」を中心に展開するバイクアクション漫画。87年から89年まで『週刊ヤングマガジン』（講談社）に連載。

すか？

――どういう問題提起をするんですか？

すぎむら　このままでいいのか、みたいなね。漫画界とか『ヤンマガ』とか。とにかく文句を言ってたんだよな。編集者に「おまえ、そんなんでいいの？」みたいなことを言いたくてしょうがないっていう感じで。特に自分より編集が若くなりだした頃からそれが顕著になりましたね。それまで基本、年上じゃないですか、こっちは20歳ぐらいで。編集者に口が悪い人が多かったんですよ。基本ディスりなんですよね、話題が。店にまで「なんなの、この店は？」みたいなことまで言い出す人で、店に来た芸能人もディスるわけ。だから、酒ってこうやって飲むもんなんだって覚えてしまった節があるというか。ただ、最近はもう、なんならチューするようにしてます。絡むならチューしたほうがいい。

――漫画家仲間には絡まなかったんですか？

すぎむら　漫画家って、謝恩会とかで年に1回しか会わないですよ。しかも、俺の時期ってきうちかずひろ先生とか史村翔先生とか弘兼憲史先生とか、みんなヤクザみたいな人ばっかりなんで（笑）。『ヤンマガ』は完全にそういう系でしたね。俺が想像した世界じゃなくて。漫画家だからもっとナヨッとしたオタクっぽい感じなのかなと思ったら、ヤンキーの番長がいる感じなんですよ。でも僕、クラス内でもヤンキーに絡まれないでうまく生きていく術は身につけてたほうなんで、わりとなんとかなりましたけどね。

――当時の『ヤンマガ』は『ビー・バップ・ハイスクール』と『AKIRA』が同居してた雑誌っていうだけでもすごいですよね。

すぎむら　僕も『ヤンマガ』に応募したのは『AKIRA』が載ってるからですからね。最初が『ヤンマガ』だったせいで、こんな人生になっちゃった感じなんですよ。だからそのせいで酒癖が悪くなったんだろうな。

絵のレベルを落とそうとハッキリと思った

――飲みの席にはだいたいいますよね。

すぎむら　こないだも4次会ぐらいまで行っちゃいましたからね。とにかく長っ尻で。

――誰と一番飲んでるんですか？

すぎむら　だからみんな僕とはあまり飲みたがらないので、飲み友達はあまりいないですね。最近だと東村（アキコ）とかは僕のカミさんとも仲が良くて最大5日間ウチに泊まってったりしますけど、彼女にも酔って迷惑かけてます。清野とおるも、たまに飲みますが、最近はこっちが酔って呼び出しても絶対に来ないですからね。

――東村先生はボクも交流ありますよ。掟ポルシェが仲良かったんで、その関係ですね。

すぎむら　掟さんって変な話、儲かってるんですかね？

――すぎむら先生は外見がロマン優光似だと思ってるんですけど、言動も似てますよね（笑）。

すぎむら　儲かってるかどうかって気になるじゃないですか。当時は漫画家は絶対儲かるもんだと思ってましたから。『タッチ』とか「1億部突破！」とかいってグラビアになってた頃だから。ただ、そういう本は読みましたよ、いくらぐらい儲かる

『AKIRA』
大友克洋によるSF漫画。超能力を持つ少年たちの戦闘や恐怖、近未来の巨大都市が荒廃し崩壊していく様子を描いた作品。『週刊ヤングマガジン』（講談社）にて、82年から90年まで連載されていた。

東村アキコ
漫画家。ギャグ漫画家として注目を集める。『月刊コーラス』（集英社）に07年から11年まで連載された『ママはテンパリスト』が100万部を売り上げる大ヒット。ファッションをテーマにしたラブコメ『海月姫』では、第34回（平成22年度）講談社漫画賞少女部門を受賞し、18年にフジテレビ「月9」枠で連続ドラマ化された。

清野とおる
漫画家、エッセイスト。98年にデビュー後、『週刊ヤングジャンプ』（集英社）にて『青春ヒヒヒ』『ハラハラドキドキ』を連載。08年から携帯サイト「ケータイまんが王国」にて連載された『東京都北区赤羽』で注目を集める。以降、赤羽の業の深い人物を取材し続けている。吉田豪によるインタビューが『BREAK MAX』12年9月号に掲載（単行本未掲載）。

掟ポルシェ
ニューウェイヴバンド「ロマンポルシェ。」の説教担当。ライブ中では、キャベツ千切りと全裸パフォーマンスを披露。サンバイザーをいつも被っている。ロマン優光は「ロマンポルシェ。」のディレイ担当で、最近では新書が人気。

のかとか、儲かったら会社にしたほうがいいとか、そういうことをこと細かに書いてる本がありまして、さくまあきらの『だからマンガ大好き！』がバイブルでしたね。俺も漫画家になれるって実感したのが、ジョージ秋山先生の書いた文章なんですよ。「漫画家なんて才能がチョコッとあれば誰でもなれる」「僕は先のことなんて何も考えてない。次のページのことすら考えてないよ」って書いてあったんで、それで漫画家になれるんだ、それはいいやと思って。

――そんな理由なんですか（笑）。

すぎむら それで『サムライダー』で東京に出てきたんですけど、あっという間に連載が終わることになって。『ヤンマガ』が週刊化する直前だったんで、週刊は無理だろみたいな話と、いまだに覚えてるんだけど「このまま続けても繰り返しになるだけだから」って言われたんですよ。繰り返しの何が悪いんだと思って、そのときは憤慨しましたけどね。

――『ビー・バップ』も繰り返しなのに。

すぎむら みんな繰り返してるじゃねえかって。それで最終回を描くときに、「最終回は何を描いても作家の自由なんだよ」ってその編集者が言ったんですけど、「俺がいままで読んだ一番ひどかった最終回は、ジョージ秋山先生の、主人公が最後、オナニーしすぎて腎虚になって死んでしまうっていう、あれには俺も参ったよ。ガックリきた」って言ってて（笑）。でもそこまでありなんだなって。

――そこに学んじゃ駄目ですよ！

すぎむら とにかく『サムライダー』がすぐ終わっちゃったのはショックで、そのときはさすがにどうしようかと思いましたね。家賃を計算して、残りの貯金と照らし合わせたりして。で、自衛隊って口走ったらそれで『右向け左！』を描くことになったんですけどね。そのとき、一番飲み歩いてたかもしれないですね。週刊になったのに毎週飲んでました。

――あの頃から絵のタッチが多少ラフになる感じはありましたよね、週刊モードというか。

すぎむら ああ、その頃に絵をあきらめました（あっさりと）。『サムライダー』の絵でやってたら、これ間に合わねえと思って。

――描き込みがすごかったですもんね。

すぎむら がっつりやってた。それ、あきらめた瞬間を覚えてます。「あ、ダメだこれ」って。絵のレベルを落とそうとハッキリ思いましたね。それまでは背景のジープとか描きたくてしょうがなかったのが、そんなの一切やってる場合じゃない、みたいな。それでも遅れたり、ついには落としたり。落とすのも、大友さんとかにあこがれてたんで、なんとも思わないっていうか、いいんじゃねえか、ぐらいの気持ちでいたんですよ。だから締切を守らなきゃっていう義務感みたいなのが育たなかったのが、とうとうこの歳まで。

――それよりもお酒の誘いがあったらとりあえず行っとこう、みたいなタイプになって。

すぎむら ただ、誘いもないですけどね。みんな僕を誘いたくないんだと思いますけど。

――映画系の人と飲んだりしてますよね。

すぎむら いや、ないですよ。

――高橋ヨシキさんの家に行ったり。

すぎむら ああ、『マッドマックス』で盛り上がって朝まで語り合ったはずですが、それもその後は会ってないですからね。だいたい俺、1回会うと二度と会いたくないみたいなんですね、

『だからマンガ大好き！』
ゲームライターで作家のさくまあきらによる本。作品自体の分析や、漫画がヒットする秘密などが書かれている。

ジョージ秋山
60年代から活躍する漫画家。人間の本質を赤裸々に描き出す作風にファンは多い。代表作に『銭ゲバ』『浮浪雲』『ピンクのカーテン』『アシュラ』など。

『右向け左！』
自衛隊をテーマにしたアクションコメディ漫画。原作は史村翔で、作画がすぎむらしんいち。『週刊ヤングマガジン』（講談社）に89年から91年まで連載されていた。

みんな。

――その1回で何やってるんですか！

すぎむら たいしたことやってないんですけどね。ヨシキさんちで暴れたわけでもないと思うんですけど。……要するに俺は覚えてないんですよ。記憶が100パー飛ぶほうなんで。結構俺に会いたいって人はいるんですけど、二度会いたいって人はあんまりいないという。

――明らかに何かの理由がある（笑）。

すぎむら 何か理由が。「もうお腹いっぱい」ってガッカリされるんじゃないかな。

――最初に『モーニング』の忘年会で会話したとき、「まあ、ここ座れ」的なモードで微妙に絡まれ気味だったのは覚えてますよ。

すぎむら ああ……。その前に会ったとき、「吉田豪だよ」って誰かが言って、「知らねえな」とか言っちゃって。よく考えたら『BURRN!』にずっと連載してる人だってわかって、「ああ、あの人か！」と思って。で、次に会ったときに、「こないだは失礼しました」っていうつもりでやったんじゃないですかね。漫画家飲み会あるじゃないですか、花沢健吾とかが主催の。1回、高尾山でやったじゃないですか、来てましたよね？

――はい。あのときは花沢先生が音楽も知らないのにAC／DCのTシャツ着ていることに、すぎむら先生が絡んでました（笑）。

すぎむら 絡んでないですよ。「これなんだか知ってんの？」って言ったら「知らないです」って言うから、「ふざけやがって！」みたいな（笑）。あのあとたいへんだったんだよな。もちろん俺のせいなんだけど。あのあと花沢さんと浅野いにお君と新宿で飲み直しましょうみたいな感じで、3人でゴールデン街に行ったんですよ。夜中の3時ぐらいに俺が急に「ヤベえ、帰る」って言って、帰って寝て。そしたらカミさんから「何回も電話がきてるよ」って言われて。店で飲んでた人の鞄がない

花沢健吾
漫画家。04年、『週刊ビッグコミックスピリッツ』（小学館）より『ルサンチマン』でデビュー。うだつが上がらない青年のリビドーを描かせたら右に出る者はいない。代表作は他に、『アイアムアヒーロー』、『ボーイズ・オン・ザ・ラン』。吉田豪によるインタビューが『人間コク宝まんが道』に掲載されている。

AC/DC
オーストラリアを代表するハードロックバンド。5000万枚以上売り上げたアルバム『Back In Black』（80年発売）が有名。

ってことで、鞄を取り違えてそのまま帰ってきてたんですよ。共通点は黒くて鞄なだけ。恐ろしいことに、そのかばんの財布から金を出してタクシー代も払ってたんですよ。

――人の財布で（笑）。

すぎむら それも黒い財布だったんですよ。その人が茨城から来た人で、もう朝なんですけど帰れないって言ってて。それでカミさんが新宿まで行って、いにお君や茨城の人に謝って、お金も上乗せして返してことなきを得て……。

まだまだある酔っぱらい話

――まあ、それぐらいのことがいまでも当たり前のように行なわれてるってことですね。

すぎむら そうですね。家の近くのファミリーマートの前で寝てたら、ママ友からうちに通報されたこともあって。タクシーで「もうここでいいです」って言って変なところで降りることが結構あって、そのときは寒くて泣きそうになりながら、やっとファミリーマートのあたりまで来て力尽きた感じです。（メニューを見て）あ、この店、ビールもあるんですね。

――飲むなら付き合いますよ。

すぎむら ビールぐらいはいいかな。俺、飲んでどういうふうになるか俺は知らないんですよ。ほかの人は知ってるけど。杉作J太郎さんにも絡んだらしいけど覚えてなくて。J太郎さんが誰かのPVに出て。ラブホテルでウンコもらすみたいな役をやった頃ですね。

――大根仁監督のスチャダラパーの『ライツカメラアクション』のPVですね。8年ぐらい前の『週刊真木よう子』の頃ですよ。

すぎむら あれ大根さんがやったんだ。大根さんも1回飲んで、二度と誘われませんね。……あ、いま俺の映像化月間だから、その話をしなきゃならないんだった。いま『ホテルカルフォリニア』の舞台やってて、『ディアスポリス』もドラマと映画になるんですよ。

――『ディアスポリス』は、まだ物騒だった頃の新大久保が舞台になってましたよね。

すぎむら 俺は当時、新大久保の近くに住んでたんですけど、「すぎむらさんのすぐ近所で中国人が万力で頭を潰されてましたよ」とか救急車に乗ってる友達に言われましたね。駅前だって売春婦だらけで、アシスタントがなかなかたどり着けないの。「10分でイカせるから」とか言われて、オバさんに。

――まあ、そういう時代でしたね（笑）。

すぎむら あのとき、歌舞伎町まで歩いて行けるんで毎日飲んだくれてましたね。24時間営業の飲み屋があって、朝になってアシスタントと信号で別れたのも覚えてるんですけど、信号を渡ってから記憶がなくて。で、マンションの1階で、2人組のお巡りさんに「大丈夫ですか？」って言われてるところから記憶が始まるんですけど。鍵が開かなくてドンドン叩いてたらしくて、大家さんが通報して。「大丈夫ですか?」って言うから、「いやぜんぜん大丈夫ですよ」って鍵を出して。もう正常に戻ってるんでガチャッと開けて入って、トイレに行って鏡を見たら血だらけなんですよ。よく見たら差し歯が抜けて、その隣の健康な歯が斜めにバッキリ折れてて血がドバドバ出てて。で、後日また同じような状況で、半分寝ながら家に向かったらポストに目をガーンと当てて、「これか！」つって。（ビールが届いて）

『ライツカメラアクション』のPV
08年6月に発売されたスチャダラパーのシングルのミュージックビデオで、真木よう子、ARATA、杉作J太郎が出演している。ディレクションは南関東逆境会（大根仁＋ニイルセン＋石田雄介）。

『ホテルカリフォルニア』
すぎむらしんいちによるアクションギャグ漫画。山奥にある開業間近のリゾートホテルが舞台。土砂崩れと社長の失踪によって、外界から遮断された従業員たちの共同生活を描いた作品。

『ディアスポリス』
『ディアスポリス　異邦警察』。画・すぎむらしんいち、脚本・リチャード・ウーによる漫画。難民認定を受けられず、悲惨な生活をしている異邦人を守るために作られた秘密組織「異邦都庁」を中心に描いたヒューマンドラマ。06年から09年まで『モーニング』（講談社）にて連載していた。

まあ、飲みましょう。お疲れさまでーす（ゴクゴク）。……最近、毎日飲むようになっちゃってマズいな。身内に死んだヤツいますからね。風間やんわりが。

――あれって飲みすぎだったんですか。

すぎむら 飲みすぎです（キッパリ）。

――関係としては義理の弟さんだったんですよね。やんわり先生のお姉さんと結婚して。

すぎむら そうなんですよ。それも、やんわりとタイム涼介が合コンしてたら、「すぎむら先生も来ませんか？」って、何度も飲んで絡んでるのに優しいこと言ってくれるから、張り切って『スタア學園』Tシャツを着て。

――それは作者アピールですか？

すぎむら そう、作者アピールです（キッパリ）。しかも、リバーシブルでTシャツが2枚重なってる作りだったんです。だから真夏で汗だくになりながら飲み屋に行って。で、来たのが俺だから案の定盛り上がらず、みんな終電で帰っちゃって。俺は「やんわり、これどうしてくれるんだよ！」「俺、グッズ着てきたのに！」と。そしたら「じゃあ姉貴を呼びます」って言って、来たのがいまのカミさんで。そのときも絡むっていうか、同じこと20回ぐらい言ってたらしいんですけど。

――よくそこから進展しましたね。

すぎむら そのときはまだ俺のカリスマ性が鳴り響いてたんですよ。「あのすぎむらしんいちに会えるんだよ」みたいな感じで。だから、やんわりが愛のキューピッドではあるんですけどね。やんわりも17歳でデビューですから。で、当時から飲んでましたからね。

――やんわり先生は『ヤンマガ』でいうとモテない枠っぽいイメージでしたけど……。

すぎむら やんわりはモテモテですよ。

――ルックスいいですもんね。

すぎむら うん。そういえば、風間やんわりが高井戸だかの寿司屋で飲んでたら、横に長谷川和彦がいて。

――『青春の殺人者』や『太陽を盗んだ男』で知られる、あの長谷川ゴジ監督ですね。

すぎむら それでゴジに捕まって、「おまえ漫画家か」「義理の兄貴も漫画家なんですよ」みたいな流れで、あの幻の脚本読まされることになって。連合赤軍なんですけど。

――2本しか映画を撮ってない長谷川和彦監督の幻の脚本とか言われてたやつですよね。

すぎむら そうそう。大根さんも読んだことあるって言ってましたね。で、「すぎむらさん、これ漫画にしたらいいですよ」「今度ゴジと会いましょうよ」ってことでやんわりに呼び出されて。連合赤軍の話を『モーニング』とかでやったらおもしろいかもなって俺も思っちゃったんです。そしたらカレー屋なのになぜかゴジが焼酎ですっかりでき上がってて、オレオレ詐欺の話をいま考えとるんだがなとかぜんぜん違う話をし始めて。2軒目の居酒屋では「おまえあれだろ、俺の名声がほしいわけだろ？」って感じで（笑）。

――何十年前の名声ですかっていう（笑）。

すぎむら そしたら居酒屋が終わりの時間になって、店の人が立ってこっちを見てたら、「なに見てんだ貴様ら！　官憲みてえによ！」とか言ってめっちゃ怒ってるんですよ。怖えなと思って。やんわりも、「ヤベえ、すぎむらしんいちよりヤバいヤツ見つけた！」みたいになってて。で、「もう1軒行くぞ」っ

風間やんわり
4コマ漫画家。高校在学中にプロデビューし、個性的な絵柄や不条理なストーリー展開など、独自の世界観で人気に。13年10月、肝機能障害のため急逝。代表作に『食べれません』、『ポチ極道』など。姉がすぎむらしんいちの妻。

『スタア學園』
『超・学校法人スタア學園』。下ネタが多い学園モノのギャグ漫画。94年から00年まで『週刊ヤングマガジン』（講談社）にて連載されていた。

長谷川和彦
映画監督。76年に『青春の殺人者』で監督デビュー。79年に2作目『太陽を盗んだ男』を監督。以降、テレビ、ビデオ、CMなどの演出を手掛けるも、映画の新作は撮っておらず、3作目を熱望するファンは多い。

て言って、屋台に入ったんですよ。そこに若いグループがいて仲良くなったんですけど、そのあいだゴジは外でなんか言ってて、なかなか入ってこなくて。入ってきたら、俺がなんか言ったのが気に食わなかったのか、ゴジがバッシンバッシン俺の頭を叩きだして。でっかい手で。そのうち若いグループが「何するんだよ！」って俺に同情してくれて怒りだして。そしたら「なんだおまえら、表に出るか！」ってなって。そこで編集が「まあまあまあ」みたいに止めて、ゴジはそのままチャリに乗って帰ったんですけど、帰る途中にコケて肋骨を折ったらしいです。

――あれは恐怖体験でしたね……。

すぎむら　自分より酒癖が悪いヤツがいるんだ、と。あの世代、すぐに手が出るんだなって。「なんだ貴様は！」ですから。だからその企画はなくなりましたけど、その流れでなぜか『モーニング』に来ちゃったんですね。

――そういうことだったんですか！

すぎむら　本来なら山本直樹の『RED』より先に連合赤軍ものを描いてたのかもね。

――でも、そしたら確実に揉めますよね。

すぎむら　揉めます。その時点で予想がつくから、これは危険だと思って。あと、安野モヨコと庵野（秀明）さんをくっつけたのは俺なんですよ。小学館のパーティーで、酔っぱらって庵野さんに馬乗りになって「結婚はいいんだよ！」って言ってたって、庵野さんが言ってました。オレは覚えてませんけど。

――そうやって酔っ払っていろいろやらかすタイプみたいですけど、ツイッターでは何の問題も起きないというか平和じゃないですか。

すぎむら　ありがたいことに、酔っ払ったらぜんぜん指が動かなくて文字も打てなくなるんですよ。老眼だし。前に、俺も酔っ払って「売れねえな」みたいなことつぶやいてたら、いしかわじゅん先生にめっちゃ怒られましたからね。僕の漫画、ぜんぜん売れてないんですよ。売れたのは『サムライダー』と『右向け左！』だけと言ってもいいぐらいで。ほかのは一切重版かかってないですからね。『ホテルカルフォリニア』を描いたときも読者アンケート、連載第1回の巻頭カラーが12位だったから衝撃で。『右向け』とか楽勝で1位を獲ってたのに。当時、どうしても抜けない壁が、『柔道部物語』とか『ビー・バップ』もあるし、1位はかなり無理な話だったんですけど、たまに獲ってたんですよ。あの時点で気づけばよかった。もう売れる努力をすべきなんだって。

――それでよく連載が続きましたよね。

すぎむら　当時は人気ないからってすぐぶった切る空気でもなくて。『ジャンプ』みたいなことウチはしないよ」みたいな感じで。いま悩みは売れないってことですよ。アマゾンの順位とかやめてほしい。10万位とか知りたくない！　圏外にしてくれたほうがまだいいし、営業妨害ですよ、あんなもん！　売れるっていうのは難しいですね。いままで、売れなきゃって考えたことないんですよ。

――売れたい欲はあるんですか？

すぎむら　いや、売れないとヤバいなって。完全に切羽詰まって。……（カメラマンに）俺もう酔っ払った顔になってないですか？　せっかくだからみなさんも飲みましょうよ。

――とりあえずボクは帰ります！【この後、編集やカメラマンと飲みに行ったそうです】

『RED』
山本直樹による漫画。連合赤軍をモデルとし、69年から72年の日本を舞台に、革命を目指す若者たちの青春群像劇。

いしかわじゅん
漫画家、小説家、漫画評論家。短編ギャグ漫画を発表する一方、コラムやエッセイなども執筆。現在は、漫画評論を軸とした文筆業が中心。

リアルは暴力だけじゃない

漢 a.k.a.GAMI

2016年6月収録

ラッパー。1978年生まれ。東京都出身。MS CRUのリーダーとして、2002年に1st EP『帝都崩壊』でデビュー。同年8月の“B BOY PARK 2002 MC BATTLE”で優勝。2005年に1stソロ・アルバム『導～みちしるべ』を発表。2012年にヒップホップレーベル「9SARI GROUP」を設立。2015年6月には初の自伝『ヒップホップ・ドリーム』を発表。『フリースタイルダンジョン』でモンスターにもなった。アルバム『ヒップホップ・ドリーム』が発売中。

——著書『ヒップホップ・ドリーム』がおもしろかったので、話を聞きに来ました！　こういう本を出した人が、地上波にいま出てるってこと自体が奇跡だなと思うんですよ。

漢　そうですね、そういう時代になったのかなって感じですよ（笑）。自分自身も丸くなったとか更生したっていうのもおかしいけど、感覚的には少し歳とってきたのかなって。

——まあ、そうじゃないとテレビには出しちゃいけないはずですからね（笑）。基本、リアルを追求する人だから本にも嘘を書きたくないんでしょうけど、上手いと思ったのは言い替え語を巧みに使うことで、あきらかにアウトなことを乗り切ってることなんですよ。

漢　そうですね（笑）。ヒップホップを本のなかでどうやるかっていう部分で。リリックとも違うし、なるべくヒップホップが伝わるニュアンスで意識したっていうよりは、日頃のヒップホップ感を言葉に替えた感じです。

——ある種のイリーガルなストリート・ビジネスで稼いでいた話が、これだけ当たり前のように出てくる本ってないと思うんですよ。

漢　そうですよね。それで一番ビックリするのが、これができあがって発売前に一番最初に読んだのが自分の親父っていう（笑）。

——うわーっ!!

漢　親父が一晩で読み切ってました。「やっぱり思ってたとおりじゃねえか」みたいなニュアンスだったんですけど、問題ないことしか表現はしてないし、ヤンチャだったんだなって思うような本になってればいいですね。

——「観葉植物のディーラー」「きれいな七枚葉の観葉樹」みたいな表現が最高でした！

漢　当時は観葉植物自体、いまと違ってそういう趣味を持ってる人が少なかったんで、そんなお仕事に携われたのはうれしいですね。

——うれしい！　ハッキリとは書いていないですけど、アムスに種を買いに行くとか、読めばひとつの線にはつながっていく感じで。

漢　そうなんですけどね。日本もいろいろ考え方が変わってきてる人もいるみたいなんで、変わってくれたらいいなって。自分はそうなると正当化できるんですけど、まだ法律的には変わらないんでなんとも言えないです。

——高樹沙耶さんが大麻解禁を掲げて出馬しましたけど、彼女が当選したらこの表現が変わる時代も来るかもしれないですか？

漢　そしたら書き直して再発します（笑）。

——宇多丸さんが、「事件とかスキャンダルとかならまだわかるけど、大麻はいいでしょ、たかが大麻で！」みたいなことはよく言ってますよね。

漢　「たかが大麻だ」って俺もビックリするんですけどね。「え？」と思うんですけど。

——ダハハハハ！　輸入業者側が（笑）。

漢　「人から見たらアンパンとか覚せい剤やってるのと変わらないですよ」って言いたくなっちゃうけど、ジブラもすごくないですか？「ジブラさん、マリファナがこの国で解禁になったらどうしますか？」って聞かれて「毎日吸います」とか言うんですよ、ツイッターで。俺そんな返答できないですから。

——いろいろ疑われる発言ですからね（笑）。

『ヒップホップ・ドリーム』
15年、河出書房新社刊行の漢 a.k.a. GAMIの自伝。独特の隠語でストリートビジネスのやりとりが綴られている。ヒップホップファン以外にも反響を呼んだ。また、18年3月には同名のアルバムが発売。ジャケットには本書の表紙写真のコラージュが使われている。

漢　こういうのも知識の洗脳だとするなら、いまヒップホップっていうフィルターを通したら、こんなにスキャンダラスの業界ないぜ、めちゃくちゃおもしろいぜっていうふうにできると思うんですよ。「またあいつ大麻で捕まった」「バカだね」「覚せい剤だって」「ヤバいね」みたいに、キリないんで。そういう意味ではいろんな情報あるじゃないですか。あとは演じてたりリアルを貫いてるみんながどれだけエンターテインメントとして魅力を感じてもらえるかだと思うんで。一線を越えてる人間たちがおもしろいっていう部分も表現できてたらいいと思うんですけど。ラッパーを見てても、おまえ芸能人よりだいぶおもしろい、みたいなヤツは結構いるんで。アンダーグラウンドから地上に行きたいですね。

――それが実現しつつある気はしますよね。

漢　この先、いい方向にヒップホップがわかってもらえるようになったらいいですよね。社会派のKダブさんみたいな人がテレビに出て格言を残してほしいぐらいで。「うわ、ラッパーの言うことはちげえ」みたいな。宇多丸さんは結構それできてるっぽいじゃないですか。水道橋博士がなんかのラジオで超大絶賛なんですよ。「コメンテーターとして、スポンサーがついてるところで批判的なこと絶対に言えねえじゃん、みたいなところを彼は完璧なのだ！」みたいなことを水道橋博士に言われてて、そっちの世界でもヒップホップやっちゃってるんだって思いましたね。究極言ったら何十年か後でもいいけど、ラッパーが政治家にならないとおかしいだろ、と。

――漢さんはそっちに行く気はない？

漢　僕はあります。ありますけど、それを堂々と言う人生をまだ送ってないんで、そこにまずは片足を踏み入れてから言いますよ。ぜんぜん痛くもかゆくもない状態になってから。

――こういう人がテレビに出ることになった流れって、どんな経緯だったんですか？

漢　自分が鎖グループっていうのを立ち上げてから意識として変わったのが、自分から業界の関係者に食い込んでいかなきゃな、ってことなんですよ。シーンに食い込むことはべつに自分の表現でいくらでもできるんですけど、業界にツテとかコネクションを作ったり人間関係の部分は、ダースレイダーっていう自分の相方とお互い役割分担で、ダースレイダーにジブさんと連絡取ってもらったりで。

――外交担当のダースさんが動いて。

漢　で、ジブさんが『フリースタイルダンジョン』っていう番組が始まるにあたって、どんなヤツを出すべきなのかダースレイダーに結構相談してたんですよ。ダース自身はちょっとわけあって番組に出られなかったんで、裏方で協力できることがあればってスタンスだったから、じゃあちょっと俺のことも言ってみてって、自分からアプローチした感じですね。そしたらジブさんも、「マジで？　じゃあ、ぜひ」って感じでやらせてもらって。

――コンプライアンス的な問題もぜんぜんなく。

漢　ジブさんがヒップホップでバトルやるんだって言ってるんだから、コンプラに関してはどうにか、ピーでもなんでも、まんまいくでしょっていう覚悟はあるなっていうのはもともとわかってるっていうか、俺をOKする時点でわかってくれてるなっていうか。

――その時点でありえない展開ですからね。

漢　それも、なんでありえないのが当たり前なのか、俺もよ

鎖グループ
12年、漢が立ち上げた会社。ヒップホップレーベルの方は「9SARI GROUP」表記で、14年にBLACK SWANと合併。西早稲田に共同の事務所が設立された。

ダースレイダー
東大出身の異色のラッパー。98年にマイカデリックのメンバーとして活動を始める。10年に脳梗塞により片目の視力を失う。漢の右腕としてKing of Kingsやスクール・オブ・ラップなどのイベント運営に尽力した。現在は鎖グループを離れ、オフィス北野に所属。杉作J太郎と親交が深く、映像作品の音楽を担当することも。

くわかんなくなってたから。「それが当たり前ですから」って言われたらダメでしょ、逆に俺が出るのが当たり前にしていかないとなっていう感覚ですからね。

――アウトなのはタトゥーぐらいですか？

漢 そうですね、刺青でいうとT―PABLOWも出せないんで、あいつも長袖着てるんですけどね。なるべく早くT―PABLOWと俺が同じことやって同じように評価してもらえるようにならないとなって。なんでT―PABLOWが良くて俺はダメなの？　みたいな。顔がダメなのかな、みたいな感じで。

――とりあえず、リアリティが違うというか、漢さんがいることでの説得力は絶対ありますよね。

漢 ただ、最初は自分でも久々にブレたっていうか、自分のなかで割り切っちゃってたような部分にもう一回戻る葛藤があるんですけど、どうしても若いヤツとかまったく知らないヤツに噛みつかれても感情的になれない。「誰だおまえ？」としか思わないし、知らないヤツに何言われても痛くも痒くもない状態で。なんでおまえがチャレンジャーなのにバトルで後攻を取ってんだよ、みたいな意識から入っちゃうんで。そのへんでいろいろ自分のなかで考えをラフにして、「やっちゃっていいんスか、ジブさん？」って感じで、ある時期から昔を思い出してきたっていうか……。

――対戦相手の発言に本気でカチンとくる瞬間っていうのはなくなった感じなんですか？

漢 うん、なんか切なくなる感じです。若すぎて俺を知らないんだったらありかなとか。ぶっちゃけ、負けてもあんまり悔しさもなくなっちゃうとよくない方向に向かっちゃうんで、自分は引退してたりはしてもニセモノになったつもりはねえし。シーンが盛り上がってきそうな気配に敏感にアンテナが反応しただけだと思いますね。ここ、もう一回盛り上がるっぽいから僕がやっていいっスかって。

――昔の、ヒップホップをやる以上は発言や行動も全てリアルを追求していくエピソードってシャレにならないレベルだったと思うんですよ。

漢 まあ、ならなすぎて自分でシャレにしてますけどね。だからその時代には番組に出られなかったと思うし、人生うまくできてるなと思いますね。一番最初にプロになったとき、もう死んでしまった佐藤（将）さんって人が担当だったんだけど、その人に「俺は音楽で金なんて儲けられると思ってねえから。俺はストリート・ビジネスでガンガン稼ぐために音楽やってるんだ」って言い切ってたんですけど、いまそんなこと言ってたのビックリしますもんね、信じられないっちゅうか。

――……そのやり方、ありなんですか？

漢 ありなんですよ、ヒップホップでは。

――ヒップホップ文化ではありかもしれないですけど、日本でそれやるのは困難ですよ！

漢 だから俺らはホントにバカ正直者なんですよ。深い話で捉えられちゃ困るんでギャグ程度で受け止めてほしいんですけど、要は日本が敗戦してからいろいろ仕組みが変えられていく過程で、なぜか負けた国のやってる娯楽文化みたいな、エンターテインメント性にみんな持ってかれてしまうという矛盾があるじゃないですか。僕のなかで引っかかってたのが、真似ごとしてアメリカ人から笑われたくない。アメリカのヤツも「俺らが始めたものがほかの国のヤツまで伝染して、ちゃんとルール知ってやってるな、何を言ってるかはわかんないけど」って思

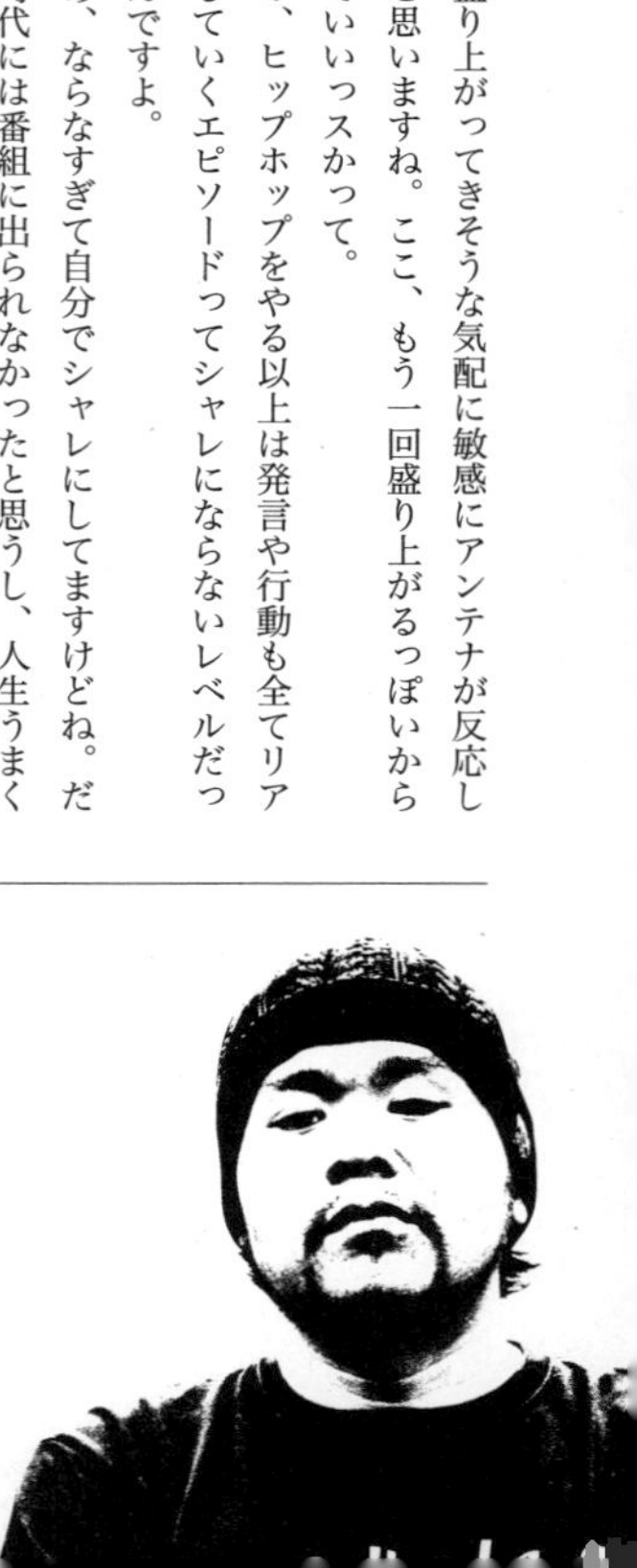

T-PABLOW
川崎出身のヒップホップグループ「BAD HOP」のメンバー。『BAZOOKA!!!』（BSスカパー！）の「高校生RAP選手権」で優勝。そのままスターダムを駆け上がった。地元では有名な不良で、それらのエピソードは歌詞にもなっている。

佐藤将
元P-VINEレコードのA&R。日本のアンダーグラウンドシーンに多大な貢献を果たし、鎖グループの設立にも尽力。MSCの代表曲である『TRU B-BOYZ STRIKES BACK』の歌詞にも登場している。

うようにしないと本物じゃねえ。それがコンセプトだったんで。アメリカ人に対して、「純粋にあんたらの映画を真似してるだけだけど何か？」「真似しすぎるぜ、俺らはまじめだから」ってオチで。

――まじめにやりすぎちゃったんですよね。

漢 うん、まじめにやりすぎた結果、死ぬまで間違ってたらリアルだし、そいつが死ぬまで間違ってたら間違いじゃないと俺は思うんで。そういう流れだったのかなと思います。

――海外のギャングスタの人たちもじつはギミックだったりすることが結構あるわけじゃないですか。そこまで本当じゃないっていう。

漢 だから、そこも「日本人らしいだろ？」って感じですね。日本のヒップホップは日本人がやるからまじめだし、そういう意味では日本のヒップホップってアメリカを抜いてるんですよ。アメリカの歴史を残してるヤツらはフェイク野郎じゃなくて真実を残してくれてるんで。たとえばアフリカ・バンバータはギャングの抗争がすごい時代に、「ブレイクダンスでケリつけろよ」「ラップでケリつけろよ」みたいな感じで、殺し合いじゃなくてバトルで決着つけるようになったっていうじゃないですか。ビギー、2Pac死んだら、いまだにビギー、2Pacみたいなことを歌って拳銃もまだ持つし、まだ殺し合いしてるじゃん、変な意地を張っちゃって。ヒップホップのいいところは、ラップでケリついたりラップで昇華できるところじゃねえの？って。

――それができるはずなんだから、と。

漢 日本では僕らの上の世代からいろんな世代が全国にいて、誤解されたり確かめ合いで男の子同士のぶつかり合いをして、

アフリカ・バンバータ
ニューヨーク出身のミュージシャン、DJ。ヒップホップの礎を築いた3大DJの1人と言われ、ラップ、DJ、ブレイクダンス、グラフティからなるヒップホップの4大要素を提示した。ヒップホップの名付けの親とも。

ビギー
ノトーリアス・B.I.G.の愛称。ニューヨーク出身のラッパー。身長190cm、体重136kgの巨漢。ラッパーとしてのデビュー前はプッシャーであった。94年に銃撃を受ける。97年に再度銃で撃たれ死亡した。

2Pac
ニューヨーク出身のラッパー。当初はビギーと親交が深かったが、94年のビギー銃撃の犯人と疑われたため以降険悪となる。96年に何者かに銃撃を受け死亡。ビギーと2Pacの2人は東西海岸ヒップホップ抗争の犠牲者といえる。

いま何個かネットワークがあって、それが手をつないで協力しだした時点で、もうヒップホップとしてはアメリカに勝ってるじゃんって。そういう意味で、今度は商業的な、ヒップホップ産業みたいな感じで自分らがどれだけ金を作っていけるか。この部分ができればだいぶ証明できるんじゃないかなと思いますね。なので『フリースタイルダンジョン』は、それのひとつの形でもあると思ってるんですよ。

――漢さんの本で一番印象的なのは、そのリアルを追求していくルールなんですよね。

漢 だからホント、バカげた話っていう感じで、人からしたら「リアル？」みたいな。リアルにこだわると自分の話をひっくり返されちゃうから、詰めてくる人もいるぐらいだったんですけど。リアルってヒップホップでよく出るフレーズじゃないですか。それこそ自分らが上の世代から教えてもらった言葉だし、上の世代が教えてくれたことを、俺らはもっと忠実にやってますけどってことで。

――さらに追求した形で。上の世代はもうちょっとギミックに近かった気もしますけど。

漢 そうなんですよ、漫画の登場人物みたいなのが出てきたり、みんなが「リアルで」「路上で」みたいなこと言ってるわりには、ぜんぜんラップが伝わってこない印象だったんですよね。それでもKダブシャインだったり、俺の地元のヒップホッパーでもないヤツが「この歌いいよね」とか知ってたりして、こういうのだったらヒップホップっぽいねと思って。でも、そう思えるのが少なかったんですよ。

――ちゃんとリアルを歌っているものが。

漢 物語を作れるヤツは、それは才能ですごいと思うけど、僕らはその才能がないから目の前をなるべく歌ってるっていう言い方をいまもしてるんですけど。それがひとつの自分らを売り出す手段でもあったんですけどね。

――どうかしてましたよね、他のラッパーのアンリアルな表現すらも絶対に許さないっていうスタンスは。

漢 そうそうそう。「おまえらが挨拶してきてやっと始まるからな、年上だろうが俺らから挨拶することねえから。ヒップホップに先輩とかいねえし」「俺らがいないとヒップホップじゃない、この国は」「とりあえずアメリカ行こう、観葉植物観葉植物」みたいな感じで（笑）。だけどその姿勢は無駄じゃないっていうか、人生で人が学ばなきゃいけない最低限のものを俺はヒップホップやり始めてから学んだ気がするしね。ヒップホップはワルとか不良うんぬんじゃないよっていうのが僕もみんなと共通で思ってるところなんだけど、だからこそ全ジャンルのタイプの人間がいないとおかしくないかっていう感じで。

――どっちのほうが強いとかどっちのほうが悪いって世界じゃないってことですよね。

漢 じゃないですね。それだったらヤクザやるって感じで。俺らはヤクザもできなくてサラリーマンもできない、宙ぶらりんだったんで。そういう定義です。だからラッパーという最後の道で、逃げられねえじゃん、詰められても出なきゃいけないとこ出ても、ラッパーとして続けていくためには。なんでかっていうとラップで有名になったらバレちゃうから。それは不良じゃなくても、まじめだったヤツもそうなんです。ウチでいま一緒にやってるダースレイダーなんかも東大に入学できたからこそアンダーグラウンド的なルールがちょっとわかってなかった部分もあったりして、ヤツなんかすごい大ケガもしてるし巻

き込まれまくってるのに自分のポジションを確立できたヤツだと俺は思ってるんで手を組んでるし。実際、残ってるヤツらはバカにはしてないっていうか、こいつより我慢か頑張るかしてないから、こいつのほうが売れてるんだなとしか思わないから、KREVAでもなんでも。俺が生きるテーマは本気で頑張ることで、人生で6割ぐらいしかまだ頑張ったことがないっていうか。だから早く10割出せる人間になりてえなって感じですね。

刺すか刺さないか

——かつての事件の話をもうちょっと深く聞きたいんですよ。フリースタイルで「刺す」ってフレーズが出たときに、リアルである以上、比喩だなんて言い訳は通用しない、刺すって言ったらやらなきゃいけないって追い込んだっていうのは、明らかに異常すぎましたよね。

漢 リアルを突き詰めていくと、「まあ、それ言ったら刺しますよね」っていうのはあって。刺したっていうのはバカげてるけど、必要だったんでしょうね。大義名分みたいなのはあったし、通り魔的なギャングじゃないし。それだけナメくさられたらな、みたいな。

——ラッパー同士だったらそれはぜんぜんあり？

漢 ありなはず、みたいな感じでしたね。いまだにたまにいますからね、「おまえら、なんでもありでしょ？」って試されたりとか。だから言った以上は……って気持ちでいまもいるし。そう言ってしまってるし、そう解釈されてる以上、友達だったけど、いまは友達は無理ですねって人もいるし。そこはルールは一緒ですけどね。ただ、いいか悪いかとか、そういう問題は当事者同士で解決して、向こうも昇華してる問題だからってことで。

——事件化はしなかったわけですか？

漢 いや、向こうはしかけましたよね。

——被害届を出して？ それとも示談？

漢 いや、示談はないです。被害届を取り下げてくれるような動きを取った人間で、「おまえらヒップホップで警察に駆け込むとかねえだろ？」って言ったヤツがいるんですよ。

——そうだったんですか！

漢 また、そいつが仲いいヤツじゃないのが深いんですよね。どっちかって言ったら、いがみ合ってたヤツが言ってくれてるんで、そのへんは人生うまくできてるというか。１００の間違いはよくないけど、自分らのある程度の理由があってやった行動で、俺らも間違い切ってはいないでしょっていう部分ではうまく大丈夫なようになってるんだな、って。

——そんな流れで、相手を拉致しようとして襲撃するエピソードにも戦慄しましたけど。

漢 でもね、地方とかはまだありますよ。東京でも稀に聞きます。「なんで俺の前で言ったの？」みたいな話も含めて、そういう話ってたまにありますよね。ちょっと恐怖的な、この雑誌（掲載誌の『実話BUNKA超タブー』）に合わせたことを言うと、俺らの業界でプロアマ関係なく、いままで出会った行方不明者とか音信不通者のなかで何人が死んでるのかってホント考えたことあります。絶対いるだろうなって思いますよね。どうやら行方不明とか音信不通じゃないくせえ、みたいな。どうなったか誰も知らないっておかしくねえか、みたいなのが何

KREVA
KICK THE CAN CREWのメンバー。ヒップホップソロアーティスト初の武道館公演を行うなど、抜群のセールスを誇る。一方で、かつてはフリースタイルバトルの場でも活躍。99年から始まった、「B-BOY PARK」のMCバトルでいきなり3連覇を果たしており、いまだにこの記録は破られていない。その実績から、般若が『フリースタイルダンジョン』内で宣戦布告を行った。

人かいるし。

――いま、たとえば『フリースタイルダンジョン』で挑戦者が漢さんに対して刺す刺さない的なことを言ってきたら、どうしますか？

漢 それに関しては誤解ないように言っておきたいのが、『フリースタイルダンジョン』は完全にスポーツ型ですよ。だから、そこにリアルを追求するルールを持ちこんじゃいけないし、僕もいまの立場でそのルールでフリースタイルやってたら危ないんで（笑）。

――絶対にアウトですよね（笑）。

漢 はい。そういう意味で僕はもう卒業してるっていうか、そのルールは。なんでかっていうと、いま鎖グループ始めてるし、当時俺らが突き詰めてた結果でいまがあるわけで、それをずっと続けてるわけじゃなくて、その経過で学んでいまの形ですから。だから、それをテレビで「おまえ、あんまりやってねえじゃねえか」って言われたら負けますね、いろんなこと言わなきゃいけなくなって。

――説明が面倒くさいですからね。

漢 面倒くさくて、「じゃあやっちまうか」みたいな感じになっちゃいますね。たまにありますよ、昔の雰囲気を一回試しにスポーツ的に出してみようか、「おまえ、あとで絶対裏で挨拶とかすんなよ」みたいな感じでゴリッとやってもいいかなっていうのは。ただ『フリースタイルダンジョン』では、ヒップホップのゴリゴリっていうのはどうでもよくて、ヒップホップの言葉の表現をなるべく提示したいっていうか、いま違う土俵だと思ってチャレンジャーを見てますね。ほかの大会に出てても、もはやルールは違いますよね。

――いまそのルールでやってたら大事故になるし、ルールは変わって当然だと思います。

漢 大事故ですよね。当時は1回試してリアルを突き詰めたっていうだけで。だからリアルは暴力だけじゃないし、金持ち版のリアルもあると思うし。最近、金持ち版のリアルのヤツに出会っちゃって、ホント度肝を抜かれたんですけど、そいつがまたバトルで強いんですよ。「おまえは知らねえだろ、俺が毎晩六本木で飲んでる酒がいくらか、女をどう抱くか」「ウチの親父は2台しかないロールスロイスを持ってるんだ」みたいなリアルを出してくるんですよ。こいつ超ヤベえとかなって、俺ら盛り上がっちゃって。そいつバトルでも結構いいとこまで勝ってましたからね。

――以前所属したＬｉｂｒａ Ｒｅｃｏｒｄｓとのトラブルやビーフもありましたけど、そこの代表とつながったきっかけもストリートビジネスの依頼だったことにも衝撃を受けたというか、謎が解けた気がしましたよ。

漢 そうなんですよ、だから一応レールはヒップホップなんですよね。お互い名前は知ってて。なんかすげえその名前を聞くな、って。

――レーベルの社長といっても、もともとそっち系の悪い人ではあったってことですね。

漢 そうですね、いいか悪いかでいうと完全に悪い人に見えますね。すっげえワルじゃんこいつ、みたいな。ただワルの世界でいうと不良タイプと商売人という言い方をしたら、この人は商売人で、不良ルールとはまたちょっと違うっていう。「おっかねえじゃん、この人の筋」みたいな感じは印象的にはあったんですけど、でも一緒に組むとなったら信じなきゃいけない

Libra Records
かつて漢が所属していたヒップホップレーベル。漢の告発により、社員へのパワハラやアーティストへの金銭未払いなどのトラブルが露呈した。現在、鎖グループと法廷闘争中だが、漢が発起人であるMCバトルの大会「UMB」も引き続き主催している。

しっていう姿勢で徹底して。

——そしたら信じすぎて痛い目に遭ったというか、金銭未払いと暴力的なトラブルをいろいろ抱えているブラックな会社だった。

漢 うん。俺がやめてから、便所なめさせられたとか、フライパンでブン殴られたとか、いまでも信じられないようなことを知って。

——その辺りの告発をDOMMUNEの生放送でやるのもさすがだなとは思いましたね。

漢 そうです、ヒップホップなんで(笑)。テレビの仕事もぜんぜんウェルカムって言ってるんですけどね。Kダブさんもあれだけ芸能界否定してたのに芸能界に行っちゃったじゃないですか。そのへんも納得いかないんで、「ちょっと自分もいっすか?」って言って、そのへん真相を聞きたいと思ってるんで。

園子温監督の激ヤバな姿

——地上波効果って感じます?

漢 あるはずです。ただ、俺は声かけられにくい。サイプレス上野なんかに「おまえ、声とかかけられる?」って聞くと「バンバンですよ!」って言うから、サイプレスでそれだけ効果あるなら俺もうちょっとあるわって。

——番組以外でも、自分たちがやっている動画チャンネルで加藤紗里さんや田代まさしさんと絡んだりの流れもあるじゃないですか。

漢 加藤紗里は、この近くに会社経営してる人間がいて、その人間が投げてくれた話で。その人間がネット上での広告的な部分で絡みがあって、「加藤紗里で仕事できるんだけど、なんかアイデアある?」「じゃあ狩野英孝のことディスっちゃおうか?」みたいな感じから始まったんですよね。でも、狩野英孝さんディスはNGっぽいってことで、「じゃあもう一回書き直せ」「はい、じゃあできた、もう一回録ろう」ってササッと、ビデオも含めて1日2日で作っちゃいましたね。

——あれ、加藤紗里さんがこうなるぜんぜん前ですもんね。最初にイジッた人ぐらいの状況で。

漢 だから「これ、女が気が変わる前にいけ」「契約書も書いてねえけど、だからこそいけ」ってその人が言ってて(笑)。俺らも契約書のことでいま闘ってるのに大丈夫かこれと思って。でも、「加藤紗里は芸能人じゃねえんだから。女だし」とかそいつも言うから、一理あると思って。「でも会ってみないとね」って言ってたら次の日にもう来て、探り探りだったけど、ビデオも1日で作って、「気が変わんねえうちに流しちまえ」って。

——だから早かったんですね(笑)。

漢 そこはもうスピーディーにやってもらいましたね。結果、自分的にはおもしろかったですね。D.O(練マザファッカー)なんかも(大麻所持で捕まって以来)メディアから遠ざかってたけど、こういう抜け穴からテレビに登場するのもヒップホップらしいなと思って。そういう意味ではヒップホップしてるなって思っておもしろかったです。

——ただ加藤紗里さんは、自分の後にコラボしてたのが田代さんだったことで「田代まさしとは一緒にされたくない」とか言ってて。

漢 それにはこっちもカチンときつつも、「まあそうだねー」って(笑)。あとはどっちが残るかふたりのバトルで、見届け

DOMMUNE
VJの宇川直宏が主宰するライブストリーミングチャンネル。この放送で漢は前所属の「Libra Records」の悪行を暴露。以後、法廷闘争へと続く。

サイプレス上野
横浜出身のラッパー。「サイプレス上野とロベルト吉野」のマイクロフォン担当。『フリースタイルダンジョン』の初代モンスター。17年、ミニアルバム『大海賊』でメジャーデビューした。サイプレスが監修を務める『サウエとラップ〜自由形〜』が『週刊少年ジャンプ』(集英社)で連載中。「LEGENDオブ伝説」名義で、DJ活動も行っている。

加藤紗里
06年のミス日本コンテストで中国・四国代表に選出され、上京してファッションモデルに。狩野英孝の未成年淫行騒動の時に、元カノとして注目を浴びた。16年に漢のサポートを受け、『ガリガリサリ(feat. RYKEY、漢&D.

たいですけどね。田代さんは、あれに関してはノーコメントって言ってたんですけど……。

――そもそも田代さんはふつうにブラックミュージック好きの不良の人じゃないですか。

漢 そうそう、ブラックの雰囲気ムンムンで、いい感じでしたね。そういう一連の企画は僕らにとっては宣伝というか。中途半端に俺らのこと誤解してる人や決めつけちゃってる人間、もしくはまったく知らない人に対して、「われわれに言ってくれればこれくらいできますよ」っていう宣伝活動ですね。で、なるべくわかりやすいリアルで、テレビに出るときはそういう感じのヒップホッパーで。

――映画『TOKYO TRIBE』出演時、園子温監督にメンチ切った話にも笑いました。

漢 そうそう、本人は忘れてるかもわかんないですけど、だいぶこっちも気まずいぐらい久々に目をずっと見てました。衣装合わせのとき、こっちに対して「カブト被る」って言われた瞬間に見始めて、被ってからずっと。

――あの派手すぎるカブトを被らされて、なんでこんな格好しなきゃいけないんだ、と。

漢 「これ俺に被らせんのか！」って心のなかで言いまくってたら、「漢さん、髪の毛も結構伸びてるし、なしでいきましょう」「よっしゃ！」みたいな(笑)。MEGA-Gがそのとき、「何い？」とか言ってましたもん。「でも、おまえも最近気持ちよくカブト被ってるじゃん」って言ったら、「いやハマッてきちゃって」とか言ってましたけど。最終日バカにしてたら、あいつもそれに乗っかっちゃって「俺、今日撮影に行かないです」ってホントにボイコットして。で、「おまえが行かないっていうんだったら俺も行かないぜ」とか言ってたら、すげえ電話きちゃって。そしたらMEGA-Gが「行かないとヤバいっぽいっす」とか言って。「また俺のせいになるじゃねえかよ、おまえに付き合ったのに。急げ！」って、結局中途半端な時間に行って印象が悪いってオチでしたね、あの映画は。

――ダハハハ！ 園監督はどうでした？

漢 園監督は、ヒップホップだったらよかったですね。ヒップホップじゃないと危ないよあんたって人です、俺のイメージでは。

――まあ、何するかわかんない人ですよね。

漢 何するかわかんないし、出会ったときから「俺よりヒップホップやらないで」みたいな感じでした。まず最初、自分の知り合いの家が面接会場みたいになってたんですけど、園子温が待ってるといわれる建物の前にはまずゲロですから。「ゲロ吐いて寝てるから」とか言われて、「え、誰が？」「園子温が」「え、この寝てるのが園子温？」「そう、だからちょっと時間かかる」とか言われて。

――こんなコワモテラッパーを呼び出しておいて泥酔してゲロ吐いてるんですか(笑)。

漢 そう。ヤベえこの人と思って。また自分の後輩もふつうにバーで知り合ったって言ってて、「あの人、超ヤバいですよ。酒の飲み方も絡み方も」って聞いてたんで、ホントにそうくせえなこいつ、ぶっ飛んでるわ、みたいな感じでしたね。あと、「ヒップホップがわかんないからミュージカルにしました」っていうのは、表現としてすごい腑に落ちたっていうか。その表現なかったら、この映画どうなってたんだろうって思った。「世界初のラップというものを使ったヒップホップミュージカルなんO)』をリリースしている。

D.O
練馬区出身のラッパー。3つ編みにサングラスそして全身に入った刺青と、見た目のインパクトは絶大。積極的にバラエティ番組に出演し人気を博していた最中、09年に麻薬取締法違反で逮捕された。語尾に「メーン」とつける独特のしゃべり方も有名。

『TOKYO TRIBE』
井上三太の同名漫画原作の映画。『冷たい熱帯魚』などの作品で知られる園子温が監督を務めた。ヒップホップに造詣の深い井上らしく、漫画には随所にそのエッセンスが散りばめられている。

MEGA-G
大田区出身のラッパー。かつて漢らとヒップホップグループMSCを結成。3つ編みに結ばれたあご髭が特徴的。同じくMSC出身のDOGMAと新ユニット「STONEDZ」を結成し、16年にアルバム『STONEDZ PROJECT』を発売している。

だよ、この映画。そういうイメージでお願いします」って挨拶で最初に言ったんです。ミュージカルだったらありかもって解釈できた。じゃなかったら内容もよくわかんねえし、オチもよくわかんねえし。ラッパーみたいなヤツを納得させるの難しいですもん。ちょっと何かあったら「おいナメてんのかよ！」みたいな感じになるわけですから。

——確実になりますよね。

漢 うん。そんなに考えてなかったんだろうけど、やっぱり持ってるものがある人なんだと思いますね、そういう発言するのは。あと撮影の女と話してると、完全に自分がツバつけたヤツと、つけたいヤツとか風俗の女とかばっかりじゃん、みたいな感じなんですよ。

——そういうことでも有名な人ですからね（笑）。

漢 ヒップホップだからヤッちゃってんだな、この人みたいな感じで。映画の世界でこれいるんだ、みたいな。うらやましいですね、あの人。超ドープですよね。でも、あながち嘘じゃなかったり、そういう一面があるのに成り立つ人なんだなっていうことですよ。映画っていう業界はあんまり知らなかったんですけど、園子温さんはおもしろいですね。

反対車線に停まってても事故らないのは、UFOを見たあの日以来なんです

小林清美

2016年10月収録

アイドルプロデューサー、シンガーソングライター。山梨県出身。K&Mミュージック代表。1994年に『どんな強い風の中でも』でデビュー。1996年に発売された『じゃあね』はアニメ『モジャ公』のエンディングテーマにもなった。その後、K&Mミュージックスクールをスタートさせ、そこからはPeach sugar snow、FUJI△PASSIONといったアイドルグループが生まれている。

――ちょっと殺伐とした雑誌なんですけど、気にせずいつもの感じで話してください！

小林 わかりました。ふつうでいいんですかね。ふつうしかしゃべれないですけど……。

――いつもイベントで話してる感じで大丈夫です。

小林 壮絶な人生を話してもいいですか？

――先生が問題ないのであればお願いします！ 世間的にはいまアイドルのプロデューサーでありソロ歌手でもあるわけですけど、バックボーンがすごく気になるわけですよ。もともと家庭環境が特殊だったんですか？

小林 もともとふつうに本当のお父さんとお母さんがいて。お父さんは人間的にぜんぜんダメな人で、お酒と女の人と借金と全部ですね。

――問題しかないような人だった（笑）。

小林 そう、問題しかないような方とお母さんが結婚して。母もべつに婚約者がいたらしいんですけど、お父さんの財力みたいな……。

――そのときはまだ財力があったんですか？

小林 そのときはすごいありました。母は山梨から出たことがなくて、本当のお父さんは東京の人で、某企業の山梨の支社に来たときに母が受付をしてて。都会の人にあこがれがあったみたいで、そのとき婚約者がいたのに「今度、ご飯を食べに行きましょう」みたいなことをお父さんに言われて、「素敵な人」みたいな感じになって。口が上手な人だったんで騙されたとは言ってたけど、お金いっぱい持ってるとか、俺はこういうことしてるんだって大きなことを言われて、婚約者を捨てていっちゃって。それで生まれました（笑）。

――つまり、家にまだお金があった段階で先生が生まれたわけですね。

小林 そうです。小さい頃は英語幼稚園みたいなところに行ってて。そのときは「バナナ」とか「アップル」とか、それぐらいしかしゃべってなかったですけど。そしたらある日、自転車の補助輪を取る練習をしようって夜に外に出されて、練習してたら「ちょっと車に乗って」って言われて車に乗せられて、気づいたら山梨だったんです。要は夜逃げみたいな、周りに迷惑かけたからもうここにはいられないってことで出ていったらしくて。

――お父さんの借金がすごいことになって。

小林 それで、いままで住んでたきれいな家じゃなくて、山梨のボロボロの平屋みたいなところに朝起きたら着いてて。「え、これは夢かな？」とか思って、「どうしたの？」って聞いたら、「今日からここが家だよ」って言われて。「お父さんは？」って聞いたら、「しばらく離れて仕事するから」って言われて、そこから壮絶な日々が始まります。

――お父さんは事業で失敗したんですか？

小林 事業で失敗しました。会社にいればよかったのに、自分で興したらダメになって。

――で、別居して。離婚はしてたんですか？

小林 離婚してなくて、別居してたのに下の子が生まれて。ちっちゃい頃はわかんなかったんですけど、離れてても生まれるんだと思って。で、弟ができて。でもその頃、毎日お母さんが泣いてて、電話で「もう三度目だから無理！」みたいな話をしてて、それで離婚しました。小学校3年生ぐらいのときに。

――じゃあ、お父さんとはそれ以来？

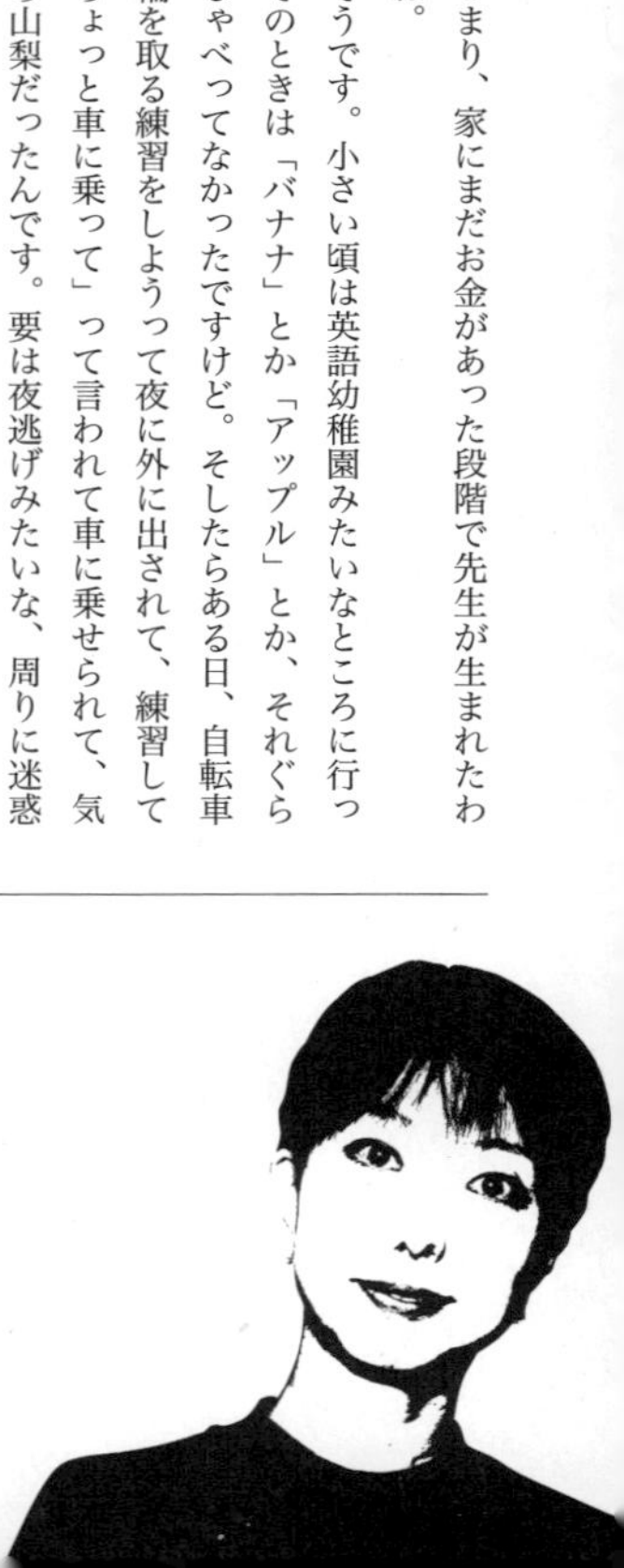

小林　だから夜いなくなってから、ほとんど会ってなくて。でも、私が高校生のときにセブンイレブンでバイトしてたんですけど、そしたら白いスーツ着た男の人が入ってきて、「お父さんだよ」みたいなこと言われたことがあって。田舎で白いスーツっていないじゃないですか。すごい怖くて。店長に「笑顔笑顔」って言われたけど、ずっと下向いてて。

——それはお父さんに対する反発で？

小林　そうですね、話したくないって。子供ながらに、こうなったのもお父さんのせいじゃんみたいなのがあって、急に来られてもと思ってずっと下向いてたら、1時間ぐらいうしろに立ってたんですけど、ほっといたら帰りました。だから、つい最近、お父さんが癌であと2カ月で死んじゃうっていう電話があるまでホントに接点はなかったですね。

——最近になって再会したんですね。

小林　そのときはお父さんが「清美ごめんな」みたいな感じで泣いてたりして、こっちも「いや、べつにもういいよ」って言って。

——美しい家族のドラマじゃないですか！

小林　そこまでは。あと2カ月だから笑って送り出そうと思ったら、3日後ぐらいに電話かかってきて「お金を貸してほしい」って。

——美しいドラマじゃなかった（笑）。

小林　そう（笑）。「え、あと2カ月で亡くなっちゃうのになんでお金が必要なの？」って聞いたら、「お世話になった人がいっぱいいるから、その人たちに返さなきゃいけない」って言うんだけど、私にも迷惑かけたのにまだ取るんだと思って。「べつにお父さんにお金を渡すのはいいけど、それがどう使われるかわかんないし」って言って。だから最後までそんな人でした。悲しいなと思って。

——それで亡くなったんですね……。

小林　最後までそんなんで終わるんだと思って。で、自分に保険をかけててくれて、そうやって最後に残してくれたんだと思って保険会社に申請を出したら、後日、「病気なのに病気じゃないって言って入ったから保険は下りません」って連絡がきて、最後の最後までかと思って。この人の人生って誰にもいい人だって思われなくて、最後の最後まで、「苦しい苦しい」って言って亡くなったんですよ。だから、かわいそうだなって思ったんですよね。そういうふうには絶対に生きたくないです。

——で、子供の頃、山梨に置いてかれて？

小林　置いてかれて（笑）。

——基本、お金はなかったんですか？

小林　ずっとなかったです。寝てると母がスナックにアルバイトに行くんですよ。で、弟はまだ生まれたばっかりで妹もまだ小さい、私もまだ小学校1年になるかならないかっていうときで、下から泣いていくんですよ。弟が泣く、妹が泣く、私は泣けないじゃないですか。「お母さーん！」って泣いてるのを、「大丈夫だよ、帰ってくるよ」って言って疲れ果てて3人とも寝て、朝になると母が平気な顔して起きてるんですよ。「なんでいつもいないの？　ふたりともいつも泣くんだよ、いつも私があやしてるんだ」って言ったら、「何言ってんの、お母さんずっと横に寝てたじゃない」って言うんですよ。それが毎日続いて、今日こそは絶対起きてようと思ってずっと目を開けてるんですけど、やっぱり眠くなって寝ちゃってっていう繰り返しでした。

——長女として気を張って生きてきて。

小林 途中でお母さんが再婚してふつうに暮らせるようになって。いまのお父さんが大工さんで、お父さんが建ててくれた家があるのでマシになって。私が高校生のときに再婚したんですけど、子供の頃からずっと歌が好きでピアノも好きで習っていて。勉強しながら歌手を目指して。ある日、旺文社主催の作詞作曲コンテストに出したら賞をいただいて、頑張れば評価してもらえることがあるんだと思って、そこからもっと頑張るようになって。

――デビューの道が出来ていくわけですね。

小林 高校生のとき、山梨の『カラオケ大賞』っていう番組に伊藤薫先生っていう『ラヴ・イズ・オーヴァー』とか書かれてる作家の先生が出られてて、伊藤先生が「この子いいから県の代表で出してみようよ」って言ってくれて、『長崎歌謡祭』っていうフジテレビの番組に山梨県代表で出たら、それでまた賞をいただいて。そのときに服部克久さんから「ウチに来ないか?」って誘いがあって。

――あの服部克久先生から!

小林 そのとき私、服部克久さん大好きで。

――大好きだったんですか!

小林 作曲家としてすごい尊敬してて。「私も曲を作ってます!」って服部さんにカセットテープを渡したんですよ。そしたら後日電話があって、「君の曲を聴いたよ、おもしろいね」って言われて。そんなの初めて言われて、私の音楽っておもしろいんだと思って。「もしどこも決まってなかったらウチに来ない?」って言われたんですけど、そのときもう伊藤薫先生の事務所から声かけられてたから、最初に声かけられたところを蹴ってこっちに行くってことはできないので、伊藤薫先生の事務所に入ってデビューしました。

UFOに声をかける

――結構ちゃんと歌手活動してましたよね。

小林 事務所がちゃんとしてて。豪さんが昔の曲聴いたことありますって言ってくださって、すごいうれしかったです。小林明子さんもいらした事務所で、作家さんの事務所だったんですよ。社長が女性で、それがすごいよくて。ホントによくしてくださって、タイアップもつけてくださって、コロムビアさんの人もすごくいい方たちで。楽器を弾いてくださる方もすごい方を揃えてくださって、ホント恵まれてましたね。あ、これいままでのシングルです。ファンの人が「先生、これ置いとけば?」って持ってきてくれて(笑)。

――いまは『ドラえもん』好きとして一部で有名な先生が、21年前に藤子・F・不二雄先生原作のアニメ『モジャ公』のエンディングテーマを歌ってたのはよくできた話ですよね。

小林 『ドラえもん』は、お仕事させていただいてからすごい好きになりました。だからいまは「ヤバいよ」ってすごい言われます。部屋にもいろいろ置いとくじゃないですか。実家にも置いてあって、母に「いい加減捨てて」って言われるぐらい置いてあって。

――巨大なドラえもんのぬいぐるみを抱きしめすぎて平らになったんでしたっけ?

小林 そう、ぺちゃんこになっちゃってて(笑)。その当時は自分の曲を歌いたいっていう気持ちが強かったんですけど、いつも薫さんが曲を書くことになって。書いてくださる曲が嫌だ

伊藤薫
53年生まれの歌手・作詞家・作曲家。72年にフォークデュオ「竜＋1」(後に「竜とかおる」と改名)でキャニオンレコードよりデビュー。作詞作曲を務めた、欧陽菲菲の『ラヴ・イズ・オーヴァー』がヒットし、以後多くのアーティストに作品を提供。小林清美の楽曲は、伊藤薫が作詞と作曲を務めているものが多い(『CHANGE』、『近すぎてそばにいて』など)。

服部克久
父は昭和を代表する作曲家・服部良一。パリ国立高等音楽院へ留学後、『サンデーダーク』(日本テレビ)、『ミュージックフェア』(フジテレビ)といった、テレビ、ラジオなどの音楽を数多く担当。98年に、作曲家の小林亜星から、「服部克久作曲の『記念樹』が自分が作曲した曲『どこまでも行こう』の盗作である」として提訴され、結果的に服部は敗訴となり、『記念樹』は使用不可となった。

小林明子
歌手・作曲家。84年に、ブレッド&バター『ムーン・アイズ』の音楽作家としてデビュー。翌年の歌手デビュー曲『恋におちて -Fall in love-』は『金曜日の妻たちへIII 恋におちて』の主題歌になったこともあり、ミリオンヒット。第27回日本レコード大賞作曲奨励賞を受賞。

『モジャ公』のエンディングテーマ
小林清美の4枚目のシングル

っていうわけじゃなくて、自分で表現したいっていう思いが強くなってしまって。一時期、アニメの歌が多かったっていうことで、アニソン歌手になったほうがいいよとか、声優さんになろうよって言われたときに、いまだったらホントにやればよかったなって思うんですけど、その頃は変なプライドがあって。

――方向性としては悪くないですけどね。

小林 そうなんですよね。でも、私としてはシンガーソングライターをやりたかったから、そこで事務所と溝ができて、じゃあ自分でやってみようかなっていうことでやめて。いまも仲良くさせてもらってるのでありがたいし、恩返しすればよかったのになって思うんですけど、申し訳なかったなって。そのときも『こち亀』の主題歌が決まってたんですけど、私が歌いたくないって言っちゃって。

――えぇーっ！　それ大きな仕事ですよ！

小林 そう！　それなのに私が変な主張しちゃって、歌いたくないって言ったら『こち亀』の主題歌が堂島孝平さんになって。私が駄々こねたらすぐコロムビアさんの契約も切れて。いまはなんでそんなひどいことしたんだって思いますけど、バカだったんですね。そこから歌の世界っていうよりも、何か自分で教えたいなって思い始めて、地元に戻ってK&Mミュージックという芸能スクールを立ち上げて、いまに至るっていう感じですね。

――で、子供たちに教えてるうちにアイドルのプロデューサーになっちゃうわけですね。

小林 最初は別のアクターズスクールが山梨県にあって、そこの先生として教えてたんですけど、そこがすごい入会金も月謝も高くて。私がずっと教えてた子が片親だったんですよ。それまで愛情を込めて教えてたんですけど、ある日その子が泣きながら「お金がないからもうここに来られなくなる」って言ってきて。なんでお金がないと歌が歌えなくなるんだろうと思って。そしたらお金なんかかからない学校を作ればいいじゃんと思って。

――自分もお金がなくて苦労したから。

小林 そう（笑）。それで片親の人は月謝を取らないでやっちゃえばいいかって思ったのがK&Mの始まりで。彼女がやめると同時に私もそこをやめてK&Mを立ち上げたら、やっぱり山梨は狭いので、前の学校の社長さんが「なんで違う学校を作るの？　しかもお金が払えなくてやめる子をなんであなたが教えるの？　それは筋が通ってないよ」って言われたんですけど、「お金が高すぎてここじゃ習えないから、ウチがお金もらわないで教えるのが悪いとは思いません」って話して。だけど、やっぱり通じなくて。ただ、そこの学校はもうなくなっちゃったんですけど（笑）。

――そんな流れでK&Mを立ち上げて。

小林 最初は2～3人とかすごい少ない人数からだったんですけど、口コミで広まって生徒が来るようになって、後のPeach sugar snowのメンバーも通うようになったんです。他にも、お金がなくてウチに入って、ずっとウチでやってきた子がデビューするってなったとき、やっぱり昔の私と同じで「これは違うんじゃないか」って思って1回去っていったことがあるんですよ。で、このあいだ山梨でコンサートをやったら、その子が4年ぶりに観に来てくれて。泣いてる子がいるなと思ったら、その子で。

――へーっ！

堂島孝平
シンガーソングライター。97年、『葛飾ラプソディー』が『こち亀』の3代目オープニングテーマに使われる。ソングライター・サウンドプロデューサーとしての評価も高く、KinKi Kids、藤井フミヤ、THE COLLECTORSなど数多くのアーティストに楽曲を提供している。

『じゃあね』（96年）。テレビ東京系列で放映されたアニメ『モジャ公』の35話より、EDテーマ曲に起用された。作詞・伊藤薫、作曲・小坂明子。『藤子・F・不二雄アニメ主題歌・挿入歌集』にも収録されている。

K&Mミュージック
小林清美が主宰する芸能音楽スクール。山梨県・神奈川県・東京都にボーカル科、ダンス科・演技科、ピアノ科の教室がある。新宿事務所はライブハウスとして貸し出したり、カフェとして営業している。

Peach sugar snow
山梨の代表的果物である桃をアピールするため、"山梨発ウィスパーボイスで歌うアイドル"として12年に結成。所属事務所はK&Mミュージック。初期メンバーはpeachのあん、sugarのあいな、snowのももか。16年までに3人が卒業し、17年にPeach sleepskyに改名して新メンバーの山口サララ、hanaで再始動。

小林 「先生、あのときはホントにすみませんでした」「いいよいいよ、いまも歌やりたいの？」「やりたいです」っていう話から、戻ってきて今度お披露目することが決まったんですけど、それもまた楽しみで。一度やめてもまたつながればいい、そういうことが自分にもあったから。そういう時期って絶対あるし、いまのＰｅａｃｈにもつながってて。過去のメンバーはやめてるけど、いまも歌ってる姿を見ると、やっぱり歌いたいんだな、いつかまた「先生、歌いたい」って戻って来てくれたらうれしいかなって思いがあって。

――自分も反抗期を経験してるからこそ。

小林 そうそう、経験してるから。そういうのは絶対あるし、自分との葛藤もあるだろうし。1回外を見ることによって、ここの存在があらためてわかるなら、それでまた戻ってきてくれたらいいかなって思いますね。

――もともと、先生はアイドルの運営をやるつもりはぜんぜんなかったわけですよね。

小林 まったくないですね。とりあえずスクールとして成り立って、ふつうに暮らせてればいいかなと思ってやってたんですけど、みんな目標をもってやってるから、アイドルになりたいっていう夢を叶えるためには私がこの子たちの後押ししなきゃと思って、一番最初に始めたのがＰｅａｃｈだったんで。本人たちがやりたくないものをやっていくのは違うから、いまその時期にちょうどきてて。

――思春期はいろいろありますからね。

小林 そうなんです……。生きてるとホント、みなさんそうですけど波がありますよね。

――清美先生ほどはないと思います！

小林 え、ホントですか？ うらやましいですね。こないだ豪さんのファンの方が、「清美先生、こないだＵＦＯを見たって言ってたじゃないですか。豪さんいわく、ＵＦＯを見たって人はだいたい変なことやってる人なんですってことだから大丈夫ですか？」って。

――スピリチュアル的なことを言う人は意外と薬物経験者が多いってヤツですね（笑）。

小林 「でも私、それ買う手段もわかんないし、やってなくてそういうふうになれるならすごい得だね」って言ったら笑ってて。「でも本当にＵＦＯを見た話をそういうふうに取られたら危ないからしないほうがいいかな」って言ったら、「大丈夫です」って言われて。どういう大丈夫なんだろう（笑）。

――脳内麻薬が出てるタイプなんですかね。

小林 でも、ＵＦＯ見ません？

――見ないですよ（笑）。

小林 ウチの実家に来てもらうと、毎回見えます。ウチの実家の空はホントにすごいんですよ。ヒュンッてなって消えて、またこっちで光ったり、赤とか白とかになります。

――それって、どの時期からですか？

小林 本格的に見たっていうのは最近なんですよ、私がツイッターで「見た」ってつぶやいたときぐらいからよく見るようになって。最初に見たとき、夜中だったんですけどＵＦＯに「そちらはどんな感じですか？」って。

――それ、声も出して聞いたんですか？

小林 出しました。両手を出して、「そちらはどんな感じですか？ もしよかったら連れてってください、でも、帰してください」って言ったその次の日からすごい眠くてだるいんですよ。

運転してても寝ちゃうんですよ。

――え～と、いまは山梨から東京まで、しょっちゅう車で移動してるわけですよね。

小林　そうです、行ったり来たりですけど。

――その間、よく寝ているわけですか？

小林　寝てるんです（あっさりと）。

――絶対ヤバいですよ！

小林　ヤバいんですよ。でも、寝るんですけどぶつからないんですよ。寝て、気づくとたまに変なところに停まってるんです、銀座とか。ヤバいなと思って、ときどきパーキングで寝てみようと思うんですけど、1時間ぐらい仮眠しても結局眠気が取れないからダメだなと思って。あるとき、新宿でみんなでご飯を食べて帰るとお腹いっぱいで眠くなるから、途中、道の真ん中で停まってるんです。

――……まさか高速道路じゃないですよね？

小林　一般道で道の真ん中で停まっても車が1台もいなくて。まだ夜11時とかなのに。たまに反対車線に停まってるときもあって。

――えぇーっ！！　絶対ダメですよ！

小林　おかしいですよね。でも反対車線に停まってても事故らないの、UFOを見たあの日以来なんです。過去はずっと事故ってて。

――ずっと事故ってたんですか！

小林　はい、ずっと。それがUFOに「連れてってください」って言って以降は一度もなくて。でも、過信しちゃいけないと思って、最近は大きく目を開いて運転するようにしてるんですけど。前は高速バスにぶつかっちゃって45キロ渋滞つくっちゃって。帰って「たいへんだったんだよ、事故っちゃったんだよね」って言ったら、父が「え？」って言って、お母さんに「さっきラジオで言ってた45キロ渋滞って清美だったぞ！」って。「何やってんだよ！」ってすごい怒られて。

――命に別状はない感じだったんですか？

小林　フロントガラス全部割れて挟まれて脱出できないぐらいだったのに、そのガラスの破片でちょっと切ったぐらいで、あとは無傷で。だからケガしたことないんですよ。でも、あんまり過信しすぎるといつかポックリ逝っちゃうから最近はすごい気をつけてます。

――運がいいのか悪いのか。

小林　人生すごいたいへんじゃないですか、だから神様ってそういうところでバランス取るのかなと思って。前に山梨の有名な占いの人に診てもらったら、その先生が言うには、70歳まで大丈夫、ただ70歳で危ないって。

――その歳で危ないのは仕方ないですよね。

小林　「冷えに気をつければ70まで生きられます」って言われたんで、意外と生きられるんだなって、まだ頑張ろうと思ってます。

五股かけられる

――波乱の多い人っぽいんですよね。

小林　自分はふつうと思ってるんですけど、周りから見たらたいへんみたいです。

――騙されやすい説もあるじゃないですか。

小林　すっごい騙されますね。五股かけられたこともありましたし……（あっさりと）。

――五股！　ふつうお父さんが浮気したら、反動ですごい気をつけると思うんですけど。

小林 わかんないんですよ、すぐ騙されちゃう。五股のときは、彼氏が社員旅行でハワイに行ってたらしくて1週間ぐらいいなくて。ある日、帰ってきたらポストにお土産が置いてあったんです。帰ってきたんだと思って彼の家に行ったら、チェーンがかかってて開かなくて。で、ちょっとドアを開けて見たら私と同じ靴が置いてあったから、「あれ？　私この靴を置いてったんだな」と思って。

――明らかに違いますよ！

小林 そしたら「ちょっと待ってちょっと待って！」ってロフトから彼の声が聞こえてきて、まだ外は明るいのに真っ暗なんですよ。「とりあえず帰るね」って、そのとき気づいてなくて。で、タクシーに乗って帰ったら追いかけてきて、「ごめんごめん、いま親戚の人がウチに来てて」って彼には言われて。

――なんで電気を消してんだっていう（笑）。

小林 そのときはわかんなくて。で、家に帰って、「あれ？　親戚の人が家に来てて、部屋が真っ暗、それでチェーンかけてるって……そんなことあるかなあ？」って、次の日になって、ちょっとおかしいかもしれないと思って。で、あの靴もウチにあって。で、「親戚の人って言ったけど、それで部屋が真っ暗ってことあるかな？」って言ったら、「なんか具合が悪くて」って。そういうのを意外と信じちゃって突き詰めない。そう言ってるんだからそうかなと思ってしばらくしたら、職場の友達が「言おうかずっと迷ってたけど、ハワイ旅行の日から同僚の女の子と付き合いだしてるよ」って言われてすごいショックで。でも、突き詰めないで別れました。

――そんなことばっかりなんですか。

小林 そういうのが多々で、本当の愛を知らないと思います。だから、ふつうに家庭を持って子供たちがいて手をつないでる夫婦とか見ると、頑張れって思っちゃう。自分にできなかったから、いいなって。それと、お金とかもすぐあげちゃうんです。大学生のときにバイトしてたところのオバサンから「10万円貸してほしい」って言われたりとか。

――大学生には結構な額ですよ。

小林 親戚が亡くなってそのお葬式だかで貸してって言われて貸したけど返ってこなかったり、そんなのしょっちゅうですね。でも、お金って返ってこないものだと思ってるし。お金に苦労してきたんだけど、お金に細かく生きてると人生が損な気がして。騙されたって思ってなくて、困ってるんだったらその人を知ってたら助ける。知らない人に急に貸してって言われても貸せないかもしれないけど。

――人間関係ができていれば。

小林 はい。

――ボクぐらいだったら？

小林 豪さんだったら絶対に貸します！

――ボクはぜんぜん困ってないですよ（笑）。

小林 困ってないと思いますけど、豪さんがもし困ったときがあるならば私は全力で助けます！　なので心配しないでください！

――ダハハハハ！　むしろ心配ですよ。借金の保証人とかなっちゃいそうに見えますね。

小林 保証人はなったことないですね。さすがにそういうのは、

何千万とかだったら1回考えると思います。スタッフは「先生はこういう人だから、言ってもわかんないよね」って。たとえば昨日も南波（一海、音楽ライター）さんに怒られたんですけど、「もっと生徒にも強く言うべきです」みたいなこと言われて。強く言ってわかってもらわなきゃいけない部分もあるんだけど、なかなか言えなくて。強くなるにはどうしたらいいですか？

――ボクも強く言う側じゃないですからね。

小林 豪さんいつもすごい穏やかじゃないですか。それでも怒るときはあるんですか？

――ぜんぜん。

小林 怒りの感情は出ないんですか？

――ないですね。

小林 え、すごーい！ そうか。だから、こんなにみなさんから好かれるんですね。

――それは誤解です！ ちなみに藤子F先生のお葬式に行ったぐらいボクも藤子好きで。

小林 ホントですか！ でも、豪さんはドラえもんのぬいぐるみは置かないですよね。

――グッズは相当持ってますけどね。

小林 豪さんいっぱいいろいろ集めてそうで、部屋が足りなそうな気がします。私も最後はそういう部屋に埋もれて寝たいです。

――……なんですかそれ？

小林 息を引き取るときは好きなものに囲まれて死にたいなって。こないだ貸金庫に、私も何かあると困るのでいろいろ書いてきて。

――遺言とかを金庫に入れたんですか？

小林 「このドラえもんは何々さんに」とか、貸金庫の手紙にいろいろ細かく書いて。

――ダハハハ！ 大事なドラえもんの譲渡先まで、もう決まってるんですか（笑）。

小林 だって、いつどうなるかホントわからないんで。いまは変な力に助けられてますけど。UFOのおかげで死なずにいるけど、それが切れたときにスパッていくかもなって。

――今後の自動車移動が心配ですよ。

小林 そうなんですよね。でも、車がすごい好きで、そのなかで曲を作ったり音を聴いたりするので、車がないと生きていけなくて。

――杉作J太郎先生に近いですよ。Jさんも、いまほぼ車上生活みたいな状態だから。

小林 ホントですか？

――Jさんのほうが距離があるというか、松山から東京まで毎週のように通ってますよ。

小林 松山って何キロぐらいですか？

――1000キロ近いですよ。

小林 それはかなりありますね。

――しかも一般道が好きっていう。

小林 一般道だとすごい距離ですよ。こないだ下道で柏に行ったら腰痛になりましたから。じゃあ杉作さん、腰痛持ちですか？

――思いっきり。

小林 えーっ、今度お会いしたら車の話をしたい！ 杉作さんは結婚されてるんですか？

――してないからそれができるんですよ。

小林 そうなんですね、じゃあみなさんフリーな方が多いんで

南波一海
音楽ライター・ミュージシャン。16年、タワーレコード内に自らが主宰するアイドルレーベル「PENGUIN DISC」を立ち上げることを発表。第一弾アーティストとしてハコイリ♡ムスメ、Peach sugar snow、RYUTistが所属した。

杉作J太郎
映画監督、漫画家。03年に男の墓場プロダクションを立ち上げ、以降映画制作に専念している。現在は愛媛県松山市を拠点に活動。毎週土曜9時から、南海放送ラジオにて『痛快！杉作J太郎のどっきりナイトナイトナイト』が放送中。

すね。そうじゃないとこういうふうに生きられないですよね。

――妻子がいたら確実に揉めますよ。

小林 揉めるし、そんな自分を受け入れてくれる人って世の中にいるのかなって思いませんか？　豪さんはこんなに素敵で穏やかですけど、仕事が忙しすぎるし自分の世界に入らなきゃいけない時間もありますし、お互い忙しかったらいいかもしれないですね。その人だけを見てると恋愛って絶対うまくいかないじゃないですか。私もそういう人ができたら全部ダメになっちゃうと思うんですよ。

――つまり、いまグループや生徒にかけている愛情が全部そっちにいっちゃうんですね。

小林 そうそう、そっちいっちゃいますね。だから無理です。いまは仕事だけでいいのかなって思いますね。いろいろ始めちゃってる部分があるし、休まないでいると寂しさも忘れるじゃないですか。なので忙しくしてるほうがいいかなって。スケジュール帳を黒くするのが趣味みたいな。でも、この世界よりも一般の世の中のほうがひどいです！　ひどくないですか？　友達なんて結婚してるのにバイト先の人と不倫してますし、多いですよ。

――ボク、リリー・フランキーさんの人生相談の司会進行やってるんですけど、思った以上に世の中の人は不倫とかしてますよね。

小林 そう、ホントですよね。でも人間ってそういうところあるから、芸能界だと吊るし上げられますけど、それでうまくやってるならいいんじゃなかって思いますね。いまSNSとかでみんなが悪口を書ける時代になっちゃってるからホントつらいですよね。ありもしないことを書かれるし、でも、いちいちそれに反応してたら生きていけないですから。そういうのって豪さんはぜんぜん気にならない？

――ぜんぜん。先生は気になりますか？

小林 ぜんぜん気にならないです。逆に気になるのは、ファンの人たちに近い距離感で言われると、近いから聞かなきゃいけないところもあるし、でも全部そのとおりにするわけにもいかないしっていう葛藤はすごいあります。それでも、また頑張ってやるしかないな。やめるのは簡単だけど続けることが大事だと思うんで。やめたらどんなに楽かなって、もういいかなって思うことは何度もあるんですけど。このお店、最初はピアノのバーで、次にスポーツバーになって、そこからウチになったんですけど、前の人は夜逃げしたらしいです。

――大丈夫ですか？　二度目の夜逃げは。

小林 ないですないです！　絶対させないし、もしダメになっても夜逃げはしないです。だから心配しないでください、大丈夫です。

――これまで、この連載ではヤクザがどうとか芸能界の黒い部分がどうとかって話が出てきてたから、今日は新鮮で良かったですよ。

小林 私、芸能界で黒いことに出会ったことがなくて。たぶん前の事務所がすごくいい事務所だったんです。黒いところがまったくなかったんで。黒い話しなくて大丈夫ですか？

――無理にしなくていいですよ！

小林 よかった、無理にっていっても出てこないから。あるとしたら、前にウチの弟がヤクザにケンカを吹っ掛けるみたいな、ＹｏｕＴｕｂｅとかで「ケンカしてみた」みたいなので、自分はただのふつうの林業なのに、「俺は強いんだ」みたいなこと

ウチの弟
有名生主のガロウ。アウトローであることが売りで、ニコニコ生放送でたびたび騒動を起こしていた。

言って吹っ掛けた動画をたまたま生徒のお母さんが観たらしくて、それで私は迷惑を被ったことがあります。それで二度とそういうことはしないでって怒って、いまは何もやってないですけど。

——そんなことがあったんですね（笑）。

小林 あとは何か黒い話あるかなあ……。前の事務所やめたとき、男性の事務所の方にウチに来ないかって言われて、しばらくお話を聞いてたら、何回目かに会ったときに、「好きになっちゃったから、ウチでやるには僕と付き合わないと売れない」って言われたんですよ。「あれ？」っと思って。私はそういうの絶対嫌なので、「じゃあありえないです」って言ったことはありました。でも、事前にわかりますよね、ヤバい事務所かどうかは。そういうふうにハッキリ言ってくれるじゃないですか。そのときは絶対断ります。そういうとこは意外とそんなにダメじゃないです。

——そんなときは闘える人ですよね。

小林 そうです！　絶対そんなとこ行かない。そんなことしてまで売ってもらいたくないし、だったら自分で頑張るって思います。

——恋愛と仕事は別っていう。

小林 別ですよ！　それ一緒にしちゃうと、それが切れたときに終わっちゃうじゃないですか。そういう芸能人もグループもコンビも山ほどいますよね。で、だいたい恋愛がダメになると一緒に終わるっていう。そんなのもったいないじゃないですか、恋愛でつながって恋愛で終わっちゃうって。絶対に嫌ですね。でも、そういうの結構多いです。ウチに男の子を入れてもだいたいそうなんです。過去に結構入ってくれてるんですけど、でもだいたい「好きです」みたいなことになって。

——ほう！

小林 「好きです」って言われるともうダメで、サヨナラってなっちゃうんですよ。私情が絡むと面倒くさくなるし、周りも嫌じゃないですか。あと結構、男の人に冷たいんですよ。お父さんで苦労してるから、いい男の人を見たことがなくて……だから価値観が変わるような人といつかは出会いたいんです。たぶん、こんな家庭環境じゃなかったら、結婚っていいなと思えただろうし、相手を思いやって大事にする関係性もできたのかもしれないけど。だからこそ悲しい曲を書いちゃうんですよ。いまそうやって悲しい思いをしてる子供たちがいたら、「大丈夫だよ」って言ってあげたいっていうのはすごいあります。

——Ｐｅａｃｈの曲の歌詞がヘビーすぎる問題ですよね。死ぬ歌が多すぎるっていう。

小林 子供の頃、何回思ったかわからないし、でも大人になってもこうやって生きてられるし、いいこともあるし悪いこともあるけど、生きるってすごいいいことなんだよっていうのを自分でわかってるから、生きることをやめないでほしいなって思いますね。

（祖父の許斐氏利は）アヘンのルートをゲトッて、それでだいぶ財を築いたっぽいです

UZI

2016年8月収録

ラッパー。東京都出身。慶應義塾大学卒業。1997年に出たシングル『ライトアイ』でデビュー。その後、Zeebraを中心に結成されたグループ「UBG」の中心メンバーとして活動。2014年、5thアルバム『フジヤマ』をリリース。その後、『フリースタイルダンジョン』（テレビ朝日系列）の司会＆ナレーション、キックボクシングや総合格闘技のリングアナなどを務める。ジャケの多くを、平田弘史が手がけている。

——昔からUZIさんについては、プロレス、格闘技、漫画、ゲームと趣味の近そうな人がヒップホップの世界にいるとは思ってたんですけど、ようやく最近になってお祖父さんのことを知って衝撃を受けたんですよ。

UZI ああ、ただウチのお祖父ちゃんがソープランドの創始者だっていうのは嘘なんですよ。東京温泉っていう、銀座4丁目にもあったんですけど、東京駅の地下にも東京クーアっていうデカいサウナをやってて、まずサウナを日本に持ってきたのがウチのお祖父ちゃんなんですよ。それはメルボルンオリンピックにクレー射撃の選手で出たとき、フィンランドの選手が選手村でスチームサウナに入ってるのを見て、これいいなって日本に持ってこれたのが、ちっちゃいかまくらみたいなレンガで半球状みたいになってるサウナだったらしいんですけど。それが終わったあと女にマッサージをさせたんですよ。そのかまくらみたいなのがトルコ式サウナみたいな名前があったかなんかで、その女をミストルコっていう名前にして、あかすりとマッサージをやったんですよ。つまり、個室で女性がサービスする初めての風呂だったんで、トルコ風呂を作ったみたいなこと言われちゃって。

——力道山が当時リキトルコを経営してたのもそうですけど、当時のトルコ風呂は後のソープランドとは違うものだってことですね。

UZI そうですね。だからトルコ風呂の創始者＝ソープランドの創始者みたいになっちゃってるんですけど、正確には違うんですよ。性的なサービスはなかったんですよ。

——でも、お祖父さんはそれ以前の話がまたすごいじゃないですか。『特務機関長　許斐氏利』（牧久／2010年／ウエッジ）って本を読んでビックリしましたよ。UZIさんの原点はだいぶここにある気がしますよね。お祖父さんは格闘技も相当やってたわけだし。

UZI はい。中学生初の柔道四段なのに、嘉納治五郎に直接波紋されたっていう（笑）。

——しかも代議士襲撃が理由で（笑）。実際やってたのも柔道っていうよりは、当身ありで、それだけで殺すのを目的とする、もっとガチな総合に近いものだったみたいですね。

UZI そうですね。で、その後は諜報機関やってたんで、たぶん徒手格闘、ナイフ術、銃とか全部やってたんじゃないかと。『ゴルゴ13』のゴルゴの出生に迫ってる巻で、ゴルゴじゃねえかって言われてるヤツらがやってた訓練みたいなことを少なからずやってたのかなって思ってるんですけど。

——これ、とんでもない血筋ですよ！

UZI 自分はそうでもないんですけど、いとことか甥っ子とかは熱狂的な軍事マニアだったりして、それ血だと思ってるんですよ。で、兄が慶應大学の柔道部の総監督やってるのも柔道の血だと思ってて。自分は何も受け継いでないのかと思いきや、声がデカいとかラップしてメッセージを伝えるとか、これもある種の血なのかなって。当時の活動も全部自分たちの意志を伝えたくて、その手段がすぐ殺しにいっちゃったりとかだっただけで。

——すぐ殺す！

UZI だってグイグイ刺してましたから、あの当時。かなりの武闘派だったんで。

——そういう殺人の技術を活かしてオリンピックに出た人ですもんね、クレー射撃って。

お祖父さん
五輪にも出場した許斐氏利のこと。昭和6年に講道館に入門し、中学生では日本初の柔道四段を授与される。明治大学在学中に右翼学生団体「愛国学生連盟」に加入し、立憲政友会の門田新松代議士を襲撃。

『特務機関長　許斐氏利』
10年にウェッジより出版された、ジャーナリスト・牧久による許斐氏利のノンフィクション。ベトナムの独立支援や蒋介石との交渉などの様子が描かれている。

嘉納治五郎
講道館柔道の創始者。日本古来の柔術と武術を改良して「柔道」を編み出す。日本最初の国際オリンピック委員会委員に。明治44年に大日本体育協会を創立。会長となり、翌年のストックホルム五輪において日本の五輪初参加を実現。

UZI　そういうことですね。諜報機関やってるとき、満州戦争の前なんですけど、天皇から満州に潜伏して情報ゲトッてこいって言われて行って。当時の満州って馬賊で鉄砲バンバンじゃないですか。馬術にも秀でてて鉄砲もうまかったから、すぐ馬賊の頭領になっちゃったんですよ。たぶんタイマン張って。

——ダハハハハ！　現地の馬賊相手に（笑）。

UZI　パーン！　みたいな感じだったと思うんですよ。西部劇の早撃ちみたいに、構える前にこのへんで撃って相手を殺してたんじゃないかぐらいの。で、すぐ馬賊の頭領になっちゃって、諜報活動は完璧だったっていいますからね。で、アヘンのルートをゲトッて、それでだいぶ財を築いたっぽいです。

——アヘンが絡んでくるのもすごいと思ったんですよね。そのヒップホップ感というか。

UZI　さすがですよ！

——昭和の怪物ですよね。Ｚｅｅｂｒａさんのお祖父さんが横井英樹なのは有名じゃないですか。『フリースタイルダンジョン』でその横にいるＵＺＩさんのお祖父さんがそんなに知られてないのがもったいないと思って。

UZI　もろ裏なんで（笑）。だけどオリンピックに出ちゃってたっていう、裏なのか表なのか。だから戦犯にはならなかったし。あと、たぶん諜報活動がうまくいったからだと思うんですけど、そのときの恩賜のタバコを天皇からもらってて。いまから20年ぐらい前、家族で正月に必ず先祖にお経あげるんですけど、そのときにお祖母ちゃんが「こんなものが出てきたよ」って。木の箱に「恩賜」って書いてあって、パカッと開けたらタバコ1本1本に菊の紋が入ってるんですよね。5本ぐらいあったんで、吸ってみようぜって1本火を点けてみんなで回したんですけど、からくてからくて。もう湿気ちゃってダメでしたね。

——保管しないで吸うんですね（笑）。

UZI　はい。お祖父ちゃん、俺が8歳のときまで生きてたんで、ちっちゃい頃とか俺もよく馬に乗せられましたし、結構かわいがってくれて。朝昼兼用の食事で１００グラムのヒレステーキを毎日食ってて、俺を膝に乗っけて、噛んで柔らかくなったヒレステーキを俺も毎日食べさせられてたらしくて。大好物だったらしいんですよ、おじいちゃまの口で柔らかくしてくれたヒレステーキが。それでこんなに大きくなっちゃったんです（笑）。

——昔話とかはしてくれなかったんですか？

UZI　まだ俺が生まれたてだったもんで、ほとんど込み入った話はないですね。ただ、いまだに地元でタクシー呼んで、年配の運転手の方に名前を言うと、「あれ、許斐さんのお孫さん？」なんてよく言われるんですよ。「おたくのお祖父ちゃんは豪快だった！　国道1号を馬で走ってたんだよ」って（笑）。

——それって当時ありなんでしたっけ？

UZI　道交法違反じゃねえんですよ、馬ＯＫだったんですよ。でも、そんなヤツいないじゃないですか。戦後の日本で馬移動って。

——馬賊のノリだったんですね（笑）。なぜＵＺＩなのかっていう謎も解けましたよ。許斐家はみんな氏がついてるんだなっていう。

UZI　そうですそうです、話す手間が省けました。５００～６００年前、南北朝時代に、まず将軍に負けた天皇を助けるために一緒に日本海渡って京都から福岡に落ち延びたんですよ。そして北九州でその天皇と一緒にひっそり暮らしたんですけど、

満州戦争
31年に日本軍が南満州鉄道を爆破。それをきっかけに日本と中華民国との間で武力衝突が起こった事件。一般的には満州事変の名で知られる。

そのときに、「非」が冠で、「父」が紐で、冠を奉ることを許された「許斐」なんじゃないかって言われてて、これは確認のしようがないんですけど。北九州に許斐って人、結構多くて。だからご先祖様から全員氏がついてるんですよ。お祖父ちゃんが家系図みたいなのとか、いろいろ許斐の歴史の本とか自主で作ってて、それとかガキの頃読んでたんで。もともと天皇を助けてたから公家なんだけど、落ち延びて北九州で生きていく流れのなかで、たぶん武士に切り替わっていったというか。結果、戦争しなきゃいけなかったんで。で、宗像大社っていう神社がウチの奉っている神社なんですけど、たぶん許斐家は宗像家に属したんですよね。その宗像家は大友家に属して、大友と島津で北九州、南九州で争って、島津が九州をシメたってなると思うんですけど。だから戦国時代に入ってからはなかなかキツい流れだったと思いますね。

――そこでお祖父ちゃんが巻き返す感じで。2・26事件にお祖父ちゃんは関わっているとか、エピソードがいちいち歴史的すぎますよ！

UZI そうっす（笑）。だから記憶も少ないんですけど、歳をとるごとにすごさを知ってきて。あとウチの親父がお祖父ちゃんのこと絶対に教えてくれなかったんですよね。

――まだ特務機関の流れが続いてる感じで？

UZI 親父自身のことも教えてくんないんですよ。親父自身も結構やらかしてたんで。

――お父さんは東京温泉を継いだ人ですね。

UZI 継ぎました。親父はちょっとはぐれ者だったんで、指を詰めて刺青を消して会社を継いだんですけど……。

――そうだったんですか！ そういえばお祖父ちゃんも指が2本なかったですもんね。

UZI はい。お祖父ちゃんに対してのけじめだと思います、カタギに戻るから継がせてくれ的なことだったと思うんですけど。

――お祖父ちゃんは実業家やるときに指を詰めたり、決意表明で指を詰めてるんですよね。

UZI そうです、みんな集めて。「俺はこれから実業家としてやっていくから」ってパーティーで指を切り落としたって信じられないですよね（笑）。俺は子供の頃、お父さんの指がないのは扇風機に指入れて吹っ飛ばしたからだって言われて信じてましたから。

――ああ、おそらく子供が扇風機に指を入れないようにするための方便なんでしょうね。

UZI はい。で、刺青は熱湯かぶってヤケドしちゃったって言われてて。そういうのも小学生とか中学生はわかんないじゃないですか。中学生ぐらいまでは信じてましたよね。

――途中でおかしいと思ってきた。

UZI そうですね。やっぱいろいろ知恵つけてくるじゃないですか、高校生になると。

――「こりゃ親父はアウトローだぞ」と。

UZI はい。時を同じくしてですよね、親父のことを知っていくとともにお祖父ちゃんのことを知っていくから。で、自分のルーツに目が向くようになってきて。18歳を超えてから知らなきゃと思って勉強しだしたんです。

――じゃあ、『特務機関長 許斐氏利』が出る前からある程度はわかってたんですね。

UZI もちろんです。自分の知らないこともたくさんあった

宗像大社
福岡家宗像市にある神社。アマテラスとスサノオの誓約で生まれた女神と言われる宗像三女神を祀っている。17年に世界遺産登録。

んですけど、ウィキに載ってるようなことはある程度、家族で飲んだときに聞いてましたね。あんまり教えてくれないんだけど、酔うとたまにさわりだけポロッと出てくるんです。そういうのをかき集めて。

――ジブさんのお祖父さんとは接点なかったのかなとか、ちょっと考えてたんですよ。

UZI それは俺も気になったんですけど、お互い関わらないで生きてはこられなかったんじゃないかなとは思ってますね。どこかで何かはあったんじゃないかと思います。もしかしたら敵だったかもしれませんし……。

――ですよね。UZIさんのお祖父さんはたぶんジブさんのお祖父さんみたいなところを敵視するタイプというか、安藤組ばりに拳銃を持って行きかねない人じゃないですか。

UZI はい。ヘタしたらあったかもしれないし。俺、まだZeebraのお祖父ちゃんが生きてるときに、あの田園調布の家、そのあと鈴木その子が買ったところなんですけど、あそこで毎日ヒップホップのビデオを観たりヒップホップを聴いたりラップしたりして遊んでたんですよ。そしたらある日、俺とヒデさん……Zeebraのことヒデさんって呼んでるんですけど、酒飲んでベロベロになって口論になったんですよ。お互い覚えてないぐらい。「うるせーこの野郎!」とか言い合っちゃって。そしたらお祖父ちゃん、同じ階に住んでたんですよ、ホントに最期の最期のときで、ヨボヨボで杖ついてヒデさんの部屋に来て。なんか背中にゴンッゴンッて当たるんですよ。何かと思ったら、お祖父ちゃんにその杖でガンガン突っつかれてました。

――あの横井英樹に(笑)。

UZI 光栄ですよ! でも、それが最後に会ったお祖父ちゃんだったんで。それまで何回かお会いしたことはあったんですけど。

――Kダブさんから聞く横井英樹さんの話もいいですよね。亡くなったときずっと寝ずの番をしなきゃいけないから、ジブさんと『ゼルダの伝説』やって、復活の呪文を唱えてたっていう(笑)。UZIさんもジブさんも、すごい環境で育ってるなと思いますよね。

UZI そうですね。ひとつ覚えてるのが俺が3~4歳のとき、テレビでウルトラマンの兄弟全部揃った人形のCMをやってたんですよ。チャチいヤツですよ、ビニール人形のなかに針金が入ってて、ポーズ取れるような。

――ああ、ボクも持ってました!

UZI それがウルトラマンからウルトラの父母まで全員揃ってるヤツで。「うわ、これほしい!」とか叫んでたら、10分後にピンポーンってインターホンが鳴って、おもちゃ屋がその人形を届けに来てくれたという。

――まだアマゾンもない時代に(笑)。

UZI アマゾン、アスクル超えですよ!

――ダハハハハ! 本ではそんなに触れられてないですけど、東京温泉の後も興味深いんですよ。興行もやったりとか特殊株主としても名を馳せた、みたいに言われてるんですけど、特殊株主って要するに総会屋ですよね。

UZI はい。結構ひと声でいろんなおいしいことを(笑)。自分のおいしいところにつながるようにいろいろ動いてたと思うんですけど。田宮二郎の映画の、名前の出てくる順番で日活だか東宝と揉めて、田宮二郎と一緒に抗議に行ったりとかしてたみたいですね。

田宮二郎
『白い巨塔』(78~79年・フジテレビ系列)の主演で知られる昭和の俳優。68年に映画『不信のとき』の宣伝ポスターに書かれたクレジットの序列を巡って揉め事を起こし、映画界から干されるが、その後テレビの時代が到来し、テレビドラマで大きく名声をあげることになる。最期は多額の借金と心の病を抱え、自宅で猟銃自殺した。

――興味深いエピソード多そうですよね。

UZI 多そうですね、俺ももっと知りたいんですよ。まだご存命の当時関わってた方にいつか会いたいなと思ってて。お祖父ちゃんは右翼だったんで、右翼やられてた西麻布の居酒屋のすごい怖いオヤジがいるんですけど、そのオヤジに「許斐さんのお孫さんかあ！」ってしこたま日本酒を奢られたことがあって。そのときはそこまで話を聞けなかったんで、もう一回聞こうと思ったらもうお店に立たなくなられてて。そういう機会がまたあったら、その人には根掘り葉掘り聞いてやろうと思ってるんですけど。ヘタしたらテレコオンにして話を聞こうかなぐらい思ってますね。

――お父さんのヤンチャぶりは聞きました？

UZI 親父こそもっと言ってくれなくて。最近80超えて、母親もいなくなって、酔っ払ったときポロッと昔話してくれるようになったんですけど、全部の話が「で、最後ケンカしちゃった」って、絶対ケンカで終わるんですよ。相当ケンカ師だったっぽいです。戦争で疎開してた九州で番長だったみたいで。

――黒社会に入るレベルですからね。

UZI はい。人の葬式に行って故人のエピソード言うときもケンカの話だし、「ふたりで海岸で何十人相手に闘ったもんでした」なんて言っちゃうぐらいですから。ガキの頃は親父が怖くて怖くて。歳とって、自分も大きくなって向こうも衰えてきて、やっと話ができるようになってきたっていう感じですね。

マイクジャックは諸刃の剣

――UZIさんもケンカ側だったんですか？

UZI 俺はそんなことないですね。人並ですよ。学校でちょっとケンカしたとか、ほかの学校とちょっと揉めたとか、どこどこでカツアゲしたとか、そんな程度。高校生のときにみんながやってるようなことと一緒です。

――カツアゲはみんなはやってないです！

UZI 俺はわりと大きかったこともあって、前面に出ていくほうだったんですけど、それも中学高校ぐらいまでの話で。ラップ始めてからは……20歳超えてからは人を殴ってませんし。1回だけありましたけど。

――1回だけ（笑）。

UZI ベロベロで。大っ嫌いな会社があって。広告代理店なんだけど。そこのヤツにいきなりボーンってぶつかっちゃったときに、「あ、ごめんなさい」なんて言ったら、「痛いなあ。貴様は何者だ？」って、「貴様」って言われたんですよ！「俺様は●●だ！（※某大手広告代理店）」って言い終わる前にぶっ飛ばしてましたね。

――それはしょうがないです！

UZI 当時、●●が嫌いで。いまはそんなことないですけど、仕事もしてますし。

――いまは大人になって。

UZI それが15年ぐらい前かな。20歳過ぎてからはそれだけです、人を殴ったのは。

――かなりピースフルじゃないですか。

UZI ヒップホップはピースですから。いつでも自分と自分の大切な人を守れる心構えと準備は常にありますけど。たぶんそうなったとしても、ある程度は闘えると思います。

――ヒップホップの世界はたいへんだなってボクぐらいの距

Coogi

離で見てると思うんですよ。

UZI そうですね、縁側でお茶すすってる精神では続けてられないんで。縁側でも刀研いでお茶するぐらいのところなんで。いつ誰が来ても斬れる準備だけはしてますね。

――ケンカは売られて当然ぐらいの世界で。

UZI そうそう。いつステージ上で殴りかかられるかわかりませんから、結構命懸けでやってましたし、20代のときとかピリピリしてましたよ、マイクジャックとかも流行ってたんで。一度だけジャックされたことがあって。大阪の変態妖怪野郎オコジョっていうラッパーがいるんですけど、ライブジャックを繰り返してるような子で。でも俺はオコジョ好きで、知り合いだったんで。それが俺たちのUBGのライブに突っ込んできて、みんな排除しようとしたんだけど、俺が「おまえ、人のライブでこんなことできるか！」って身内を叱って。「飛び込んできた勇気ある彼にラップをさせてあげようじゃないか」って言って、俺がラップさせたらしいんですよ。

――させたらしい？

UZI はい、覚えてないんですけど。オコジョとこの前会ったときに、たくさんマイクジャックやってきたけど、許してくれてみんなの前でマイク渡してラップさせてくれたのは俺だけだ、みたいなことは言ってました。

――なんで覚えてないんですか？

UZI いや、いちいち覚えてないっすよ。そんな問題なことでもないし。べつに妄走族が10人で乗り込んできたのとは違いますからね。ひとりで突っ込んできたから逆にリスペクトしちゃって。それまでさんぴんの世代ってわりと仲良しこよしだったんですけど、雷が一番悪いぐらいで。暴走族上がりって数人しかいなかったんで、それが妄走族みたいにグループになって突っ込んできたのは結構脅威でしたね、当時は。気づいたら兄弟分というか家族みたいになっちゃってましたけど。でも、マイクジャックは諸刃の剣ですから、やれるのもすごいし、やられる側にも責任があると思うし。ルーレットみたいに当たっちゃったとしても、その場で排除できるかどうか、その場の対処が求められますから。人前ですからどう捌くかっていうのもひとつのポイントだと思いますね。

――ほかの音楽とは文化が違いますよね。

UZI ヒップホップはちょっと特殊かもしれないです。ただ昔、KRS・ワンがP・M・ドーンっていうすごいチャラい感じで1位獲ったグループをライブジャックして殴ってライブやったらぶちアゲたらしいんですよ。でもストップ・ザ・バイオレンス・ムーブメントとかあって、絶対暴力はいけないものだって俺は思ってたんで、「あれ？ それ中心でやってた人だよね？」って。そのときにZeebraとかと話し合って、意味のない暴力は絶対に必要ないんだけれども、何か権利を勝ち取るときとか、そういう大義名分があればいいんだね、なんて話になったんですよ。

――大義名分がある暴力はいいって、それ完全にお祖父ちゃんの発想ですよね（笑）。

UZI ハハハハハ！ 間違いないです。まあ、そういう考え方になって、やっぱ危ない目にもいくらでも遭いましたし。あ、ライブジャックありました。俺とYOU THE ROCK★とG.K.MARYANとZeebraで浜松だかに行ったとき、そこのイベンターの子が地元に筋を通さずそのイベント開いたかなんかでヤクザと暴走族たっぷり連れてそのイベ

オコジョ
オコジョNOW。広島出身の大阪のラッパー。アメ村のマスコット的存在と言われることもあった。レゲエシンガー・寿君と組んで歌った曲、『奇跡の地球』が有名。

UBG
「URBARIAN GYM」のこと。UZIがZeebra・真木蔵人らと結成していたヒップホップグループ。キングギドラの活動停止後にZeebraの呼びかけによって発足した。音楽活動の他に、イベントの運営やアーティストの育成も行っていた。

妄走族
三軒茶屋を中心に活動していた暴走族「三軒茶屋愚連隊」出身メンバーを中心に構成されたハードコアラップグループ。デビューする前までは、「カチコミ」と称して渋谷近辺のイベントに無断で乗り込み、マイクジャックを繰り返していた。当時のメンバーは、般若、MASARU、剣桃太郎、神、ZORRO、DEN、565、KENTA5RAS、DJ TURBO、JACK HERERの8MC2DJ。

さんぴん
96年日比谷野音、日本のヒップホップ界においてターニングポイントと言われる伝説のライブ「さんピンCAMP」。その「さんピンCAMP」に出演したアーティストたちのこと。

ントに乗り込んできちゃって。最初は黙ってずっと見てたんですけど。ライブ始まる前、黒人にマイクを握らせて、その黒人がマイク離さないでずっとラップしてたんですよ。何回も「そろそろやめてくれる？　俺たちライブやるから」ってずっと言ってるのにやめねえから、トップバッターのＹＯＵ　ＴＨＥ　ＲＯＣＫ★がしびれ切らせてマイクを奪ったら、その黒人に殴りかかられて……。

――うわー！

UZI　で、俺たちがその黒人すぐ押さえて、ライブだけはやって、そのあとずっと話し合いですよ。でも、まとめ屋さんのＺｅｅｂｒａがいるじゃないですか。相手の一番偉い人とＺｅｅｂｒａが2時間ぐらいふたりで話してまとめてくれましたけど。俺たちはただの被害者なんで。結果、イベンターの子が筋を通さなかったっていうことだったらしいから、怒ってる人たちとイベンターを俺たち立ち合いのもとで会わせて話し合いさせて。

――クラブはややこしいことが意外とあるなって、ボクも目の当たりにしましたよ。

UZI　いまはまたちょっと変わってきてますけど、当時はクラブにすごい出入りが多くて、そのクラブのケツ持っちゃったり、否が応でも絶対に通らざるを得ない道でもありましたよね。おしぼり買わないと延々来られますから。Ａにそれやっちゃうと、今度は隣のＢが言ってくるじゃないですか。両方にいい顔するのか、片方に頼むのか。頼むなら頼むでまた金かかるし、いろいろありますよね。

――この連載にジブさんが出てくれたときも言ったんですけど、ホント時代が変わったと思うのが、フリースタイルバトルが地上波で流れるようになったことと、Ｋダブさんがバラエティ番組に出るようになったことで。

UZI　ハハハハハ！　それもここ1年半ですからね。時代は変わりました。俺なんか今日、ＥＸＩＬＥのダンス番組の司会をこれからやるんですよ（笑）。ホント『フリースタイルダンジョン』さまさまですよ。

――でも、番組は終わっちゃうんですか？

UZI　9月で終わりますね。ただ、まだ何も決まってないし何も言われてないんですけど、9月10月とスケジュール全員押さえられてるんですよ。だからたぶん続きますね。

――何らかのかたちで。

UZI　システムを変えます。

――地上波じゃなくなるかもしれないけど。

UZI　ヘタしたらあると思いますが、ヘタしたら全国放送もあるかなと思ってますね。全国放送になるかいままでのままか、あるいはネットか、この3点ですね、続くならば。でもこれだけのコンテンツは続けるでしょ。

――これだけ話題になってるわけだし、何か問題でも起きてない限りは続けますよね。

UZI　はい。みんなプロなんで、そこはちゃんと問題起こさないでくれてるんで。

――問題を起こしそうな人たちが。

UZI　すごいですよね、すっげー気をつけてくれてるんですよ。この1年、滞りなく進められたことがプロですよ。それだけでリスペクトですね。俺、最初は絶対2秒でいかれると思ってたから。あれだけハッパハッパ言っちゃって、まだテレビ出られてますから。だからしっかりと自分は足洗ってるってこと

KRS・ワン
ニューヨーク出身のラッパー。元ブギ・ダウン・プロダクションズ。87年、ジュース・クルーとのビーフの末に、ブギ・ダウン・プロダクションズのDJスコット・ラ・ロックが射殺されると、非暴力の大事さを説いたメッセージを歌うようになる。91年、P・M・ドーンがラジオでKRS・ワンを煽ると、その後、KRS・ワンがP・M・ドーンのライブに乱入し、ステージを乗っ取ったことも。

G.K.MARYAN
ラッパー。「KAMINARI-KAZOKU.」のメンバー。LAMP EYEの『証言』では『証言3』で参加し、ヒップホップクラシックに名を刻む。03年にTwiGy、RINO LATINAⅡ、YOU THE ROCK★とともに雷を再開。14年に大麻取締法違反で逮捕されている。

EXILEのダンス番組
AbemaTVで放送された『STREET KINGS』のこと。1対1でストリートダンスバトルを行う。優勝賞金は世界最高の500万円。MCをUZIと中川絵美里が務めた。

なんで間違いないですね。で、売らなきゃ大丈夫じゃないですか、わかんないですけど。

——ギリギリの人たちがギリギリのことしながらも、ちゃんと成立してるんですよね。

UZI 偉いっすよ。みんな偉い！ まあ、若い子はちょっとケンカしちゃって1回収録お休みとかあったんですけど、今後はなくなるでしょうし。ケンカができないっていうことですよね、彼らはケンカしたいときに我慢しなきゃいけないから。謝らなきゃいけないときもあるかもしれないけど、20歳にとってのそれってすごい大きいじゃないですか。

——大人ならまだなんとかできても。

UZI いくらでも謝りますよ、40になっちゃえば。でも20歳なんて一番いきがりたい盛りなんで。まあ、あの軍団は結構地元ではブイブイ言わせてるらしいんで、なんの心配もないでしょう、自分からいかなければ。

——ここまで受けるとは思わなかったです。

UZI そうですね。コンテンツとしてはすごい魅力のある内容なんで、俺たちは狙ったとおりでしたね。『高校生ラップ選手権』がスカパーであれだけ盛り上がれば、これは民放でいくしかない、絶対イケるぞってやってみたらホントにイケちゃって。そこは時代が動く瞬間っていうのを台風の中心で感じてるんで。ただ番組が終わればこんなブームも終わることもわかってるんで、いまが華ですよ。いまのうちにみんな頑張れよって話です。俺もEXILEの司会きましたし（笑）。

——格闘技関係のMCもやってますよね。

UZI 音楽と格闘技、同じくらいの比率で生活費を稼いでるんで。俺、リングアナウンサーを6団体専属でやらせていただいてて、それでだいぶ生活費が助かってるんですよね。

——ジャンルも結構幅広いですよね。

UZI はい。総合格闘技とキックボクシングと喧嘩格闘技ですね。あとこの前、プロレス初めてやりました。大仁田厚とダンプ松本と井上京子と伊藤薫とかコールできて……うれしかったですねえ。これはシビれました。

——新日本のテーマソングはやったけど。

UZI はい。プロレスのリングアナやりたかったんで、もう最高でした。小学生の頃は新日、全日、『世界のプロレス』、全部観てました。『世界のプロレス』でルチャを勉強してた小学生だったんで。当時、『プロレススーパースター列伝』と、あと『プロレス・スターウォーズ』っていうのがあって。

——みのもけんじ先生の。

UZI みのもけんじの！ 東京ドームの天井を突き破って隕石がリングにドーン！ ドーン！ って落ちてきて、煙がフワーッと舞って、それが消えたらロード・ウォリアーズが立ってたりとか、あの漫画おもしろかったですねえ！ だからリアルを『列伝』で勉強して、ちょっとエンターテインメントのほうは『プロレス・スターウォーズ』で勉強して。全部観てました。プロレスで育ってます。

——ベースは完全にそっちなんですね。K-1とか、そっち系のイメージが強いけども。

UZI はい。MAXで魔裟斗の階級、中量級を6年かな、やらせてもらって。

——そうやって格闘技に実際関わるようになってみて、見方の変化とかありました？

UZI よりファイターを尊敬するようになりましたね。やっ

『高校生ラップ選手権』
BSスカパーで放送されている、フリースタイルバトルの番組。初代王者はT-Pablow。回数を重ねるごとに盛り上がりが増しており、スタジオ内会場から、武道館、幕張メッセと規模が拡大している。

『世界のプロレス』
84年から87年までテレビ東京で放送されていた、海外のプロレスを紹介する番組。いち早くロードウォリアーズを紹介してブームを起こし、海外を主戦場にしていた頃のザ・グレート・カブキ、ケンドー・ナガサキなどの日本人レスラーの試合も紹介した。当時は、テレ朝が新日、日本テレビが全日を放送。

『プロレス・スターウォーズ』
『フレッシュジャンプ』（集英社）に掲載されていた桜井康雄原作、みのもけんじ作画の漫画。プロレスラーが実名で登場していた。全日本プロレスが協力・監修、新日本プロレスが許可・認定している。みのもけんじは、現在もツイッターでプロレス関連の話題をつぶやいている。

ぱりあいつらこそ常に命懸けてやってるんで。リングで死ぬかもしれないし、練習でも死ぬかもしれない。現代の侍だと思います。アーティストより、いまだに刀を持って殺し合いしてる侍って感じがして。

――ヒップホップは音楽業界では闘いの要素が強いけど、日本ではまず殺されることはないし。

UZI ないですからね。まあ、でも客席から銃で撃たれるとか、暴漢から殴られるとかはあるかもしれないですけど、まだないですからね。でも、これからいずれステージで事件が起きますよ。ギャング同士が抗争とかで相手のライブに殴り込みとか、今後あるかもしれないですね。ただ、そういうのも仕方ないことだしおもしろいけど、基本的には音楽家同士の揉めごとは音楽で決着つけるのが音楽家としては一番カッコいいと思いますね。

――ヒップホップの武器はそこですよね。そこで解決できる文化がちゃんとあるという。

UZI はい、健全ですよ。曲でケンカ売ってきてくれるから曲で返せばいいし。いまフリースタイルバトルでその場で決着つきますし。より残酷ですよね。うまいほうが勝っちゃうっていう。ヒョロッヒョロのもやしみたいなやつでもラップうまければ勝てちゃうんですよ、いま。熊みてえなヤツ相手に。

平田弘史、とみ新蔵 兄弟の漫画が大好き

――UZIさんは漫画好きでも有名ですけど、平田弘史先生以外でオススメは?

UZI 『シグルイ』っていう漫画が俺のバイブルですね。だけどあれ描いてる人、頭おかしいんで、山口貴由。あれは要するに『駿河城御前試合』じゃないですか。やっぱり剣の漫画が好きなんですよ。あと三国志でいったら『蒼天航路』。あと、平田弘史先生の弟でとみ新蔵先生って方がいらっしゃって。あの兄弟の漫画が日本で一番好きですね。

――シブすぎますよ!

UZI とみ新蔵先生の『柳生連也武芸帖』『柳生兵庫助』『薩南示現流』、これがおもろくてですね。剣を持って向かい合ったときの仕組みを教えてくれるから、もうバイブルですよ。平田弘史先生で武士の苦しみを知って、剣術の世界をとみ新蔵先生で知って。

――ボクがUZIさんを認識したのは、平田弘史先生にジャケを頼むなんてどんなセンスのラッパーなんだってところからでしたから。

UZI 俺だけでしょうね、そんなヤツ。ジャケットお願いするたびに伊豆の平田先生の家に泊まりに行かせてもらって。平田先生の娘が外見は和風なんだけど中身はすごいアメリカな感じがあって、これ夜這いしても先生は怒んねえんじゃねえかな、当時の文化だしなと思って夜這いしようと思ったぐらい、いい娘でした(笑)。先生は齢80を軽く超してるんですけど、いまだにチョンマゲっていうか髪を結んでて、「切腹もしたことないのに切腹の絵は描けない」っていうことで、麻酔をかけずに盲腸の手術を受けたりして。

――結構な変わり者だとは聞いてます。

UZI はい。とにかくリアリティを追求されてるんで、知ら

『シグルイ』
03年から10年まで『チャンピオンRED』(秋田書店)に連載されていた、山口貴由の時代劇漫画。南條範夫の時代小説『駿河城御前試合』の第一話「無明逆流れ」を中心に展開されている。登場人物がほぼ全員狂気を孕んでいる。題字は平田弘史が担当。

『蒼天航路』
94年から05年まで『モーニング』(講談社)で連載されていた歴史漫画。原作&原案・李學仁、作画・王欣太。新しい解釈を加えた三国志の世界を描く。

とみ新蔵
劇画家。剣の世界を描いた作品を多く発表しており、実際に剣術にも精通している。62年頃から実兄である平田弘史のアシスタントを務め、64年に『邪険往来』で漫画家デビュー。『柳生連也武芸帖』は、柳生一族の中でも最強との呼び声が高い柳生厳包(連也)の剣に殉じる生き様を描いた漫画で、『薩南示現流』は柳生利厳(兵庫助)の生き様を描いた漫画。

ないことは描きたくないから調べるし、ホント勉強になりますね。

——『おのれらに告ぐ』とか衝撃ですよね。

UZI ヤバいっすよ、あれ！ よくご存じですね。俺、『薩摩義士伝』が好きです。なんで知ってんだ、そういう話がほとんど通じるからビックリなんですけど。

——いや、ふつうに持ってますよ。

UZI ヤバいっすね！

——『シグルイ』の原作の『駿河城御前試合』も、とみ新蔵先生が描いてましたよね。

UZI そうですそうです。でも、『シグルイ』のほうがぜんぜんおもしろかったですね。

——UZIさんはゲームでの実績も有名で。

UZI はい。俺、プロゲーマーと日本代表と日本チャンピオンと世界チャンピオンとやってます。俺、スポーツで対戦するゲームが好きなので、野球もすごいやりましたし、当時、サッカーの『ウイニングイレブン』が流行ってたんで『ウイニングイレブン』のチャンピオンになっただけで全般好きです。でも、野球とサッカーが一番好きかな、対戦ゲームのなかでは。

——大会で結果を出したのもその辺り。

UZI そうです。コナミ主催の『ウイニングイレブン』の大会で日本チャンピオン、セガの『バーチャストライカー』っていう、『バーチャファイター』のサッカー版で世界チャンピオンになって。プロゲーマーは『ウイニングイレブン』で契約して、日本代表になったのはコンピュータゲームの3オン3のバスケの『フリースタイル』ってゲームの日韓戦で。そのとき日本代表がサッカーのユニフォームを着させられて、俺だけクッソピチピチで乳首浮いて女性ホルモン多めみたいな感じになっちゃって、格好悪かったんでニット帽を被ってその上からパーカー着て。「その格好で出るのは絶対にやめてくれ」って言われたんだけど、俺も恥ずかしいから……。

——乳首も見えちゃいますからね。

UZI そしたら俺の写真を使って、「ゲーム＝オタクじゃない」って『ワールドビジネスサテライト』とかで取り上げられたりして。この前も『ストリートファイター5』の日本大会の司会をやらせてもらったらテーマソングが般若とAK-69とSIMONでビックリしましたね。で、その大会に3人がライブに来るってことで超盛り上がりました。

——全部つながってますね。

UZI そうなんですよね。あと、俺が日本代表になろうと4年間頑張ったけどなれなかった『カウンターストライク』っていう戦争ゲームがあるんですよ。それで4年無駄に使っちゃいました。アルバム2枚出せたのに……。

——無駄にゲームしてただけだった！

UZI はい。マネージャーの電話も全部シカトして。ハマッちゃったんですよね……。

——しかし、そこで結果は出せず。

UZI ガキの頃からやってる10代とかには勝てませんでしたね。反応速度の違いか。

——お祖父ちゃんの血を継いでたら、銃に関してはもっとうまいはずですなんけどね。

UZI 画面から手と銃だけ見えてて、それが一人称の視点なんでファースト・パーソン・シューティング＝FPSっていうんですけど、30歳ぐらいでFPSデビューしちゃったんですよ。

『おのれらに告ぐ』
平田弘史の時代劇漫画。部落同盟の抗議で回収となった『血だるま剣法』を、絶版6年後にセルフリメイクして描かれた。

『薩摩義士伝』
宝暦治水事件を元にした、平田弘史の時代劇漫画。幕府に課せられた屈辱的な治水工事に立ち上がる薩摩藩士たちが躍動する。

『ウイニングイレブン』
95年にコナミから発売されたサッカーゲーム。当時のJリーグブームと合わさり大ヒットを記録した。その後、海外チームもゲームに収録されるようになり、サッカーゲームの立場を築く。権利の関係でオランダ代表がオレンジ軍団になっていたのは有名。

『フリースタイル』
ハンゲームが運営してたオンラインのバスケットボールゲーム。現在も『フリスタ！ Street Basketball』と名前を変えて運営中。

般若
世田谷出身のラッパー。『フリースタイルダンジョン』のラスボス。日本のヒップホップ黎明期から活動しており、96年にDJ BAKUらとともに「般若」を結成。その後、地元三軒茶屋の友人らとともに妄走族を結成。現在は昭和レコードの主宰。ブログではフリースタイルラップの音源を度々あげている。

そこから『コールオブデューティ』とか『バトルフィールド』とか戦争ゲームの有名なところをかじって、30超えてから戦争とか銃にも興味出てきたかなって感じはありますね。ただ、甥っ子とかいとこがガキの頃から何本も持ってるような銃のマニアだったんで、彼らと一緒に銃のゲームもオンラインでスカイプでしゃべりながら、「左が薄いからBのほう行って、俺は右で待ってる」とか言いながら、戦略を立ててやってます。

――親族には銃のエリートがいるんですね。

UZI そうです。そのいとこは歴史ゲームも全部やってて。俺は『信長の野望』と『三國志』は全部やってるんですよ。コンピュータゲームの時代からなんで。だから俺、コーエーに就職しようかなと思ってたぐらいで。『信長』と『三国志』が好きすぎて。ウチの中学校がコーエーのすぐ近くだったんで、学校の帰り、3～4回コーエー訪問してますから。もちろんロビーで門前払いでしたけど。

――まあ、そうでしょうね（笑）。

UZI 「大好きなんです！」って学ランで言いに行って、「あ、そうなんですか」って言われてフラれるっていう。受付のお姉さんも笑うことしかできないじゃないですか。

――それでも、思いを伝えなきゃっていう。

UZI ハハハハハハ！　それで行っちゃったんですよね。その当時、貸し漫画屋さんで昔の漫画をすごい勉強できたんです。『カムイ伝』もそこで始めましたし、『座頭市』とか『御用牙』とか。かみそり半蔵もそれで知りましたね。女をヤッちゃって吐かせるっていうとんでもない捕物帳だったんで、一気にファンになっちゃいましたね。初めてオナニーしたのが小学4年生だったんですけど、ウチは兄貴が10歳上と14歳上にいて、あと親父が『ゴルゴ13』とか『昭和極道史』とか、家に全部揃えてたんですよ。

――村上和彦先生の極道劇画が！　ふつう『昭和極道史』は家に揃ってないですよ！

UZI そこなんですよ。小学生の頃、『昭和極道史』と『ゴルゴ』を読みあさってて。

――絵は似てますからね（笑）。

UZI ふざけんなっていうぐらい似てますからね、あれ（笑）。で、俺は『昭和極道史』と『ゴルゴ』の濡れ場のシーンで小4からずっとオナニーしてましたから。それで、こんなヤツになっちゃいました（笑）。

――あと多少聞きづらいのが、音楽活動をちょっと休んでた期間があって、ある記事で交通事故だったっていうのを見たんですけど。

UZI はい。ベロベロでスクーターを撥ねまして。15年前で飲酒運転がまだ緩かった時代なんで、みんな飲んでたし、「今日は運転だから3杯までにしとくわ」って時代だったじゃないですか。俺、テキーラ30杯飲んでも運転してましたから。結構どこでも車で行っちゃってたんで。いまだったら時代的に飲むから車は乗らないってなるけど……。

――当時はクラブに行けば飲むしっていう。

UZI はい、めちゃくちゃでしたよ。で、ちょっと撥ねちゃって。その頃ちょっとお休みしましたね。まだ大学生だったんで、大学を卒業することが親孝行だと思ってたんで。でも大学は3回半落第してるんですよ。高校で1回と、合計4回半落第してて。大学に入ってからはもう音楽やってたんで。

――より卒業が遠ざかり。

AK-69
愛知県出身のラッパー。12年にニューヨークに渡り、日米を往復。海外でも評価を受けている。独特なファッションセンスも若者に影響を与えており、自身でアパレルブランドもプロデュースしている。

S-MON
池袋を拠点にする英語と日本語のバイリンガルラッパー。ボリビア人と日本人のハーフ。11年に『TWICE BORN』13年に『B.U.I.L.D』などのヒップホップクラシックを発表。次世代ラッパーとして脚光を浴び、その後のキャリアを築く。『フリースタイルダンジョン』にも出演したS-MONJAPとは別人。

『カウンターストライク』
対テロ特殊部隊とテロリストが戦う戦争ゲーム。洋ゲー。プレイヤーはどちらか好きな方を選べる。試合は5対5で行うチーム戦。

『コールオブデューティ』
第二次世界大戦の世界観をとりこんだ戦争ゲーム。洋ゲー。アメリカ、イギリス、ソビエトの3国のモードが用意されており、各国の戦場を体験できる。ノルマンディー上陸作戦の迫力はいまも語り草になっている。

『バトルフィールド』
こちらも第二次世界大戦が舞台の戦争ゲーム。洋ゲー。戦車、戦闘機、戦艦なども操作することが可能。

UZI　はい。学校は行かないですからね。試験だけ、後輩のコミュニティは全部押さえてたんで、全部のコピーを用意させて、縮小コピー係、授業のコピー係って全部いて。俺、カンニングで慶應大学を卒業しました。

――できるものなんですねえ！

UZI　できるんですねえ。また落第も繰り返しちゃってたんで、大学の試験官って大学院生がバイトでやるんですよ。俺の後輩なんで、「許斐さん、もうちょっと見えないようにカンニングしてください」「ああ、ごめんごめん」みたいな。もう楽勝でした（笑）。

――なるほど、長くいるといいこともある。

UZI　まあ、そこだけでしたけど（笑）。長くいすぎて大学側も出ていってほしかったんでしょうね。あと半期で卒業できそうだってときにコンピュータの情報処理の単位だけ取れなくて、このままだと後期はその授業のためだけにいなきゃいけない。それだけで授業料が25万かかるし、4年間は出してもらってたんですけど、落第してからの授業料は自分で払ってたんで、単位くれなかった先生に直談判して。俺、ちょうど人を撥ねてパクられて授業に出られなかったんですよ。

――ああ、そういうことだったんですね。

UZI　「君、このあと全部授業出たら単位あげるからね」って言われてから事故っちゃって出られなくなって、そういうことも全部説明しに行って、「単位ください」って言って。そしたら「絶対あげないし、仮に君があのあと全部授業出たとしても、その前に休んでたぶんがあるから君には単位あげるつもりもなかったよね」みたいなこと言われて。そいつ年下で、俺も怒っちゃって。「てめえふざけんなよ！」みたいになって学校で口論になったときに、周りに100人ぐらい人だかりができちゃって、先生は「君には単位はやらん！」って走って逃げちゃったんですよ。

――これはヤバいってことで。

UZI　それ情報処理っていうコンピュータの授業だったんで、俺すぐコンピュータ室に駆け込んで、メールで「俺がもし後期も学校にいるようだったら必ず挨拶しに行きます」みたいな脅迫メールを送っちゃって（笑）。

――軽く追い込んだんですね（笑）。

UZI　で、結果単位はもらえずに卒業できねえってことで夏休みに入って。俺、法学部政治学科だったんですけど、法学部長から連絡がきて、「ちょっと学校に来い」と。「なんですか？」って行ったら、「君、先生にこんなメールを出したらしいじゃないか」って俺のメールをプリントアウトした紙を出されて。「いや、こんなの『こんにちは』って挨拶するだけで。挨拶代わりに暴力なんて、そんな時代遅れなことしませんよ！」って適当なこと言って。「それより何より僕がこの学校をどれだけ愛してるかわかりますか？」みたいに学校への愛をブワーッと言ったら、最終的に「君、気に入った！」ってなって。

――大逆転じゃないですか（笑）。

UZI　「じゃあ、コンピュータの先生には僕から課題をもらっておくから、それをクリアしたら単位をもらえるように僕から言ってあげるよ」ってことで、家から駅までの地図をコンピュータで描けとか、ホント初歩的な課題を3個ぐらいくれて、みんなから1カ月半遅れぐらいでひとりで卒業したんですよ。脅迫メール卒業事件って言われてて（笑）。

――それぐらい弁は立ったんですね。

『信長の野望』
83年にコーエーが発売した歴史ゲーム。戦国時代をテーマにしており、大名家の当主として軍事力を上げ、全国統一を目指していく。

『三國志』
85年にコーエーが発売した歴史ゲーム。表記は『三国志』ではなく『三國志』。中国の三国時代の君主の1人となり、中国統一を目指していく。

『座頭市』
66年に『少年キング』（少年画報社）に掲載されていた、平田弘史の漫画。

『御用牙』
70年から76年まで『ヤングコミック』（少年画報社）で連載されていた歴史劇画漫画。原作・小池一夫、作画・神田たけ志。「かみそり半蔵」は主人公・板見半蔵の呼び名。

『昭和極道史』
70年に第一作『昭和極道史／桜会事件』を発表。日本文華社から刊行された単行本は全34巻。作者は、極道の世界を知る劇画家・村上和彦。吉田豪によるインタビューが『人間コク宝まんが道』に掲載されている。

UZI はい。カンニングと脅迫メールで慶應大学は卒業できるってことです（笑）。

――読者も夢が持てますね！

UZI そうです。入ったらこっちのもんですよ。あとカンニングのスキルが高きゃイケますね。こんなこと言ったら叱られちゃうか。

――気をつけるようにってことですね（笑）。

UZI 気をつけてカンニングしよう！

女性問題の次はどの線がいいかな

テレンス・リー

2017年1月収録

タレント、元傭兵、軍事評論家、危機管理コーディネーター。神奈川県出身。1983年、遊学中のロンドンでスカウトされ傭兵となる。1992年、傭兵を引退後、アメリカでボディーガードに転身。1993年帰国。2002年、経歴を週刊誌に取り上げられたことをきっかけにテレビ出演。現在に至る。昨年、選挙の応援演説の際に、報酬の授受があったとして、公職選挙法で逮捕。

——お会いするのは『ＢＵＢＫＡ』の、田代まさしさんとのアウトロー対談以来ですね。

テレンス ああ、すっかりごぶさたで。

——最近かなりたいへんなことになってそうだったから、今日はインタビューにきました！

テレンス いやいや、楽しかったですよ。

——え？

テレンス ホント楽しかったんですよ。あのこと自体は、おやおやとは思いましたけど。

——幸福実現党から出馬したミュージシャン「トクマ」の応援演説に行って５万円の報酬を受け取ったら公職選挙法違反で逮捕されちゃったわけですけど、楽しかったんですか？

テレンス あのこと自体じゃなくて中がね。いい勉強になりましたよ。こういうもんなんだ、みたいなね。いろんなルールもあるじゃないですか。それなりに楽しかったですよ。楽しいって語弊あるかな、でも、楽しかった。

——まあ、楽しむしかないでしょうしね。

テレンス そうですね（苦笑）。

——今回は、さすがにかわいそうだなと思ってたんですよ。ボクも同情しましたからね。

テレンス ハハハハハ！　豪さんに同情されるなんて相当だな。だいたい知ってるでしょ、裏話は。……もしかして知りません？

——詳細は知らないですよ。大きな事務所というかオスカーの人が絡んでいる程度しか。

テレンス そうそう。元オスカーにいた今井っていうのから連絡がきて、「今度、事務所を作るから手伝ってくれ」って話だったんですよ。それが発端ですね。今井さんは周りの評判もよかったから、今井さんが事務所を作るんだったらラッキーぐらいに思ってたんですよね。それが蓋を開けたらこんな感じで。

——選挙絡みの仕事を頼まれたわけですか？

テレンス 選挙が２０１６年６月の終わりから７月だったでしょ。７月の段階ではまだサインはしてなかったけど、事実上は今井さんの事務所に所属してるかたちだったんですよ。私も初めて知ったんだけど、幸福の科学には芸能部があるんですよね。そこに所属してるタレントがいて、それのアドバイザーみたいなことを今井さんがやってたんですよ。だから結構もらってたみたい。それで義理があって、やってくれないかって言われて。

——つまり、選挙に出たミュージシャンの人とかもその芸能部所属ってことだった、と。

テレンス そうなんじゃないですかね。

——そして、よくわからないまま仕事として応援演説をしなきゃいけないことになって。

テレンス そう、非常に嫌だったですけど。

——関係ないですもんね、幸福の科学とは。

テレンス うん、ぜんぜん関係ないし、そう見られるのも嫌だから。言ってもしょうがないし、ネットなんかに流れちゃったらなにもエクスキューズできないっていう前提ではあったんだけど、一応、応援演説の前には「私は何も関係ない」って言いました（笑）。

——ダハハハハ！　ただ、あそこはいろんな人に声かける政党として有名なんですよね。

テレンス あ、そうなんですか？

——ボクが好きな話が、ターザン山本を出馬させようとした

トクマ
ロックミュージシャン。96年、シングル『Oh! Angelina』でメジャーデビュー。政治活動としては、13年7月、第23回参議院議員通常選挙に幸福実現党の比例代表として出馬。16年の第24回参議院議員通常選挙にも、幸福実現党の東京都選挙区の候補として出馬するも落選。その後、応援演説をした見返りに現金5万円を受け取るなどしたとして、テレンス・リーと関係者2人が逮捕される。

オスカー
オスカープロモーション。芸能事務所。「全日本国民的美少女コンテスト」などの大規模オーディションも開催。主な所属タレントは米倉涼子、上戸彩、剛力彩芽、武井咲など。

幸福の科学
日本発祥の宗教団体。創始者・総裁は大川隆法。世界100カ国以上に会員組織が存在し、関連団体として幸福の科学出版、幸福実現党、幸福の科学学園などがある。歴史上の人物や政治家、著名人などの霊言を掲載した出版物が有名。

って過去もあったんですよ。

テレンス えぇーーーっ！

――実際、本部まで話を聞きに行って、「あれはヤバいと思ってやめた」って言ってて。行かなくてもわかるだろっていう（笑）。

テレンス ハハハハハハ！

――そんなこともあったんで、まさかテレンス・リーさんが応援演説でこんな目に遭うとはという。仕事として引き受けたから、当然お金はもらうもの的な感覚だったわけですか？

テレンス あれはね、仕事っていうよりも、今井のほうから交通費だけ渡すって言われてたんですよ。一応、俺はそういうたちでもらったんだって真実を言ったんだけど、入ってるあいだに向こうの供述書なんか見せてもらえるわけですよ。そしたら完全に謝礼のつもりで払ったって言ってて、これは裁判でいくらゴネても無理だろうと思って。だったらどっちみち一緒だし、たぶん裁判が終わるまで出してもらえないから、それで面倒くせえから認めちゃったんですよ。もうニュースになってることだし、そこでゴネようが引っ張ろうが結果は一緒だろうから、だったら早くここから出ちまったほうがいいなと思って。だって保釈請求、ぜんぜん通りませんでしたもん。

――そういう状況だと、思った以上の騒ぎになってたっていう実感はないわけですかね。

テレンス 入ってたからぜんぜんわかんなかった。出てきてからいろんな人に聞いて、「え、そうだったの!?」みたいな感じで。

――これで芸能界から追放されるとか報道されてたから、そこまでの話なのかと思って。

テレンス らしいですね。まあ、どっちにしてもテレビ、ラジオは当分使わないでしょうしね。やっぱり嫌がるでしょうから。

――出られてAbemaTVぐらい。

テレンス そういうことですね。もし復帰すると『サンジャポ』ぐらいかな、使ってくれそうなのは。あとはTOKYO MXとか。

――今回の反省はありますか？

テレンス あんまり業界の義理に縛られるのはやめようっていうことですね（笑）。

――ツイッターでも「とてもお世話になった人がいる。言葉に尽くせないほど世話になった。その人から頼まれ事をされた。不本意な事だけれども断れるはずがない。結果、騒ぎに巻き込まれ蜥蜴の尻尾にされた」「いくら恩人でも、それはないぜ。。。俺はカスかよ？」とかつぶやいてましたからね。

テレンス うん。もう怖えなと思って。怖い怖い怖い！　今井なんていうのは私がこの業界で一番信用してる人間だったんで。そもそもオスカーに入れてくれた人ですからね。

――そもそも、なんでこの人がオスカーに入ってたんだって気もしますけどね（笑）。

テレンス 自分でもそう思ってます（笑）。

――逮捕のダメージはなかったですか？

テレンス テレビとかに出られなくなったっていう部分ではあるんでしょうけど、世間の人が思ってるほどは出てなかったから。たぶん大きな括りで見たらそんなにはないと思います。こういった活字の媒体なんかは変わらずお付き合いしてもらってるし、もともとそっちがメインだったから。不思議と芸能界でも友達いなくなりませんでしたしね。だからそんなに。出てきてすぐは、目隠しされて耳塞がれてる状況でポンと出てきてい

ターザン山本
元編集者でプロレスライター。87年、『週刊プロレス』（ベースボール・マガジン社）の編集長に就任し、「活字プロレス」などの流行語を生む。96年、新日本プロレスから取材拒否されたことで雑誌の売上が減少。責任をとる形で編集長を辞任した。最近はアイドルに興味があるらしく、「せのしすたぁ」のまおの顔が好みだと公言している。

ろんなこと聞かされたから、これはたいへんなことになってるなと思ったけど、1カ月半ぐらいでだんだん状況が見えてきて落ち着きました。

――半年ぐらいトレーニングしてなかったってつぶやいてたじゃないですか。明らかに身体が小さくなってるから驚いたんですよ。

テレンス ずっと入ってたから。中に入ってる90日間、筋トレできなくて。出てきても、すぐには体が動かないんですよね、座りっぱだったから。で、いろいろ片付けなきゃいけないこともあるし、それどころじゃなくて、だから半年できませんでしたね。中に入って25キロ落ちて、10キロ戻ったんです。

――かなり筋肉が落ちてますよね。

テレンス 落ちましたよ、ホント見る見る落ちた。中で食べなかったのが一番の原因なんですけどね。食事は一切拒否したから。

――それは自分の意思として。

テレンス そうそうそう、「俺はやってない。俺はそういうあれでもらってない」と。だから精神的なダメージはそうでもなかったですね。変に対応がよかったので。出てきて、槇原敬之とか清原の記事を読むと、「えぇーっ？　俺すげえ好待遇だったんだ！」と思っちゃって。俺こんないい待遇でよかったんだろうかって思ったぐらいですからね。

多すぎな女性トラブル

――ここ何年かはホントにトラブル続きで。

テレンス そういうこともあるんでしょう。今回のことがあって、「これ以上ひどいことはないだろ」ってみんな言うけど、まだわかんない。まだあるかもしれないから（笑）。

――ダハハハハ！　最初はテレンス・リー・バンドのメンバーだった、シンガーソングライターの女の子との交際トラブルでしたね。

テレンス はい。あれもね……。

――個人的には、ここ何年かでもトップクラスの大好きな騒動だったんですよ（笑）。

テレンス ハハハハハ！　なぜか周りからうらやましがられましたけどね、大物の悪役とかから。「俺も『ＦＲＩＤＡＹ』に出たい」って。そりゃそうかもしれないですけどね。

――「芸能界デビューを匂わせて肉体関係を迫った」とか報道されてましたけど、大好きなエピソードが「音楽関係者を紹介すると言われたのに、ポカスカジャンしか紹介してくれなかった」っていうエピソードで（笑）。

テレンス ハハハハハハ！　あれね。あれポカスカから「これネタに使っていいですか？」って言われて、相当使ってるんですよ。

――たしかに音楽関係者ですよ（笑）。

テレンス ポカスカには変に感謝されたな。

――記事だと正確には「ポカスカジャンとケイ・グラント」だったんですけど、ボクはあえてケイ・グラントは外して話してます（笑）。

テレンス ハハハハハ！　ケイさんは怒ってましたよ、「ナメんじゃねえよ！」って。

――シンガーソングライター騒動について、ご本人としてはどう捉えているんですか？

テレンス・リー・バンド
06年に結成。東京パノラママンボボーイズのパラダイス山元氏も参加し、本格的なライブバンドとして活動。

ポカスカジャン
WAHAHA本舗所属のお笑いトリオ。楽器を使い、様々なジャンルの楽曲をパロディにする音ネタが特徴。CMソングを担当することも多く、『ガリガリ君』（赤城乳業）の歌はCD化もされた。

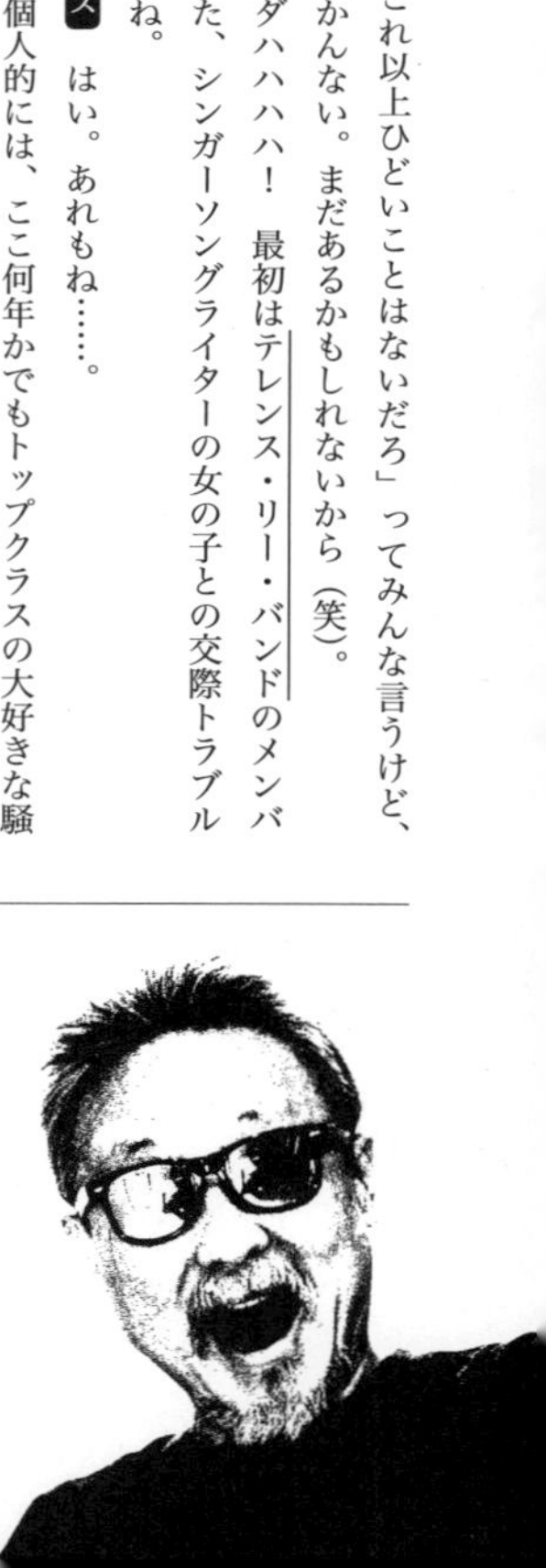

テレンス　あのあと記者さんなんかからいろいろ言われて。「気がつかなかった？」って。ヤバいなとは思ってたんですよ。1カ月ぐらいはふつうだったから。でも、言われてみると病んでるんだなっていうのは随所に出てたんで、大丈夫かなとは思ったんですけどね、あそこまでイカれてるとは思わなかったからビックリしました、当初は。

――最初に『FRIDAY』で彼女の告発があって。そのあとフェイスブックで「再び講談社に行ってきました」って書いてて、何するんだろうと思ったら『FRIDAY』で告発ヌードっていう、一番やっちゃいけない手を打ってたんですよね。それやったら誰もが売名だと思っちゃうのになー、っていう。

テレンス　ハハハハハハ！　まあ、あれをやってくれたから、むしろ私は助かりました。

――その間、あそこの事務所の代表からフェイスブックでボクにまでメッセージが来て。

テレンス　へぇーっ。代表は『FRIDAY』がなかなか載せてくれないからって『FLASH』にまで行ったらしいですよ。そしたら『FLASH』がカンカンに怒って、追い返されたらしいですけど。

――彼女、最近結婚したみたいですね。

テレンス　え、そうなんですか！　ま、最後はそこしか逃げ場ないだろうけど。

――ツイッターもある時期から、「ここはミスチルのことだけをつぶやくアカウントになります」とか、何それっていう展開がすごく多かったです。もともと彼女をテレンス・リー・バンドのメンバーに誘ったってことでしたけど、テレンス・リー・バンドのメンバーが女性のみを募集してたのが下心丸見えだって能町みね子さんがネタにしてましたね。

テレンス　ハハハハハ！　あれはそれこそ田代さんも一時期いたのかな、横浜のアルファジャパンっていう事務所が、おもしろいからやろうよって言ってやってたんですよ。

――あ、そういうことなんですか。ザ・グレート・サスケ社長でおなじみのアルファジャパン。ロス疑惑の三浦和義さんとかも所属した。

テレンス　そうそうそう、荒井（英夫）さんの事務所で、女性だけを集めてたんですよ。

――なるほど。そう考えると謎が解けますね、そういう方向性でバンドを組んだのも。

テレンス　そうなんですよ。結局、女の子を集めて食っちゃおうと思ってたのは荒井さんで、私じゃないです。俺んとこまで下りてくるはずがないんで。私もそういうことをちゃんと世間に説明しなきゃダメですよね。

――アルファジャパンがどういう事務所か、最近の成宮君騒動でわかるじゃないですか。サスケ社長が突然「ウチの息子もヤラれた」って言い出して。それについて今日話しますみたいな感じのこと言ってて、何かと思ったらアルファジャパンの有料の忘年会だったんですよね。「行くつもりもなかったんですけど、荒井社長が怒ってるから行きます」って（笑）。

テレンス　荒井さんもえげつないからなあ。

――ある意味、プロレス的なやり方だなと思ったんですよ。本当に何か起きてることも、すべてネタとして転がしていくっていう。

テレンス　そうです、もろにそうなんです。でも、荒井さんの考えそうなことでしょ？

アルファジャパン
芸能事務所。所属タレントは大仁田厚、矢口壹琅、北芝健など。ライブハウスやフォトスタジオの運営も行っている。

——非常によくわかります。オスカー所属のままだとマズいかもって空気は、そのスキャンダルのときぐらいから出てたんですか？

テレンス　オスカーは女の子が多いから、いったん身を引いてくれって言われて、ぜんぜんいいですよって。あの頃、じつはオスカーの仕事が減ってたんですよ。だから、いい頃合いだと思って。周りからも、「オスカーはたぶん扱いどころがわかってないから、長居するとロクなことになんないよ」って言われて。かといって声かけられて入れてもらってるから、こっちからやめますって言えないし、だから、いいタイミングだと思ってたんですよ。

——その頃、女性問題で所属事務所をやめたみたいな報道もあったじゃないですか。

テレンス　あれはね、あのあとに俺が業務提携で入った事務所があって。言ってもインチキな事務所いっぱいあるでしょ。そうとは知らなくて。ただ、そこに紹介してくれた人がものすごいデカいドラマの制作会社の重役で、その人の子飼いみたいなマネージャーがそこに入ることになったの。要はお土産が欲しかったわけですよ。で、「リーさん一緒に行ってくんないか」って言われて、「いいですよ」って言ったら、そこのオーナーがヘボで、あれはいまでもちょっと腹立ってるんだけど、俺をお土産に持ってってたマネージャーが先にやめちゃったんですよ。そのやめる理由が、社長と揉めてやめたのもわかってるんだけど、母親の介護をしなきゃいけないって言って、いくら聞いても口割らなかったんですよ。そう言うならしょうがないと思って。で、彼がやめた半年後ぐらいに俺もやめたんだけど、残ったのは誰もいないわけですよ。だってビックリしたのが、その事務所で局に営業を回れたのはやめた彼だけだったの。

——つまり、もうどうしようもない。

テレンス　そう、どうしようもない事務所だったの。いわゆる着エロ系のグラビアばっかりを雇ってる事務所で、みんなも相談する相手がいなくなったから、俺にいろいろ相談してきたわけですよ。そしたら、そういうヘボな事務所の社長だからヤキモチ焼いたわけ。俺となんかあったんじゃないかって。どうしても事務所やめたいって子がいて、その子と俺がほぼ同時期にやめたら、「ふたりはデキてる」って東スポに持ち込んだわけ。だからどうしようもないね、男のヤキモチはそういうふうにいくんだなって。まあ、ありがたいことですよ、女性スキャンダルで二度も取り上げてもらって。なかなかないことですよ。

——短い期間に。

テレンス　ホント短い期間に。この歳で。

——しかも若い女子と。

テレンス　そうそう、若い女子と。俺は決して若くないのに。逆にありがたいですよね。

——今回、いろいろ記事を集めてわかったんですけど、初体験は14歳だったんですね。

テレンス　そうそうそう。

——相手は女性教師。

テレンス　そう、国語教師。40年も前か。

——それ以来、熟女じゃないとダメだとか。

テレンス　しばらくダメでしたね。でも、ある一定の歳になって熟女っていうとどうしようもなくなってくるから、あるところから逆転しましたけどね。でも、嫌いじゃない。

——不思議だったんですよ。熟女しか興味なくなったって言

ってたのに、好きな写真集の1位に挙げてたのが、当時15歳ぐらいのしほの涼だったから。完全にロリータですよ！

テレンス ハハハハハ！ いま言われてあらためて思ったけど、いまでも熟女好きだな。

――ちなみに、いまでも未婚なんですか？

テレンス いまは完全に未婚というか、長らく揉めてる最中。いろいろありましてね。

――かつての結婚が？

テレンス うん。揉めてるってほどでもないけど複雑な状況ではある。悪い癖で、女性との複雑な状況って嫌いなほうではないんで。

――ダハハハハ！ なんなんですかそれ！

テレンス それが私の悪いところですよ。

――戦場的なスリルを求めてるんですか？

テレンス ハハハハハハ！ たぶんそういうところがあると思いますよ（笑）。

――現代の日本でスリルを求めるとどうしても女性のほうになって、どうしてもトラブルがついてまわる感じなんですかね（笑）。

テレンス でも今回のトラブルは、ひとつは完全に社長が持ち込んでたし、もうひとつは彼女が完全にイカれてたから。例の『FRIDAY』の件に関しては教訓になりました。

――最初にシンガーソングライターの子とはフェイスブックでつながったんでしたっけ？

テレンス そうです、向こうから売り込みがあったんですよ。音源まで送ってきて。音源もインチキだったし、あとでいろんなことがわかって。あの件でもポカスカはおいしいって言ってくれたし、あんまり迷惑かけた人もいなかったから、そこは不幸中の幸いでしたよね。今回の選挙の件も含めて、直接的に誰かに迷惑かけたとかはほぼないんで、そこだけはよかったと思いますけどね。全部自分に降りかかってきただけなんで。人様に迷惑かけたらちょっとしんどいじゃないですか。

――レギュラー番組とかがある時期だと。

テレンス そういうのはぜんぜんなかったんで。

傭兵であることを検察が証明した！

――ここ数年のテレビ仕事で大好きなのは、『水曜日のダウンタウン』の「網で上げて捕獲するやつ落とし穴より面白い説」ですよ。

テレンス そうですか、やっぱり（笑）。あれは評判いいですね、たしかに。あれ、俺の前に誰かがやって結構危なかったらしいの。

――ボビー・オロゴンじゃなくて？

テレンス だから俺のときには事前に教えてくれましたよ、「こういう企画なんで」って。それでもケガしたんで。一気に網上げるから、手を切ったんですよ。だから次の人には軍手させたほうがいいよって話をして。

――落とし穴はテレビで数え切れないほどやって安全なノウハウはできてるけど、つり上げ式の罠はたぶんできてないでしょうね。

テレンス 思ったより危なかったですよ。

――素晴らしい映像でしたよ。本物の傭兵が吊るされるのは

しほの涼
元グラビアアイドル、元女優。03年にデビュー。中学生の頃からジュニアアイドル誌などの表紙を多く飾り、グラビア界を牽引。一方、女優としてVシネマなど数多くの作品に出演。17年6月2日に更新された公式ブログにおいて、芸能活動からの引退を発表した。

『水曜日のダウンタウン』
TBS系列で14年4月から放送されている、お笑いコンビ・ダウンタウンの冠バラエティ番組。芸能人が提唱する様々な「説」を検証したVTRを紹介。それについて、パネラーたちがスタジオでトークを行っていく。

こんなおもしろいのかって。

テレンス　誉められて微妙にうれしいような、うれしくないような（笑）。

——喜んでいいレベルでした！　基本的にそういうオファーは断らない感じなんですね。

テレンス　断った仕事ないんじゃないですかね、テレビでもラジオでも取材でも。わかんないですよ、オスカーが断ったかもしれないけど、私自身が断ったことはないですね。

——最近だと杉作Ｊ太郎さんも絶賛してたんですよ。「テレンス・リーはすごい」って。

テレンス　そうなんですか？　ありがたい！

——「映画に出てほしい」と言ってました。

テレンス　杉作さんの？　出たい出たい！

——「ウチはなんの問題もないです」って。

テレンス　杉作さんのところで「ウチのコンプライアンスが」って言われたら終わりでしょ、この世界（笑）。ありがたいですよ。

——何度か絡んでるじゃないですか。映画のイベントとか、それと壇蜜さんの番組とか。

テレンス　ありました！　懐かしいなあ。

——杉作さんが「テレンス・リーはカメラの死角を突いて壇蜜の尻を触るんだよ、あの人。さすが傭兵だ！」って言ってましたよ。

テレンス　ハハハハハハ！　よく見てる！

——壇蜜さんの尻は計算で触ったんですか？

テレンス　たぶん本能だと思うんですよ。

——目の前にいやらしいお尻があったから！

テレンス　思わずだったと思います。本能の赴くままにいったんですよね（笑）。

——テレビカメラとか一切関係なく（笑）。

テレンス　関係ない関係ない。だってなかなかね、ランジェリー姿の壇蜜に抱きつくってまずないですからね。そりゃあ、やっとかないと。

——触って問題ないときに触らなきゃ、と。

テレンス　ハハハハハハ！

——つまり、そっち方面でも結果を出せる人なわけですよね。あまり知られてないけれども、あの杉作Ｊ太郎が絶賛するぐらいに。

テレンス　まあ、この世界で豪さんと杉作さんに誉められたら、男冥利に尽きますよ！

——いろんなところで仕事なくなっても、結局なんとかなるかもしれないですよ（笑）。

テレンス　今回やっぱりズブズブに入りすぎてた自分に気がついたから、一歩引いて俯瞰で見れて、かえってよかったと思いました。負け惜しみではなくね。いまのテレビの業界のルールからいくと、執行猶予期間中はたぶん出してもらえないけど、それが終われば、何か話があればＯＫなわけで。でも、それはこっちからがっつくことでもないだろうなと思って。２年なんてあっという間だろうし。

——そういえばＡｂｅｍａには出てましたけど、母体がテレ朝なのに大丈夫なんですね。

テレンス　そうなんですよ！　テレ朝はなぜかね。いまだにテレ朝のスタッフとか結構つながってますからね、よくしてくれてるし。

壇蜜
女優、グラビアアイドル。妖艶な雰囲気とエロティシズムに溢れたトークで注目を浴び、バラエティ番組やドラマなどで活躍中。作家としての一面もあり、小説作品『光ラズノナヨ竹』『桂花故事』を発表。

――単純に地上波がいろいろとコンプライアンスにはうるさいけど、そこさえ外れれば。

テレンス そうですね。当然ラジオも意外と地方局なんて「ウチOKですよ」みたいな話きますからね。だから在京の、いわゆるキー局といわれてるところがテレビもラジオもうるさいだけで。だから思った以上に緩いところあるんだなって気がつきましたね。

――いまの時代は大きな事務所に干されようがどうしようが、逃げ道はありますよね。

テレンス ホントそうですよね、そういう部分ではいい時代になったかもしれないですね。表現する場は増えましたもんね。ピコ太郎が売れる時代だもんな。やっぱりキャラクターとやり方なんでしょうね。

――テレンス・リーさんも破格の売れ方をしたと思いますけどね、この方向では。ボク、非常に危険ですTシャツも買いましたから。

テレンス そうですか、ありがとうございます。そこまでお金を使わせちゃって（笑）。

――ちなみに、前にお会いしたのがちょうど路上でのトラブルのあとだったんですよね。

テレンス じゃあ2009年とかなんだ。

――自転車で帰宅中に酔っ払いに絡まれて全治4週間の怪我を負ったわけですけど、あの件をあらためて振り返るとどうなんですか？

テレンス あれはあれでよかったと思ってますね。それこそさっき言ったレギュラーだったから、『ホンマでっか!? TV』の。で、撮り溜めもしてた時期だったんで。あれで加害者になってたらたいへんなことになってたんで。あれでこっちがやってたら、あの段階でもう完全に終わってたでしょ。だから、あの対応でよかったと思ってますけどね。

――路上で揉めて、無抵抗でやられて。元傭兵がそれだとネタ扱いになっちゃうけれども。

テレンス どっちにしても言われますからね、やってもやられても。ただ、あれでやるほうになっちゃって刑事事件になって干されて番組オンエアできなくなったらって考えるとゾッとしますからね、いろんな部分で。

――あのときのコメントが「ふつうの人間なら死んでいたが、私だから耐えられた」とか「現場に犬がつながれていて、その犬が怯えていたのでかばったんです」とか「正直、反撃しようと思った瞬間もありましたが、人間凶器の私が1発殴れば危険なことになる」とか、いちいち完璧だったのは、完全にテレビ向けに狙って言ってたわけですよね？

テレンス そうそう、だから局によって変えましたもん（笑）。『サンジャポ』ではこう言って、ここではこう言ってって。だから「言ってることが違う」って言われたけど違うに決まってるじゃん、遊んでるんだから！

――ダハハハハ！ なるほど！

テレンス そういう意味ではおもしろかったですね。いろんなバージョンを作りました。

――そりゃマスコミも食いつきますよ、あそこまでいじりやすいコメントしたら（笑）。

テレンス たしかにいま豪さんが言ったように食いついてきて、あれほどまでの食いつき方をされると思わなかったから、もうちょっとまじめに答えればよかったかなってあとで思いま

したけどね。遊びすぎたなと思って。

――しょうがないですよね、『サンジャポ』とかで扱われたら笑いに転がすしかないし。

テレンス　そうなんですよ、結局。あのときは記者がしつこく来ましたよ。ただ結果的にあんまりニュースになりませんでした。もっとズタボロだと思ってたんだろうね。そうじゃなかったからスポーツ新聞なんかも写真を撮ってもおいしくなかったみたいで。東スポさんも取材に来て、仲のいい記者がいたんで話して、持ち帰ったら編集長に「つまんねえから記事になんねえ」「もっと血だらけの写真持ってこい」って言われたらしいんですよ。

――顔をガードしすぎたんですかね（笑）。

テレンス　ガードしすぎました（笑）。

――比較的トラブルが多い人生なんですか？

テレンス　かもしれないですね。でも、こんなにバタバタ続くようになったのはこの2年ぐらいですね。考えてみりゃまだ2年ですからね、おかしくなってから。だからさっき言ったようにまだあるかもわかんないって、そりゃ思いますよね。まだ2年ぐらいじゃね、ちょっと気は抜けないなと思いますよ。

――次くるとしたら、また女性問題ですか？

テレンス　ハハハハハハ！　わからないですよ。でも、そのほうがいいな（笑）。

――女性問題だと笑ってられるんですよ。選挙絡みの事件だとふつうにかわいそうで。

テレンス　たしかに、自分も笑えないですからね。女性問題の次はどの線がいいかな？

――今回の選挙の件で不幸中の幸いだったのが、ずっと疑われ続けてた傭兵の過去が裁判によって明らかになったことだと思ってて。

テレンス　そう！　検察が明らかにしてくれたっていう。あれはホントに思いますよ。

――経歴として傭兵の過去を挙げてくれて。

テレンス　あれよく調べてるんですよ、取り調べやってるとき全部持ってきて、「え、ここまで調べんの!?」って思いましたもん、ビックリした！　っていうことは、外務省から何から全部調べたんでしょうね、渡航の経歴とかから。なんでそんな30年も40年も前までさかのぼって経歴を調べるのかなってむしろ不思議でしたけど、それでも豪さんが言ったみたいに、お上が調べてくれてお墨付きくれたから、それはむしろよかったと思って。

――そこで驚いてる人が大勢いましたから。

テレンス　ハハハハハハ！「ホントだったんだ!」って（笑）。裁判でちゃんと言ってくれたからよかったと思いましたよ。さすが豪さん、ちゃんと見てるな。そこはホント。

――さんざん疑われ続けてきましたからね。

テレンス　そうそうそう。それをまさか、日本国が調べてくれるとは思わなかったから。自力ではなかなか証明もできないから。でも、ホントにいい勉強になった。あそこまで調べるんだなと思って。すごいですよね、日本の警察権力っていうのはね。でもいろいろ考えた、入ってるときは。東京拘置所にいたときに、あるときふと思ったんですよ。この拘置所の広さなんてたかが知れてるから、たぶん直線距離で１００メートル以内に麻原彰晃いるんだなとか、単純にそういうこといっぱい考えましたね。「ひょっとして俺ってすごいところにいるの？」って実

麻原彰晃
宗教家で宗教団体オウム真理教の元代表。95年、地下鉄サリン事件の首謀者として逮捕された。現在は死刑囚として東京拘置所に収監されている。

感したというか。

——入ってたのは2カ月ぐらいですか？

テレンス 86日間。

——5万円でそれですか！

テレンス うん。考えてみると5万でそれなんだけど、5万でいいツアーができたなとも思ってますね。飯は拒否したとはいえ、3食つきで週に2回風呂に入れてもらって、週に1回は健診があったりするわけでしょ。それで86日間、ほとんど飯を食わなかったから25キロ減って血圧は正常になるし、いいことだらけでしたよね、結果的には。不思議と入ってから酒もタバコも欲しくならなかったし。まあ、出てきたらズブズブやってますけど。私は幸い刑務所までは行かなかったけど、ホリエモンさんの本なんか読んでも思ったのは、拘置所はその部分じゃ刑務所よりキツいかもしれないですね。仕事させられるっていうのもどうかわからないけど、まったくやることがないつらさっていうのがね。私、普段ものを書くときはパソコン派なんですけど、ノートとペンを買ってひたすらいろんなこと書いてましたよ。じゃないとやることないでしょ。そこはホントしんどかったな。

——海外だとマサ斎藤が捕まったとき、向こうはトレーニングし放題で、ムショで体ガンガン鍛えて戻ってきたりしたんですけどね。

テレンス 拘置所はそれがないですから。熊の檻みたいなところで15分ぐらいウロウロウロウロするだけだから。狭い部屋のなかで腕立てとかやってたけど、やっぱり飽きるし。

——これからどうなるかですね。

テレンス それはいまでもピンときてないですね。何をすればいいんだろう？ こうやっておもしろがっていただければ、それでいいとは思ってますけど。死ぬまでね。そう思うとまた何かしでかさなきゃいけないかなー。

——仕事が減ってお金がないときに、また選挙の応援演説の誘いには乗らないように気をつけて下さい。「5万円入るんだ！」って。

テレンス あ、そうか。いま来たらうっかり乗っちゃいそうですよ、金ないから（笑）。

ホリエモン
堀江貴文。06年に証券取引法違反容疑（いわゆる粉飾決算）で逮捕。実刑判決を受けて、約2年間刑務所で過ごした。拘置所&刑務所の本が複数冊あり、『刑務所なう。』シリーズ、『東大から刑務所へ』など。

ガチ恋にするのが仕事だぐらいに
思ってたら、一時期ちょっとヤバい
お客さんばかりになっちゃった

絵恋ちゃん

2017年2月収録

アイドル。14歳（公称）。美術大学在学中、バイト先のメイドカフェの同僚とユニットを組んでステージに立つ。その後いくつかのユニットを掛け持ちしていたが、最終的にソロに落ち着く。2017年、パーフェクトミュージックとエージェント契約を結ぶ。同年11月、代官山でオタク達との結婚式を挙行。バンド編成の時は、「絵恋ちゃんと楽器」名義となる。

――『実話BUNKA超タブー』です！

絵恋 失礼なんですけど、この雑誌って読んだことがなくて、それで親に「買ってきて」って言っちゃって。そしたら「……これに載るの？」ってすごい言われました（笑）。

――ちなみに、この喫茶店のこの個室は、『ねほりんぱほりん』地下アイドル回で、ボクの音声収録に使われたところなんですよ。

絵恋 観ました、豪さんブタになってた。おもしろかったです。あそこに出てきた手ブラチェキを撮るアイドルって誰なんですか？

――ボクも知らないんですよ。

絵恋 みんな別で撮ってるんだ。私、あの番組のオファーを断っちゃったんですよね。

――ボクがあの番組に取材されたとき、ビジネスの部分もちゃんと語れるアイドルとして何人か番組側に紹介したうちのひとりが絵恋ちゃんで。

絵恋 あ、すみません！

――ただ、よっぽど鬱憤が溜まってて言いたいことがあるアイドルならいいんですけど、普段から言いたいこと言ってる人にとっては、顔も名前も出さないでコメントしたってなんのメリットもないってことに気付きました。

絵恋 そうなんですよね（笑）。私だったら逆に顔を出して言いたいこと言ったほうがいいなと思って。あの番組にアイドルは誰が出たのかって結局、特定されなかったですよね。

――ああいう企画になるたびに思うんですけどね、「これは地下アイドルじゃなくて、その下の地底アイドルの話だよ」っていう。

絵恋 地底の頃ってツイッターでいくら検索してもオタク自体少ないし、みんなライブのレポートを常に上げてるわけではないから、ホントにいるのかもしれないけど見つからないですよね。……今日はなんの話するんですか？

――絵恋ちゃんは1万字級のインタビューは受けたことないと思うので、人生をたっぷり語りつつ、こういう世間話をする感じです。

絵恋 なるほど。なんの話するのかなって楽しみだったんですけど。前回の記事（テレンス・リー）を読んだら、私こんな波乱万丈じゃないのに呼ばれていいのかなと思って。

――というわけで、そもそも絵恋ちゃん自身が地底アイドル出身なわけじゃないですか。

絵恋 はい。もともとメイドカフェでメイドさんをやってたのが最初なんですけど。そこからですね。地底アイドルの受付になって、地下アイドルになってっていう感じです。もともとなんでメイドやったかっていうと、メイドになる前に磁石工場でしかバイトしたことなくて。磁石工場で3年間ぐらい、ずっと人と話さないで磁石を検品する仕事を。

――磁石の検品！

絵恋 カーテンとか留めるちっちゃい磁石をずっと検品するっていうバイトしかしたことなくて。もともとこんなしゃべるタイプじゃなくてコミュニケーション苦手だったんで、これはヤバいと思って。通ってた学校も女子校で、男の人とあんまりうまく話せなかったのも直さなきゃと思って、接客のバイトをしてみたかったんですけど、いきなり居酒屋とか行って怖いオジサンに怒鳴られたりするの耐えられないなと思って。メイドカフェだったら、たとえば料理こぼしてもドジッ子萌えみたいな

『ねほりんぱほりん』
NHK Eテレのトークバラエティ。モグラのぬいぐるみのねほりんとぱほりんが、ブタのぬいぐるみに扮した訳ありゲストを招いて様々な業界の内情を暴いていく。MCは山里亮太とYOU。

感じで、オタクの人みんな優しいだろうなと思って。許してくれるかなと思って。

――それでメイドカフェでバイトを始めて。

絵恋 そうです。だから最初はホントにヤバくて。人と目を合わせるの怖くて（笑）。最初はなんにもできなすぎて、よく先輩のメイドさんに怒られてて。おしぼり持ってけなかったです。「早くおしぼり運んで」と言われても、「私はいいです」とか言って（笑）。

――単純に怖かったんですか？

絵恋 単純に人が怖くて。でもメイドカフェやったから、いまも物販でお客さんと話したりするとき活かされてるし。結局、メイドカフェのお客さんとライブに来てるドルヲタの人とはぜんぜん客層が違うってことに気づいて。

――ボク、メイドカフェにはぜんぜん行かなくてわからないんですけど、あれはガチ恋文化なんですか？

絵恋 メイドカフェのほうがガチ恋文化です。私、最初はふつうのメイドカフェで働いて、そのあとコンセプト系の秋葉原の半個室みたいな。ぜんぜん怪しいお店ではないんですけど、カーテンで仕切られててコミュニケーションが1対1っていうお店で働いてたら、それもまた客層がぜんぜん違って。最初のメイドカフェはお客さん同士も話すからまだ明るいんですけど、1対1のところはホントに闇を抱えてる人ばっかりで。ホントに人が苦手で、1対1でやっと話せるっていう感じの人たちばっかりだったから、ヤバかったです。

――地獄じゃないですか！

絵恋 最初に働いたメイドカフェは千葉県の柏だったんで、働いてた女の子も、来るお客さんもザ・オタクって感じではなくて、わりとノリが明るかったんですけど、そのあと秋葉原に行ったら、女の子はみんな病んでるし、みんな手首に包帯巻いてて。しかも、そういう子が一番人気なんですよ、秋葉原って。「え、病んでる子のほうが人気が出るんだ」って初めて思って。ぜんぜん違う世界で。

――病みかわいい文化が。

絵恋 そういう子のほうが共感されて。お客さんも病んでるから。休憩時間のあいだに女の子ずっと吐いてたりするんですよ。ホントにヤバくて事情を抱えてる子が多くて、子供がいたり。千葉のメイドカフェは平和で、みんな学生だったし誰も病んでなかったんで。

――かわいい制服を着たいぐらいの動機で。

絵恋 そうですね、ファミレスとかの感覚で、ただ制服がかわいいからここで働こうっていう子が多くて。でも、アキバはチェキ撮ったら250円もらえるとかもあったんで、女の子同士も仲良くなくて、お客さんを取り合う感じの空気があって結構ギスギスしてました。ヤバいなと思ったのが、レイヤーの子にバイトで出会うじゃないですか。「普段何してるの？」って聞くと「レイヤー」ってふつうに返ってきて。完全に趣味でやってることなのに言い切ってるんですよ。「フリーターで趣味でコスプレしてるんだ」って言わないんだなって、秋葉原の人たちはって。

――プライドがあって。バイトしてるときは仮の姿で、稼げてなくても職業はレイヤー。

絵恋 そうなんですよ、それが怖くて。私、地下アイドルになって、「職業は地下アイドルです」って言えなくて。そのとき自分が感じたショックがあるから、バイトしててフリーターで地下アイドルをやってる人って、ちゃんと言わなきゃいけないと思って（笑）。

——それで食べられない限りは。

絵恋 そう思ってたから、それでバイトの話とかをよくツイッターで書いてました。

——それでレジ打ちをネタにしていた、と。

絵恋 そうなんです。「私はバイトしてるぞ」って。前に豪さんに話した、ちょっとストーカー化したヤバいお客さんも秋葉原のお客さんで。その人は結構ヤバかったです。

——ああ、アイドル活動を始めてからツイッターで「『シンプソンズ』のバートが好き」ってつぶやいたら、「俺以外の男を好きだと言うなんて許せない！　殺す！」って激怒したお客さんがいて警察沙汰になった件ですよね。メイドからの流れでアイドルになって。

絵恋 そこのメイドに地下アイドルやってる子が結構いて。学校にも地下アイドルやってる子がいて、その子の主催ライブみたいなヤツで、最初、いきなりライブに出てくれって言われたんですけど、勇気なくて。「手伝いならできる」って言って受付だけやらせてもらって。そしたらめちゃくちゃチヤホヤされて。オタク特有の、「受付の子がかわいい！」みたいなのがあるじゃないですか。

——周辺の素人にガッツくパターンで。

絵恋 それでガッツかれたとき、私でもアイドルになれるかもしれないと思って。それまではおこがましいっていうか、なる気なかったんですけど、私のレベルでこんなに誉めてもらえるんだと思って、なっちゃいました。

——その頃はコミュ障は治ってたんですか？

絵恋 だいぶ治ってきてましたね。メイドカフェでだいぶ鍛えられて。で、受付やらせてもらったのが、いま思うと地底のライブで、みんなカラオケだったんですよ、アニソンとか。「え、そういうの歌うだけでアイドルって言っていいんだ！」と思って結構衝撃で。オリジナル持ってる子はほぼいなくて、こういう感じなんだ、これだったらできるなと思って始めました。完全にナメてましたけど。

——なんなんですかね、あの向上心のないシステム。みんな地底を抜ける気ないですよね。

絵恋 まあ、ちょどういいですもんね。

——絵恋ちゃんはそこから抜けようとして。

絵恋 ステージに1回立ってみたら、簡単に見えたものがぜんぜん簡単じゃなくて。ただカラオケするだけでも緊張するしたいへんなんだなっていうのがわかって、夢中になっちゃったんですよ。もっとちゃんとやりたいと思って。それで事務所とか探していろいろオーディションも受けたんですけど受からなくて、なんとなくひとりでやっちゃったんですよ。ホントはグループアイドルが大好きで、グループに入りたくて、グループのオーディションいっぱい受けてたんですけど全部ダメで。

——どんなグループを受けたんでしたっけ？

絵恋 アフィリア・サーガさんとかバンもんさんとかベルハーも受けました。いろいろ受けたけど全部ダメだったから、それで最初に受付に誘ってくれた女の子が2人組のユニットやってて、そこに入れてもらえて3人組でやることになったら、ふたりが同じ日にやめちゃって。それでひとりになったとき、これからどうしようかなって。私もアイドルやめてもよかったんですけど、自分的にもっとやりたいと思ってたところだったので、

『シンプソンズ』
シンプソン一家を通してアメリカの中流階級（労働者階級）の社会状況を風刺的かつ強調して描き出したアメリカのコメディアニメ番組。日本では『WOWOW』や『FOXチャンネル』などで放送されており、00年にはサントリーのC.C.レモンのキャンペーンキャラクターとして採用された。バートはシンプソン家の第一子の長男で、好奇心旺盛でイタズラ好きな少年。

アフィリア・サーガ
「アフィリア・サーガ・イースト」のこと。魔法学院をテーマとしたコンセプトカフェチェーンの従業員がメンバーとなっている、08年にデビューしたアイドルグループ。17年にグループ名を「純情のアフィリア」に変更している。

バンもん
「バンドじゃないもん！」のこと。ドラムのみさこを中心として11年に結成されたアイドルグループ。17年にリリースされたメジャー1stアルバム『完ペキ主義なセ

じゃあソロアイドルとしてやっていこうって。

——同じユニットだった子にツイッターでブロックされたっていうのが、それですか？

絵恋　それはまた別の子で。ユニットの経験が何回かあって。常に人を探してて、友達とか、同じメイドカフェの子とかを誘ってユニットを組んだんですけどうまくいかなくて。

——嫌われるんですか？

絵恋　最終的には嫌われていくんですけど、最初は私のことが好きだからふたりで楽しくやっていきたいって言うんですよ。でも私はオリジナル曲とか作りたいし、ちゃんと活動したいから、もっともっとって、その温度差があって。相手はふたりで楽しく歌えたらそれでいいのになって思ってるからうまくいかなくなっちゃうんですよね。

——「地底でカラオケやってるだけでいいじゃん！　なんでそんな焦るの？」っていう。

絵恋　そうそうそう。「え、ホントにここから売れるとでも思ってるの？」ぐらいの感じで。「べつにオリジナル曲なくてもお客さんは来るしぜんぜん楽しいじゃん」って感じで。

オタクに70万積ませて1円ももらえないフェス

——そしてソロでやる腹を括り。

絵恋　腹を括って事務所を探したけど見つからなくて。アメブロを作ってプロフィールに「アイドルやってます」って書いてGメールのアドレス書いておくと勝手にオファーがいっぱい来るんですよ、アイドルなんてやってないのに（笑）。やった、これでいっぱいライブに出られるんだと思って、そこからライブに出て。

——地底での活動はそれくらいスムーズにできるものなんですね。すぐオファーが来て。

絵恋　ホントに誰でもできると思います。ブログとかツイッターを作って、プロフィールに「アイドルです」って書くだけでいいんで。

——向こうもライブに人をいっぱい出したほうがいいから、とりあえずぶち込んで。

絵恋　いまはそういうのは受けてないですけど、ホントに「誰でもいいから出て」っていうところがいっぱいあるんで。ただ人数いてほしいところが。そういうところに出ると、お客さんより出演者のほうが多いんですよ、だいたい。お客さん3人の日とかあって、ほぼリハーサルみたいなライブが続いてて。

——これはちゃんとしなきゃと思いますね。

絵恋　はい。でも最初からちゃんとしたかったんで、一番最初のソロライブの日からオリジナル曲を頼んで用意して、オリジナルで始めて。最初からやる気はすごいありました。

——ボクが２０１２年に『インディーズ・アイドル名鑑』（東京キララ社）の発売記念のＤＯＭＭＵＮＥで会ったのは、その後ぐらいの時期なんですか？　あの時点でＣＤを何枚か作ってて、音楽的にも完成してましたよね。

絵恋　初ワンマンくらいですよね。ソロ活動を始めた年のワンマンだったかな。できることはやろうと思って、やれることはやってたって感じです。いまもなんですけど、あんまり上を見すぎてなくて、目の前の課題を1個ずつやってるってスタイルです、ずっと。

カイにふかんぜんな音楽を♥』はオリコン週間アルバムランキング4位を獲得した。

ベルハー
「BELLRING少女ハート」のこと。プログレやサイケなどのサウンドと、未成熟な歌声で異彩を放つアイドルグループ。12年にデビュー。17年2月にメンバーを大幅に入れ替えて、「There There Theres」として再始動した。

『インディーズ・アイドル名鑑』
12年に河出書房新社より発売された、写真メインの地下アイドル本。制服向上委員会、メグリアイ、ウルトラガールなど総勢208人を一挙掲載。写真は諏訪稔で、解説が吉田豪。

——あの時点でもしゃべれる人って印象でした。

絵恋 あの頃のほうがもっと怖いものなかったかもしれないですね、しゃべりは。いまは若干大人になっちゃいました。大人と関わりすぎて。事務所が守ってくれるからめちゃくちゃ自由なアイドルっていっぱいいるじゃないですか。私もああいう感じでいたかったんですけど、大人といっぱいメールとかしてたら自分も大人になっていっちゃうんですよ。

——嫌でも。でも、うまいこと地底アイドルから地下世界に階層が上がりましたよね。

絵恋 豪さんのおかげですよ。

——あんまり関係ないと思います！

絵恋 なんでだろ？　徐々に上がっていっていまの位置まできました。合法幼女症候群（ロリシン）は大きいですね。ロリシンを受けて落ちたんですけど、落ちたときに運営の人にメールして文句を言ったんですよ、「なんで私を落とすんですか」って。なんでかっていうとオーディション行ったとき、一緒に受けてた女の子がぜんぜん歌うまくなくて。その子には絶対に勝ったと思ったんです。それで自分に不合格の連絡がきたからムカついちゃって、「見る目ないんじゃない？」と思って。

——ダハハハハ！　それで抗議のメールを。

絵恋 そう。「ちょっと納得いかないんで、もう一回会ってもらえませんか？」って言って、新生ロリシンの新メンバーの初練習のスタジオに行って。そしたら私と一緒にオーディション受けた子が受かってて。あとから聞いたら、もともとほぼ決まってた子だったみたいで。よくある話ですけど。そこでロリシンの運営の人にめちゃくちゃ文句を言って、CDとか自分で作った音源を渡して、「こういうふうにやって頑張ってるんですけど。ロリシン入れないんだったらソロでもいいんで事務所に入れてくれませんか？」って言ったら、「それはできないけど、その代わりライブを主催してるから、そういうところに出てみない？」って言われて。そのときめっちゃ地底にいたのに、地下アイドルのライブに呼んでもらえたんですよ。実際そこでパフォーマンスしたらお客さんも増えて。そのときに『SEKIGAHARA IDOL WARS』の予選会があって……知ってますか？

——岐阜のアイドルフェスですよね。

絵恋 最終の本選が岐阜であって、それに向けて地下アイドルの子たちが投票制のライブを何回もやって、得点が高い人が本選に出られますよっていう企画にエントリーしませんかって言われて。出てる人たちは自分より上の人たち（THEポッシボー、仮面女子、LinQ、さんみゅ～、dropほか出演）だったんですけど、こんなチャンスはないと思ったからエントリーしたんですよ。それでめちゃくちゃ頑張って本選に行くことができて。お客さん増えたのはそれだと思います。

——そういえば『インディーズ・アイドル名鑑』の投票企画のときも入賞してましたよね。

絵恋 そうです。そういうのは出たら絶対に1位になるっていう気持ちで挑みたいと思ってるので。その頃、地下アイドルの子と比べて地底の私に何が勝てるかっていうと、時間がめちゃくちゃあるっていう点があったんで、豪さんと会うきっかけになった写真集のイベントでは写真展をやってたんで、その写真展に毎日通って。毎日通うアイドルなんていないんですよ。写真展に通うと写真展を観に来るオタクがいるじゃないですか。そういう人に声かけて、「私に投票してください」って言う地

合法幼女症候群
エモとモエ（萌え）とアイドル要素を融合させた新感覚のモエーショナルアイドルユニット。13年に結成。16年より「合法幼女症候群REBOOT」として再始動したが、17年に解散。

SEKIGAHARA IDOL WARS
岐阜県不破郡関ケ原町で14年から毎年夏に行われている野外のアイドルフェス。主催はIDOL WARS実行委員会、共催はテレビ愛知。16年からは2日間に拡大され、70組以上のグループが出場している。

道な活動をして。あとは自分のお客さんにもツイッターで、「私は毎日ここの写真展にいるので、写真集を買ってくれた人には毎日サインが書けます」って言って。

――ドブ板選挙みたいなやり方で地道に。

絵恋 そうです（笑）。で、『SEKIGAHARA』の予選会のときも時間があったんで、とにかくライブの本数出て。事務所の縛りもないから、ずっとチラシを配って。投票箱の横にいるんですよ。何人か選べたんで、推しは第一に選ぶけど、余ってる票をぜひ私に入れてくださいっていうのを投票箱の横で。そういう地道なズルいやり方で。ホントに実力派の人は、たぶん死ねと思うでしょうけど、自分にはそれしかできないので、そのやり方で頑張りました。でも『SEKIGAHARA』はオタクに70万ぐらい積ませたんですけど、1円ももらえないんですよ。

――その手の企画のよくあるヤツですね、このお金が一体どこに流れてるんだっていう。

絵恋 そう、ひどいですよね。しかも券をお金で買うっていう直接的なヤツで。その券を買ったぶんは1円も入ってこないんで。でも赤字でもいいと思って、Tシャツとか作って。たとえば3000票だったら3000円で買えるんですけど、3000票を私に入れてくれたらTシャツタダであげますとか、それぐらいまでやって。自分でも3万円ぐらいは入れてました。がむしゃらにやりました。

――そのうち毒舌キャラになっていって。

絵恋 もともとそういう性格で、最初のうちはネコかぶってたって感じなのかもしれないです。もともと家ではめっちゃしゃべるタイプで。自分の一番古い記憶が小学校1年生のときなんですけど、初めて会った人たちとしゃべれなすぎて校長先生に呼び出されて。しゃべれない子だと思われて特別学級に行くかどうかっていう会議があったんですけど。

――それくらい深刻なレベル！

絵恋 先生に指されると泣いちゃうし、すごい秘めたものはあったんですよ（笑）。最初はメイドカフェ出身なのもあって、自分はミッキーマウスぐらいの気持ちでいて。ここは夢の国だから、お客さんに恥をかかせないとか、お客さんを立てなきゃいけないとか。

――ちゃんと夢を与えて帰ってもらう、と。

絵恋 そう、ちゃんと夢を与えなきゃと思ってて。最初はコミュニケーションが苦手だったんであんまりうまくいってなかったんですけど、しゃべれるようになってからはそういうことを人一倍考えてて。周りの女の子はみんなバイトだしそこまで考えてなくて、ふつうにお客さんに対して「元カレが」とか話してたりするんですよ。それも許せなくて。

――「おまえらプロか！」っていう。

絵恋 なんだと思ってるんだって。そういうのがあって、たかがメイドカフェのバイトなのに、急に店長に「私、本場に行きます」って言ってやめて秋葉原で働き始めたんです。

――もっとプロ意識のある店で働く、と。

絵恋 そのお店のオープニングキャストだったので、「このお店をもっとよくしたいんで本場で勉強してきます」って1回やめて秋葉原に行ったら、秋葉原の女の子たちはもっと病んでてもっとひどかったっていう。ぜんぜん夢を見させる感じじゃなかったんですけど。メイドカフェでは女の子が自由に企画していい日とかあって。だいたいみんなすごい適当で、みんなで女子高生の制服を着てこようとかなんですけど、私は企画書まで作ってたんですよ。たぶんそういうのが好きなんですね。

――サービス精神はありますよね。

絵恋 いまはちょっとサービス精神が強すぎて、期待されてるだけ返さなきゃっていう気持ちで人に言いすぎたりとか。いまみんな「絵恋ちゃんは毒づく人だ」って思ってくれてるから、そういう気持ちで来てる人を楽しませなきゃと思って言いすぎて失敗することがめちゃくちゃあって。しかも、みんな慣れてくるんですよね、ちょっとやそっとじゃ笑わなくなって、もっともっとってなってるから。

――ある程度の危険球は投げなきゃいけないし、なるべく時事ネタ入れたほうがいいし。

絵恋 そうなんですよ。ライブの前日とか喉のためにホントは早く寝たいのに、ずっと豪さんのツイッターとか、地下アイドルまとめブログとか見て、スクショして寝て（笑）。で、電車でこれ言わなきゃってノートに書いて。それで結構失敗してるんですけどね。

――ちょっとやりすぎて。

絵恋 怒られたりして。

――直接？

絵恋 直接もあるし。ライブが終わってみんながおもしろいからってレポしてくれるんですけど、それを見た当事者のアイドルのオタクとかに叩かれたり。でも、しょうがないかなって思います。共演者だったら「どこまで言っていいですか？」って聞くようにはしてるんですけど。最近だと『ねほりん』が2週連続放送で、1週目に土下座チェキの話が出て、たまたま私、土下座してるオタク踏んでるチェキをいっぱい撮ったことがあったから、それをツイッターで載せたんですよ。

――「ふざけんな！　嘘ばっかり放送しやがって」って怒りながら、その画像を貼って。

絵恋 そう。そしたらまあまあ拡散されて、「やったー！　この手法でいこう」と思って。そしたら次の週は自分がやってることがなくて。でも、ポッキーチェキは篠崎こころちゃんがやってたと思って。その日、同じライブに出てたから、自分もおもしろがってその物販に並んで、こころちゃんとポッキーのチェキを撮ったんですよ。そのチェキを載せて自分の手柄みたいにしたら、こころちゃんの運営の人に「コラ！」って怒られて。悪かったと思ってます。焦りがあったんですよ。

警察に相談したら本名と住所がダダ漏れ

――いまでこそ毒舌キャラですけど、もともとメイド時代に学んだスキルのせいか、ファンをガチ恋にしやすかったわけですよね。

絵恋 そうですね。ガチ恋にするのが仕事だ、お客さんをどれだけ勘違いさせるか、ぐらいに思ってて。いま思うとそれはお店のなかで守られてたからできたんですけど。アイドルになってからもそういう接客を続けちゃったから、一時期ちょっとヤバいお客さんばっかりになっちゃって。ホントにライブが盛り上がらなくて、みんな腕組みして観てて、みんなが彼氏ヅラっていう。この現場ヤバいぞって感じでした。DMがバンバン来て。全員出待ちしてて一緒の電車で帰るっていう。

――マネージャーいない人がこれをやっちゃいけないんだっ

篠崎こころ
13年より、アイドルグループ『プティパ・petit pas!』のメンバーとして活動していたが、解散。また、雑誌『Zipper』専属モデルデビューを皮切りに、モデルとしても活動中。グラビアイメージDVDも出している。

てことに気づくわけですね。

絵恋 そうです、気づきましたね。千葉のメイドカフェで働いてたのは自分が千葉に住んでるからなんですけど、そのときのお客さんもみんな柏とかに住んでて。私が柏に帰るっていうのはわかってるから、ライブで出待ちして、一緒に駅まで行って一緒の電車に乗って柏まで帰るっていうのが毎回になってて、ずっと断れなくて。ホントはどうしようと思ってて。『SEKIGAHARA』の予選会が始まったタイミングでどんどん新しいお客さんも増えてたので、「申し訳ないんだけど、これからは出待ち禁止にするから一緒に帰れない」って言ってめちゃくちゃ怒られました。みんなからDMがそれぞれ来て。

——抗議もDM（笑）。

絵恋 「調子乗ってんじゃねえよ」「俺たちが支えていまがあるのに切り捨てるのか」みたいな。課金制のイベントもやってたんで、「今日は誰々ちゃん何票でした」って出るんですよ。それで私が上位にいるとDMが来て、「今日は1位獲れたみたいだけど、そのうちの何票は俺が買った票だから人気が出たって勘違いしないで」とか怒られたりして、たいへんでした……つらかった（笑）。

——アイドルのストレスってこれかって。

絵恋 だから自分がめちゃくちゃ冷たい人間に思えたけど、そうしていかなきゃいけないしなって。そのときは罪悪感で。あまりに怒られたりすると返してたし。いまはDMが来た瞬間にリムーブしてるんですよ。問い合わせは返すけど、それ以外はすぐリムーブで。

——そんな時期にストーカー騒動もあって、毒舌キャラにシフトしていくわけですよね。

絵恋 そうですね。そこからだんだんハッキリ言うようになったっていうか、いまの感じに近くなって。ちょっと勘違いしてる人とかも、そのままじゃなくて、「え、それ勘違いだから」ってハッキリ言うようになって。それで離れていった人はいっぱいいますけど。

——事件もあってそうするしかなかった。

絵恋 その人、最近ツイッターやってて。現場にはもちろん来ないし大丈夫なんですけど。すっごいポジティブで、「絵恋ちゃんが俺を怖がって通報なんてするはずないから、絶対誰かに無理矢理そうさせられてて、ホントは俺を許してるはずだ」とか、そういうのをいまだにツイッターに書いてるんです。

——アイドルのストーカー騒動って多いですけど、気持ちはすごいわかりそうですよね。

絵恋 そうですね。あるアイドルの子がそういう騒動に巻き込まれたとき、私も過去に同じ経験があったから、そのときどうだったみたいな話をしてたんですけど。そしたら、お互いに警察に相談に行ってて、警察から本名と住所がバレてたのがわかったんですよ。

——え！　そうだったんですか！

絵恋 そう。私のストーカーだった人も警察沙汰になったあとにブログを再開して、そしたら私のことをつぶやくときに本名になったんですよ。それでうわっと思って。警察に対応してもらったときも、こいつら大丈夫かなっていう人たちで。そんな人ばっかりじゃないとは思うんですけど、私が対応してもらった人はオジサンで、インターネットとかよくわからなそうな人たちで。「メイドカフェってキャバクラみたいな感じでしょ？　自分もそういう感じだったんでしょ？　連絡先とか知ってんでしょ？」ぐらいだったんですよ。

——「アフターとかしてるでしょ？」的な。

絵恋 「連絡先とか教えたことがないし、本名も年齢も個人情報は何も伝えてないから、ホントにそういうこと言わないでください」ってそのとき話したけど、やっぱり伝わっちゃって。なんでかっていうと、そのとき相手の個人情報を私にめっちゃ言ってたんですよ、家庭環境とか仕事とか。それで逆に私も言われてるんじゃないかなってすごい怖かったんですけど、やっぱり私のことも言われてたみたいで、相手が私に対してめちゃくちゃ詳しくなってたんですよ。そしたら、そのアイドルの子も「私もそうなんだ。そのせいで引っ越しすることになった」って話してて。そのシステムちょっとヤバいなと思って。

——そりゃあ事件も起きますよね。

絵恋 そうなんですよ。アキバの耳かき店の事件も警察に相談したあとだったし、そこを変えなきゃヤバいんじゃないかなと思って。

——それでキャラを変えることになって。

絵恋 でも、キャラを変えてよかったので、私の場合は。それをみんなおもしろがってくれてるし、ストレスも減ったし、怖い思いもしなくなったし、いまは楽しくやってます。

——最近、アイドル界で話題のフォースミュージックがやっていた『ウタ娘』ってイベントと揉めたのも大きかった気はしますね。

絵恋 あれはありがたかったです。あれも結構きっかけだったかな。最初はギャラを払ってくれないみたいなことをツイッターに赤裸々に書いたら、「そういう内部の話しないでください」ってメールで怒られて。それも無視して書き続けてたら、関係

ウタ娘
レコード会社・フォースミュージックが主催していたアイドルライブ。テレビ埼玉で同名の番組を13年から放送していたが、主催のフォースミュージックが16年にイベント事業から撤退したことで、イベントも番組も終了した。

者各位に「このようなツイートをしてるので彼女は今後一切出禁にします」って、なぜかぜんぜんかかわりのない人たちにまで送られて。そのとき私、いまよりもぜんぜん下でやってたので、関係者も私のこと知らない人ばっかりだったんですけど。

――「なんかヤバい子いるらしいぞ」みたいな感じで、逆に関係者の間で話題になって。

絵恋 おかげで、次の日に朝起きたらすごいオファーのメールが来てて。「めちゃくちゃおもしろいですね。ウチのライブぜひ出てください」って仕事がめっちゃ増えたんです。やったーと思って。あれはよかったですね。

――その後、微妙に和解もしたし。

絵恋 和解もしましたね。そのおかげもあって、私がそのあと1個上のランクに上ってきたら、向こうが手のひらを返して「謝罪イベントをやりませんか？」とか言ってきて。楽しかったです。運営の人が頭を丸めて。あのイベントもよくわかんなかったですけどね。

――毒舌キャラになっても、独自のルールはすごいちゃんと守ってるじゃないですか。男のバンドと絡むときも手はつながないとか。

絵恋 そうですね。自分がもともとアイドル好きだったし、そういうところはちゃんとしたいなっていうか。自分自身がヤバいアイドルオタクだと思うんですよ。アイドルが髪を染めたら推し変するタイプの。厄介な、夢を見すぎてるタイプなので。自分も髪は染めなかったり、ピアスとかも開けないし、そういうルールは守ります。ただ、逆にやってる人もいるみたいですね。ちょっとしたことでオタクを傷つけないために、あえて男の人とご飯行った写真とかも平気で載せてたりしてメンタルを鍛えてる、みたいな。だから私みたいなタイプは逆にヤバいのかなって思います。

――絵恋ちゃんみたいに、男のバンドと活動してもちゃんと一線を引くようなタイプは。

絵恋 私がいまバックバンドやってもらってる人たちはみんなオタクなんで、すごい気を遣ってくれてて。ツーショットも撮ろうとしないし、練習が終わったあともバンドの人たちみんなでご飯行くんですけど、私は絶対に誘われないし、どこに住んでるかも聞かれないし、めちゃくちゃ気を遣われてます。

――そこがわからない関係者も多いですよ。

絵恋 わかります。前、ラジオに出させてもらったとき、そういうことまったくわかってないタイプの芸人さんが司会やってて。AKBの子が出てたんですけど、AKBの子とご飯に行った話をずっとしてて。で、女の子のほうも「また誘ってくださいよー」みたいなことをお客さんの前でふつうに言ってて、なんとも思わないのかなってビックリしました。AKBの人たちなんて、私たちと違ってお客さんがもっとお金を使わないと握手とかできないだろうから。それなのに、「この前、ご飯に行って会計が思ったより高くてさー」みたいな話を芸人さんがしてて。「この人たち、いくら積んでもご飯行けないから！　高いとか言うなよ！」って思って。芸人さんとかわかってない人いますよね。苦手です。

――たしかに、アイドル好き芸人でも信用できる人とできない人がいるなと思ってます。

絵恋 いますね。芸人さんと共演するってだけでオタクがちょっと身構えるから、こっちもめっちゃ気を遣います。ストレスかけないように今日の仕事を終わらせなきゃって。

――昔、南海キャンディーズの山ちゃんがAKBの劇場に行ってたとき、ヲタが文句言いに来たらしいんですよね、「タダで観て楽しいですか？」って。ちょうどその日にロンブーの淳さんが来てて、そっちには「淳さん、来てくれたんですか！淳さんに来てもらってうれしいです！」とか言ってて。警戒するべきはどっちかわかってねえだろっていう。

絵恋 ホントだ！

――山ちゃんは絶対にメンバー食わないぞっていう。

絵恋 たしかに（笑）。わかんないのかな。私、警戒心めちゃくちゃあるんで。いまのバックバンドの人たちも、最初、「絵恋ちゃんと一緒にバンドをぜひやらせてください」みたいにオファーされたときも、私メールは返さないし、「話があるなら物販に並べ」って言って、7~8回ライブに来させて、しかもお金を払わせて、チェキで並ばせて、交流タイムの1分間のなかで話を進めていって。物販が始まる時間に「ちょっといいかな」って横から話に来ると、「いや、いま物販中だから、話があるなら並んでください」って言って買わせたりして。それを乗り越えた人たちだけなんですね、いま私の周りにいるのは。

――いまはバイト続けてるんでしたっけ？

絵恋 もうやめました。去年の5月に新宿ロフトのワンマンがあって、あれきっかけでお金が儲かったから、もうやめようと思って。

――アイドルは儲かるものなんですか？

絵恋 儲からなかったですけど、いまは前よりは安定してきてます。もっとうまくやれば大丈夫だと思うんですけど、私はまだ損して得を取る時期というか。まだ自分のプロモーションにお金かける時期だなって思ってて。よくチェキ無料とかやっちゃうんで、そんなに儲けがないんですけど。そういうのは里咲りさちゃんとかはうまいなって。りさちゃんとは性格が真逆で、すごいなと思ってます。

――いまアイドル界がそろそろヤバいとか言われてるわけですけど、どう思いますか？

絵恋 言われてますね。オタクが減った感じするんですよ、全体的に。それは里咲りさちゃんともよく話すんですけど。ロフトとか、こんなに人が来なかったっけっていうぐらい人が減ってて。でも私自身のお客さんはめっちゃ増えてて。私はもう大人枠なんですけど。

――年齢的にも。

絵恋 そう、14歳なんですけど（笑）。

――ボクが知り合った頃で美大生でしたけどね。

絵恋 そうです（笑）。だからザ・ドルヲタっていう感じの人に刺さるわけではないから、私はもうそういうのはあんまり関係ないところに行ってると思うんですけど。地下アイドル……ちょっと流行ってないですね、いま。解散も多いし、秋葉原あたりのアイドルライブいっぱいやってた箱もどんどんなくなってるし。私は関係ないところにいてよかったな。やっぱり独自のことをやっていれば。

――ボクがおもしろいなと思ってるようなソロアイドルの人たちが、みんな仲良くなって一緒に行動するような感じになってるじゃないですか。

絵恋 力を合わせてる感じありますね、最近は。残ってる私たちでなんとか盛り上げようみたいな感じが。周りが解散とかでなくなってたりするんで。盛り上げたいですよね。

――念のために聞いておきますけど、絵恋ちゃんはメンタル

里咲りさ
早稲田大学在学中に芸能活動を開始した女性アイドル。フローエンタテイメント代表。12年に家電量販店に勤務する女性で結成したアイドルユニット「店ガール9：50」に加入。その後卒業すると、14年に「少女閣下のインターナショナル」を結成し、運営兼メンバーとして活動。16年にグループが活動休止した後はソロとして活動。17年にはZeppDiverCityでワンマンライブを開催した。

的には大丈夫なんですか？

絵恋 メンタルは私、ぜんぜん大丈夫です……。

——と言ったまま遠くを見つめてますよ！

絵恋 うーん……大丈夫です。常に考えすぎるタイプではあるので、病んでるとかではないですけど、常に考えすぎてはいます。なんでも真に受けちゃうんですよ。2ちゃんも毎日読んでるし。でも、まだそんなに人気ないからそんなに更新されないんですけど。エゴサも毎日するし。そういうときに言われてることは全部真に受けちゃって。「財布が汚い」って言われて、すぐ買い替えましたからね。

——たいへんな商売だと思うんですよね。

絵恋 そうですね、「ブス」とかめっちゃ言われるし。アイドルにならなかったらこんなにブスって言われないんだろうなって思う。

——最後に地下アイドルの闇でも暴きます？

絵恋 闇……闇ってそんなにあります？　それ、豪さんのほうがいっぱい知ってますよ。

——どこのアイドルが運営とつながってるとか、そんなことぐらいしか知らないですよ。

絵恋 運営とつながってるようなアイドルと最近共演してないから、ぜんぜんわかんなくなっちゃいました。キラキラ系と共演しなくなったから。ソロでフリーでやってる子とかばっかりだから。ぱいぱいでか美とか水野しずとか、プライベートで仲良くてご飯とか行くんですけど、みんなそれぞれ悩みはあるけど、恋愛事情みたいな話はぜんぜん出てこなくて。マジでみんな彼氏いないんですよ。逆にすごいなと思って。そんなことしてる場合じゃないって、みんな仕事第一に考えてるから。そんなことして見つかったりして、自分の仕事とお客さんを失うことを考えたら無理だよねっていうタイプばっかりが周りにいるので。

——ここからどうシフトしていくんですか？

絵恋 私、いままで全力でアイドルやってきて、アイドルしかやってこなかったんですよね。みんなと飲みに行くと、でか美ちゃんはタレントっていう道があって、しずちゃんは絵が描けて、姫乃たまちゃんは文章が書けて、りさちゃんはギターが弾けて曲が作れて、みんなアイドル以外にもあるので。

——MCスキルは磨かれてますけどね。あとは『実話BUNKAタブー』で連載でも始めて、いろんなものの悪口を言うとか……。

絵恋 え、悪口を言えばいいんですか？

——これは悪口を言えばいい雑誌ですよ。

絵恋 フフフフ、いい雑誌ですね。……でも私、すごいまともになっちゃったからな。考えたうえで間違えるから余計ヘコむんですけどね。「あ、いまありだと思ったけどダメだったんだ」っていうことは結構あるから。

——そこまで考えてる人がライブでお客さんに牛乳かけてるとは誰も思ってないですよ。

絵恋 あれは急遽ですよ、牛乳かけたのは。最初は水とかかけようと思ったんですけど、私の前の出番が魔法少女☆りりぽむで、カルピスか何かかけてたんですよ。「え、どうしよう」って思って牛乳になったんです。水鉄砲を使うのも被っちゃうから、急遽ジョウロを買ってきて、牛乳を入れてかけました。でもあれはツイッターで拡散されてるから、誰にでも牛乳かけたヤバいヤツみたいになってるんですけど、あの日は気を遣って、

ぱいぱいでか美
ハロプロをこよなく愛するタレント。専門学校時代のバンドメンバーが、ぱいぱいのFカップの胸を理由に芸名をつけた。大森靖子がプロデュースした『PAINPU』で14年にCDデビュー。17年、西井万理那、宇佐蔵べにらとともにAPOKALIPPPSを結成。

水野しず
イラストレーター・アイドル。ミスiD2015グランプリに選出された。ちょっとクレイジーな雰囲気から人気を博している。生家は岐阜県多治見市の日本酒醸造所・三千盛を営む。

魔法少女☆りりぽむ
13年に秋葉原でライブデビューした地下アイドル。魔法の国から世界中を笑顔と幸せでいっぱいにするためにやってきた。16年にストーカー被害に遭い、活動休止。芸能界引退。

「ホントにかけられたくない人はこの線よりうしろにいてくれたらかけないんで、絶対そっちに行ってください」って言って、それより前にしかかけなかったんですよ。りりぽむのほうが無差別にうしろのほうまで行ってかけまくってライムベリーのオタクに怒られてました。

――ダハハハハ！ そういう気遣いの上でバレンタインにもチョコソースをかけていた！

絵恋 あれも怒られたんですよね、姫乃たまちゃんのお客さんにかけちゃって。「かけていい?」って聞いたんですけど返事がなかったんで、いいんだと思ってかけて。そしたらその場では言われなかったんですけど、ツイッターで「チョコかけられて最悪！ なんだあいつは！」みたいに書かれてました……。

ライムベリー
アイドルグループ「usa☆usa少女倶楽部」から選抜されたメンバー4人で11年に結成されたアイドルラップユニット。楽曲プロデュースはライトノベル『神様家族』などの作家である桑島由一が〝E-TICKET PRODUCTION〟の名で担当。14年から15年にかけて運営体制が株式会社エアリーズエンタテインメントから株式会社パーティクルに替わり、初期メンバーのMC MIRIに新メンバーを加えて再始動した。

私はもともと鬱傾向なのと、
人間関係を積み上げていくのが苦手

姫乃たま

2017年3月収録

アイドル、ライター。1993年生まれ。16歳よりフリーランスで地下アイドル活動を始め、ライブイベントへの出演を軸足に置きながら、文筆業も営む。セルフ・プロデュースユニット「僕とジョルジュ」、DJまほうつかい（西島大介）とのユニット「ひめとまほう」としても活動。フルアルバムに『僕とジョルジュ』、著書に『潜行~地下アイドルの人に言えない生活』（サイゾー社）、『職業としての地下アイドル』（朝日新聞出版）がある。

姫乃　じつは豪さんにインタビューしてもらうの初めてなので、今日は著書を読み返してから来ました。

――わざわざそんなことしないでもいいですよ！　ボクが話を聞かれるわけでもないし。

姫乃　こないだ大谷能生さんに音楽批評について取材したら、わざわざ私のCDを聴いてからインタビューを受けに来てくださって、私もちゃんとしなきゃと思って読み返しました。たまに「僕の音楽どうですか？」って聞いてくるインタビュアーの方がいるらしくて（笑）。

――今日はふつうに人生を語りつつ、アイドルの話をすれば大丈夫です。アイドル界、いま順調にヤバいことになってるっぽいですけどね。

姫乃　……そうなんですよね？

――今年はグループの解散も多いじゃないですか。

姫乃　あ、そうなんですよね。いやあ、私、あんまりアイドル事情に詳しくないので……。

――ジャンルとしてそこに属して、アイドルのことを文章で書いてはいるけれども。

姫乃　地下アイドルをやってる女の子の精神性には興味あるんですけど、楽曲とか解散とか実際の活動内容にはあまり興味が持てないんですよ。しかも解散が話題になるようなグループって事務所とかレーベルの会社都合だと思うんですけど、そういうちゃんとした地上のアイドルのことはさらによくわからないんです。

――地下アイドルの世界について書いた『潜行』という本で表に出てきた人ではあるけれども、じつは地下アイドルのことを書いていたわけでもないというか、もっと地底の世界について書いた本でしたよね。その結果、アイドルについてコメントする仕事が増えて。

姫乃　そうですね。だから地下アイドル代表みたいに言われると肩身が狭くて。いい加減身の振り方を考えたいところです。でも無駄にキャリアが長くて8年ぐらいやってて、もうライフワークなので転職する気にはならないというか。

――でも、これくらい手に職がすでについてるアイドルもまずいないじゃないですか。大成功はできないだろうけれど、サブカル系のライターなり司会なりの仕事が増えてきて。

姫乃　いやいやいや。でも正直、アイドルの解散よりも『うぶモード』が休刊になってしまうコアマガジンロスのほうがひどいです。

――ああ、エロ本業界の危機のほうがアイドル界の危機よりも身近なんですね（笑）。

姫乃　もうほんとに身に沁みて感じてます……。

――エロ本ではボクもいろいろ仕事してきましたけど、あっちの不況のほうが深刻だし。

姫乃　そうなんですよ。アイドルファンも高齢化してきている実感はあって、私も最初は30代後半のファンが多かったんですけど、いまは40代、50代がメイン層になっていて。でも……。

――確実にその比じゃないですからね。紙のエロを求める層の高齢化っていうのは。

姫乃　そうなんです！　私いつもエロ本の読者さんからいただいた読者ハガキを持ち歩いてるんですけど、そっちは60代、70代なので。

――それでいてエロ本のモノクロの読み物ページの需要もなくなってるじゃないですか。

大谷能生
評論家。96年、音楽批評誌『Espresso』を立ち上げ、02年まで編集、執筆。日本のインディペンデントな音楽シーンに実践と批評の両面から深く関わる。菊地成孔との共著も多い。

『潜行』
『潜行～地下アイドルの人に言えない生活』（サイゾー）。地下アイドルやそのファンの実態について書かれた姫乃たまの処女作。ウェブサイト『Real Sound』や『おたぽる』に連載された自身の体験や見聞きしたエピソード、地下アイドルシーンの黎明期から活動しているFICEやいちご姫との「地下アイドル座談会」などが収録されている。

『うぶモード』
コアマガジンから発行されていた素人投稿写真をメインとした成年誌。コンセプトは「中年男性と10代少女を繋げる唯一の雑誌」、「日本で唯一の少女総合情報誌」など。『ニャン2倶楽部』増刊号として02年11月より第12号まで発行された。

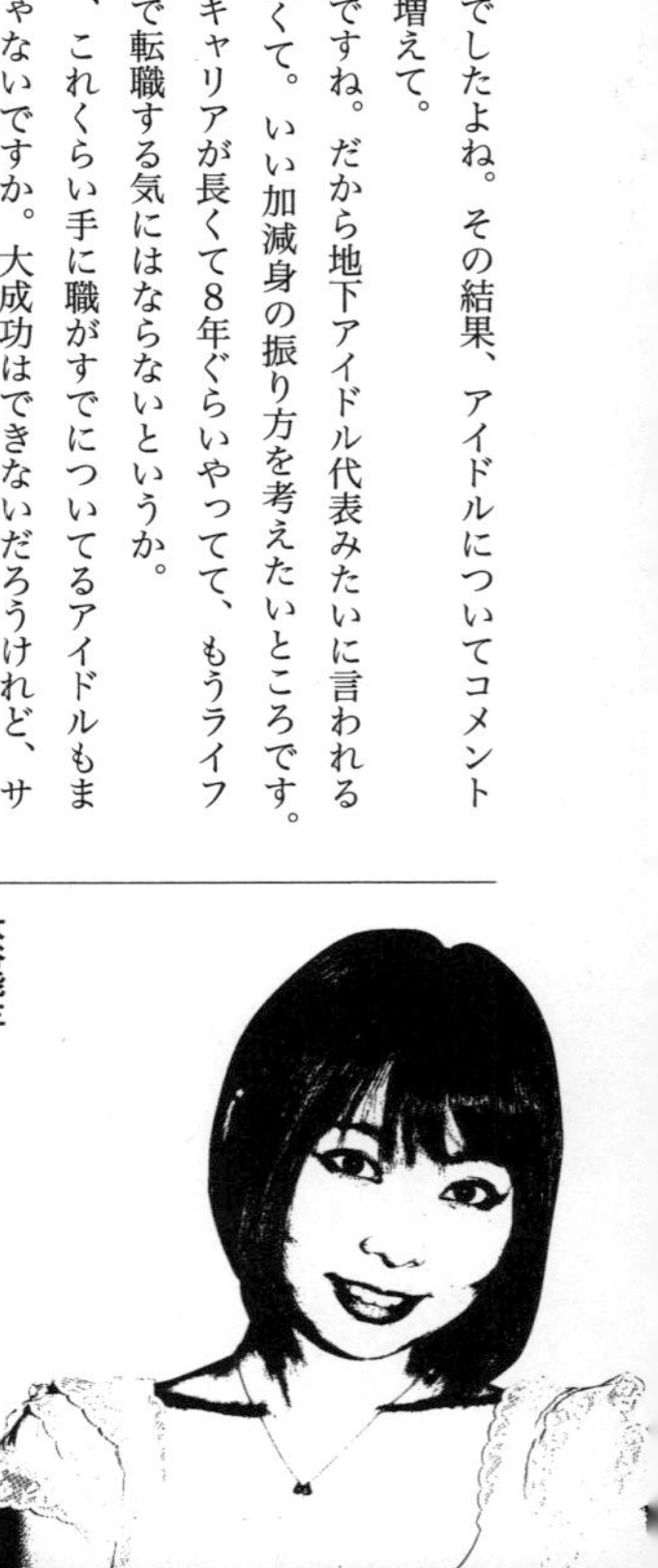

姫乃 需要というか、つくる余裕がないですよね。私もいま連載してるエロ本は『月刊DMM』だけになっちゃいました。ちょっと前まで5〜6誌ぐらい連載してたのになあ。豪さん、いつも隣のページに載ってましたね。

——だいたい同じ括りになっていて。

姫乃 あれ、うれしかったです。

——エロ本のモノクロページで原稿料1万円ぐらいの仕事を細々とする仲間みたいな。

姫乃 そうそう、ひどいと5000円で書いて源泉引かれて、振込手数料も引かれて（笑）。あっちのほうが深刻な感じしますね。アイドル業界に関しては自分がフリーランスでやってることもあって、ちょっとぼんやりしてます。メディア的にはアイドルってどうなんですか？

——大人の世界では、まだまだお金になると思ってる人はいるんじゃないですかね？

姫乃 ああ、そういえば私も3日ぐらい前に知らない人から「おもしろそうな世界ですね」みたいなメールが届いて、普段はゲームアプリを作られてるらしいんですけど、「アイドルのアプリってまだないので僕が開発したいと思いました」って書いてあって、たくさんあるけどなーって（笑）。

——ダハハハハ！　そんな感じで後発で入ってきて痛い目に遭う人は、まだいますよね。

姫乃 そう、まだいるんですねえ。

——そんな感じでアイドル業界がたいへんなことになりつつある中、姫乃さんはすごい独自のポジションに入ったじゃないですか。『BURST』（伝説の入れ墨&薬物系アウトロー雑誌）の残党の方々とトークイベントやれる現役アイドルなんて、まずいないですよ。

姫乃 にゃははは！　みなさん背が高いので、囲まれると捕食されてる人みたいな光景になっちゃうんですけど、もちろん実際は優しくて、初めてトークイベントでご一緒したときに釣崎（清隆）さんから、「何もしゃべらなくていいから、僕の隣に座るっていう役で今度オファーしてもいいかな？」って言ってもらえてうれしかったですね。……（急に）しかし豪さんは私にあまり興味がないと思うのですが、今回はどうしたんですか。

——そんなことないですよ！　前回が絵恋ちゃんだったという流れもあるし、姫乃さんには同業者的な感覚がどこかであるので。

姫乃 うおっ、そうなんですか？

——姫乃さん側もそういう感覚があると思うんですよ。地下アイドル絡みでしんどいコメント取材を受けたときには、気持ちがわかる人間としてボクに愚痴DMがくる感じで。

姫乃 その節はお世話に……ほんとに助かりました。とは言え、地下アイドルとしてかわいがられたい気持ちもちゃんとあるんですよ。でも、豪さんはおもしろい方の話を聞くの好きじゃないですか。私もそうなので、豪さんも（杉作）J（太郎）さんのことも大好きなんですけど、私自身はすごい傾倒するような趣味を持っていないので、共通の話題がアイドルくらいしかないのにじつは詳しくないし、残るは自分をアピールするしかないのですがおもしろみがないということで、豪さんは私に興味の持ちようがない！　早口になってしまった！

——興味ないとは一切言ってないですよ！　ちゃんと本も写真集もCDも買ってるし！

姫乃 ぐわっ、ありがとうございます。いやあ、自分のアタッ

（ロゴなどほぼ同じ）、05年5月より独立創刊。

釣崎清隆
死体写真家として知られ、タイ、コロンビア、メキシコ、ロシア、パレスチナ等、世界各国の犯罪現場や紛争地域を取材。これまでに撮影した死体は1000体以上に及ぶ。17年、覚醒剤取締法違反（所持）容疑で現行犯逮捕されている。

クが弱いところを気にしていて。たまに絵恋ちゃんとぱいぱいでか美ちゃんと里咲りさちゃんと、あと水野しずちゃんと集まって女子会を体験するんですけど、私だけ受身を取りがちなので、若干コンプレックスなんですよね。

――あの女子会の人たちって、みんなようやく居場所を見つけた感じがありながら、どこかでコンプレックスを感じてるんですよね。

姫乃　あー、絵恋ちゃんも女子会の後は毎回すごい落ち込むって言ってました。

――絵恋ちゃんもインタビューで、「あそこにいる人はみんな手に職というか武器を持ってて、自分だけ何もない」と言ってました。

姫乃　絵恋ちゃんほどきちんとパワフルなライブをして、本職を全うしている人もいないですけどね。私はそもそも同世代の女の子たちと交流するのが初めてなので、すごく緊張してます。

――オッサン受けはいいけれども。

姫乃　にゃははは！　どうなんでしょう。中森明夫さんと濱野智史さんと3人で飲む機会とかはあって、そのときは根源的な意味でオタサーの姫になれたんじゃないかと思いました（笑）。

――文化的な話がわかる若い子が来た！　みたいな喜びを抱かれやすいんでしょうね。

姫乃　というか、私のほうがおじさん好きなので。

――「好きな人はずっと42歳」って歌にまでしたら、そりゃオッサンも喜びますよね。

姫乃　うわあ、私の曲をありがとうございます……！　濱野さんはおじさんではないですけどアレですよね。

――アレってなんですか（笑）。

姫乃　頭がよすぎて、外国人としゃべってる感覚に近いので安心しますね。

――ボクも1回飲んだとき、ホントにかわいげのかたまりだと思ったんですよ。使う言葉が難しいだけで、頭がいい悪いは置いといて、というか。

姫乃　すごくキュートな人ですよね。濱野さんに関してはロマン優光さんと同じで、彼自身がアイドルだと思ってます。

――濱野さんみたいにアイドルの運営がかわいいパターンってあるんですけど、かわいいアイドル運営って絶対に失敗するんですよ。

姫乃　せっかくアイドルやってるのに運営のかわいさを超えられないと女の子もやるせないですからね……。（急に）すみません、私になにもなくて……。

――そんなことないです！　姫乃さんに興味持ったのは家庭環境きっかけなんですけど。

姫乃　あっ、うちですか？　一般家庭ですよ。

――お父さんがアサイラム（ヴィジュアル系の元祖とも呼ばれる伝説のアンダーグラウンド系バンド）のベースって、一部のそういう音楽を知ってる人には衝撃を与えますよ！

姫乃　あっ、なるほど！　父親は下北沢の酒屋に生まれて、私も幼少期はそこで育ったのですが、エロ本がテープ閉じされないで売っている昔ながらの店だったので、私の人生の基盤がそこで築かれました。

――酒とエロ、みたいな。

姫乃　にゃははは！　そうです。父は建前がないというか、異様にフラットな人なので、子供と動物に好かれるタイプですね。つまりあんまり社会性が……。

中森明夫
アイドル評論家。82年にミニコミ誌『東京おとなクラブ』を発行して注目を集め、ライター活動を開始。83年に、『漫画ブリッコ』（白夜書房）誌上でアニメや漫画のファンを「おたく」と命名。96年には小・中学生のジュニアアイドル・モデルを「チャイドル」と名付けるなど、サブカルの黒幕・仕掛人として数々のブームを作り出す。

濱野智史
社会学者。AKB48のファンで、12年に『前田敦子はキリストを超えた―〈宗教〉としてのAKB48』（ちくま新書）を出版。14年には「アイドルを作るアイドル」をコンセプトとしたアイドルグループ・PIP（Platonics Idol Platform）をプロデュースしたが、16年1月に事実上の解散。2月11日、ニコ生放送「濱野智史の告解と懺悔・PIPとは何だったのか」内で、これまでの軽率な発言などを号泣しながら謝罪した。

――ないんですね（笑）。

姫乃 自分の父のことなんであれですけど（笑）。というか基本的にあまりしゃべらないので、バンドの打ち上げも毎回出てるのに、ファンから認識されてなかったりするくらい。一方で家のなかで花火をやって灰皿を割っちゃったりするような面もあって、そういう両極端さは私も持っているかもしれません。そんな父と社交性がある母のあいだに生まれました。

――当時、結婚は隠してた感じなんですか？

姫乃 どうなんだろう？ 隠してなかった気がします。母親はいとうせいこうさんとかスチャダラパーとかが好きで、アサイラムのファンだったわけではないので。どちらにしても私が生まれてすぐ父はバンドから抜けているみたいですね。

――もっとお洒落サブカル寄りな感じで。

姫乃 母はそうです。小さい頃はバンドメンバーの人たちがよく遊びに来てくれたのを覚えてます。ドラムの人は泊まりに来たときに気を遣って、「家のなかで寝るのは悪いから布団だけ貸してくれればなんとかするんで」って。それもちょっと変なんですけど（笑）。布団を貸したら家の外で寝てて、朝、目が覚めて見たら地面に敷かれた布団がもぬけの殻になってました。

――しかも布団を放置！

姫乃 家に返しに来るところまでは気遣いが追いつかなかったんですね。あとガゼル（アサイラムのヴォーカル）さんがしょっちゅう泊まりに来てて、ほとんど親戚のお兄さんみたいでした。「たまちゃんの反抗期が楽しみだなあ」って。でも父親はとにかくビートルズが好きなので、家でアサイラムを聴くこともなくて、私自身は音楽的にトランスレコードの影響を受けているわけではないです。

――ＹＢＯ２（トランスレコード代表・北村昌士のバンド）を聴かされたわけでもなく。

姫乃 そうなんですよねえ。でも北村さんってどんな人なんだろうって『フールズ・メイト』（北村昌士が編集長だったアンダーグラウンド系音楽誌）を買って読んだりしてました。弟もバンドをやっているんですけど、彼もアサイラムは大人になってから聴いて、ふたりでベースすごいカッコいいね、みたいな話を最近やっとしてます。

――ボクは当時ライブも観てましたからね。

姫乃 にゃははは！

――ふつうにお父さんの写真も撮ってて。

姫乃 なぜだか照れますね。父親から音楽的な影響は受けてないですけど、性格的な影響はあって、特に社会性は私もないですね（笑）。たぶんこの仕事以外できないと思います。……すみません、普段あまり自分の話をしないので、発言にまとまりがなくて。

――なんの問題もないですよ。で、アイドルというものにあこがれたりすることもなく。

姫乃 なく。そもそも夢がずっとなかったです。１９９３年生まれなんですけど、不景気の始まりで。子供の頃から、大人になったら団塊の世代が抜けるからたくさん働いて社会を支えないとって言われて育ちました。未来はどうしようもないというか、夢を持ちづらい世代だったと思います。

――ノーフューチャーな感じが。

姫乃 そうですねえ。私はもともと鬱傾向にあるので、悩みごとがないと悩みごとを作っちゃう癖があって、子供の頃は特に地球温暖化の話が苦手でした。電気会社の人が「電力を使いす

アサイラム
ＡＳＹＬＵＭ。85年、ボーカルのガゼルを中心に結成。トランスレコード（北村昌士が立ち上げたインディーレーベル）からリリースされたアルバム『ＣＲＹＳＴＡＬ ＤＡＹＳ』はインディーズ・チャートの1位を軒並み獲得、その後まもなくビクターからメジャーデビュー。後のヴィジュアル系バンドに影響を与えた。元ベースの有賀正幸が姫乃たまの父。

『フールズ・メイト』
77年に創刊した音楽雑誌。もともとプログレ雑誌だったのが、日本のポジパン系雑誌になり、１００号を境に洋楽専門の『ＭＩＸ』（のちに『ｒｅｍｉｘ』に改名）が枝分かれし、『フールズ・メイト』は邦楽専門のビジュアル系専門誌へと変貌した。

ぎると地球温暖化が進むから、僕たちは電気を使ってほしいけど、使わないでほしいっていう話をしに来ました」とか、小学校に講演に来るんですよ。そういうことをいちいち深刻に捉えすぎちゃうので、うちには冷暖房もないしこれ以上どうしたらいいんだろうって、二酸化炭素が出ないように息を止めてみたり。夢どころじゃなくて。当然、アイドルになりたいとも思ったことないです。でもアイドルの子にインタビューしてると、よく「人見知りだけど目立ちたがり屋なんです」ってワードが出てくるじゃないですか。あのアンバランスさは私にもすごくあって、いまでこそこの業界にいるから地味ですが、学校では大人しくしてても浮いちゃうふしがありました。運動ができるとか性格が派手とかじゃないんですけど、小学生のときは文章が書けるから学校行事のときに代表でスピーチできるっていうピンポイントな特性でそこそこスクールカーストの上にいたんです。いい子ポジションじゃないですけど、変に目立つので中学に入ってからはちゃめちゃにイジメられました（笑）。

――そうだったんですか！

姫乃 まず自分の上履きを履いたことがなくて。地元の中学校だったので小学校で推薦されて入学式でスピーチをしたら、先輩から目をつけられてしまったんですね……。先輩が抜けたら今度は同級生にイジメられて。靴がなくなるたびに買い直すんですけど、担任の先生が見かねて「スリッパだと危ないから外履きのまま入りなさい」って言ってくれたんですけど、そんなの悪手でしかないじゃないですか（笑）。それで廊下に土を盛られたりして、「あいつが土足で歩いてるからいけないと思いまーす」みたいな。そりゃそうだ（笑）。小学生のときはブルーハーツとかコレクターズを聴いてたんですけど、この頃からお守りみたいに妄走族を聴くようになりました。一部のメンバーと出身校が一緒なんです。そのイジメられてた中学が。

――それでヒップホップに流れるんですか。

姫乃 そうですね。当時は世間的にもｍ－ｆｌｏとかＳＯＵＬ'ｄ ＯＵＴとかバイリンガルラップが流行してて、好きだったのでディグっていった結果、キングギドラなどなどを経由して妄走族に辿り着きました。

――イジメられながらアウトローな方向に。

姫乃 そう、いつか強くなりたいと思って（笑）。あと、ほんの10年ぐらい前に同じ学校にいたはずなのに、なんで私だけこんな……すみません、過去の暗い話をいまさら。

――ぜんぜん大丈夫ですよ。

姫乃 下北沢って一応世田谷区なので、貧乏して夢を追う町のイメージがあるかもしれないですけど、地元の子供はみんなお金持ちなんです。家がアパートみたいな一軒家だったり、住み込みのメイドさんがいたり、台所に金箔があって焼きそばにかけたりするんですよ（笑）。仲の良かった女の子の話でひっくり返ったのが、お父さんがお祭りに連れてってくれて屋台で「なんでも買っていいぞ」って言うからわたあめを買おうとしたら、クレジットカードで支払おうとしてて、現金がないから結局買ってもらえなかったという。屋台経験がないレベルのお金持ち……。

――そこに入ったら浮きますよね。

姫乃 だからたぶん、公立の中学に来てる時点でみんなの中では負け組なんですよね。なるべく早く私立か国立に進むのが良しとされていて、小学校高学年の二年間は集団受験ノイローゼで学級崩壊になっていたので。うちは一般家庭だから受験戦争

を経験せずにのびのび生活していて、私のそういうプライドの低さが癪に触ったのかもしれません。一方で先輩が妄走族のメンバーじゃないですか。もちろん素行がアレだったそうで、学校側も生徒は締めつけておかないとっていう意識がずっと続いていて、校則がいやに厳しかったんです。みんな私立とか国立に行った子たちに劣等感があるうえに、どうやら校風もわりと自由らしいし、なんだよみたいな殺気立った雰囲気のなかでずっと肩身狭くじくじく暮らしていました。で、卒業して都立の広尾高校っていう学校に進学したんですけど、高校は足立区とか大田区の子とかが来るので。

――そこはそこでゲットー感があるけれど。

姫乃 そう。親友の女の子がまさに大田区の出身なんですけど、本当に居心地がよくて。しかもちょっとだけ偏差値が高い学校だったんですけど、8割ぐらいギャルなんですよ（笑）。残りはサブカル女子みたいな変な学校で、当時は賢くておもしろい子がたくさんいました。私服だったので放課後に学校の裏手にある青山蜂（4階建てのクラブ）に遊びに行ったりすごい自由になって、反動がつきすぎて地下アイドルになっちゃった感じです。

――自由を謳歌しようとした結果。

姫乃 そうですね、謳歌しすぎました。

――自己表現したい部分があった？

姫乃 いや、ないです。単におもしろいこと中毒みたいな感じで。いまでもやりたいことないですけど、だから長く続けてこられたと思ってます。

――アイドルの子に話を聞いてると、イジメた人を見返したい的な話が多いですよね。

姫乃 ああ、多いですね。でも私は見返したい気持ちもないです。というか、見返したかったら地下アイドルにならないですね（笑）。

――地底じゃ気づいてもくれないっていう。

姫乃 むしろやや恥ずかしいというか。私は大好きですけど、べつにあこがれる世界じゃないですから。

――オッサンに囲まれてチヤホヤされて。

姫乃 そこは最高ですけどね（笑）。オジサン大好き。だから見返したいみたいな気持ちも、なにもないんですけど、運よく人に恵まれて。というか、私はちょっと買いかぶられすぎてると思うのですが、ファンの方も含めて周囲の優秀な人々がいろんな要素を後付けして姫乃たまを作り上げてくれていると思ってます。だから私自身にはなんにもないんです。ふつうですね。

――なんでもこなす対応力があるからでしょうね。淡々と司会する能力があると思って。

姫乃 あー、にゃはは。粛々と、特に盛り上がりもなくなだらかに（笑）。「最後にファンへのメッセージを聞いてもらっていいですか？」って打ち合わせでお願いされるタイプです。あれ、よくない質問だと思いますね（笑）。

――そこでも変にゴネたりしないで、「わかりました、やります」って感じの司会者。

姫乃 はい、特にこだわりないので（笑）。

あの中森明夫も食いついた

――ザックリした質問ですけど、アイドルの世界に入ってみてどんなことを思いました？

青山蜂
20年以上前から営業している老舗の小箱クラブ。18年1月、「特定遊興飲食店」としての許可を得ないまま深夜にダンス営業をしたとして、青山蜂の経営者ら3人が風営法違反容疑で逮捕された。

姫乃　最初に地下アイドルを見たときはショックでしたね。高校に入ってからDJパーティーで頻繁に遊ぶようになって、そこで仲良くなった人たちが、「アイドルの誕生日イベントで転換DJするんだけど来る?」って誘ってくれたんです。15歳だったかな。コンサートホールを想像しながら着いて行ったら会場が新宿のロフトプラスワンで。あのはしっこの座敷に座らされて（笑）。

――スタートがプラスワンだったのが呪われてますね、こっちに来るしかない感じの。

姫乃　いやあ、ねえ（笑）。お客さんも20人ぐらいしかいなくて、お姉さんがひとりでＰｅｒｆｕｍｅのカヴァーとかしてるんですよ。それがありきたりな話なんですけど、だんだん応援したい気持ちになってきて、レスが来るとうれしいんですよ。でもそれ以上に、客席でふつうのサラリーマンの人がすごい盛り上がってて、椅子を持ち上げてヲタ芸しているのを見て、これはヤバいなと。いままで私はどこに行っても浮いちゃって居場所がなくて誰にも受け止めてもらえないと思ってたけど、こういう世界もあるんだなと思いました。

――ここなら受け止めてもらえるかも、と。

姫乃　そこまで明確に居場所を探していたわけじゃないんですけど、ありとあらゆるものを許容する世界をふと発見してしまった感じでした。それで、Ｐｅｒｆｕｍｅをカヴァーしてたお姉さんに誘われて私もライブデビューしたんです。

――あの時代の地下っていう感じですね。

姫乃　そうですね。でもやりたいことはないので、人気のアニメソングをカヴァーして。

――ヒップホップ的なこだわりは出さずに。

姫乃　いまでもそうなんですけど、乞われてやる仕事がしたいんです。やりたいことはないけど、求められることをやりたい気持ちはあったんです。自分の居場所を確保するための本能みたいなもので。当時はまだアキバ系の文化だったので、ロリータ服でアニメソングを歌うということをして、そしたら初めてのライブでいきなりファンの人がついてくれて、恐ろしいことにずるずる今日までやっています……。最初の3年くらいは地底……っていうのは差別ではなくて、オリジナル曲を持たないでカヴァー曲で活動しているアイドルのことですけど、主に彼女たちと一緒にライブをしていました。

――言っちゃうと向上心のない人たち。

姫乃　あれはでも向上心がないっていうか……伝統芸能みたいな感じなんだと思います。いつも同じお客さん、同じアイドル、同じ関係者、同じカヴァー曲が、ずっと変わらないところに良さがあるんですね。あとはアングラ方面の人たちにもよくしてもらいました。私、飽き性なので、乞われてやる仕事がしたいとか言いつつ、同じ環境が続くと飽きちゃうんですよ……。それで一時期、魔ゼルな規犬さんとすごく仲がよくて、そっちのイベントにも出たりしていて、それが最初の3年間です。

――地底アイドル的な世界とアンダーグラウンドな世界を当時から行き来していたというか、サブカル要素がそのくらいからあって。

姫乃　そうですね。ただ、私はサブカルの人にはなれていないんですけど。

――家系的にサブカル寄りなだけで。

姫乃　うまれて初めて読んだ漫画がねこぢるで、初めて読んだ雑誌が『ＴＶブロス』ですよ……。産湯がサブカル。でも私の

魔ゼルな規犬
馬のお面を被り、前衛的な音楽を流しながら演説形式のパフォーマンスを行うアーティスト。自身の携帯番号をアルバムタイトルにしたことも。電柱に貼られた「魔ゼルな規犬ステッカー」も有名。

ねこぢる
98年に31歳の若さで自殺した女性漫画家。90年代後半には、悪趣味ブームの流れでねこぢるムーブメントも起きた。死後は山野一が「ねこぢるy」というペンネームで、ねこぢるの作風を引き継いで創作を続けている。

『TVブロス』
東京ニュース通信社が発行している月刊（元隔週刊）のテレビ情報誌。87年創刊。テレビ番組とはあまり関係ないものも含めて、誌面はカルチャー情報とコラムで埋め尽くされている。18年3月24日号からのリニューアルで、テレビ番組表の掲載がなくなった。

頭がよくなくて知識もないのでサブカルの人になれないんですよね。

——つまり、なんとなくサブカル的な程よい位置に入ってるけど、自分はサブカルじゃないっていう自覚がすごくあるわけですね。

姫乃 ありますね。特に知識がないことへの劣等感はすごくあります。サブカルと言えば、根本敬さんが好きで、珍しく本気を出して認知してもらうためにイベントに会いにいったりしてました。お子さんにプレゼント持ってったりして。

——そこにも入り込んでるじゃないですか。写真集で水着に絵を描いてもらったりして。

姫乃 うにゃー、そうなんですよう。人生の誇りです。

——小学生の頃、元奥さんがロマンポルシェ。のファンだった関係で、ロマンポルシェ。の物販もやってた息子さんですよね。

姫乃 えっ、そうなんですか！

——その後、『インディーズ・アイドル名鑑』って写真集のコーディネートを担当してましたよね。そこにボクが解説を書いて。

姫乃 うあー、そうだ！　そう考えるともう知り合ってから長いですね。距離が縮まった感じは……あるかなあ（笑）。私、豪さんをイジッたりできる女の子になりたいですね。生ハムと焼うどんのおふたりみたいに。彼女たちを見ると学生時代にカーストが上だった女の子たちを思い出して、じんわりした気持ちになりますね……。

——東京キララ社との接点は？

姫乃 あっ、東京キララ社とはそれこそ『インディーズ・アイドル名鑑』がきっかけです。『Chuッ スペシャル』でライターデビューして、『インディーズ・アイドル名鑑』のカメラマンさんとはそこで仕事してたんです。それで企画から出版まで協力して。

——『Chuッ スペシャル』って単語がふつうに通じる取材もめったにないんですよ。

姫乃 にゃははは！　なくなっちゃったけど守りたかったですね、あのエロ本。私、これまで8年間地下アイドルやってきたんですけど、２００９年に始めて11年に一旦活動休止してるんです。もともと。＊☆姫乃☆＊。っていう名前だったんですけど、そこで改名して姫乃たまになって、15年に『潜行』が出ました。

——あれ、じつはボクが帯を頼まれてたっていう。

姫乃 あっ、書いてくれなかった人だ（笑）！

——忙しくて編集者からのメール放置してて、返事した頃には「すみません、もう別の人に頼んじゃいました」って中森明夫先生になったら、中森明夫先生に口説かれる流れになって（笑）。

姫乃 いや……まあお食事に誘っていただいたりして。最終的にちょっと機嫌を損ねてしまったのですが。

——「俺が売り出したのに！」みたいな。

姫乃 いやあ……文壇バーで非常に自慢していただいたりしたんですけど、まあなんというかトラブルがありまして。まあまあ、それはまあまあまあ。最初にライターとして仕事したのが『Chuッ！スペシャル』のコラムで17歳のときでした。

——未成年でエロ本デビューして。

姫乃 そうなんですよう。『Chuッ スペシャル』の編集部が、

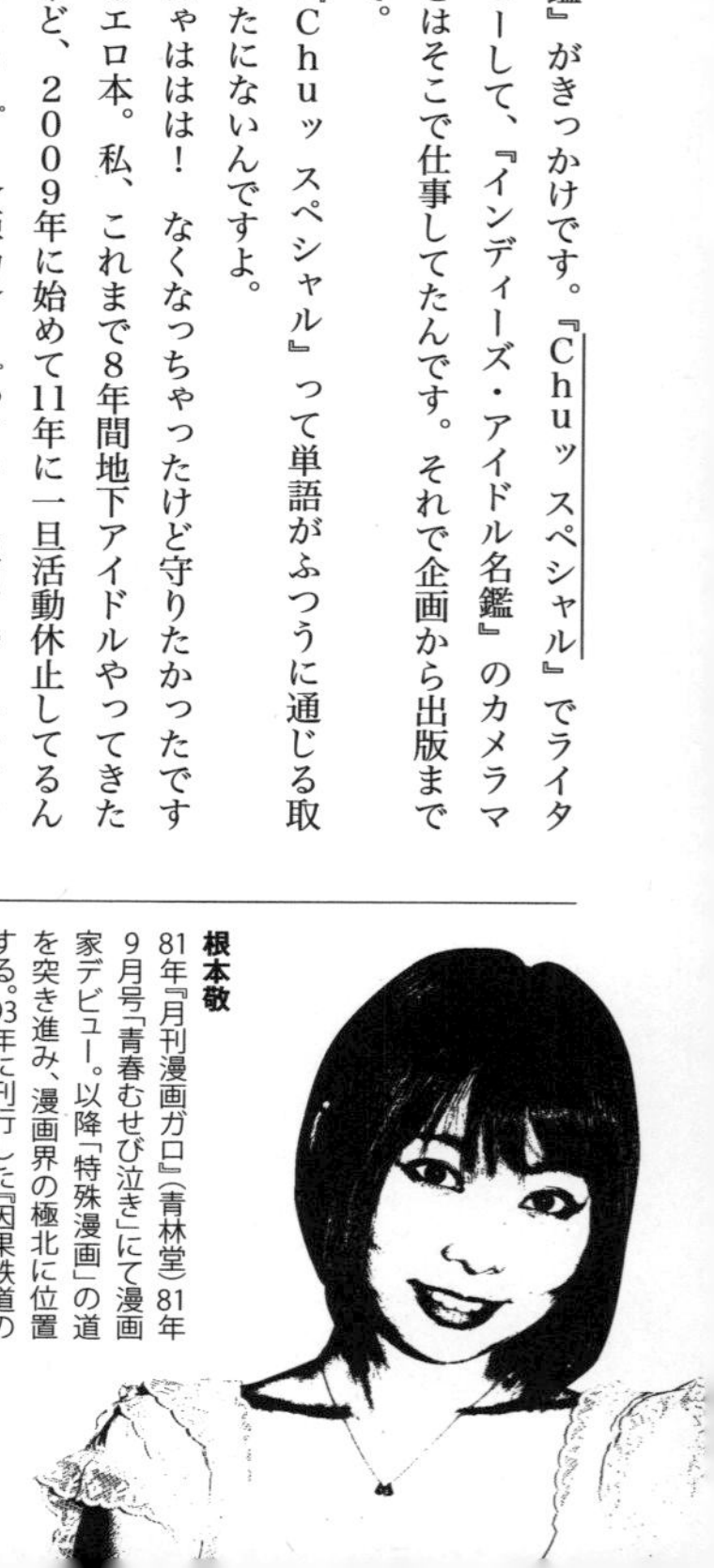

根本敬
81年『月刊漫画ガロ』（青林堂）81年9月号「青春むせび泣き」にて漫画家デビュー。以降「特殊漫画」の道を突き進み、漫画界の極北に位置する。93年に刊行した『因果鉄道の旅』（KKベストセラーズ）所収の「でも、やるんだよ！」は、90年代の若者たちに大きく影響を与えた。

生ハムと焼うどん
西井万理那と東理紗による2人組ユニットで、17年に活動休止。事務所に所属せず、楽曲から衣装、ブッキングに至るまでセルフプロデュースしていた。

東京キララ社
根本敬が特殊顧問を勤める神保町にある出版社。東京キララ社より08年に発行された『KEI チカーノになった日本人』はベストセラーとなり、チカーノ・ブームを巻き起こす。

『Chuッスペシャル』
『Chuッ SPECIAL』。ワニマガジン社が発行していたアダルト雑誌。14年に休刊。姫乃たまは「チュスペ予備校」というAV史のレジェンドにインタビューする連載を持ち、吉田豪は元アイドルに

「地下アイドルはヤれるのか?」みたいな企画でライブに取材に来て（笑）。

――そこから始まってるんですか（笑）。

姫乃 でもライブにメディアが来ることなんてないから、みんな嬉々として取材されてました。私は私でエロ本が好きだったので楽しく取材してもらったんですけど、イベンターの方が未成年だから掲載しないでやってくれって言ったみたいで、それが逆に向こうの印象に残って、10年にワンマンライブをしたときに編集さんが今度はちゃんと取材しに来てくれたんです。それで、エロ本にワンマンライブのレポートが載って（笑）。見本誌の受け渡しを……いま思えば郵送してくれればいいんですけど、「一緒にご飯でもどうですか」っていうことで一緒に新大久保に焼肉を食べに行って、コラムを書くことになったんです。その後も『夜の花嫁修業』っていうすごくいいタイトルで、銀座のSMバーで緊縛の体験をしたり、AVの撮影現場を取材させてもらったりしてました。

――18歳とかでそのレベルの取材を!

姫乃 私の青春ですね。『サディスティックサーカス』を観に行って劇団ゴキブリコンビナートの追っかけになったり、またロフトプラスワンまで「くすぐリングス」（キャットファイト）の取材をしに行ったり。あと山梨の山にあるビデオショップにも行きました。AV女優の子に自分の性癖を話すとAVをソムリエしてくれるっていう企画があって（笑）。すごく楽しかったんですけど、もちろんその仕事で私が有名になることもないので『Chuッ スペシャル』と、『Yha!Hip&Lip』っていう姉妹誌の2誌しか連載がない状態が2年ぐらい続いたんです。途中で私が活動休止して、復帰したタイミングで『Yha!Hip&Lip』が休刊になってしまって。当時、アダルトメディア研究家の安田理央さんにすごくかわいがってもらってたので、『エロの「デザインの現場」』の出版パーティーとか、いろんなところに連れてっていただいて、エロ本に携わってきた方々から話を聞かせてもらってたんです。みんな本当にエロ本が大好きなのに、どんどん失われていくことを憂いていて。それで、はてなブログにエロ本業界の現状について文章を書いたら、それが思いがけず話題になったんです。それで一番最初に声をかけてくださったのがサイゾー社だったんですよ。それで、『おたぽる』で連載することになって。

――それで地下アイドル事情を書いて、ボクがリツイートするようになっていくという。

姫乃 お世話になっております……! 地下アイドル事情って私にとっては日常なので、おもしろいのかなと思いながら書いたら、初回の記事がまたすごい話題になったんです。記事が公開された日は、リンクを記載してた私のブログに100万とかアクセスがありました。それがきっかけでコアマガジンとか大洋図書とかマイウェイ出版とかリアルサウンドとか……いろいろ連載する媒体が増えていって、ライターとして『潜行』を出版するに至りました。

――もう本業ライター感ありますもんね。

姫乃 そうですかねえ。文章やしきりをちゃんと習っていないので、いまだにわからないでやってることがたくさんあります。

――でも、文章はいいじゃないですか。

姫乃 あぁっ! ありがとうございます。うれしいです。でもインタビューするのはまだ苦手なんです、緊張しちゃうから。『潜行』を出したあとは何か変わったことあったかな……。

インタビューする連載を持った。

ゴキブリコンビナート
「きつい」「汚い」「危険」という3Kなキャッチフレーズを掲げた過激極まりない舞台で、一部に熱狂的なファンを獲得している特殊ミュージカル劇団。主催者はDr.エクアドル。通常の公演の他に、靖国神社のみたままつりでも、たびたび見世物小屋を開いている。

安田理央
AVやエロ本に関する執筆が多いフリーライター。内田理央と一文字違い。姫乃たま『ねえ、王子』のミュージックビデオの監督・編集も務めた。主著に『痴女の誕生 アダルトメディアは女性をどう描いてきたのか』『巨乳の誕生 大きなおっぱいはどう呼ばれてきたのか』（いずれも太田出版）。

――『コミックビーム』とか、消えそうな文化にどんどん入っていった感じですよね。

姫乃 消えそうな（笑）。哀愁漂うものが好きなんです。明るい世界にいられないというか。東京キララ社もそうですね。『潜行』を出版してからはたしかに、そういうサブカルチャーの世界にも居場所ができて、楽になった気がします。でも、文章を書いたり本を出したりすることで、どんどん地下アイドルの世界から弾かれていっちゃう感じがして、心が苦しいです。

――音楽活動も、その後はどんどんアーティスト色が増していくわけじゃないですか。

姫乃 そうだ、ディスクユニオンからリリースするようになって状況が変わりましたね。僕とジョルジュって音楽ユニットを組んでから、音楽的にますます自由になった気がします。発売担当者の男性がセンスと狂気の塊みたいな人で、55歳なんですけど、なんか私の活動ってオジサン史みたいですね。

――ですね、どのオジサンにかわいがってもらったみたいな歴史じゃないですか。

姫乃 それだと愛人日記みたいですね（笑）。でも、ホントに面倒見てもらったなあ……。

――女子ライターはそうなるでしょうね。こういう子が自分たちの文化に興味を持ってくれるのがうれしくてしょうがないんですよ。

姫乃 そうだと私もうれしいです。こないだの渋谷ＷＷＷでのワンマンライブだって、個人でやってたのにうまく回ったのは東京キララ社とディスクユニオンの担当さんが一緒に、本当自分の大事な日みたいにいろいろやってくれたおかげなんです。

――どう考えたってあのクラスのワンマンをふつうにできる位置じゃないだろっていう。サブカルオールスター的な人たちも出て。

姫乃 ガセネタの山崎春美さんも出演してくださって、「君は地下アイドルの労働組合を作ったほうがいい」って言ってくれて、なんだかわからないのですが、期待と労いのようなものを感じました。

――地下アイドルは連帯できないですよね。

姫乃 にゃははは！　そうですね（笑）。ずっとオジサンに幸せを与えたい気持ちで活動してきたはずが、オジサンたちに助けてもらってなんとか続けられてるので変な感じですね。

鬱のときに足を引っ張るオジサン

――いいポジションですよ。

姫乃 わあ、そうでしょうか！

――とりあえず食いっぱぐれない感じで。雑誌はどんどんなくなるでしょうけど（笑）。

姫乃 ぐう。休刊休刊で連載が去年の半分になりましたよ……。

――『コミックビーム』も危ないだろうし。

姫乃 ぐええ、やめてくれえ。

――送本が止まった時点でヤバいと思って、ちゃんと買い支えるようになりましたけど。

姫乃 私も『ビーム』は連載してるのに定期購読してます。いましろたかしさんがすごい好きです。

――いましろ先生も危ないですよ（笑）。

姫乃 あと桜玉吉さんもすごい好き。

――世捨て人ふたりですよ（笑）。

『コミックビーム』
KADOKAWA発行の月刊漫画誌。編集総長が奥村勝彦で、編集長が岩井好典。キャッチコピーは「愛と勇気と執念のコミック雑誌」。

山崎春美
70～80年代に前衛ロックバンド「ガセネタ」「タコ」で活動。ステージ上で手首を切って救急車で運ばれた「自殺未遂ライブ」（ドクターストップ役に香山リカ）、80年代前半に主催した音楽イベント「天国注射の昼」で伝説を残した。バンド活動と並行して、自販機雑誌『Jam』および後継誌『HEAVEN』にてライター・編集者としても活動。

いましろたかし
漫画家。86年、『ビジネスジャンプ』（集英社）に掲載された『不通の人々』でデビュー。社会の中で"生きづらい"人々をリアリズムの視点で描く独特の作風が特徴。現在の主な発表の場は『コミックビーム』（KADOKAWA）。

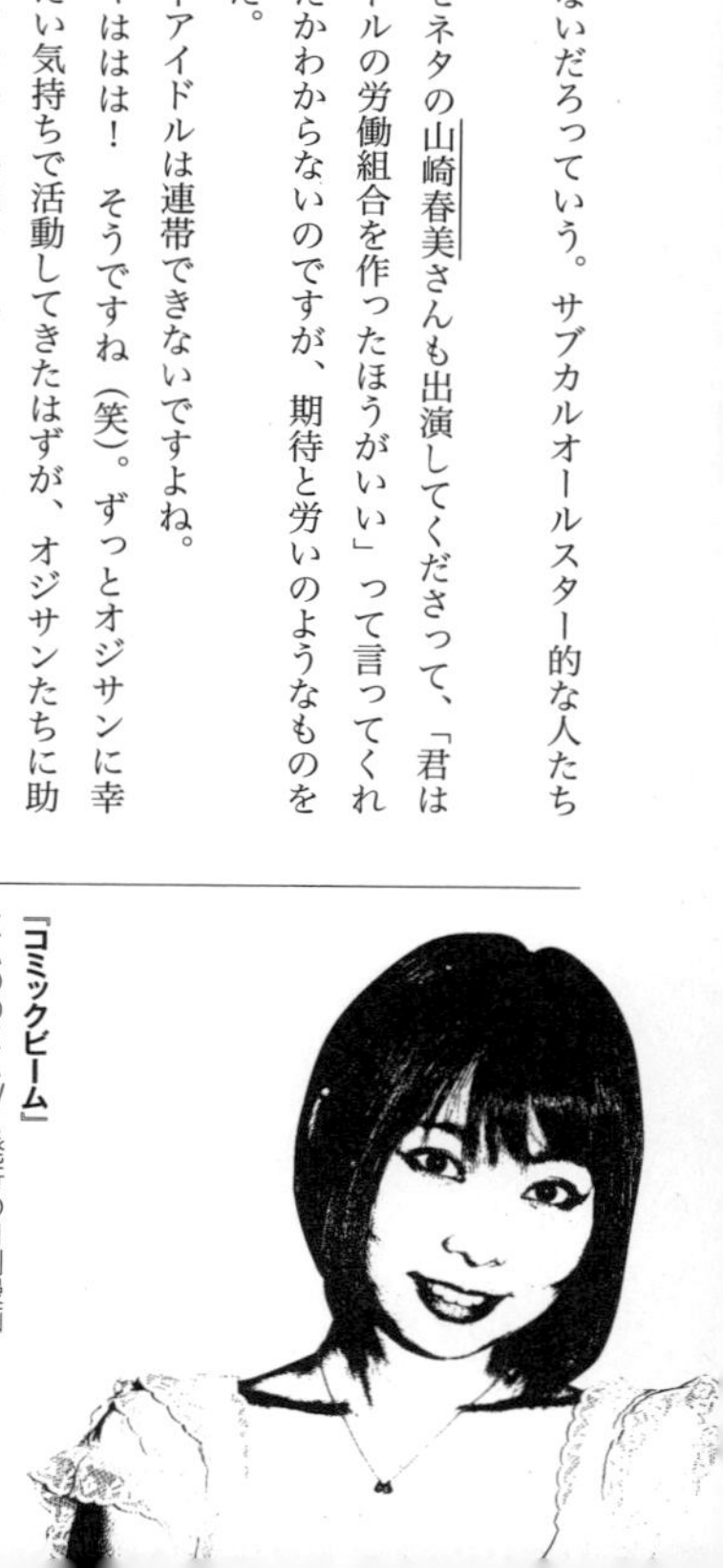

姫乃 どこか破綻してる人が好きなのかなあ。濱野さんと話していると安心するのも……。でも「濱野さん好き」って堂々と言いづらいですね（笑）。

――ダハハハ！　公言していいですよ。

姫乃 いやいやいや、たいへんなことですよ。

――あの人に迷惑を掛けられた人が怒るのは当然だけど、ボクは関係ないから「濱野さんいいぞ！」って無邪気に応援できるんですよ。

姫乃 私もそういう好奇心を止められないところがあって、先日もアンジュエル（幸福の科学のアイドルグループ）のお披露目イベントに行ったら、ちょっと咎められました。でも、取材禁止だったのに『プレイボーイ』がレポート記事を載せちゃってて、「あれ姫乃さんが何か噛んでるんですか？」みたいなこと言われたんですけど、ぜんぜん噛んでないです。もともとマスコミは入っちゃダメって前提で観覧募集してたのになあと思って。私自身は幸福の科学とは関係がないし、オウムの例もあるから新興宗教が危ないと言われるのもわかるんですけど……。

――「攻撃力のないオウム」って『やや日刊カルト新聞』の人が言ってましたけどね。「武器とかを作る能力がないオウム」って。

姫乃 オウムだってみんながまさかと思ってた過去があるわけですけど、アンジュエルの彼女たちはふつうにアイドルがやってみたいだけなので、それを揶揄するのはどうかなと。少なくともお披露目のイベントではファンを扇動する感じでもなかったですし、信じるものが違うから何を書いてもいいんだっていう考えは危ないし、怖いなって思いました。

――清水富美加もそうですけど、親がそうだった場合はもうしょうがないですからね。

姫乃 彼女たちも二世って言ってましたね。

――親が創価学会とかと同じパターンで。

姫乃 そうそう、親の信じるところを信じるのは自然ですよね。

――親がアサイラムみたいなもので。

姫乃 にゃははは！　ホント呪いですよ！

――そりゃあ、こういう文化に引き寄せられますよっていう。お父さんがロフトで頑張ってたら娘はプラスワンに行く、みたいな。

姫乃 ロフトの居心地の良さは呪いだったのか。でも地下アイドル業界だけでいうと、最初からすごく居心地よかったわけでもないんですよ。最初は自分がアイドルを名乗るのがおもしろくて、テンションが高揚しているからやっていけるんですけど、アキバ系のカルチャーもよくわからないので、だんだんつらくなるんですよね。それで、鬱で活動休止するんですけど。

――具体的には何きっかけだったんですか？

姫乃 単純に過労だったと思います。あとは人間関係とか。

――ふつうに考えるとその後のほうが働きすぎというか、出版社に泊まり込んで原稿を書いたり、過労レベルのことやってますよね。

姫乃 たしかにそうですね（笑）。いまも新書の執筆中で死にそうです。石丸元章さんみたいな感じです。

――「元章さんみたいな感じ」って、てっきりドラッグやってるのかと思いました（笑）。

姫乃 いやいや、編集さんに「ごめんなさい」し続けているだけです（笑）。それでもいまのほうが圧倒的に楽ですね。当時は人間関係があまりよくなかったんです。女子高生っていうだ

桜玉吉
86年より『ファミコン通信』（アスキー）の創刊号から連載された『しあわせのかたち』で漫画家デビュー。当初はゲームを中心とした漫画だったが、次第に内輪ネタへシフト。『防衛漫玉日記』の連載終了後あたりから鬱の症状が出始める。しばらく東京の漫喫で暮らして、現在は伊豆の山荘に居を移している。

石丸元章
作家・ラジオDJ。日本の薬物事情や薬物依存者を取材していたが、取材過程で自身も覚醒剤を使用し、95年9月に覚せい剤取締法違反で現行犯逮捕された。一連の騒動を描いた私小説的ノンフィクション『スピード』がベストセラーに。

けで悪い大人がわらわらついてくる。権力を持っている悪さじゃなくて、単純に頭の悪い大人が群がってくるので、それがすごいたいへんでした。

――悪い人はもちろん地上にもいるんですけど、地上の悪い人って力もあるんですよね。力のない悪い人が地底周辺にはすごくいて。

姫乃 そうそう、そうなんですよ。枕営業ですらなくて、独占して恋愛関係になりたいんですよね。鬱を公言したときは、「僕もそうだから気持ちわかります」みたいな人がたくさん集まってきて、それは構わないんですけど。

――うれしいけども、しんどい人たちがどんどん集まってきちゃうわけですよね。

姫乃 そこは私もちょっと変わっていて、エロ本で連載してたときも読者のハガキを見るにつけ、人生がもう一個あったらこの人たちの家に行ってひとりひとりとセックスしたいってホントに思ってたタイプなので、アイドルにならなかったら風俗嬢とかになってたと思うんですよ。それもすごく仕事熱心な。

――人に寄り添うタイプの風俗嬢に。

姫乃 みんな笑顔にして帰したいですね。なので、共感してくれるのは大丈夫なんですけど、一番キツかったのが、鬱をなんとか治そうとして病院に通いながら薬を飲んだり、自分を客観視している途中で、足を引っ張ろうとするオジサンがすごい多かったんですよ。「前のほうがガードが緩くてよかったのに」とか。

――「病んでたときのほうがよかった」と。

姫乃 そうです。まだ私も17歳とか18歳だったので、「よくなくなった」って言われたらやっぱりショックじゃないですか。しかも鬱が治りきっていない状態で。そういう小さな陰湿なことが積み重なってしばらく休止してたんですけど、復帰して改名して文章の仕事が増えてから、自分と向き合う時間が増えて落ち着いてきました。

――さっきの風俗嬢の話で思い出したのが、里咲りさ社長が子供の頃、家がすごい貧乏で、「私がAV女優になって家を支える」ってお父さんに言って怒られたって話で。

姫乃 にゃはは、あんなにピュアな子が（笑）。いい話だなあ。……ふあー、ずっと自分のことを話し続けたことによって、やや手が震えています。

――自分のことを話すのが苦手なんですか？

姫乃 苦手っていうか、なんですかね？ おもしろくない話を人に浴びせ続けるのはつらいですね。申し訳ない。

――発想がボクと近いんでしょうね、自分の話するぐらいだったら、それよりもほかのおもしろい人の話をしましょうよっていう。

姫乃 本当にそれです。

――ボクがみうらじゅんさんのラジオに呼ばれて、「自分の人生をおもしろく話せ」ってサブカルかわいがりを受けたような感じで。

姫乃 にゃははは！ じゃあなんか自分のしょうもない生い立ちでも話してお茶を濁そうかな。いろんなことを理解するのが遅くて、お父さんとお母さんにも名前があることを知らなかったとか。

――それって結構なレベルですよね。

姫乃 おじいちゃんが誰と結婚してるかわからなかったとか、右と左がわかるのも遅くて、見かねた先生が「お箸持つほうが

右でお茶碗持つほうが左」って教えてくれても、いつもどっちで食べてたのかがまったく思い出せなくて困った、とか。

――何かが欠落したままだった。

姫乃 そうですねえ。文章の雰囲気でしっかりした人だと思われがちですけど、あれは問題がある自分の裏っ返しですね。だから学校でも浮いてたんだと思います。

――イジメられるだけの何かがあった。

姫乃 絶対あるでしょう、そんなの（笑）。だって私、こんなんですよ。

――それでも、いまは居場所が見つかったみたいで、ホントよかったじゃないですか。

姫乃 いやあ、本当に。途中で獲得することよりも手放すことが最終的に大事だって気づいてよかったです。たとえば地底のアイドルのライブって、チケット代が高いじゃないですか。3500円でドリンク代を足したら4000円とか。4000円って相当ですよ。同じライブだったら私、こないだROLLYさんと頭脳警察と灰野敬二さんを一気に観ましたよ。だからずっとそのハードルを越えられるファンの人しか来ないんですけど、値段を下げたらいきなりほかの人が来るわけじゃないから、目先の利益に固執しがちになっちゃうんですよね。まずそこから抜け出したいっていうのが最初の目標でした。

――たしかに地下のほうが安いですよね。

姫乃 地底より安いですよね。

――もっとアクセスしやすい文化というか、そこは物販で回収する文化というか。

姫乃 そうしていったほうが気持ちが楽ですよね。目先の利益を掴むより、手放していったほうが楽。あとは居場所をつくるために人間関係の改善が必須でした。一時期、ある週刊誌でよく仕事してたんですけど、そこのカメラマンの独占欲がひどくて。

――というと？

姫乃 泊まりがけで撮影しようとか言うんですよ。でも、きちんとした仕事も割ともらっていてたので、その人からの仕事の割合が高かったんです。でも、グラビアでもない撮影の最中にふざけてスカートをめくられて、さすがにこれはダメだなと。そこと関係を切ってからすごい楽になりました。その人だけがどうというよりは、そうやって手放せるようになったことが大きかったんだと思います。じつはいなくて困る人っていないんじゃないかと思うんですよ。というか、「この人がいなかったらダメになっちゃうのかな？」って精神的な負担になってる時点で、いなくても大丈夫な人だと思うので、それで楽になった気がしますね。人間関係を改善したおかげか、ファンの人たちも自然といい人ばかりに……。

――厄介なファンを無理に守る必要ないし。

姫乃 そうなんですよ！ 応援してくれる人を幸せにさせるのが仕事であって、傷つけて気を引こうとしてくるファンに構ったり、ファンをやめることを仄めかす人を引き止めたりするのはアイドルの仕事じゃないと思います。

――アイドルが病むのはなぜだと思います？

姫乃 目先の心配事が多いからじゃないですか。ライブの集客とか、物販の売り上げとか。それに加えて、将来きちんとブレイクするのかとか、この先これで食べていけるのかっていう未来の不安もあるし。ライブってすごくハイな空間なので、仕事中はそういうことを忘れて先延ばしにできるんですけど、問題

ROLLY
旧名ローリー寺西。ロックバンド・すかんちのボーカル兼ギターとしてデビューした音楽家。ハードロックのパロディと、グラムロック、歌謡曲などを幅広く融合させた音楽性で注目を浴びる。槇原敬之は従弟。吉田豪によるインタビューが『人間コク宝』に掲載されている。

頭脳警察
パンタとトシにより結成された70年代を代表するロックバンド。日本赤軍の檄文を使用した『世界革命戦争宣言』、ブレヒトの詩の翻案に曲を付けた『赤軍兵士の詩』といったラディカルな楽曲を演奏し、新左翼系集会などにも出演。ファーストアルバムは過激な歌詞が問題となり、発売中止。セカンドアルバムは発売後1カ月で発禁処分に。

灰野敬二
70年頃から活動している前衛ミュージシャン。ロストアラーフ、不失者、NAZORANAIなどのバンド形態、DJ、ハーディーガーディー奏者としてのソロなど、さまざまな形態で幅広く活動。これまでにリリースしたレコードやCDは100を超える。

を解決するためには商品である自分と向き合わないといけないので、落ち着いたときに鬱が一気にくるんですよね。

――病みやすい子が入ってきて、さらに病んだりするようなものっていう感じですか。

姫乃 病みやすさはもともとふつうの女の子たちと変わらないと思うんですけど、世間にステレオタイプなアイドル像が残っているので、そういう不安をインターネットに書き込むと、アイドルって華やかなはずなのに！　って感じで、闇が濃く見えるんでしょうね。私はもともと鬱傾向なのと、人間関係を積み上げていくのが苦手で、毎日同じ人と顔を合わせるのが難しいので、フリーランスのソロ地下アイドルは向いてると思ってます。

――そういう人たちにうってつけの職業。

姫乃 そう思います。いや、しかし困ったな……。

――何がですか。もう満足なぐらい話してもらってますけど、まだ不安があるんですか？

姫乃 めちゃくちゃありますよ！　私がインタビュアーだったら、まだキラーフレーズが足りないなあって感じです。なんか出てこないかなって逆の立場だったら思ってますね。困ったなあ……。

――見出しになる発言をしなきゃ、と。

姫乃 いままさにそれです。えうー……すみません。

――もの書きだからこそ、いらない悩みが出てきちゃう感じのタイプなんでしょうけどね。

姫乃 自分の内面は掘り下げすぎると危ないですね。今日はなんだかすみません！

――ぜんぜん大丈夫ですよ！

姫乃 （編集に）雑誌の仕事したいので、何かあったら呼んでください。なんか最近キツめの仕事に呼ばれなくなったので久しぶりに潜入の仕事とかしたいです。あとコアマガジンロスなので、仕事を与えるなどして私を吉田豪さんみたいに育ててください……！

いろいろあって、
グラビアってこんな業界なんだって
ちょっとわかってきた

茜さや

2017年4月収録

グラビアアイドル。1993年5月20日生まれ。Hカップ。2014年、ミスヤングチャンピオンオーディションのファイナリスト13名に選ばれ、ヤンチャン学園に入学。その他受賞歴として、ライブクイーンコンテストグランプリ、ミスヴィレヴァン、ミスiD2017吉田豪賞など。ぱくたそにてフリー素材も提供している。

――この『実話BUNKA超タブー』は全方位で悪口を書いてるような雑誌なので、今日はのびのびと全方位で悪口を言って下さい！

茜 フフフフ、わかりました（笑）。ただ、グラビアの仕事をやってると運営などの悪口しか出なくなるから、この前お父さんに「ダメだよ、普段話してるのはいいけど、仕事の話になると性格の悪い子になってるよ」って言われて。

――しょうがない部分もあるんですよね、言わざるを得ないようなことが多すぎるから。

茜 ホントに！ グラビアの友達にも言っていいことと悪いことがあるじゃないですか。だからときどき家に来るお父さんにブワーッと全部話してたら「闇だね」とか言われて。

――茜さんはミスiD2017の吉田豪賞を受賞してるわけですけど、その理由はひたすら面接でもグラビア界の闇を告発し続けて、「私がなんとかしたい」みたいなことを言ってたのがおもしろかったからなんですよね。

茜 でも、まだ闇がありすぎて。この前、私がすごく嫌いな某事務所に所属しちゃった友達から連絡がきたんですけど、「もう限界だ」って。あそこはいろいろやらされるし。

――……いろいろやらされるっていうのは？

茜 そういうお相手を。

――うわっ！ つまり枕ですか。

茜 そうです。しかもギャラもいままで撮影会してたギャラより上げてくれるって言ってたのに下がって。「さやちゃんは雑誌に1本出たらいくらぐらいもらえるの？ 絶対に何千円とかもらえるよね？」って言われて。ふつうカラーだったら万は超えるんですよ。でも、言うのがつらくて「一応1万は超えると思うよ」って柔らかく言ったんですけど、その子はゼロでやってて。雑誌にいくら出てもゼロ円だし、撮影会も売上の30パーセントとかだし、生活ができなくなったらそういうことやらされるし。だから「契約書を持ってきたらウチがなんとかするよ」って言って。

――すごいカッコいいじゃないですか！

茜 「ウチが契約書をもらったとき知り合いの弁護士さんにお願いしてなんとかしたから、ホントにつらかったらなんとかするよ」って言ったら、契約書もらってなくて、「怖くてもらえなかった」って言ってて。そこの事務所、結構暴力的で、上の人がボコボコで。

――それは事務所のスタッフを殴るとかですか？

茜 女の子がなんかしでかすと上の人がスタッフをボコボコにするから、女の子も我慢しなきゃいけないし。そのボコボコにされるスタッフは、ウチと仲いいから。ウチが女の子を助けてあげてその人がボコボコになったら、どっちもかわいそうじゃないですか。いまどうにもできない状況で、「事務所が潰れたらいいね」って話でまとまりました。

――正直そんなのばっかりですよね。

茜 そんなのばっかりです。あとはDVDのギャラが中古の洗濯機で現物支給とか、事務所に入ってても月給が1万円とか……。

――ほぼ着エロみたいな仕事させられてそれって、ホントに報われないじゃないですか。

茜 だから、いまのDVDは1本目で、2本目の話は断ってて。やっぱり着エロじゃないですか。

――露出をハードにしていかないと、次のDVDを出せない

ミスiD
グラビアアイドルの登竜門だったミスマガジンのかわりに、講談社が12年から主催している女性アイドルオーディション。講談社社員の小林司が実行委員長・選考委員を務めている。13年から、吉田豪が選考委員として参加。

システムがありますからね。

茜 アイドルさんがビキニやっちゃうから、グラビアアイドルがやるのは着エロみたいになってて。ウチはフリーだからやりたくないことはやらないって言えるんですけど、事務所に入ってて泣く泣く出てる子もいっぱいいるし、だんだん抑えていかないとグラビアアイドルっていうジャンルがなくなっちゃう。

――そんな茜さんがグラビアの道に入るまでも、かなり波乱万丈だったみたいですね。

茜 そうですね、いろいろありすぎて。まず、中学のときに鬱になったんですよ。家庭問題と、あと学校で初めて悪口を言われて。Sクラスとふつうのクラスに分かれてて。

――Sクラスは頭のいいクラスなんですか？

茜 勉強もスポーツもしなきゃいけないクラスで。お金なかったんで特待生だったんですよ。でも、同じ小学校から入った子はふつうのクラスで、妬みですごい言ってきて。ウチと同じSクラスの子は味方なんですけど、同じ小学校だった子たちが敵に回って。悪口というものに触れたから初めて傷ついたというか、こんなにつらいんだって思って。で、お家に帰ったらお父さんとお母さんがケンカしてるし。で、ウチが深夜3時ぐらいに、家を飛び出す、みたいな。それで、よく夜中の公園にひとりでいたんです。いま考えたら危ないんですけど。田舎なので東京にあこがれるものがあったんですよ。いろいろしたいこともあったし、早く東京に行きたいって言ってもお母さんは「いやダメだ」みたいな。

――お金もないし。

茜 それで、高校で30万円貯めて東京に行こうと思って。放課後も土日も働いて、やっと30万円貯まったのが高校2年生の10月で。お父さんは東京とか地方とか転々としてて。

――そのとき、もう離婚してたんですか？

茜 別居です。ウチが中学のときからずっと別居してて、まだ離婚してないんですけど。で、「30万円貯めたらここを出て行きます」ってクラスのみんなの前でも言って、それで出てきたら30万円じゃとても生活できなくて（笑）。お金ないから渋谷のSMショップとかで働いて。女の子だったら時給が高くて、生きていくにはちょうどいいかなと思って。

――当時、17歳とかですか？

茜 17歳。高校2年で、「もう高校卒業する年です」って言ったらイケたんですよ。履歴書もいらなかったし、田舎者だから渋谷でテンション上がってた時期なんで。そこで働いたことで、いろいろ渋谷の闇を見て……。

――具体的にどんな闇を見たんですか？

茜 やっぱり来るお客さんが薬指に指輪してる男の人と女子高生のカップルとか、ドラマみたいな街だなと思って。でも、ご飯とかも節約しなきゃ生きていけなかった時期で、高尾山まで山菜を採りに行ったりして。で、関東にお父さんがいる時は、ちょっといろいろあって、その頃はまだ純粋だったから、お父さんを許せなくなって家に帰らなくなっちゃって、渋谷のマックに住んでて。仕事に行ってマック行って、みたいな。

――ほぼホームレス状態になって。

茜 で、よく警察に声かけられて、「何歳ですか？」「家に帰っても親いないんで」って状態が結構続きました。2年ぐらい経ってやっと許せたというか、もう頭おかしくしようと思って。麻痺させないとお父さんといられないと思って。その頃、グラビアはやるつもりなくて。ミスヤングチャンピオンも……。

ミスヤングチャンピオン
秋田書店が発行する雑誌『ヤングチャンピオン』『ヤングチャンピオン烈』『別冊ヤングチャンピオン』のマスコットキャラクターの発掘を目的に、10年から開始したグラビアアイドルのオーディション。

――それがいくつのときですか？

茜 ２０１４年なので20歳くらいです。グラビアはちょっと怖いし、体形的にもボンキュッボンの人がやるから、ウチなんかできないと思ってて。でも一応受かっちゃって、セミファイナルまで残ったら絶対に受かりたくなるんですよ。名刺を作って飴をつけて配って、「お願いします、お願いします」ってやって。そしたらファイナリストになって。で、ここは書かないほうがいいですけど……（略）。いろいろあって、グラビアってこんな業界なんだってちょっとわかってきて。

――ややこしいことの多い世界ですからね。

茜 当時、ウチだけ事務所に無所属だったんで、ある事務所に誘われて。そこは契約書がひとりひとり違うんですよ。で、知り合いの弁護士の人に見せたら、「これはヤバい。自分の人権もないし、何かやらかしたらお金を払うシステムすぎてＡＶに飛ばされるかもしれない」って言われて。で、お断りしたら、結局、メンバーにも言えずにヤンチャン学園もやめることになって。そしたら、「つながってやめた」みたいな噂も広がって。でも、ウチはフリーなんでツイッターに全部書いちゃうんですよ。「フリーだから扱いが雑なんです」とか「あっちの圧力で」とかバンバン書いちゃうから。

――それがおもしろかったんですよね。

茜 そのとき荒れてたから。でも、荒れてる時期から自分の思ったことをツイッターに書いていいんだと思って。ウチ、もともとアイドルを知らなくて、ヤンチャン学園に受かったときに黒髪にしてパッツンにして、カラコン黒にして頑張ったんですよ。アイドルってこんなんだろ、みたいな。でも結構しんどくて。ツイッター上もその時期はおとなしくしてたし。でも、

ヤンチャン学園
13年、ミスヤングチャンピオン２０１３のファイナリスト16名で結成されたアイドルユニット。以降、毎年ファイナリストの中から、オーディションによってメンバー追加される。当初は「音楽部」「広報部」「フットサル部」があったが、「広報部」「フットサル部」は14年以降活動していないため、ヤンチャン学園といえばアイドル活動をメインとした「音楽部」を指す。17年、関西を活動拠点とした「ヤンチャン学園ＫＡＮＳＡＩ」が発足した。

正直に自分の怒りを書いてから、そっちのほうが楽しいなと思ってきて。

――そしてボクがリツイートをし始めて。

茜 豪さんのリツイートがおもしろくて。結構厄介な子がいるから、素敵だなと思って。アイドルアイドルしてる子よりもそっちの子のほうが人間っぽいし、そういうのもいいなってやっと思えてきて。でも、ウチに何かしたら書かれるからみんな最近悪口を言ってくれなくなってつまんないんですけど（笑）。

――何かあったら全部書く人だと思われて（笑）。

茜 そうです。言われたら全部言い返すというかスルースキルがない。たぶんもうちょっと大人にならなきゃいけない。それが真実だったらいいけど、嘘だと言い返さなきゃ気が済まないというか。だからツイッターやめたいと思ったことは何度かありますけど。

――1回、「ツイッターをやめます」って報告されてボクが止めたことありましたよね。

茜 そうだ（笑）。止めていただいたから、やめちゃダメだと思ったけど。あのとき何かで怒ったんですよ。そういうツイートしたらファンの方って全員自分のことだと思うんです。「ごめんね、俺が悪かった」みたいな。

――逆ですよね、そう言われても一切気づかないような人のことを言ってんだよっていう。

茜 そう！　去年の誕生日に「ラジオに出ます」って言ってたんだけど出られなくなっちゃって。でも仕事してるしラジオが終わって30分後くらいに「今日は出れずすみません」ってツイートしたんですよ。そしたら、誕生日だから彼氏と過ごしてるんだろうという噂を勝手に立てられて。

「どうせ彼氏といて休んだんだろ？」と。

茜 その人に対して書いても、みんな自分のことだと思って謝ってくるし、一時期病みそうで。だから感覚が違う人がいるというか、そこといちいちぶつかってたら身が持たないから、最近はいやなこと言われたらなるべくすぐブロックしてます。だけど、初めて会うアイドルさんに「ツイッター見て、さやちゃん怖そうと思ってました」ってよく言われますね。

――そうやって怒りたくなるぐらい、いろんな問題が見えてきたわけですよね。

茜 そうです。もともと登録してた事務所とも、銀座の真ん中で大ゲンカしたり。そこはミスヤンチャンのファイナリストになった瞬間に、「おまえは登録じゃなくて所属だ」って言い出して大揉めして。「いや、ウチは登録っていう意味で契約書を書きましたよね」「でも、あの契約書はもう捨てたから」みたいな。そこの奥さんも怖い人で、奥さんとウチが闘って、社長も出てきて、「おまえ、芸能界から潰すからな」って銀座で叫ぶんですよ。なんでこんなところでお父さんより年上の人と怒鳴り合ってるんだろうと思って。

――銀座の路上で潰す宣言！

茜 で、「潰せるもんなら潰してください」って言ったら、「さっき殴ろうと思ったわ」とか言われて冷静になっちゃって、そのときに芸能界というものに触れてる中には変な人もいるんだなと思って。で、グラビア業界に入ってみるともっと変な人がいっぱいいるというか、人を人として見てない。女の子はみんなもうちょっとうまくやってほしいです。ちょっと人を信じすぎてるし、うまくやれてないからかわいそう。ウチも結構騙されてきたほうですけど、何回か騙されたらわかるじゃないですか。同じように騙される子が少なくなってほしいというか。現状、一番仲いい子の話を聞いててもどかしいから。あとから「お金は払わない」って言われるとか。最近、事務所に入るリスクが大きくなってるから。

――事務所に入る意味がそんなになくなってますよね。それなりに名前が売れて、ケンカできるだけの覚悟があれば、フリーでなんとかなるし。

茜 ホントに！ いまネットの力すごいじゃないですか。だからべつに事務所に入らなくてもいいいし、ウチが教える会みたいなの開きたいぐらい（笑）。もう事務所に入っちゃってる子は話を聞くぐらいしかできないし、事務所に入っててＡＶに持っていかれるところも多いじゃないですか、仕掛けられてるみたいな。いま強要とかが問題になってきてるからいいけど、昔はそういうことがいっぱいあったから、ホントかわいそうすぎて……。

――着エロで数万円しかもらえないんだったら、本番で大金が入るほうに転びますよね。

茜 たしかに。でも、ウチもよく来るんですよ、「ＡＶに出ませんか？」みたいな話は。

――いまって、違いは挿入してるかどうかぐらいになっちゃってるじゃないですか。

茜 そうですそうです（笑）。友達がＤＶＤとか出てるの見るとすごいんですよ。ほぼ裸で、上から跨って揺れてるみたいな。もうＡＶと同じじゃないですか。最近そっち寄りすぎて、あれはさすがに撮れないですよね。

仲いい子の友達がパパが嫌すぎて自殺

――未払い的な話はよく聞きますけど、グラドル関係の問題はあと何が多いんですかね？

茜 お金と、あとは事務所の人にヤられちゃう、みたいなパターンですよね。友達がお金がなくて、「事務所に住ませてあげる。３人住んでるから大丈夫だよ」って言われて。で、ある日帰ったら社長とそこに住んでるひとりがヤッてて、「あ、見ちゃったな」と思って出て行こうとしたら、「いや、こういう感じだから」って言われたっていう。

――それ、ボクも知ってる話かもしれない。自宅兼事務所ってホント恐ろしいんですよ。

茜 そう、だいたいそうだと思ったほうがいいです。だから、「前にどこ住んでたの？」って聞いて、「事務所を借りてて」って言われると、「ああ、そういうことね」って思っちゃう。あんまり有名じゃない子がどんどん表紙を飾りだすとなんだろうって思って、その事務所の仲いい子に聞くんですよ。「あの子、ぜんぜん名前を聞かないのになんで表紙なの？」って聞くと、やっぱり愛人だったり（笑）。

――ツイッターのフォロワー数が少ないわりに、やけにいい仕事が入ってると思うと。

茜 そう！ 最初の頃、純粋に「どうなったら表紙とか取れるの？」って聞いたら、「社長のお気に入りで一緒に住んでて、お家も借りてもらってて、そういうことも週に何回かしなきゃいけない」みたいなことが多くて。

――ふつうのアイドルグループより、グラビアってそれやっ

ても大丈夫そうな空気ができてるんですよね。アイドルグループでそういうことがあったらファンも「許せない！」みたいになるけど、グラビアは「ま、そういう世界でしょ」みたいになっちゃうというか。

茜　わかります！　そうなんですよ！　ウチは信じたくなくて。だから知らなかったんですけど、やっぱりそういうこともリアルにあるし、楽屋で……嫌いな事務所のことばっかり言ってるんですけど、そこの子がふたりいて、めっちゃかわいいんですけど、「昨日、私がシャワー浴びてるあいだヤッてたでしょ」みたいな会話が聞こえて。そこの事務所はお得意様のマンションに送り出すんです。

――え！

茜　汚い世界なんだなと思って。

――つまり、もはや風俗ビジネスをやってるような事務所があるっていうことですよね。

茜　そうですそうです。いっぱい女の子を集めて、芸能界でちゃんと売る側がいて、売らない側はそうやって全部送り出すという。

――聞いたことありますよ、事務所のカタログが売春のカタログになってる的な話は。

茜　そうですそうです。で、売れてる子は送り出さない。しかもお金はもらえないっていう。だから闇が深い。純粋に気になるんですよね。友達でも結構やってる子が多くて。

――結構多いんだ……。

茜　「どうやって食べてるの？」みたいな。住んでるとこもタワーマンションだし。

――謎が多いですよね。グラドルであからさまに生活水準が高い人はボクも疑ってます。

茜　もともと家がお金持ちか、愛人なんですよ。昔の話を聞くとぜんぜんお金持ちじゃないのに、エルメスとかヴィトンのバッグが増えていって、お家に遊びに行くとタワーマンションだし、「どうしてるの？」みたいな。

――グラビアは儲からないはずなのに。

茜　そう！　フリーのウチでも生活ってふつうなんですよ。その子は雑誌の露出もウチと同じくらいで、聞いても「1日少し仕事して30万もらえる」みたいな、ありえないじゃないですか。だから、ブランドで固めてる子もちょっと考えたほうがいいと思う。ファンの方も収入ぐらいはわかってるから。

――ふつうに稼いでたら買えるわけないし、ファンのプレゼントでもなかなかここまでは貰えないんじゃないかって思いますからね。

茜　それかキャバ嬢やってるかどっちかだと思います。キャバクラで働くことはぜんぜんいいと思うんですけどね。でも、ファンの方を連れ込んでる人がいて。ファンの方をＤＭ（ダイレクトメール）でお店に呼んだりしてて。

――なるほど。1万ぐらいで長時間話せるならぜんぜん店でもいいやっていう発想になりますよね。

茜　「お金なくてこういう仕事しなきゃいけなくて、あなたにしか言ってないから来てね」みたいな。で、キャバクラに通うっていう。あとウチが見ちゃったのは、ディズニーランドをＴＯ（トップオタ）って言ってた方と歩いてたりとか……。

――それは恋愛ではない感じの？

茜　じゃないと思います。営業みたいな。

――店外デートみたいな。

茜　そう、ユニット外デート。ヤバいと思って隠れましたけどね。みんなそれぞれ頑張ってるんですよ。ウチはグラビアもアイドルもユニットやってるときもたいへんでしたけど、アイドルが一番たいへんかもしれないです、チェキ代だけで生きてるから。

――アイドルは学生がやるから成立してるビジネスとはよくいいますからね。あの収入でひとり暮らしするとなったら……。

茜　無理です。チェキ代と交通費しか出なくて。そんなときお金持ってるオジサンが近づいてきて、「助けてあげるよ」ってなって。

――心の隙間に入りやすいっていう。

茜　そう。「贅沢させてあげるよ」って。

――グラビアアイドルが、それだけで麻布十番に住めるわけないだろうと思いますもん。

茜　ホントに多いです。1カ月に1回海外みたいな人とか多くて。でも病むみたいで、パパがいる子が泊まりに来たら、夜トイレで嗚咽しながら泣いてたりするんですよね。知らないところで心が削られていくというか。

――不安しかないでしょうからね。それをエンジョイできるタイプだったらいいけど。

茜　ほとんどいないと思います。だからホントに重い話でいうと、仲いい子の友達がそういうパパがいて自殺しちゃったりとか……。

――えぇーっ!!

茜　そのパパが嫌すぎて。だからパパとか作ってもリスクのほうが高くて……でも、どうしてもみんなお金ないと思うんですよね。

――そうなんですよね。グラドルの愛人問題で叩く気持ちはわかるけど、まず食えるだけのお金を渡さないことには、そりゃ何かしますよ。

茜　ホントに！　かわいそうです。ウチは自分が家庭を支えなきゃっていう気持ちがあるからガツガツ働くんですよ。仕事が一番だから、まだメンタルが保ててるというか。でも、それがなくてグラビアやってる子は、お金もらえるからいいや、みたいになっちゃって、自分が病むことに気づいてないから。

――すごい元気そうなギャル系のグラドルの子が、いつも手首にシュシュ巻いてるなと思ったら傷だらけだったりすると、こんなに悩んでなさそうな子でも……って思いますからね。

茜　そう、空元気みたいな。みんなどっかで病んでるから、心をちゃんと保たないとホントみんなダメになる気がします。病む子はホントに病むから。仕事でグラビアの子をお金になりそうな運営につなげることがあるんですが、その運営の社長さんとかに「病んでる子が多くて、5回ドタキャンとか、時間どおりに来ないとか、連絡が取れなくなる子が多い」って聞いて。みんなもともと壊れてるのか、グラビアやったから壊れてるのかわからないんですけど。グラドルの友達と遊ぶってなっても遅刻して来るしドタキャン食らうし、ふつうの子が少ない。でもそうなっちゃったのは騙されたり、そういう大人がいっぱいいるからで。

――グラドルは儲からないから、お金をもらっての飲み会＝ギャラ飲みは日常なわけですよね。

茜　私はあんまり行かないんですけど、誘われることはいっぱいあります。ギャラ飲みで生計を立ててる子もいます。だからパパよりはいいと思います。べつにギャラ飲みは悪いと思わ

ないし、行けばいいと思うんですけど。

——黒い話と比べるとまだ平和っていう。

茜 結構クリーンで（笑）。そのあとはご自由に、だから。気に入ったら行けばいいし。

——そういう世界で事務所にも入らず戦っていくのはたいへんだと思いますけど……。

茜 たいへんです。でも、事務所に入ると仕事が来なくてもマネージャーとか社長のせいにしそうだけど、自分でやると全部自分のせいだから、責任持ってできるし楽しいです。

課金レースで30万稼いでも ギャラは5000円

——しかし、わざわざミスiDを受けに来るグラビアの子は何か抱えてる気がしますね。
茜 言いたいことがあるんだと思います。
——もしくは本格的に友達がいなかったり。
茜 ミスiDで年齢詐称を告白したひなぺち（麻倉ひな子）にも「仕事を振りたいから友達を紹介して！」って聞いたら「私、友達いないから」って言われて。
——藤田恵名さんがミスiDを受けた理由が、「とにかく私はミスiDの花見に行きたいんです！ いままで生きてて1回も花見に誘われたことがなくて。花見に行くのが夢なんです！」だったのも笑いましたけどね。
茜 かわいい（笑）。みんな一匹狼感はあると思います。あと変な子が多いから。よく遊んでる子がいるんですど、誘われて遊んでも向こうが狂ってるから、お互い疲れちゃって誘われてもも遊べないなってなります。その繰り返しで友達いない子が多いのかもしれないです。
——茜さんにミスiDの吉田豪賞を出したときは、グラビア界の闇を告発する姿勢がおもしろくて、「そこに反旗を翻す事務所を立ち上げるなら協力します」って言ったんですけど。
茜 作れたら作りたいですけど、まず自分がそういう子たちをコントロールできるかって不安があります。すごい傷つきそう（笑）。
——もらっちゃいそうですもんね。
茜 もらっちゃいそうです。自分は何を言われてもおもしろく返そうっていうバリアができてるけど、仲間内だともらっちゃいそうじゃないですか。だから少しずつ、ひとりふたりから面倒見るとかならできると思うんで。
——これからもなんとかなりそうですか？
茜 仕事は楽しいんで。変な人が好きなんで。ウチの場合はちょっと感覚がおかしいから、ホテルに誘われたとしても傷つかないっていうか、おもしろいなと思って（笑）。
——「ひどい！」みたいにならない。
茜 ぜんぜんならなくて、全部おもしろいなって思うんです。ある子が傷ついても、そのストーリーはおもしろいなって思う。でも、その子は助けてあげたいなって思うんですよ。
——その感覚はボクと近いと思います。
茜 もし自分にそれが起きても客観視してるから、パニックにならずに、「いまこの人におもしろいことが起きてるぞ」と思うから、自分がそこまで傷つくこともなく、おもしろいなって思っちゃうんですよ。だから、いまお金が全部なくなってもショックは受けないと思う。おもしろいなって思うんですよ。

藤田恵名
水着姿でギターをかき鳴らし歌う、"いま一番脱げるシンガーソングライター"。愛称は「MCビキニ」。福山雅治がファンクラブ会報誌で「どんどん惹きこまれる」と絶賛していた。

そこが人と違うからやれてる部分もあるというか。全部が全部自分だと思って受け取ると体が持たない。芸能界っておもしろいことがいっぱいあって、しかもフリーでやるともっとおもしろいことがいっぱいあるから。そのあいだにおもしろいものを受け取れる場所にいたいですか。それに、どうせ死ぬじゃないでから、ずっとフリーなんだと思うし。殺されない限りはだいたいのことはおもしろいから。

――「死ぬこと以外はかすり傷」ですね。

茜 ホントに。べつにお金がなくなっても頑張って働くし、死なないじゃないですか。もっと変なことが起きてほしいし、もっといろんなものが見たいし。そこが人と違うなって思います。だから、急にアメリカにも行って。その動機も単純だから、地球だとハリウッドが一番みたいに思ってピョーンと行っちゃうのもおもしろいかもしれないと思ったから。

――「ハリウッドで現実を見てきた」とか言ってましたよね。あれ、なんなんですか?

茜 カタコトの英語でハリウッドの現状を聞いたら、ハリウッドもそういう街があって、女の子は体を売りながらプロデューサーを探して、デカいホテルに通い詰めてテレビ局の人を探す、みたいな。同じかと思って。

――「グラビアと同じだ!」って(笑)。

茜 やっぱり偉い人に抱かれるんだと思って。ハリウッドで同じなら無理だ、これは止められないやって思ったんですよ。ちゃんと需要と供給でできてるんだなと思って。

――さっき話に出ましたけど、関係者がホテルに誘ってくるパターンはあるんですか?

茜 あります。ホテルの目の前まで連れて行かれてちょっと止まりますね。「明日6時起きなんですよね」って断ると、だいたい「ぜんぜん起こすよ。始発で帰ればいいじゃん」って(笑)。「いや、荷物もあるし、1回お家に帰ってたら時間がなくて」って30分ぐらい粘ったら帰してくれます。ただ、それでヤれちゃうから言ってくるんだと思います。

――成功体験があるんでしょうね。

茜 たぶん。よく女の子から「ヤッちゃった」って聞きます。ただ、アパホテルで不倫した子のときに思ったのは、もうちょっと頭を使って、もしテレビに出て何か言うんだったらネタを考えておかないと、それで終わるじゃないですか。もしウチがやるとしたら考えてやるなと思って。チクらないですけど。

――ベタですけどアパホテルでグラビアを撮るとか、せめて何かつなげていかないと。

茜 そう、意味ないと思って。その点、加藤紗里さんはバンバンやるからうまいですね。

――バカに徹して、わざとみんなを怒らせるポジションとして仕事を生みましたよね。

茜 そうです。広島なんでカープも好きって言って、選手の名前ひとりも言えないとか。

――一切勉強しないスタンスでいくという。

茜 それが素晴らしいと思って。

――みんなホントに告発がヘタですよね。一番ダメだと思うのが告発ヌードで、その時点で売名だと思われるだけじゃないですか。

茜 そう! 最悪のヤツ(笑)。脱ぎ損だなと思って。でも結構いますよね。ビジュアルがすごくよかったりしたら話題になるけど、たぶん8割の人は一瞬だから、何か手を打っておか

アパホテルで不倫した子
袴田吉彦との「アパホテルでの不倫密会」が報じられたグラビアアイドル・青山真麻のこと。騒動後に、ヌード写真集『まっすぐなはだか』を発売。暴露キャラが受けて、一時期バラエティ番組に引っ張りだこだった。

ないと意味がないっていうか。そういうのを考えるのが好きで、よくある出来レースのオーディションとかでも、全員分のツイッターのデータを取っておくんですよ。

――なんですか、それ！

茜 フォロワー数とか、何時につぶやいたとか。私、データが好きだから全部取ってて。で、何カ月後に何人増えたって全部グラフにして。あとマシェバラの課金額とか全部教えてもらえるから全部書いて、なんでこの子はここでフォロワーが増えたのか調べて、雑誌に載ったとかテレビに出たとか、テレビに出て増えたのはなんでだろうとか分析するのが好きで。そのあとのことを考えてやるのがすごい好きで。だからちょっと怖いと思う（笑）。一緒に出た子がいま仲いいから、そのときデータを全部取ってたって言ったら「怖っ」て言われました。

――課金レースは過酷そうですよね。

茜 マシェバラとかもどうしても勝ちたいみたいな時期に知り合いの社長さんから連絡があるんですよ。ウチも「1回ヤッたらいくら課金するよ。そしたら絶対勝てるでしょ」って言われて。なんかもう怖いなって。でも思ったのは、それで一発ヤッちゃうと勝てる子がいるんだっていう現実。意味ないから、最近はああいう課金レースには出ないんですけど。

――しかもその課金レースでお金を遣わせても、ほとんど自分には入らないわけで。

茜 30万円稼いでも5000円です。チャットで「何か投げてください」って課金してもらうって1回30万ぐらいいったんですけど、自分のギャラは固定で5000円で。

――だから「これに勝ったら番組に出られますよ」みたいな餌で課金レースさせる大人が増えてるわけですけど、それってみんな消耗しますよね。

茜 ホントに……。だからウチはレースはヤンチャンのあとは出ないって決めて。ファンの方もお財布が持たないし、それがその子たちに入ればいいけど5000円だから。ウチはそれもツイッターで言っちゃうんで。出来レースも多くて、自分がどれだけお金を遣ってもグランプリは決まってたりするし、これからそのビジネスは落ちていく気がします。

マシェバラ
株式会社アイエヌネットワークが運営する、アイドルや芸人などのライブ配信サービス。ヤンチャン学園のメンバーや、川崎競輪場のイメージユニット選考オーディションなどが行われている。一部有料放送。

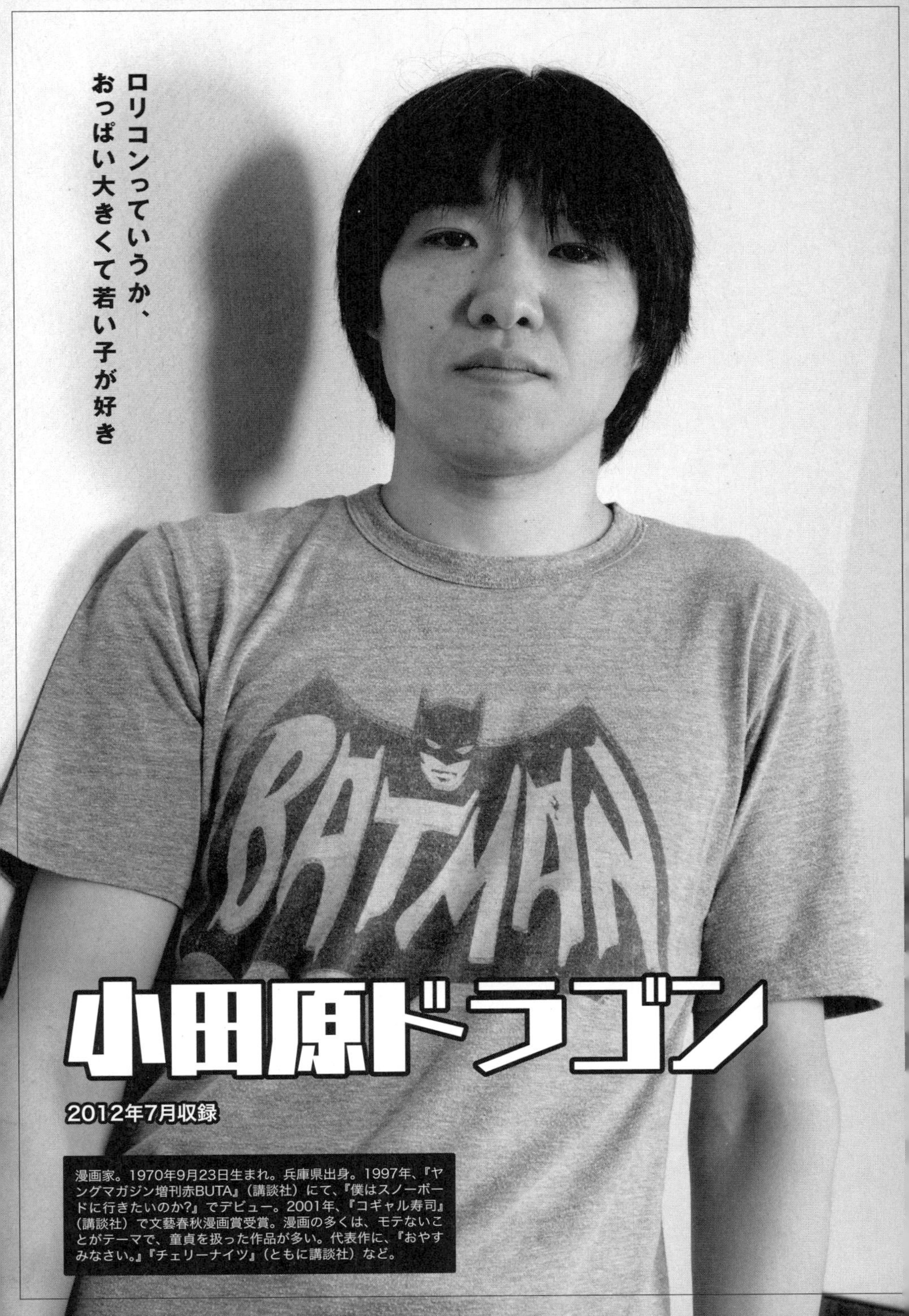

ロリコンっていうか、おっぱい大きくて若い子が好き

小田原ドラゴン

2012年7月収録

漫画家。1970年9月23日生まれ。兵庫県出身。1997年、『ヤングマガジン増刊赤BUTA』（講談社）にて、『僕はスノーボードに行きたいのか?』でデビュー。2001年、『コギャル寿司』（講談社）で文藝春秋漫画賞受賞。漫画の多くは、モテないことがテーマで、童貞を扱った作品が多い。代表作に、『おやすみなさい。』『チェリーナイツ』（ともに講談社）など。

——漫画家さんを取材する場合、いつも作品の話はぜんぜんしないで初体験の話や女性観を聞くんですよ。あんまり女性観を語ってない人が多いから、それを知ると作品が深く読み解けたりするんですけど、ドラゴン先生ってインタビューは毎回ほぼその話ですよね。

ドラゴン　そうですね。結局のところ、そういうことしか言うことがないんで（笑）。

——つまり、ほかに主張がない（笑）。その徹底ぶりがまた異常なレベルというか……。

ドラゴン　基本、鬱積したものがあるんで。

——要は童貞をこじらせ続けている、と。

ドラゴン　そうですね。だから、いまだに楽しそうな人を見ることができないです。

——漫画家さんには多いですよね。

ドラゴン　あ、そうですか？

——「お金あるヤツ、幸せなヤツ、みんな死ね！」的な人は意外と多いんですけど、それってある程度で治っていくものなのかどうかが気になってるんですよ。どう思います？

ドラゴン　治るっていうのがよくわからないですね。治るとしたら、自分も楽しい状態になることだと思うんですけど、そういうことにぜんぜんならないんで、憎しみだけが残って。

——ここに出てくれた漫画家さんに聞いた結果、とりあえずお金は手にしたけど、お金じゃ何も変わらないっていう人が多いですね。

ドラゴン　そうですね、お金を持っても、多少将来の不安が薄くなるだけで、満たされたっていう感じにはならないんですよね。

——で、女性の問題も根深いんですよ。聞いてる限り、ある程度成功して結婚しようがそこは変わらないみたいですね。花沢健吾先生だなんだと、いろんな人に聞いてる限りは。

ドラゴン　花沢先生とかモテそうですけど。

——モテはしないですね。ご本人いわく、漫画の知名度や財力じゃなくて、体ひとつでモテたときにコンプレックスはなくなる、と。

ドラゴン　それは贅沢ですよね。だって漫画がなくなったら、ただのオッサンですから。

——贅沢だし無理じゃないですか（笑）。もともとモテない側が、そこを埋めるために努力するんだと思いますけど、でもドラゴン先生は中1まではモテたって聞きましたよ。

ドラゴン　いや、中1の1学期はモテたんですよ。女の子と一緒に勉強とかしたんですけど。中1の1学期の中間テストが終わった瞬間にぜんぜん相手にされなくなって。理由もわからないまま、急にサーッと波が引くように。キツネに化かされたみたいな感じで（笑）。

——下手にそういう幸せな体験をしてると、その後の欠落感がより強い気がしますね。

ドラゴン　そうですね。中1ぐらいのときって、自分で言うのもあれですけど中性的なかわいい顔してたんですよ、女の子に間違えられるような。それでちょっと珍しがられたんじゃないかなと思うんですけど。そういうのは長続きしないですよね。そこで潮が引いてからは引きっぱなしで、なんもないですね。

——高校が一番孤独だったんですか？

ドラゴン　そうですね、高校のときは友達もぜんぜんいなかったんで。昼休みとか弁当を一緒に食べる相手もいないんで家に

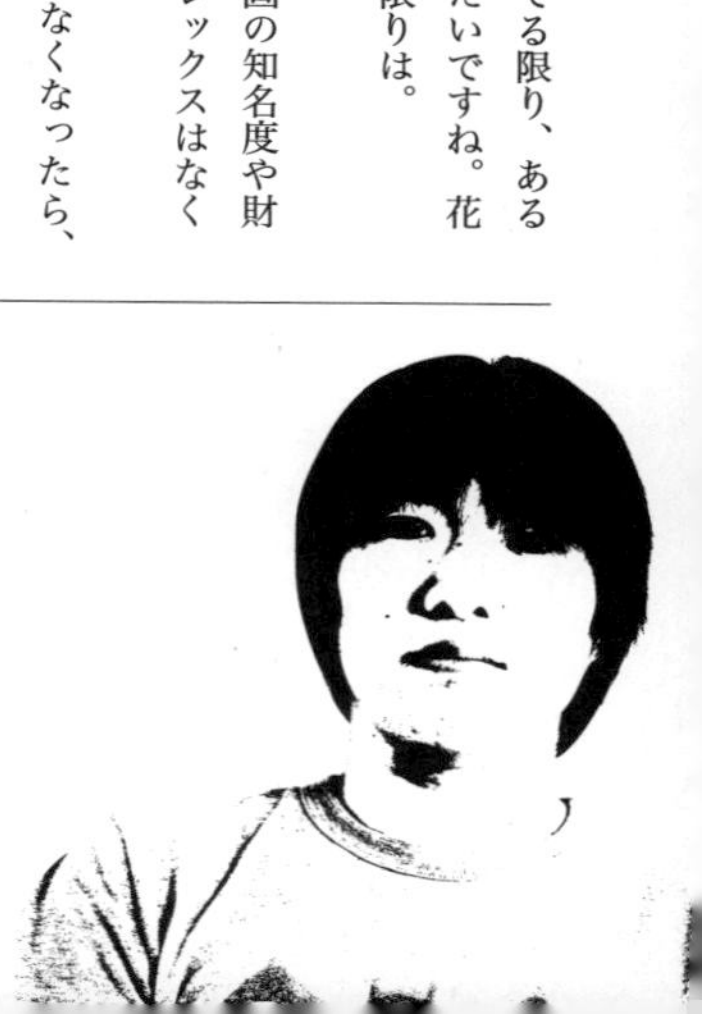

帰ってから弁当も食ってたんですけど。で、昼休みにすることないからずっと校舎をウロウロ、あっちの校舎行って上ったり下りたりしてました。

――それを3年続けたんですか？

ドラゴン 3年ぐらいやってました。高校はモテると思って商業高校に行ったんですよ。

――女子が多いですからね。

ドラゴン はい。でも、女とも話さないし、入学前に思い描いていたようなことはぜんぜんなかったです。入学前は、3人ぐらいと付き合ったら、どうやってローテーションを組んだらいいだろうとか考えてたんですけど、3年間で1分も話さなかったんじゃないですかね。

――そのへんの絶望感が一番強いんですか？

ドラゴン そうですね。あとは僕が高校出てから、大学も行ってないんで。ちょうど大学ぐらいの頃にちょうどバブル期みたいな。

――同い年なんですよ。ボクも今年42歳ですけど、当時は世の中が浮かれてた頃で。

ドラゴン 浮かれてて。同い年の人はみんな大学行ってて、合コンとか、ちょうど王様ゲームみたいなのが流行ってるときで。大学に行ってたら王様ゲームとかやれてたんだと思って、そのときにすごい後悔して。普通高に行って大学行ってればよかったって。でも友達いなかったんで、深夜ラジオをテープに録ったヤツを何回も聴いたりとか、それぐらいしかやることがなかったんで。みんなが楽しくやってるのに、なんで俺だけこんな孤独なんだろうってずっと思ってました……。ぜんぜんやってなかったから、イメージだけがどんどん膨らんできて、耐えられないというか、押し潰されそうになるような感じでしたね。

――その反動で合コン好きになった、と。

ドラゴン いまですか？　たまにやるんですけど、合コンもぜんぜん満足できないんですよ。僕が今年42歳なんで、来る女の人も30代ぐらいの人が多いんですよ。で、居酒屋とかで飲んでるじゃないですか。隣を見たら大学生が合コンやってて、それがずっと羨ましくて気になって。こっちの合コンどころじゃない（笑）。もう隣でやってる大学生の合コンみたいなことはできないんだな、あの中には混じれないんだなと思ったら、また溜まってきて。

――鬱々とした気持ちが(笑)。なんとかならないんですか？

ドラゴン 若い人と知り合えないですからね。基本、昔から知ってる人になるんで、だんだんあっちの年齢も上がってくるし。若い人からしたら42歳のオッサンが来るって言ったら嫌じゃないですか。それ考えたらね（笑）。

――でも、40代でも漫画家っていったらなんとかセーフになりそうじゃないですか。

ドラゴン 僕の漫画を読んでたらいいですけどね、最近あんまり若い人は読んでないし。

――でも、ドラマ化とかもされたりで。

ドラゴン いや、もうぜんぜんです……。女の人と知り合うことってあんまりないし、昔の女性経験とかもテレクラとかそんなんなんで。

――付き合ったのは2人だけでしたっけ？

ドラゴン はい。その2人のうち、1人はテレクラで「付き合ってくれ」って言われて。

――テレクラで告白されたんですか！

ドラゴン　何回か会ってからですけど、しょうがなく「うん」って言っちゃったんです。ただ、僕も女の人に結構うるさいというか。

——うるさそうですね。最近、『ヤンマガ』巻末の一言コメントでもずっと「若い巨乳と付き合いたい」って書き続けてますけど。

ドラゴン　言霊ってあるのかなと思って。

——あ、書き続ければ現実になる（笑）。

ドラゴン　引き寄せの法則みたいな。ただ、書けば書くほど逆に離れて行ってるような気もするんですけど。女の人って胸のこととか言われると嫌だって言うじゃないですか。

——特に巨乳系の子は胸がコンプレックスの子が多いから、そこだけ誉められるのをすごい嫌がりますよね。だからそこを踏まえた言い方をすればいいんですよ。「胸をコンプレックスに思ってる子が多いみたいだけど、僕はそんなこと気にしないよ」みたいな。

ドラゴン　バレバレじゃないですか（笑）。

——ただ下心を出すよりは、優しさをプラスするっていう（笑）。女の人にうるさいっていうのは、具体的に言うとどんなことですか？

ドラゴン　巨乳じゃないと嫌とか。自分の年が上がるにつれて、理想の女の人と会えるとしたら次が最後なんじゃないかなと思って。

——自分のスペックも落ちていく以上は。

ドラゴン　はい、落ちていくし。じゃあもう若い巨乳じゃないと嫌だな、みたいな。

——そこまでハードルを上げた結果、今後の恋愛がゼロになる可能性もありますよね？

ドラゴン　そうなんですよ。だから自分の首を絞めてる感じもするんですけど……。

——ドラゴン先生が巨乳好きになったのは、おっぱいパブの影響なんでしたっけ？

ドラゴン　昔からおっぱい大きいに越したことはなかったんですけど、そこまで巨乳好きではなかったんです。でもやっぱり、おっぱいパブに行くと、女の人っておっぱいだなと思うようになって。最初に行ったときは衝撃でしたね。最近はぜんぜん行ってないですけど。

——キャバクラもよく行ってましたよね。

ドラゴン　でも、キャバクラはあんまり好きじゃないんですよ。昔はキャバクラで口説けるような気もしたから実際よく行ってたんですけど、あるときからぜんぜんダメだと思って。

——何がきっかけでわかったんですか？

ドラゴン　「デートして」って言ってもしてくれないし、セックスもぜんぜんできないんで。

——たぶん同伴ならいいんでしょうね。

ドラゴン　そう、同伴ならいいんですけど。会ってくれるってなっても、結局同伴じゃん、みたいなことばっかりで。じゃあもうダメなんだと思って。そこからは付き合いでは行きますけど、それ以外では行かないです。

——つまり、夢が破れるまではちゃんとキャバクラ嬢を口説いたりしてたわけですか？

ドラゴン　でも、僕はそんなにガッといけるようなタイプじゃないんで、基本、向こうに好きになってほしいっていう……。

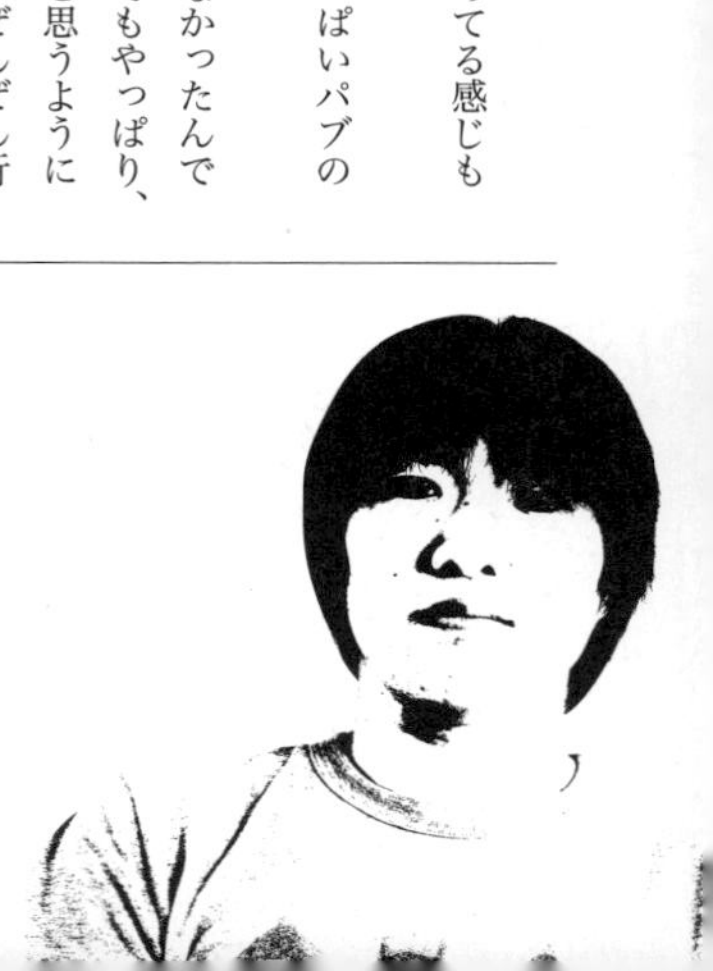

――キャバクラに行くだけじゃ、なかなか勝手に惚れられはしないと思うんですよ（笑）。

ドラゴン 基本、なんもしたくないんですよ。自分はずっと家で寝てて、女の人に勝手に来てもらいたいっていうタイプなんで、電話したりメールしたりとか、マメなことがぜんぜんできないんですよね。しんどいんです。

――……とりあえず、そういう部分に致命的な欠陥がかなりあるっぽいですよね（笑）。

ドラゴン そうなんですよ（笑）。

女性を性処理の対象としてしか見てない

――セックスにしてもクンニは嫌だとか。

ドラゴン 自分はずっと寝ときたい（キッパリ）。パンツを下ろすところから最後まで、全部女の人に勝手にやってもらいたいんです。

――それただの風俗ですよ（笑）。それを恋愛でもやってくれたら幸せなのに、という。

ドラゴン そうですね（笑）。

――なおかつ若い巨乳だったら。

ドラゴン そういうことです！

――絶対ないですね（笑）。

ドラゴン 僕もいま人から言われて、ないな、と思いました（笑）。荒木飛呂彦先生とか、あれぐらいになれば女の人からの手紙もどんどん来てると思うんですけど、いまのヤング誌とかやってても、そんなに手紙とか来ないですしね。ぜんぜん知り合う機会もないし……。

――昔はまだあったんですか？

ドラゴン 昔もそんなにないですけど、月に1～2通は女の人からの手紙もあったんですよ。で、電話番号が書いてあったら電話とかしてたんですけど、いまはぜんぜんないですね。

――古泉智浩先生みたいに、ファンとしか付き合わないと公言していた人もいましたよ。

ドラゴン 実際、ファンとしか付き合えないじゃないですか。一般の人からしたら、やっぱりこっちは単なるオッサンですからね。

――自分の武器が活かせる場で闘うしかないっていう。でも、そういうチャンスがありながらも、テレクラ以外の子と付き合ったのは1人なんですよね。どうしてなんですか？

ドラゴン 付き合うのが面倒くさくて。

――またその問題ですか（笑）。

ドラゴン 基本、面倒くさがりなんですよ。とにかくなんにもしたくないタイプなんで。

――よく漫画を描いてますね。

ドラゴン いつもギリギリで（笑）。

――なるべく何もしたくない人が、それでも積極的にしたいことって何かあるんですか？

ドラゴン ……ホント僕はできるならずっと家で寝ときたいタイプなんですけど。だから積極的にしたいこと、ほとんどないですね。……あ、でもデートとかはしたいですけど。

――デートは面倒くさくないんですか？

ドラゴン いや、最初のうちはいいんです。出会って最初のドキドキしてるうちは。今日セックスできるかな、ぐらいの。そ

荒木飛呂彦
漫画家。代表作は『ジョジョの奇妙な冒険』。同シリーズは87年に『週刊少年ジャンプ』（集英社）でスタートして以降、30年以上に渡って連載され続けている（現在は『ウルトラジャンプ』で連載）。発行部数は1億部以上。

古泉智浩
漫画家。代表作に『チェリーボーイズ』『死んだ目をした少年』など。池袋コミュニティ・カレッジで、定期的にマンガ教室を開いており、たまに現役漫画家も参加している。吉田豪によるインタビューが『人間コク宝まんが道』に掲載されている。

の状態がずっと続けばいいのに……（しみじみと）。

――ダハハハ！　ヤラなきゃいいじゃないですか。だって、ヤッても半年か1年で飽きてセックスレスになっちゃうんですよね。

ドラゴン　すぐ飽きちゃうんです。なんでかよくわからないですけど、基本はあんまり女の人が好きじゃないんですよ。これ言うといつも怒られるんですけど、女の人のことを性処理の対象としてしか見てないっていうか。

――ダハハハ！　なるほど（笑）。

ドラゴン　だから、だんだん面倒くさくなってくるんですよね。で、なんか言われたりするけど、女の人の話っておもしろくないし。付き合うと、毎日電話しないとダメ、みたいな暗黙のルールを勝手に決められたりして。

――男同士のおもしろさを求めるのは難しいですよね。で、メールはすぐ返せとか言われて。

ドラゴン　ええ。面倒くせえと思って。電話とかもかかってきたら、嫌だなと思って。メールだったら、なんかしながらでも返せるんですけど、電話だとその時間を取られるじゃないですか。それが嫌なんですよ。

――寝てたいのに（笑）。それは確実に揉めるから付き合わないほうがいいですね。

ドラゴン　それでも付き合いたいんですよ。勝手ですけど。でも、あんまり話のおもしろい女の人っていないし。だから、キャバクラとか行ってもしんどくなりますからね。

――話のおもしろい女の子とキャバクラで出会うのは、まず無理だと思いますけどね（笑）。でも、たとえば同じ世界の人だったら話も合ったり盛り上がったりするじゃないですか。

ドラゴン　漫画家の女の人ですか？　でも、同業者と知り合う機会がないですからね。

――出版社の謝恩会とか行かないんですか？

ドラゴン　僕、人とコミュニケーションがあんまりうまく取れないので、昔は行ってたんですけど途中から行かなくなったんです。

――でも、あそこにはコミュニケーションが取れない人がいっぱいいるから、ほかの世界と比べたらむしろ居心地いい気がしますよ。

ドラゴン　でも、いろいろ派閥みたいなのもあったり、ベテランの漫画家さんに気を遣ったりするのも嫌だなと思って行かなくなっちゃいました。ああいう場が苦手なんですよ。

――それは会話が苦手っていうことですか？

ドラゴン　はい、会話が。向こうがずっとしゃべっててくれればいいんですけど……。

――ホントに風俗体質ですね。「じっとしてるんで、勝手にやってください」と（笑）。

ドラゴン　で、ああいう場でひとりぼっちになったらどうしようとか、そういうことばっかり考えるんで、あんまり行きたくないなってなりました。すぎむらしんいち先生が風間やんわりさんのお姉さんとあそこで知り合って結婚しましたし、そういうことがあればいいんですけどね。ただ、そういう場でうまくいく気がしないんですよ。で、かわいい女の人も、ベテランの先生に気を遣って横に行ったりするんで、自分のとこには来ないなって。

――かなり受け身みたいですけど、テレクラではガンガンしゃべってたわけですよね。

ドラゴン　ガンガンはしゃべってないです。多少はしゃべりますけど、やってるうちに自分なりのフォーマットみたいなのができて、それをなぞってればいいや、みたいな。

――……ホントに努力が嫌いなんですね。

ドラゴン　昔はテレクラも簡単で、わりと素人の女の人がよく電話してきてたんで。

――そして22歳のときにテレクラきっかけでなんとか初体験へと至るわけですか。

ドラゴン　そのときは挿入はしなかったんですけど。でも、車の中でペッティングみたいなことをして。ここまでいったら自分で初体験と言っていいんじゃないかなっていうことで、初体験扱いにしてるんですけど（笑）。

――そこそこかわいい子が来たんですよね。

ドラゴン　たぶん一番最初に会ったのがそれだったんで、ビギナーズラックで。そこからハマッたと思いますね。いろんな人に話を聞いてると、みんなそうだって言いますね。風俗にしてもテレクラにしても、みんな最初が一番いいって。神戸の垂水っていう住宅街で待ち合わせしたんですけど、その体験がすごくよかったんで、またあの子に会えないかなと思って、それから用もないのにそのあたりを車でウロウロしてたら、あるとき偶然会って。で、声かけたらガン無視されて……。前に会ったときは「おにぎり買ってあげようか？」とか言われたりして心を通わせられたと思ったんですけど、でも、相手からしたらぜんぜんそんなことなかったみたいです……。

――正式な初体験はいつだったんですか？

ドラゴン　23歳のときですね。そのとき引越し屋で働いてて、そこで知り合った女の子と。やっぱりトラックを運転してたら引越し屋のアルバイトの女の子にモテるんですよ。

――その子は付き合った子なんですか？

ドラゴン　そうですね。

――つまり、その子と別れてからはテレクラの子ぐらいとしか付き合ってない、と。

ドラゴン　正式には付き合ってないですね。

――その子となんで別れちゃったんですか？

ドラゴン　しょうもないことで口利かなくなったりするんですよ。で、そのまま。

――それは面倒くさがり体質ゆえですね。

ドラゴン　1回電話がかかってきたんですけど、ちょうどそのとき携帯が普及し始めた頃で、まだナンバーディスプレイとかもなくて、たぶんその人だろうとは思ったんですけど、電波も悪かったんで切れちゃったんですよ。で、それっきりです。自分からは電話してないですね。なんか面倒くさがりなんで。

――かなりのレベルですよね。童貞が長いと、女性に過大な幻想を抱いたりすることも多いんですけど、そうでもないですよね？

ドラゴン　でも、幻想は抱いてますよ。女の人が下品な話とかするのとかすごい嫌いですし。女の人のエロ話とかもすごい嫌いですし。ブリッ子みたいなのが好きなんですよ。

――ちゃんと演じてほしいというか。

ドラゴン　演じてほしい（キッパリ）。

――その体質の人がキャバクラに行っても合わないですよ。キャバクラで知り合った女が下品すぎて嫌になったとか書いてましたけど。

ドラゴン　そうなんです。キャバクラの女の子と会えるってな

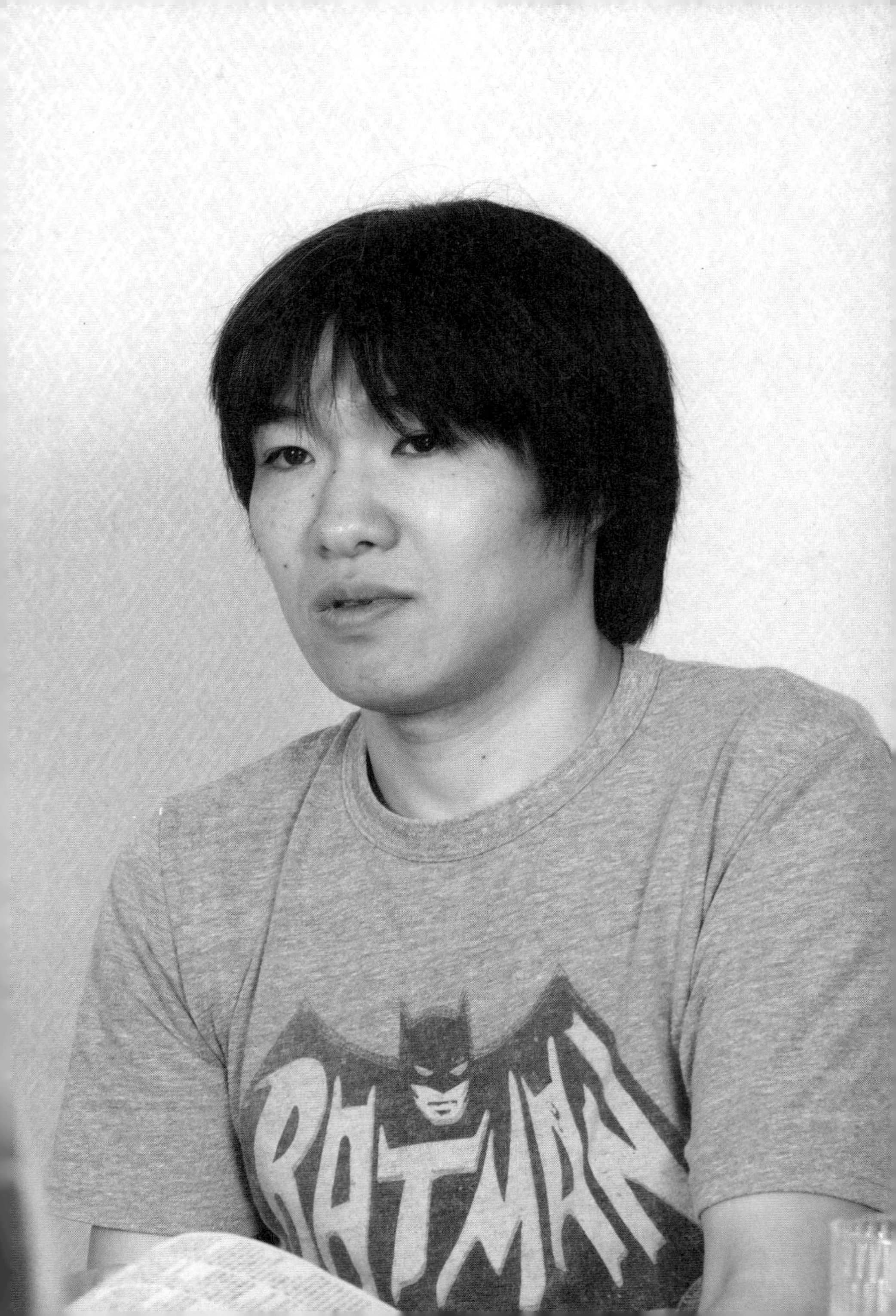
BATMAN

っても、そんなのぐらいしかいなくて。ホントに自分の好きな人とはどうしても会えないです、私生活では。

――それってふつうならアイドルとかにハマりやすそうなタイプの幻想の持ち方ですよね。

ドラゴン　でも、僕はアイドルとかもすごい嫌いなんですよ。昔は多少好きだったこともあるんですけど、いまはホントに見たくもないです。いま『ヤンマガ』のグラビアを見ても、かわいい子ばっかりじゃないですか。ふつうに歩いてる子もかわいいですけど、グラビアの子はおっぱい大きくてかわいくて。そんな子を見てもしょうがないじゃないですか。だって、いくら見たって付き合ってくれないし。

――身近に存在しないですからね。

ドラゴン　ええ。身近にいても付き合ってくれないし。だからそういうのは見たくないですね。そんなのいないことにしたいんです。

――食べられもしない高級料理のカタログを見せられてもしょうがないってことですね。

ドラゴン　そうです。もうショーケースの中のステーキ見て、ダラダラよだれたらしてるみたいな感じで。でも、実際に合コンやっても来るのは30代じゃないですか。そんなグラビアの子を見てから30代の女の人なんか見たら、ものすごい絶望感なんで。じゃあ、30代しかいないんだったらもう……。

――30代を美味しく感じるようなコンディションをなんとか作らなきゃいけない。

ドラゴン　はい。だから女子高生とかも嫌いです（キッパリ）。見たくないですね。

――基本、ロリコンだったんですよね。

ドラゴン　ロリコンっていうか、おっぱい大きくて若い子が好きなんです。あんまり若すぎるとおっぱい大きくても嫌なんですけど。でもおっぱい大きければ若い子がいいです。

――『ヤンマガ』の忘年会とか行くと、巨乳のグラドルがふつうにいるじゃないですか。

ドラゴン　それが嫌で、見たくないんです。

――同じ空間にいるのがつらいっていう。

ドラゴン　ええ。だから、よく一緒に巨乳アイドルと写真撮って喜んでる同業者とかいるじゃないですか。バカだなと思って。

――ダハハハハ！　そんな絶望的な写真を撮っちゃって！と思うわけですか（笑）。

ドラゴン　何がうれしいんだろう？

――それが幸せの絶頂に見える人と、絶望の瞬間に見える人の違いでしょうね（笑）。

ドラゴン　ホント嫌で。『サブラ』っていう雑誌の編集の人と知り合いだったんですけど、僕が一番嫌なのは篠崎愛なんですよ。

――完成度が高いからこそですよね。

ドラゴン　『ヤンジャン』とか見てて、グラビアを完全に見ないでいるっていうことはできないんで。どうしても目に入っちゃうじゃないですか。それで見たときに、なんでこんな自分の理想を具現化したものが存在するんだと思って。こんなの見たら絶対ダメだから篠崎愛のグラビアはものすごい勢いで飛ばすようにしてたんですけど、あるときついうっかりポロッと言っちゃったことがあったんですよ。篠崎愛が好きだ、って。そしたら、それをたまたま耳にした『サブラ』の編集の人に「撮影やるから来ないですか？」って言われて。僕、言われたら断れ

『サブラ』
小学館から発行されていた総合誌。当初はアイドルや音楽から、スポーツ、政治まで様々な分野を取り上げていたが、次第にアイドルのグラビアがメインとなる。毎号、付録DVDが付いていた。10年3月号をもって休刊。

篠崎愛
Gカップのグラビアアイドル。ロリ巨乳の代表格。Twitterに食事の写真をよくアップするが、その量が尋常じゃないことで有名。16年に韓国の男性誌『MAXIM』の表紙を飾って以降、韓国での仕事が急増している。

ないんで。

――あ、そうなんですか（笑）。

ドラゴン 人になんか言われると断れないんですよ。それで嫌だなと思いながら行って。直に見ると、篠崎愛が存在するっていうのを認めることになるじゃないですか。でも、行ったらやっぱりかわいくて。行かなきゃよかったってそのあとずっと思ってて。だって、絶対に自分以外の人とセックスするし。

――まあ、そうでしょうね（笑）。

ドラゴン それがムカついてしょうがない。

――メンタリティ的には、何かあったときに一番怒る面倒くさいアイドルヲタに近いと思うんですよ。それこそアイドルが恋愛したら「絞め殺す！」とか言うようなタイプ。アイドルの応援って、まず必ず失恋する疑似恋愛だから、その覚悟がないまま無邪気にはしゃいでる人がすごいなと思うんですけど。

ドラゴン だからホント、近づかないようにしてます。指原のこととかも、指原ヲタの心情とか思うと、どうなんだろうって。耐えられるのかなって心配なんですけど。ホント、アイドルとか嫌ですよね、そんなにかわいい子がいるっていう事実を認めたくないですよ。

――30代と合コンする側としたら。

ドラゴン よく他の人は、アイドルのグラビアとか見て合コン行けるなと思うんですよ。

――スイッチを切り替えてるんですかね。

ドラゴン ああ、銀行員がお金を数えててもなんも思わないみたいな感じですかね。

――その場では物として見る、みたいな。

ドラゴン 僕はそういうところあんまり切り替えられないんで、絶対に無理ですね……。

芸人もDJも若いヤツも嫌い

――風俗は好きじゃないんでしたっけ？

ドラゴン 風俗は好きなんですけど、結構感情移入しちゃう部分もあって。やっぱりかわいい子が来ると嫌なんですよ。かわいくておっぱいも大きい子が自分のものにはならないんだなって思うと、嫌だなと思って。だから微妙な、この人とはべつに付き合いたくないな、1～2回ヤルぐらいだったらいいけどっていうぐらいの人が来るのが一番いいんですよ。

――感情移入のレベルがすごいんですね。それがプラスになることは少ないだろうけど。

ドラゴン 風俗でも何回かホントに好きになったことあるんですけど、しんどいんで。

――AVも観ないって言ってましたよね。

ドラゴン 男優がムカつくんで観ないです。

――それ杉作J太郎さんと同じ理由ですよ。

ドラゴン あ、そうですか！　ハメ撮りとか最悪で。たまにハメ撮り好きな人とかいるじゃないですか、モテないのにハメ撮り好きな人。何考えてるんだろうなと思って。

――男優側に感情移入できるかどうかでしょうね。自分がヤッてる気分になれるのか、目の前で凌辱されてると思うのかどうかで。

ドラゴン 僕は、監督が自分の部屋にかわいいAV女優を呼んで、やりたいようにヤッてる場面しか浮かばないんで。そんなの見せられてオナニーしてるのとか、もう……俺は奴隷じゃね

指原のこと
このインタビューの前の月（12年6月）に、『週刊文春』で指原莉乃の元彼との熱愛記事が出ている。このスキャンダルをきっかけに、指原はAKB48からHKT48に移籍することになる。

えぞっていうか。そんなのでオナニーやってたら奴隷根性が身につくっていうか。

――ダハハハハ！　AV女優のレベルも相当上がってるから、よりしんどいですよね。

ドラゴン　それもすごい嫌ですね。AV女優も、企画女優で1～2回脱ぐぐらいの人ばっかりだったらいいんですけど、ネットとかで「18歳、超美少女の巨乳AV女優」みたいなの、どうしても見ちゃうじゃないですか。そういうのを見るたびに、嫌だなと思う。

――仕事でAVの子と接点ありますよね？

ドラゴン　仕事で会ったことはあるんですけど、そこからなんかなるっていうことはぜんぜんないですし。なればぜんぜん、いくらでも会ってもいいんですけど。そうならないんで。

――会ってもいいって、なぜか上から目線（笑）。自分から動かなきゃ無理ですよ！

ドラゴン　そうなんですよね。

――家にこもってる限りは無理です。

ドラゴン　みんなに言われます（笑）。めっちゃイケメンだったら、それでも来ると思うんですけど。よくマメなのがモテるっていうじゃないですか。そういうのを意識してやったことがあるんですけど、ものすごいしんどいんですよ。これは無理なんだなと思って。

――モテる人を見てるとマメなんですよね。

ドラゴン　それが自然にできるようにならないとダメなんでしょうね。そういうのはすごいあこがれるんですけど、なろうと思ってもなれないですからね。40年ずっとこれなんで。

――いつまでこの状態なんだっていう不安感はないですか？　いわゆる童貞をこじらせたタイプの漫画家さんも、ふつうに結婚とかされてるじゃないですか。独身で、くすぶった状態のまま、どこまでいけるのかなって。

ドラゴン　それはあんまり考えてないっていうか。いけなくなったら僕は人との関わりを一切断って、北海道に土地を買って、そこで野菜を作って川で魚釣って自給自足の生活をして、犬と一緒に暮らしたいなって思ってて。たぶん50歳、60歳になったらセックスももうできないと思うんですよ。で、都会にいると、夏になると半分裸みたいな女の人がどうしても目に入ってくるじゃないですか。

――できないのに（笑）。

ドラゴン　できないのに。そういうの、たぶん精神的に耐えられないと思うんで、とにかく人がいないところに行きたいんですよ。

――結婚願望はないんですか？

ドラゴン　ないです。ひとりでいるのが気が楽なんで。童貞漫画家とかいってても、そういう人も結婚したり意外に人とコミュニケーション取ってたりするじゃないですか。僕から見たらふつうじゃんって思うんですけど。

――そこにコンプレックスがあるんですか？

ドラゴン　そうですね。なかなか人と仲良くなれなくて。でも、それは自分が……。

――面倒くさがりだったら難しいですよね。

ドラゴン　誘われたら結構行くんですよ。最近は古泉智浩先生とか、ピョコタンとかが誘ってくれるんで。古泉先生の漫画教室とかも行きましたね。佐藤秀峰さんとかいて。

――佐藤先生も、ああいう面倒くさそうなタイプなのに、ち

ピョコタン
漫画家。代表作に『西日暮里ブルース』『ピョコタンのマンガレポート』『アホ汁』など。漫画だけでなく、ライターや構成作家としても活躍しており、最近はYouTubeで動画配信もしている。

佐藤秀峰
漫画家。98年、『週刊ヤングサンデー』（小学館）で掲載された『おめでとォ！』でデビュー。人間ドラマを描いた作品が多い。代表作に『ブラックジャックによろしく』『海猿』など。吉田豪によるインタビューが『人間コク宝まんが道』に掲載されている。

ゃんと結婚して子供もいて（後に離婚）。古泉先生だって、あの性格でちゃんと結婚してるわけじゃないですか。タイプ的にはかなり近いと思うんですよ、女性観とかは。

ドラゴン でも、古泉先生は人とうまくやれるじゃないですか。人好きだし。僕はやれないですね。どうやって人と友達になればいいのかとか、よくわからないんですよ。みんなどうやって仲良くなってるんだろうって。自分が連絡しないからかもわからないですけど。

――犬を飼ってると人付き合いの輪が広がりやすいってよくいうじゃないですか。

ドラゴン 僕、犬は飼ってて、そうすると散歩してててたまにしゃべりかけられたりするじゃないですか。あれがすごい嫌なんですよ。

――ダハハハハ！　我慢しましょうよ！

ドラゴン 向こうのほうで犬を連れてる人が、あきらかに僕がそっちに行くのを待ってたりするんですよね。で、道を変えたりとか。

――待ってるのが女の子であってもですか？

ドラゴン 女の子でもです。緊張するんで。そういうこと言ってちゃダメなんですけど。

――犬はいいきっかけになると思うんですけど。ツイッターで「犬を預かってほしい」とか書いて、キャバ嬢が釣れたりするわけだし。

ドラゴン それは昔、店に行ったことがあるキャバ嬢なんですけど。13年ぐらい前に会ったキャバ嬢で……そのときかわいかったんですよ。でも、13年振りぐらいに会ったらぜんぜんわからなくて。向こうからパチンコ屋にいそうな、金髪の太った変な人が来るなと思ったら、その人だったんです……。13年で人ってこんなに変わるのかなって……。

――そんなに変わり果ててたんですか……。

ドラゴン はい。その人にも「またご飯食べに行きましょう」とか言われたんですけど、いま行ってもおもしろくないんで。かわいかったときに会いたかったですね。いま自分が遊んだりとか話したりできる女の人って、言っちゃ悪いですけど、全部スペックが落ちてきてる人なんですよ。それもやりきれない。すごい寂しいです。奇跡が起きないかなって。

――それこそ自分の作品がドラマになったりすると、多少の変化ぐらいはないんですか？

ドラゴン ビックリするぐらいなかったですね。ホントになんもなかったです……。

――ザブングルの加藤歩さんとハライチの澤部佑さんが主演だから、お笑い好きの女子にキャーキャー言われたりするかと思えば。

ドラゴン 多少そういうのがあるのかなと思ったんですけど、ぜんぜんなんもなかったです。ジャニーズとか出ないとダメなのかな。

――まだ石原まこちん先生の『THE3名様』のほうが、佐藤隆太&岡田義徳&塚本高史主演だから、食いつきも良さそうですね。

ドラゴン そうですね。結構オシャレ方向にいってますもんね。石原まこちんさんも、なんかのイベントで会ったんですけど、連れてきてるまこちんさんの友達が、いまどきのイケメンとかわいい女の子みたいな感じで、それを見て嫌だなと思って。それ以来会ってないです。年賀状が来ても返事は返さないです。

石原まこちん
漫画家。高校卒業後に就職した会社を3日でやめ、フリーター&ニート生活を経験。その頃、友人たちとファミリーレストランで暇つぶしをしていた体験をもとに描かれた『THE3名様』がヒット。テレビゲームやブラックミュージックにも造詣が深い。

――ダハハハ！　その基準で許される人は相当少ないですよ！　たとえば結婚した人には裏切られた感があったりするんですか？

ドラゴン　嫁さんにもよりますよね。嫁さん見て安心する、みたいな。巨乳の美人の奥さんだと、もう嫌です。ただ変なのと結婚してたら、よかったと思います。しげの秀一さんも、講談社のアルバイトに来てた巨乳の女の子と結婚したとか聞いて、嫌だなと思って。とにかく人が幸せなのが嫌なんですよ……。

――でも、幸せで浮かれた人って嫌でも目に入るじゃないですか。なんかみんなはしゃいでる街の感じとか、ボクもホントに大嫌いで。

ドラゴン　ああ、嫌ですね。僕は前、江古田に住んでて。あのへん、大学が3つあるじゃないですか。14年間江古田に住んでたんですけど、大学生がいるのが嫌で嫌でたまらなくて、大学生すごい嫌いなんで多摩に引っ越したんですよ。そしたら多摩って中学生、高校生が多いんですよ。これから大学生になる幼虫みたいなのがいっぱいいて、これもまたムカついてきて。こいつら、これから大学に行って楽しむんだって思って、ものすごい嫌で。どこ行ってもダメなんだなと思って。

――小学生ぐらいなら許せるかもしれない。

ドラゴン　小学生だったらあんまり考えないでいいですね。それ低学年だけですけど。

――あ、高学年はもうダメ（笑）。

ドラゴン　ダメです（キッパリ）。

――付き合ってるヤツらもいるだろうし。

ドラゴン　最近、小学生のあいだでもセックスが流行ってますからね（あっさりと）。

――流行ってるかどうかは知らないですけど（笑）。ただ、このままだと死んでも死にきれないぐらいの思い残しがありますよね。

ドラゴン　だからどうすればいいのか、よくわからないんで。若い巨乳と付き合いたいって言ってるけど、付き合えない気もするし。もういいやって。あと8年で50歳ですからね。50歳とかなったら、すべてダメじゃないですか。どんどん時間は過ぎていくし。焦るだけですね。人生は半分諦め、みたいな。

――自分の人生で一番おもしろかったピークっていうのはどれくらいだったんですか？

ドラゴン　デビューした頃じゃないですかね。そのときはまだ希望がありましたから。アイドルと付き合えるんじゃないかな、みたいな。まあ、それはすぐダメだってわかるんですけど。最初の頃はグラビアを見て、誰がかわいいとか言ってたんですよ。で、たまにアイドルの人と仕事で会って話したりするじゃないですか。そのときに向こうとの距離感というか、目の前にいるんだけどぜんぜん違うところにいるんだなって。それでもうダメなんだなって思うようになりましたね。別れて15分ぐらい経ったら自分のことなんか忘れるんだろうなと思って。自分はアイドルと会ったって今日の夜もボーッと考えたりするんだけど、相手は一瞬で忘れるんだな、と。

――ものすごい数の取材を受けてるうちのひとりでしかないっていう。そこでたぶんガッツのある人は、忘れないようにプレゼントしたり、絵を描いて渡したりして、なんとか相手の記憶に残ろうと頑張ると思うんですよ。

ドラゴン　ああ。なるほど。

――そこは早々に諦めますよね。

しげの秀一
漫画家。81年、『増刊少年マガジン』（講談社）に掲載された『おれたち絶好調』でデビュー。代表作は、バイクブームの先駆けになった『バリバリ伝説』や、走り屋たちを描いた『頭文字D』など。

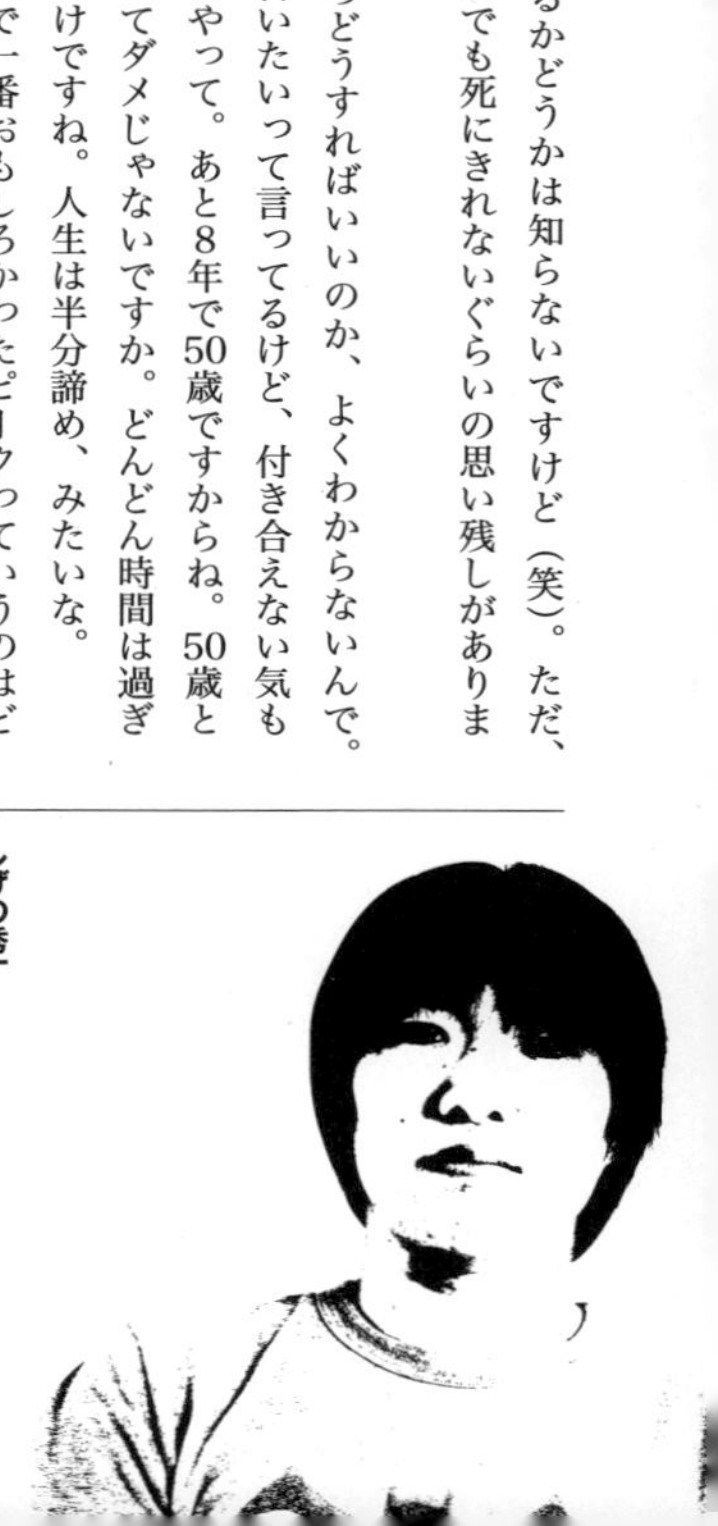

ドラゴン　自分に自信がないんですよ。

――これなら負けない、みたいなものは？

ドラゴン　そういうのもないんですよね。基本、なんにもないんですよ（笑）。

――でも、デビューまでの流れだってスムーズだし、連載が終わってしばらく消えたりする時期もないし、漫画人生ではそんなに挫折を味わってるように見えないんですけど。

ドラゴン　そうですね、それはたまたま雑誌の空きの具合とかで、すぐデビューできたりしたんですけど。僕が漫画家のパーティーに行きたくない理由のひとつで、イマイチ自分の描いてるものに納得いかないんですよ。それが納得できればパーティーに行って、ほかの漫画家の人と漫画論とか交わしたりもできるんですけど。イマイチ自信がないので、そういう場に行ってほかの漫画家の人と話すのはちょっと気おくれするっていうのが。自分に自信が持てるものが描けるようになったら、ちょっと違ってくると思うんですけど。

――最近の『チェリーナイツ』おもしろいですよ。話のスケールがやたらデカくなって。

ドラゴン　ありがとうございます。次はもっと自分の鬱積したものを晴らしたいっていうか、もっと自分を投影して、自分が本当にムカついてるぞっていうのを出したいんです。

――それなりに出てはいるんですけど、まだあんなもんじゃないっていうことですね。

ドラゴン　もっと俺は怒ってる！

――ダハハハハ！　ＤＪだのなんだのとかに怒ってるのはあれでも伝わりますけど。

ドラゴン　へへへ、まだぜんぜん言えてないです。もっと言いたいです。浮かれてる人間を見るのが嫌だからテレビも観ないし、芸人とかもホント見たくないんです。芸人なんて女とヤッてるイメージしかないです。そんな人がやってるのを見て笑わされるなんて！

――「俺がセックスしてる女と一緒に、いまおもしろいことテレビでやってるんだよ」って言われてるような感じがしてくるわけですよね。たしかに紳助ファミリーとかにはそういう匂いがプンプンしてましたけど（笑）。

ドラゴン　ああ、嫌ですね。だからホントいなくなってくれてせいせいしました。もう戻ってきてほしくないですね（あっさりと）。

――そういう嫉妬心だけで島田紳助を否定するのは気持ちいいですね（笑）。テレビとお笑い芸人が嫌いで、あと何が嫌いなんですか？

ドラゴン　大学生でしょ、アイドルでしょ、あとＤＪも嫌いですね。いまＤＪメチャクチャ多いじゃないですか。ＤＪってなんか努力してなってる気がしないんですよ。何もないのにＤＪってだけで威張ってるのが嫌です。若いヤツ嫌いだし、巨乳と付き合ってる人も嫌いだし。僕もたまにイベントするんですけど、東京でイベントを主催してくれた人が、ミクシィで知り合った、すごくいい人だったんですよ。それで吉祥寺でイベントやったんですけど、当日行ったら大学生の巨乳のかわいい女の子が受付してるんですよ。それを見て、あの人は僕の好みをわかって、そういう用意をしてくれたんだなと思って。前から気が利くとは思ってたけど、すごい人だなと思ってたんですよ。そしたらあとで「僕の彼女です」って言われて、それ以来その人すごい嫌になって。連絡きても返事しなかったり。

『チェリーナイツ』
小田原ドラゴンによるギャグ漫画。05年、『週刊ヤングマガジン』（講談社）で連載が開始。文通で知り合った2人の童貞青年が、「いかにモテモテになるか」を追求し、実践していく姿を描いた作品。続編である『チェリーナイツＲ（レボリューション）』は14年に完結している。

――そこまで許せないですか（笑）。

ドラゴン 許せないです！

――イベントで楽しいことはないんですか？

ドラゴン 女性ファンは来るんですけど、みんな30過ぎてるし、昔から読んでくれてる人なんで、昔は若かったかもしれないけど。それが嫌なんです。30代だとイケそうな気もするんですけど、30代は嫌なんで……。

――難しい問題ですよね（笑）。

ドラゴン 30代だと結婚とかの問題も出てくるし、子供も嫌だし。30代と付き合っても、なんもいいこと思い浮かばないんで。

――10代、20代にはできないような、生活面でのサポートは上手いんじゃないですか？

ドラゴン それもいまんとこ、ひとりで全部やれてるし。どうすればいいんですかね？

――積極性が足りないんですよね。

ドラゴン 一番ないところですからね。わかんないです。たまに飲み会とかで、今日は積極的にいくぞ、いっぱいしゃべるぞって思って頑張ることがあるんですけど、ものすごいしんどいし。自分ではすごいしゃべってるつもりでも「あんまりしゃべらないね」とか言われたりして、もう絶望的になって。じゃあどんだけしゃべらなきゃいけないんだって。

――妥協して30代の人と結婚するような人生を歩むのか、「やっぱり若い巨乳と……」という夢を抱いたまま終わるのか……。

ドラゴン 30代と結婚はないですね。それは明るい未来が見えないです。人ってすぐ年とるじゃないですか。それが嫌なんですよ。このまえのキャバクラ嬢も、最近まで19歳だったのに、もう32歳になってて。だから19歳と結婚しても、すぐ30すぎるし。だから、どうすればいいのかわからない（笑）。

――ダハハハハ！ 打つ手なしですね。プライベートと漫画とどっち悩んでます？

ドラゴン プライベートはちょっと諦めてるんですよ。だからいま漫画で満足したいですね。ホントにおもしろいと思うものを描けるように……ずっと思ってるんですけど。

――そして、それを読んで「素敵！」と思った若い巨乳が来てくれたら最高ですね。

ドラゴン 希望的観測じゃないですけど、自分がホントおもしろいものが描けたら、そのときは巨乳も来るような気がするんですよね。それで来なかったらホントにもう……。

――打つ手なしってことですよね（笑）。

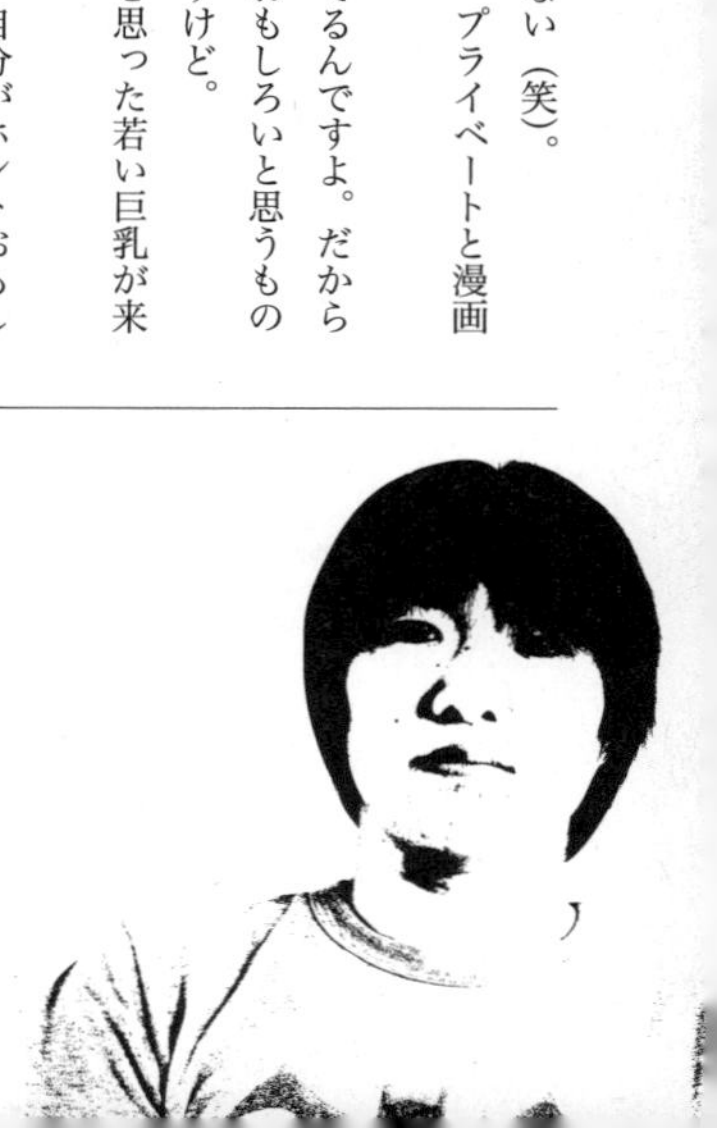

みんなもっとオナニーのこと描けよ！

相原コージ

2012年11月収録

漫画家。1963年5月3日生まれ。北海道出身。日本デザイナー学院まんが専攻科卒業。1983年、『漫画アクション』（双葉社）にて、『8月の濡れたパンツ』でデビュー。いがらしみきおに強い影響を受け、ギャグ漫画を多く執筆。代表作に『コージ苑』『コージジ苑』『かってにシロクマ』『ムジナ』『サルでも描けるまんが教室』『真・異種格闘大戦』『Z ～ゼット～』など。

――数日前にツイッターで相原さんがつぶやいてたのは、もしかして今日のことですか？

相原 ああ、「ある意味、恐ろしい依頼が来たが、受けて立つか……」ってやつですね。そうです。ホントどうしようかと思って。

――断ろうかと思ったりしたんですか？

相原 ちょっと。でも、ギャラも出るっていうし、一応インタビュアーが吉田さんっていうことで覚悟して出てきちゃいましたね。

――昔の記事を読むと、インタビューは嫌いだ、みたいなことを言ってましたけど……。

相原 ああ、そうですね。基本嫌いです。人と会ったりすること自体がもう嫌ですね。

――会ったりすること自体が！

相原 そうですね（笑）。昔から苦手で。

――高校生ぐらいでかなり心を閉ざしたみたいなことは聞いたことありましたけど。

相原 中高ぐらいから赤面対人恐怖症になったんですよ、なんかのきっかけで。ハッキリ覚えてないんですけど、なんかバカにされて「相原真っ赤になってるぞ！」的なことで。

――1回それ認識しちゃうとダメですよね。

相原 そうなんですよ……。この会話の流れだと真っ赤になるんじゃないかとか考えちゃって。そのへんがきっかけだと思いますね。

――それが作風に出てる気がしますよね。過剰にいろんなものを意識して、考えすぎて。

相原 まあ、そうですね。漫画家になるとべつに治す必要もないんで、そのままにしちゃってる感じで、結局治ってないんですけど。

――意外と最近、社交的な漫画家の人が多いですよね。イベント慣れしてるというか。

相原 ああ、漫画家大喜利イベントもおおひなたごうさんから出てくれって言われて断りました。人前だと緊張すると思うんで嫌ですね。あれはまたちょっと特殊な才能だと思うんで。その場でおもしろいこと考えるっていう。時間をくれるんだったらいいですけど。

――反射神経も度胸も必要だろうし。

相原 うん、よくやるなと思います。だからたまにテレビでも大喜利的なものやってるけど、おもしろいことはぜんぜん出ないですね、『IPPONグランプリ』とか観てても。

――すごいわかります。ボクも仕事は基本的に断らないですけど、大喜利的なものだけは断ってます。絶対に勝てないし、テレビを観ながら考えてもネタは浮かばないですからね。

相原 そうなんですよね。

――ギャグ漫画家をやってると、そういうところが求められがちじゃないですか？ 人間としても当然おもしろいんじゃないかとか。

相原 ああ、テレビとかでもおもしろいことを求められますね。だから、あんまり出たくないんですけど。そもそもカメラを向けられて笑ってください的なことを言われても笑えないし、「おまえがおもしろいこと言え！」みたいな感じになっちゃうんですけど……。

――『コージ苑』とかあれだけヒットしたら、うまくその波に乗ればメディア進出みたいな流れも当然あったわけじゃない

おおひなたごう
漫画家。代表作は『目玉焼きの黄身 いつつぶす？』で、TBS系列でドラマ化も。ギャグ漫画家を集めたガチンコ大喜利バトルを主催しており、かつては阿佐ケ谷ロフトAで1年に1回ペースで行われていた。主な参加者に、朝倉世界一、いしかわじゅん、うすた京介、田中圭一など。

『コージ苑』
相原コージによる4コマギャグ漫画。85年から88年まで、『ビッグコミックスピリッツ』（小学館）に連載された。「不条理マンガ」の金字塔的作品で大ヒットを記録。現在は『アサヒ芸能』（徳間書店）で『コージ苑』が連載されている。

江川達也
84年に『BE FREE!』でデビュー。『まじかる☆タルるートくん』や『東京大学物語』などでヒットを飛ばす。ホリプロとタレント契約しており、テレビ出演も多い。

竹熊健太郎
編集者、ライター、漫画原作者。89年から91年まで、『ビッグコミックスピリッツ』（小学館）に相原コージとの共著『サルでも描けるまんが教室（通称：サルまん）』を連載して大ヒット。00年代は、京都精華大学マンガプロデュース学科教授や、多摩美術大学美術学部非常勤講師も務める。

ですか。

相原 ああ、あったかもしれないですね。

――江川達也先生的な。

相原 ハハハ！　絶対に嫌です！　嫌っていうか、ああいうことにはならないですね。

――対人恐怖症は多少マシにはなってるんですか？

相原 つげ義春さんもそうだったらしいんですけど、年とったら治った的なことが書いてあって。藤子A先生もそうだったみたいで。

――ものすごい社交的じゃないですか！

相原 ものすごい社交的になったんで、治ってる人は治ってるみたいですね。でも、僕は治ってないです。漫画家になったら治す必要もないんで、まあいっかな、みたいな。あんまり人と接してないし、家族ぐらいとしか。

――じゃあ、『サルまん』で竹熊健太郎先生と組むのはたいへんだったんじゃないですか？

相原 竹熊さんとは楽しくやれましたね、おもしろい人だし。そんなに竹熊さんとは嫌じゃなかった。ただ、『サルまん2・0』をやったとき、もともと『サルまん』のスタッフ側にいた川崎ぶらさんが『ＩＫＫＩ』側の編集者になってたんですよ。それが僕の担当になったら、逆に非常にやりづらくなった。『サルまん』のときは書記みたいな感じで参加してたんですけど、今度はこっちのネタを判断してもらうことになると、うーん……なんで川崎君が判断してるんだ、みたいな。

――編集者としては当然なんだろうけど。

相原 うん。川崎君は、その後に一條裕子さんの担当もやってたんですけど、結局、一條さんが「担当替えてくれ」って言って。ふつうに付き合うぶんにはいいんですけど、編集者としてはちょっと違うんでしょうね。

――『サルまん2・0』がうまくいかなかったのは、いろんな原因が重なったんですね。

相原 それもあるし、いろいろですね。

――相原さんはボクの本も『ＢＲＥＡＫ　ＭＡＸ』も買ってるということは、漫画家さんのインタビューシリーズも読まれてるってことですよね。読んでみてどうでしたか？

相原 こじらせてる人こんなに多いんだなっていうか。あとは長いなっていう（笑）。

――ダハハハハ！　物理的に文章量が長いですからね（笑）。こじらせに共感はします？

相原 まあそうですね、やっぱり。共感する人は多いです。モテてる人が憎いみたいなところから、やっぱり似たようなところはあるんで。でも、出てくるのは若手とかが多いじゃないですか。エッセイ漫画でも売れてるんで、そこがちょっと憎いっていうのは。

――さらにそこも憎い（笑）。

相原 共感もするけど、モテないモテないって言ってるわりに結構やってるじゃねえか、みたいなところもあったりして。そこはちょっと憎いなっていうのが。……みんな売れてるうえに結構やってんじゃないの？

――こじらせながら作品も売れて、客前でイベントもやってるっていう、不思議なバランスですよね、最近のあっち側の人たちは。ちゃんと社交性のあるこじらせ方というか。

相原 友達もいたりするみたいだし。僕なんか同世代としては吉田戦車さんとか中川いさみさんとか、ほぼ同じぐらいで、あ

『サルまん2・0』
『サルまん』の続編として、07年に連載開始されるが、8回で連載打ち切りとなった。

川崎ぶら
漫画ライター、漫画原作者、編集者。高校の先輩である竹熊健太郎を手伝う中、フリーライターに。著書に『雨の日はいつもレイン』など。

一條裕子
漫画家。古風な日本家庭をテーマにした作品が多い。代表作に『わさび』『末広町35番地』『静かの海』など。

『BREAK MAX』
13年3月18日発売の号で休刊となった、コアマガジン発行の芸能ゴシップ誌。吉田豪インタビュー連載が掲載されており、「小田原ドラゴン」「相原コージ」「浅野いにお」の回は、この『ＢＲＥＡＫ ＭＡＸ』が初出。

吉田戦車
漫画家。89年から94年まで『ビッグコミックスピリッツ』（小学館）に4コマ漫画『伝染（うつ）るんです。』を連載し、不条理ギャグ漫画の第一人者として一世を風靡した。

中川いさみ
漫画家。不条理ギャグを得意とする一方、挿絵やエッセイも手がけている。代表作に『クマのプー太郎』など。

のへんは酒を飲むっていうのもあるだろうけど、つながってるんですよね。とり・みきさんとか。でも、僕はその輪の中に入ってないんですよ。

――それは社交性の問題なんですか?

相原 そうです。酒を飲まないからっていうのも大きいんだと思います。いまはちょっと緊張ほぐすために飲んでますけど、やっぱり恐ろしいんで……。最初に『漫画ゴラク』の編集長から今回のオファーの話が来たときに、ギャラも出るし吉田さんだしやってもいいかなと思って、「いいですよ」って返事して、次の日に連絡が来て、その晩は眠れなかったですね。何を聞かれるんだろうって。きっと童貞喪失がどうのとか聞かれるんだろう、みたいな。

――間違いなく聞きますけどね(笑)。

相原 きっとこんなことも聞かれるんだとか、グルグルグルグル考えちゃって眠れなくなりましたね、ホント恐ろしいなと思って。

――そもそも、相原さんはいわゆるこじらせ系の元祖というべき存在だと思うんですよ。そのへんのことを赤裸々に出して作品にしたのって、たぶん相原先生が最初の気がして。

相原 ああ、そうかもしれないですね。なんかもうヤケになってたんですよ。そのときもずっとひとりだったんで、誰かに対して恥ずかしいって感覚がなかったというか。いまだったらもうちょっと人間関係はあったりするんで。家族とか向こうの親とかのことを考えて、前よりは恥ずかしくなってますけど。

――子供が読むかもしれないと考えると。

相原 東京のアパートにひとりで住んでて、編集者ぐらいとしか接触してなかったんで、何描いてもいいや、誰にどう思われてもいいや、みたいなことだったんだと思いますね。

――それで何から何まですべて報告していこうみたいな、不思議な方向になっていって。

相原 それしかないだろうって(笑)。

――とにかくさらけ出すしかない。

相原 そうですね。なんでみんなさらけ出さないんだ! みたいに怒ったりしてました。

――さらけ出さないのには、もちろんそれだけの理由があるからなんですけどね(笑)。

相原 そうですよね。ただ、いまの漫画家もさらけ出してるようでさらけ出してないところもあるんじゃないか、みたいな。みんなもっとオナニーのこと描けよ! とか(笑)。

――ダハハハハ! ただ、相原先生もそこには多少の葛藤はあった気がするんですよね。童貞喪失したって漫画で報告したあとで、後のバージョンからはそこを削除したりとか。

相原 ……え、そんなのありましたっけ?

――昔、インタビューで言われてました。

相原 へぇーっ、そうだっけ? 僕が? したかな? した覚えはあんまりないですね。

――(資料を出して)これですね、「先日童貞を捨てた相原コージです」って。「初版が出たときは載せてたけど、改訂版が出たときはあまりに恥ずかしいんでカットした」と。

相原 ああ、実際どうヤッたかとかじゃなくて、「捨てた相原です」って言ってたぐらいか。オナニーはいいですけど、やっぱり相手があることだとなかなか書けないですよね。

――相手があることを平気で言う人にはボクも衝撃を受けますからね。よく言うなあって。

とり・みき
理系ギャグSF漫画家としてカルト的人気を集める。代表作に『クルクルくりん』『るんるんカンパニー』など。

相原 受けますね。むしろ女の人のほうが結構言ったりするんで、内田春菊さんとかも衝撃的でしたね。あのへんの衝撃的な話を僕は電話で聞いたんで。まだ発表前というか小説になる前かな？ すごい衝撃的でしたね。

――お父さんの性的虐待のこととかを。

相原 そうそうそう、それを楽しそうに話してたんで。しかも書いちゃったし。よく書けるなと思って。そのときも眠れなくなりましたね。この世界にはすごい経験をしてる人がいて、それを書くんだって。そう考えると俺は衝撃的なことはなんにもないなっていうのがコンプレックスになっちゃったりして。

他の漫画家はヤッてるはず

――初体験は20歳ぐらいですか？

相原 ブッ、やっぱり聞くんですか、それ。

――もちろん！

相原 遅いと曖昧にするんですよね。じゃあ20歳か21歳ぐらいで。21歳なんですけど。

――そういう場合は後者が正解っていうことも、長年の経験でわかってきました（笑）。

相原 それは合ってますね（笑）。

――相手は彼女ですか？

相原 彼女ですね。

――イコール、いまの奥さん。

相原 奥さんですね…………これって、もっとしゃべったほうがいいですか？

――できれば。つまり、素人は奥さんのみ。

相原 そうです。僕はプロもないので。

――あ、そうなんですか！

相原 対人恐怖症なので。

――ああ、なるほど。

相原 まったく知らない人の前で、ましてや裸になるなんてことはとてもじゃなくて。

――それはハードル高いでしょうね。

相原 そうですね。しかも女性恐怖症的なほうが強いんで、ぜんぜんないですね。だから初期に『神の見えざる金玉』の取材でそういうところに連れて行かれたことがあるぐらいで。

――それはソフト風俗レベルの。

相原 のぞき部屋に行ったぐらいですね。

――その辺りに対するコンプレックスとかはありますか？ これはこれでよかった？

相原 いや、すごいありますね。なんで俺はひとりとしかできてないんだ、みたいな。結構ヤッてんじゃないの？ 花沢健吾も！

――風俗を入れたらヤッてるでしょうけど。

相原 風俗に行けるじゃない！ ダメだよ！ それでモテないとか言っちゃってさあ。

――福満しげゆき先生的な、「俺より多くヤッてる人は全員敵！」っていう（笑）。

相原 あの人もそうですね。気持ちは非常によくわかります。ただ、僕も『漫画アクション』でやってるんで、「福満さんの奥さんホントにかわいかったよ」って話を聞くと、またそれで憎くなるんですよね……。共感したのに、そんなにかわいい奥さんなのかって。

内田春菊
漫画家、小説家、エッセイスト、女優。84年に漫画家デビューし、性的な事柄を赤裸々に描く作風で人気に。93年に発表した小説『ファザーファッカー』はベストセラーとなり、第110回直木賞の候補作となる。その他、代表作に『私たちは繁殖している』『南くんの恋人』『あなたも奔放な女と呼ばれよう』など。

『神の見えざる金玉』
86〜89年、『COMICアクションキャラクター』（双葉社）にて連載。『コージ苑』と同時期に描かれたエッセイ風の漫画。

――ダハハハ！　そういう怒りは仕事をするモチベーションにはなると思いますけど。

相原　まあ、そうですね。でも、もう50近くなったんで、だいぶないと思いますけど。

――始めた頃はそういうモチベーションもあったんですか？　漫画でモテたい的な。

相原　まあ、あったんでしょうね。でも、奥さんと21歳のときから付き合ってたんで、もしそんな状況が来たとしても、なかなかそういうことをするわけにも……。で、奥さんに漫画自体を手伝ってもらってたんで、そういう機会はなかったですね。ファンが訪ねて来たりとかっていうのもありましたけど。

――熱烈なファンレターが来たりとか。

相原　そういうのってヤろうと思えばヤれるのかな、みたいなことを思いつつも、なかったです。恐ろしいことが起こりそうなので。

――家庭が崩壊するんじゃないかとか。

相原　いろいろと。どうしてもっていうことになったらわかんないですけど。でも竹熊さんのところに押しかけてきた人がいて、20歳ぐらいの。一時、結婚したんですけど。

――その方、知ってます。美人でしたよね。

相原　そうそう。何度か一緒に食事しましたし、結婚パーティー的なものにも出ました。その人は竹熊さんのところに訪ねて来て、1回は「いかんよ」って言って帰したんだけど、また来て、さすがに2回目は断われず…、みたいなことがあったんで。そういう状況だったら俺もヤるかもしれないな、でもうまいことやりやがって、みたいなのはありましたけどね。ただ、あとでひどい目に遭ったみたいで、よしよしって感じで（笑）。

――女性関係の話を聞くたびに、基本的にはそういうのがあるわけですね、「おまえら、どうこう言ってもうまいことやってんじゃねえかよ！」「うらやましい！」みたいな。

相原　そうですね、ありますね。ただ、竹熊さんもそういうことは表には出さないですね。あの人も、「これは非常におもしろいネタになった。いつか小説で書こう」と言いつつ、たぶんこのまま書かないでしょう。

――自分のことをどこまで描くかみたいなことって、ルールを決めないとたいへんですよね。

相原　やっぱり基本は、あんまり人を巻き込みたくないっていうのはあるんで。子供のこともちょっとしか描いてないし、奥さんのこともそんなには描いてないですし、となるとどうしてもオナニーになっちゃいますよね。

――いくら書いても安全なのは（笑）。

相原　自分のことだったらいいんだっていうことで。でも、やっぱり子供ができて、思春期ぐらいになってからは、それもちょっと描かないようになりました。それを見たらどう思うんだろうっていうのと、もしイジメられたりしたらかわいそうだなっていうのが。

――「おまえの父ちゃん、またオナニーの話を描いてたな」とか学校で言われると（笑）。

相原　そうそうそう！

――でも、いまみたいにお子さんが大学生ぐらいになると、多少自由にはなりますよね。

相原　そうですね、もういいかなっていう。

――自分の中で一番引きずってるものって全部対人恐怖症的なものの延長なんですかね。

うのけん
うのせけんいち。漫画家。82年にデビューし、官能劇画誌を中心に活動。メジャー誌では85年、『月刊スーパーアクション』（双葉社）に『BAKA GAG GO!GO!』を発表。勢いのある下ネタが特徴。

相原 そこが一番根本だと思いますね。ずっと引きずってて、しかも治ってないですからね。つげ義春、よく治ったと思うんだけど。

——学生生活はそのせいであまり楽しめず。

相原 そうですね、中学後半ぐらいから、そんな感じになって。あと嫌なヤツもいたんで。友達だったけど、嫌なヤツで、嫌なんだけど断りきれずにズルズル付き合ってっていうのも対人恐怖症の元になってますね。

——上京して専門学校に行っても変わらず？

相原 ひとりでしたね。でも、いまの奥さんは専門学校で知り合った人なんですけどね。

——専門学校時代に恋愛をしてたんですか？

相原 いや、それはないですね。漫画家になってから、ちょっと手伝って的な、よくあるパターンですね。それで、ウチに来たってことは当然いいんだろ、みたいな（笑）。

——アシスタントなら来ますよ（笑）。

相原 そうそうそう（笑）。でもひとりで男の部屋に来たっていうことは、いいのかなっていう感じで。うのけんは『宝島』で「フェラチオガール募集！」って書いてましたね。そしたらホントに来たって言ってましたね。

——うのせけんいち先生！　もし来たって、そこに手を出すのは怖いじゃないですか。

相原 でも、ホントにやってたと思いますよ。

——ダハハハハ！　フェラチオガール採用！

相原 たしかそうでしたよ。それはすごいなと思うんですけど。正直に募集して、ホントに来たらホントにさせるっていう。そこはちょっと感心しましたけどね。

——うのけんさんは筆を折ったんですか？

相原 最後に会ったときは田舎に帰るって言ってましたね。うのけんおもしろかったけど。当時は山田花子と付き合ってて、彼女が死んでから、うのけんもおとなしくなって。

——うわ！　そりゃそうでしょうね……。

相原 ただ、ギャグの人はモテないよね。

——でも、江口寿史先生とかいますからね。ＤＪやれば江口ギャルが集まってますよ。

相原 そうみたいですね。それはちょっと憎いです。まあ、江口さんは尊敬してるんで、そんなに憎んでられないですけど（笑）。イラストの仕事を中心にしたりとか、絵が描けるからちょっとズルいというか、うらやましいというか。僕はイラストの仕事なんて来ないですからね。だから『真・異種格闘大戦』の連載が終わったあと、ホントに仕事がなくなったんですよ。これヤバいぞって思いましたもんね。ホントに何もなくなるんだって。サバイバルですよね。ホント『別冊ゴラク』から連載の話があったときはありがたかったです。

——『真・異種格闘大戦』はちゃんとおもしろかったし、評判もよかったんですけどね。

相原 ぜんぜん売れなかったです……。

——連載もネットに移行して、単行本自体、なかなか増刷もされない状況になり……。

相原 そうなんですよね。だからいまから集めようと思っても最初のほうは買えないんです。1回だけコンビニ版でまとめたのが出ましたけど、あんまり売れなかったらしくて。

——漫画家ってなるのは比較的簡単ですけど、続けるのが困難な職業じゃないですか。

『宝島』
73年に『WonderLand』として創刊。3号目より『宝島』に誌名を変更。70年代はサブカルチャーを扱い、80年代はバンド情報を扱う音楽情報誌に変貌。90年代はヘアヌード、00年代からはビジネス誌と、時代と共に内容が大きく変遷していたが、15年に休刊。

山田花子
漫画家。差別意識や疎外感をテーマに、人間の感情の奥底を描く作風で知られる。著作に『神の悪フザケ』『魂のアソコ』『からっぽの世界』など。92年3月、統合失調症と診断され入院生活を送るも、5月に団地から投身自殺。24歳没。

江口寿史
漫画家、イラストレーター。77年、『週刊少年ジャンプ』（集英社）で連載がスタートした野球ギャグマンガ『すすめ!!パイレーツ』が大ヒット。その他、代表作に『ストップ!!ひばりくん！』『江口寿史の爆発ディナーショー』など。妻は元アイドルの水谷麻里。

『真・異種格闘大戦』
相原コージによる格闘技漫画。04年に『漫画アクション』（双葉社）で連載開始、その後、Web漫画アクションへ移行し、11年まで連載。様々な動物の中から厳選された選手たちが、「地上最強」の座をかけて闘いを繰り広げるという内容で、それぞれの能力や習性を活かした試合描写が特徴。

相原 そうですね。特にギャグはそうだと思います。いまホントに生き延びるために必死みたいな。一応あと1年で子供が大学を卒業するんで、なんとかそれまではある程度稼がないと。また美大なんかに行きやがって、金かかるんだよなぁ……（しみじみと）。

——ダハハハハ！　画材も高いですからね。

相原 授業料も高いし、「え、大学ってこんなに学校に行かなくていいの？」っていうぐらい家にいるんで。僕は大学に行ってないんで。

——日本デザイナー学院とは違いますか。

相原 そうなんですよね。ちょっと腹立つなあ。こんなに大学生って楽なのかって。

——なおかつ女性関係でよろしくやってたりしたら、余計に腹も立つでしょうね（笑）。

相原 いまはわからないですけど、ちょっとヤッてた節があるので、この野郎って。高校生ぐらいでヤッてたんじゃないかなって。

——それは癪に触りますね（笑）。

相原 そうなんですよ。癪にも触るんだけど、でもわりとまともな人間になったのかもっていう感じもあって。自分のような人間にはなってないぞっていう。ちゃんと床屋も行けるし。美容院も行ったりするからね。

——え、相原さんは行けないんですか？

相原 床屋もなかなか。美容院は行けないですね。そういうところに足を踏み入れられないです。行くとしても床屋ですね。いまは頭は奥さんに刈ってもらってます。ちょっとハゲてきちやったんで坊主にしてますけど。

——美容院が嫌なのはわかります。ボクも行ってますけど、ホントに苦痛だし必ず寝ますね。「ほっといてください！」って感じで。

相原 「どういうふうにしますか？」って言われるだけでちょっと……。緊張するし、ヘタするとちょっとおかしくなるときもあるんで。自律神経失調症と言われたこともあって、そういう症状が出るときもあるんです。床屋に座ってると動けないし、なんか変な感じで。ますます嫌になりましたね。

——いつ頃、自律神経失調症に？

相原 それは『ムジナ』を描いてた頃、あまりにも体調が悪いんで病院に行ったら、「原因はわからない。自律神経失調症なんじゃないの？」みたいな感じで言われたんです。一昨年ぐらいには鬱だって言われました。だから、あの本はまだ読んでないんですけど。

——『サブカル・スーパースター鬱伝』ですか？

相原 はい。ほんのちょっとのきっかけで発症したりするんで。あの本の感想を読んでたら、「持ってかれそうになる」みたいなのを見たんで、これはヤバいかなと思って。

——そう診断されるに至ったきっかけは？

相原 そのときはふつうに仕事してて、『筒井漫画涜本』のパート2で僕は『問題外科』を描こうとして、描いてたんですけど体調不良で描けなくなって、それが原因かはわかんない。あと北海道の登別に父親がひとりで住んでて、1回事故起こしたんで兄が行って、のぼりべつクマ牧場で働いてたんですけどクビになって、またこっちに出て来たんですよ。そしたらまた父があっちでひとりになっちゃって、それも大丈夫かな、みたいな感じで。特に変わったことっていうと、そのふたつぐらいだ

『ムジナ』
相原コージによる忍者漫画。93年から97年まで、『週刊ヤングサンデー』（小学館）にて連載。忍者の階級闘争を描くと同時に、エロを含む先鋭的な笑いも取り入れていた作品。

『サブカル・スーパースター鬱伝』
12年、徳間書店より発売。「サブカル者は40歳を超えると鬱になる」をテーマとして、吉田豪がリリー・フランキー、大槻ケンヂ、杉作J太郎、菊地成孔、みうらじゅん、松尾スズキ、唐沢俊一らサブカル界の大御所にインタビューを行った本。

『筒井漫画涜本』
95年の、筒井康隆原作の小説を下敷きに漫画化した作品を集めた本。相原コージ、吾妻ひでお、蛭子能収などが参加。10年に、第2弾となる『筒井漫画涜本ふたたび』が発売された。

ったんですけど、急に食欲がなくなって、体がダルくなって、非常に体調がおかしくなって。あとチンコも痛くなって。これはべつに風俗に行ったわけじゃないですよ。

――思い当たる節がないですよね（笑）。

相原 そう、なんでチンコが痛いんだと思って泌尿器科に行ったら、「よくわかんないですね。膀胱炎かなんかじゃないかな」ってことで薬もらったんですけど、治らなくて。そういう変な症状がいろいろ出てたので、ひょっとしたらと思って心療内科的なところに行ったら、やっぱり「鬱の状態が体に出たものです」みたいなことを言われて。そこから薬は飲んでますね、いまもですけど。

――デパスとか？

相原 僕が飲んでるのはドグマチールとジェイゾロフトですね。今日も出がけにソラナックスを飲んできましたね、不安を和らげるように。やっぱり恐ろしかったんで（笑）。

――そんなに怖いことはないですよ（笑）。

相原 吉田さん、40歳超えたら鬱になる説を説いてたじゃないですか。どうですか？

――超えました。いまのところ大丈夫ですけどね。でも漫画家さんと同じで、ライターも根なし草で、いつ何が起きるかわからないんで、基本、不安はつきまとってるわけじゃないですか。壊れてもしょうがないですよね。

相原 でも、壊れたらつらいですよ……。最初はやっぱり薬漬けになるの嫌だなと思って抵抗してたんですけど、やっぱり薬を飲むと楽ですよ。最初は鬱の薬を飲まないで、「鬱的なものは運動で治せる！」みたいな本があって、よし運動かと思って運動したんですけど治んないですよね（あっさりと）。あと、はらたいらが調子悪いときに本を書いてて。

――『男の更年期』ですね。

相原 あれ、はらたいらが勝手に名づけたものであって、べつにそれまでなかったし、男にも更年期があるんじゃないかっていう、はらたいらの仮説なんですよ。で、結局あの人は病院に行かないで、ウコン飲んだりそういうので全部やってたらしいけど、まあ死んじゃいましたね。だから俺もはらたいらの言う男の更年期なのでは？　みたいに思ったときもあったんですけど、いま思うと、はらたいら鬱だよ。なんで病院行かなかったんだよって逆に思いますけどね。医者に聞いても、男の更年期はないって言われましたから。

――柔術では治らなかったですか？

相原 柔術はその前からやってたんで、むしろ行けなくなっちゃって、その間はずっと休んでましたね。ただ、柔術をやって自律神経失調症的な症状は出なくなったんですよ。それとは関係なしに鬱的な症状が出て、あれはつらいですね。食欲がなくて5キロぐらい痩せたんですけど、セロトニンが不足して、とにかく不安がぬぐえないんですよね……。

――お父さんのこととかが。

相原 心配なんだけど、でもあんまり積極的に北海道までは行かないんだよね。そういう罪悪感もあるのかな。前、向こうに行ったとき、ウチの家族で父親の車に乗ってて、交通事故を起こしたんですよ。ヘタすると死んでたんですよね。妻も肝臓破裂で結構たいへんだったんで、それ以降、「今年実家行く？」って言っても、「私はいいです……」って、もう行きたがらなくなっちゃったんですよね。

――相原先生が鬱になるとしたら、ギャグ漫画家の宿命とし

はらたいら
漫画家、随筆家、タレント。63年にデビューし、72年『週刊漫画ゴラク』（日本文芸社）で連載されていた『モンローちゃん』がヒット。77年からはTBS系列『クイズダービー』にレギュラー解答者として出演。「はらたいらさんに○○点！」のフレーズで親しまれた。06年11月、肝臓癌により死去。63歳没。

て自分を追い込んだ結果なのかなと思ったら、ぜんぜん別だったんですね。

相原 そうですね。ただ、ホント原因はわからないんですよ。父親のことだと医者はそう診断してますけど、わかんないし。その前に子供が中学生のときに知り合った男の人がいて、僕はそんなに人と友達にならないんですけど、何回か会って話して、「子供と肝試し的なことをやろうっていう企画を立ててるんだけど、一緒にやらないか」って言われて、一緒にやった人が癌で死んで、その人が本を書いてたんですね。それを読んで非常に落ち込んだっていうのも関係あったのかなって。

――それは死を覚悟した上での本ですか?

相原 そうですね。余命いくばくもない中、そんなに悲壮な感じでは書いてないんですけど、ちょっと真に迫ったところはあって。俺も死ぬのかな、みたいに思ったりして、それを読んで落ち込んだっていうのはあったんですね。鬱になったのはその時期に近いんで。鬱になると死にたくなるっていうんで、踏切もできるだけ遠くで止まってますね。ふと死にたくなっちゃったらどうしようとか思って、かなり遠くで待ったりしちゃいますね。

『俺の空』にあこがれてゴムを持って旅に出る

――休筆宣言の頃から危うかったんですか?

相原 僕ですか? 休筆宣言したっけ?

――連載全部やめて休んでましたよね。

相原 ああ、その頃はぜんぜん大丈夫でした。

――でもあのときは、このまま続けたら壊れるみたいな思いがあったんじゃないですか?

相原 だけど、そんな深刻じゃなかったと思いますね。まだ余裕はありつつ、でもちょっとそういうところはあったんで。35歳ぐらいのときかな? いまそういうことしないと、もうできないって思ったんですね、そういうことするのはこれが最後かなと思って。子供が5歳とかそれぐらいだったかな。いまだったら行ってもいいかな、みたいな。なんにも決めないでどっか行くとか、あこがれてたんですよね、『俺の空』とかああいう感じで。

――女性との出会い目当てじゃないですか!

相原 ああいういいことがあるんじゃないか、みたいな幻想を引きずってたんですよ。

――当然ないですよね(笑)。

相原 ないですよ! あと、ひとりしかヤッてないっていうコンプレックスもどっかにあったと思うんですね。そうだ、旅先でヤろう、これが最後のチャンス! みたいな。

――対人恐怖症の人には無理ですよ(笑)。

相原 そうなんですよ。でも、最悪どっか旅先で風俗行こうって。だけど途中でもし誰かと知り合ってそういうことになったらどうなるんだろう。夜にもなるとコンドームぐらい持ってないとヤバいんじゃないかとか考えて。

――ダハハハハ! 中学生の発想ですね(笑)。

相原 それでどっかホテルに泊まって、今日は晩飯パンでいいや、みたいなときにコンビニでコンドーム1個ついでに買ってきて、旅のあいだじゅうずっと持ってようと思って。そういうことがあるに違いないって。当然ないんですけど。だって、こ

『俺の空』
本宮ひろ志による漫画。大財閥の跡取り息子・一平が、理想の伴侶を探す放浪の旅をする中、成長していく姿を描いた作品。主人公が行く先々で様々な女性と関係を持つ。

っちから話しかけないですからね。漫画にも描きましたけど、電車の中で『コージ苑』を読んでる人に1回だけ話し掛けたんです、「僕、作者なんです」って。それぐらいですね。普段はそんなこと絶対しないんですけど、なんかしちゃって。あと1回だけヒッチハイクもしました。

――それもコンドームのときですか？

相原 コンドームはずっと鞄に入ってましたね。それは東京に帰ったときに東京駅の便所に捨ててきたんですけど、封も開けないで。

――家に持って帰るのもたいへんですからね。

相原 「これはなんだ！」って言われるから（笑）。どっかで洞窟がいっぱいあるとこがあったんですよ、鍾乳洞的なものが。で、ある洞窟に行ったとき、案内の人に「次はこの何キロ先にナントカ洞っていうのがありますよ。歩いたら何時間もかかるしバスも通ってないので、いまそこの洞窟を巡ってる夫婦がいたから、なんだったら車に乗せてもらったらどうですか？」みたいなことを言われたんで、そういうことしてもいいのかと思って、夫婦に声をかけて乗っけてもらいましたね。でも、乗っただけでずっと何も話さないで。

――「漫画家です」みたいなことも言わず。

相原 非常に居心地が悪かった（笑）。そういうとき何話せばいいのかもわからなくて。そして向こうに着いたら、「どうもありがとうございました」って言ってひとりでスタスタ先に行っちゃって。そいたらまた洞窟の中で会って。また何話せばいいかわかんなくて、「どうも」とか言って。そんな感じでしたね。でも修学旅行に来てた女子高生がある旅館に泊まってて、旅館の2階の窓のそばで着替えてる瞬間を見れたのがよかったです。

――一番の『俺の空』的な思い出（笑）。

相原 そうそうそう。ワイワイ言いながら着替えてる瞬間を一瞬見たので、これは得したと思って、いったんそこ通り過ぎたんですけど、また戻って見たらもう終わってました。それが一番よかったことですね。そんなもんですよ。旅なんて、なんもないですよ。

――旅で何かを変えたいと思ったら、よっぽど自分からアクセスしないと無理ですよね。

相原 そうですね。だいたい最後のほうは、その町に行って映画を観て飯食ってホテルに帰ってっていう、べつにどこに行っても同じじゃんっていうことをやってましたからね。

――自宅で十分ですね。それこそ漫画喫茶とか泊まり歩いてたら、まだ何か出会いがあった気もしますよ。自分の漫画を見せて「これ俺！」ができたかもしれないし（笑）。

相原 いまだったらそういうことも、ツイッターで「この街に来てるんで、誰かおいしいとこ紹介して」みたいなのができるのかも。

――旅するならいまがチャンスですよ！

相原 いや、もう年なんで（笑）。それは結局、東京からだんだん南下していって、最終的に沖縄に行って帰ってきましたけどね。

――吉本浩二先生が『アクション』で、片思いの相手と会うためにバイクで旅する漫画を描いてたじゃないですか。あれも純愛の話かと思ったら、結局旅先で風俗に行ってて。

相原 でも、俺よりはなんかしてるなっていう感じはしましたね。ちゃんと風俗にも行ってんじゃんって。僕も一時、サイン会ツアーをやったとき何ヵ所かに来た人はいたから、「君、前も見たね。今日ここに泊まってんだけど」みたいなことができればヤれるのかもしれないと思いましたけど、難しいですね。

――ちなみに一番追い込まれた作品は？

相原 『ムジナ』でしょうね。あのときは外部のアシスタントをちゃんと入れてやるのと、ストーリー漫画をやるのが初めてで。

――対人恐怖症的な人とアシスタントとの関係っていうのは大丈夫だったんですか？

相原 つらかったですね。だから、その後は使ってないです。また、その彼がちょっと変わった人だったんで、なおさら人を使うことが恐ろしくなりましたね。ある日、「先生、このへん病院ありますか？　ちょっとカッターで切っちゃって」みたいなことを言うんで、トーン貼りで切ったと思うじゃないですか。そしたら手の甲が血だらけになってて、いっぱい切れてるんですよ。「え、どうしたの？」「いや、ちょっと切っちゃって」「そこに病院あるからすぐ行って！」って病院に行かせて。それでちょっと心配になって病院のぞきに行ったら、「先生、来てくれたんですか、うれしいです！」って言ってましたけどね。

――自傷癖がある人だったんですね。

相原 そうなのかな、ちょっと不安定だったんでしょうかね。薬飲んでたこともあるし。一時は母親を殺すみたいなことを言ってて。

――アシスタント中にですか？

相原 雑談してたら、「自分がこんなにおかしな人生を歩んでるのは母親のせいだ！」みたいなことを言い出して。これ本気で言ってるなと思って、ちょっと恐ろしくなったこともありましたね。正月に実家に帰って、戻ってこなくなっちゃったこと

吉本浩二
代表作に、『ブラック・ジャック創作秘話』（原作・宮崎克）、『こまねずみ常次朗』（原案・青木雄二、原作・秋月戸市）など。片思いの相手と会うためにバイクで旅する漫画『日本をゆっくり走ってみたよ』は、憧れのEさんに告白するためにバイクで日本一周の旅に出た吉本自身の経験を漫画化。単行本は全2巻。

もあって。「やっぱり調子悪くて帰れません」とか言われて、ひとりでやらなきゃいけなくなったり、また違う人に頼んだり、いろいろ疲れましたね。

――作品で追い込まれて疲れたっていうよりは、人間関係で疲れたって話なんですね。

相原 そうなんですよ……。それで自律神経失調症になったのかもしれないんですけど。「アシスタントってこんなに面倒くさいんだったらいいや、もうひとりで描く」と思って、一時ホントにひとりで描こうとして、いかに合理的に手を抜くかみたいなことばっかり考えてたことはありますね。ホントにその頃は筆ペンで描いたり青鉛筆を使ったりで。

――ああ、下書きを消さないでいいように。

相原 でも、それも絶対無理なんで。

――江川達也先生が「アシスタントなんていらない、ひとりでできる」って言ってやってましたけど、やっぱり無理ありましたよね。どんどん絵が白くなってるなっていう。

相原 相当ひどい絵になってましたもんね（笑）。よくひとりで戦艦を描くなって。

――読んでいる限りは作品で悩んでるように見えたんですけど、そうじゃないんですね。

相原 作品でも悩んでましたけどね。やっぱり担当ともそれまではあまり打ち合わせもしたことなかったんで、こんなに口を出してくるんだと思って。どんどん話を担当が作り始めたりとかして。『ムジナ』はとにかく自分だけはゴタゴタに関わらないで逃げ続けるっていう話にしたかったんだけど、途中から復讐するみたいな話になったのは、担当が「目的がないとダメだよ！」みたいな感じで言われて、ちょっと変わっちゃったんですね。それがまたストレスがすごい溜まりました。だからそれで揉めて、もうやめるって言って。でも構想はずっとあったんで、やめるぐらいなら最後まで描き切ってやめるっていうことで、そこから一気に加速してったので、最後のほうはスピード感があるんですけどね。

――ギャグ方面でも、考えなくていいことを考えていったわけじゃないですか。それこそ、果たしておもしろいとはなんなのか、みたいなテーマをどんどん追求したりとか、これは病むだろうなと思いながら見てました。

相原 うん、やってましたね。『なにがオモロイの？』で。あれはホントにわかんなくなったっていうのもあるし、いまはインターネットですぐレスポンスがありますけど、あのときはパソコン持ってなかったんですね。でも、そういう現象が起こってきてるっていうことで、それを作品に取り入れて、相互にやり取りすることで作品を描いてみようと思って、来た意見を全部プリントアウトしてもらって読んでたんですけど。それで、だんだん作者が狂っていくみたいな感じにするとおもしろいんじゃないかなと思ったんですけど、わりと早く狂っちゃったんですね。

――ダハハハハ！　予定が狂って（笑）。

相原 それは僕が耐えきれなくなって。あまりにも罵詈雑言がひどいので（笑）。

――予想通りの展開ではあったけれども。

相原 そう（笑）。こんなにひどいこと言うか、みたいな。そのことばっかりが頭を駆け巡って、それに対する反論とか言い訳とか、そういうことばっかり考えるようになっちゃって、ネタが考えられなくなっちゃったんですよね。それで早めに変わっちゃって。

——あれはホントに恐ろしい作品でしたよ。

相原 恐ろしかったです。あれは漫画家仲間からも嫌がられてました。「作品自体はおもしろいのに、なんであんなことをするの？」「自分のことのようで見てらんない」って。

——よっぽど強い人だったらともかく、打たれ弱い人がやれることじゃないですよね。

相原 一応プロデューサー的な立場で言うと、弱い人がやるからおもしろいんですよ。ぜんぜんヘコまない人間だったら、やってもおもしろくないじゃないですか。そういうプロデューサー的な視点と、でもやってるのは自分なんで、ホントに参ってしまったっていう。

——そのうち、プロデューサーの指示に自分が従えなくなってくるわけですね（笑）。

相原 そうそうそう。それで途中でリタイア（笑）。で、ちょっと作品の路線が変わったって感じですね。そのとき描いて一番評判が悪かった『もにもに』っていうヤツをそのあとで連載して、それもヤツらに復讐のつもりで。「おまえらが一番おもしろくないって言うのを連載して大ヒット飛ばしてやる！」みたいな。ぜんぜんヒットしてないけど（笑）。

——復讐失敗ですね（笑）。

相原 作品が笑えなくても、笑えない自分を描くことで笑いに結びつけようとは、うまいこと考えたな、みたいな嫌なことを考えてたんですけど、あれは参りましたね……。だからあれから僕は2ちゃんねるとかは見ない方針にしてますし、人にも勧めないようにしてます。あれを見てると精神を病むよって。

——でもまあ、ヒット作は多いですよね。

相原 ただ、『コージ苑』と『かってにシロクマ』は50万部とかいくぐらいヒットしましたけど、『サルまん』はじつはそうでもないんですよ。1巻が20万、2巻が8万、3巻が4万ってどんどん減ってったぐらいで。

——え、そんなもんだったんですか！

相原 その後は2回ほど版を変えて出てるから、一応ロングセラーにはなってるんですけど、あんまり売れなかったんですよね。

——ちなみに、ボクのアナーキー初体験は『コージ苑』なんですよ。あれから辿っていって、すっかりハマったんですけど。

相原 そうなんですか！「♪踊らされるなよ」で。あの作品を描いたとき、いしかわじゅんに「踊らされるなよってどういう意味なの？」って言われたな、そういえば。野暮なこと聞くなと思って（笑）。これ説明したら元も子もないじゃんって。あと、初期に高千穂遙に「教養がない」みたいに書かれて。

——しょうがないですよね、それは（笑）。

相原 実際ないですけど（笑）。それでも怒っちゃいましたね。で、本屋で高千穂遙の本を裏返しにしたり、いろいろとやりました。

——教養で叩かれるぶんにはそんなに痛くないですよね、そこで売ってない側としては。

相原 でも、やっぱり腹立ちましたね。いしかわじゅんにも「教養がない」とか「絵がヘタだ」とか書かれて、その通りなんですけど（笑）。それでも言われると腹は立つんで、怒ってましたね。いしかわの野郎！って。（急に）吉田さんの初体験はいつですか？

——ダハハハハ！なんですか、突然！

「かってにシロクマ」
相原コージによる動物生態ギャグ漫画。86年から89年まで『漫画アクション』（双葉社）に連載。間の抜けた仔熊「シロ」の日常を描いた作品で、ゲーム化もされた。

アナーキー
日本の最初期のパンクバンド。78年に結成。セックス・ピストルズのような性急なリズムと反抗的な歌詞のロックは、当時の中高生に人気を誇った。漢字では「亜無亜危異」と書く。

高千穂遙
SF作家、脚本家、漫画原作者。07年10月から09年10月まで、日本SF作家クラブの会長も務める。代表作に『ダーティペア』シリーズ、『クラッシャージョウ』シリーズなど。

相原　私生活をぜんぜん言わないから。

——そこは出さないですよ。

相原　ちょっと聞いてみようかなと思って。

——ボクはすべてをごまかします（笑）。

相原　言わないんですか？　教えてくださいよ！　今日はずっとグルグル頭の中で、こんなこと聞かれるんだろうな、チクショーッ、俺が逆襲してやるとか、そんなことまで考えてたんで。……俺も言わなきゃよかった。

——ダハハハハ！　漫画にも描いてますから、いまさら隠そうとしても無駄ですね（笑）。ちなみに相原先生は最近オナニーのほうは？

相原　いやいや、僕のことはいいですよ。僕はまあ、してますけど。昔は毎日エロサイト観たりしてましたけど、だいぶ減りました。

——エロサイト観てるときに限って子供が部屋に入ってくるとか前に言ってましたよね。

相原　あれは油断ならんですね。ただ、子供ももう20歳だから、同じ家の中でふたりの男がオナニーしてるかと思うと、ちょっとやだなと思うけど。あいつも当然してるんだろうし……。というかヤバいな、このへん載るんですかね。俺も1回ぐらいほかの女とヤッとかなきゃっていう思いが強かったのとか。ウチの奥さんも、たぶん読むだろうから。

——結果的にヤッてないからセーフじゃないですか。実際にヤッてたら問題ですけど。

相原　そうかな。でも、ヤるつもりがあったんだっていうだけでもちょっと（笑）。

——そこは確実に載せますけどね（笑）。

相原　ウチの奥さんも好きですからね、吉田さんの本。『BREAK MAX』とかも読みますし。あと子供も読んだりすると嫌だなあ。学生なわけだから、「おまえの父ちゃん載ってたぞ」みたいなことを誰かに言われたら読むんだろうな、嫌なんだよなぁ……。

——美大で「おまえの父ちゃん、ひとりとしかヤッてないらしいな」とか（笑）。

相原　言われちゃう……。

——「いまだにオナニーやってるみたいだな」とか。美大ならひとりぐらいいてもおかしくないですよね、こういうの読んでる人。

相原　絶対いますよ、それ！

——ダハハハハ！　ちなみに相原コージの息子さんだっていうのはバレてるんですか？

相原　そうじゃないかな。漫研に入ってたし。

——ここは腹を括りましょう！

相原　こんなことしゃべらなくていいんだよね。なんでしゃべっちゃうんだろう？　ただ、もうすぐ50歳なんで、もうどうでもいいや、みたいな感じも出てきましたね。

——人生でやり残したことはあります？

相原　ほかの女とヤッてないこと。

——やっぱりそこなんですね（笑）。

相原　そうです（キッパリ）。それぐらいですかね。漫画もやるべきことはやったかな。

——ツイッターで「景気のいい話がある」ってつぶやいて、そのあと「いい話はやっぱりなくなってました」とか書いてましたけど。

相原 ああ、これは『ムジナ』の映画化の話があったんです。1回打ち合わせして、でもそれはなくなったんだなって。こないだ編集長が、映画化を持ち掛けてきた人とたまたま会って、話を聞いたらやっぱり資金が集まらないってことで。結構海外の資金を当てにしてたらしくて。いま松竹のほうに打診してるらしいんですけど、たぶんないでしょうね。

——あんまりそこには期待しなくなった。

相原 うん、ないでしょう（笑）。昔から多いんですよ、僕。プレゼンかけますって言われて、通ったことはほとんどないですね。最後の最後で「下品なんじゃないの？」ってことで落とされてると思うんですよね、「あんまり広告に相応しくない」みたいなことで。

——当時、もっといろんな展開があってもおかしくなかったのに、なかったですよね。

相原 うん。やっぱり下品とか絵が汚いとか、そのへんが響いてきちゃうんですかね。だから賞とかもほとんど獲ったことないし。

——こうして話してると、社交性があるかないかで人生って大きく変わるんだなと思いますね。

相原 そうですね。ウチの子供なんかは社交性あるのかな。とにかく俺のようなダメな人間じゃなさそうなんで。美容院も行けるし。

——ダハハハハ！　そこも大きい（笑）。

相原 本を買ったりCDやDVDを買ったりっていうよりも、服を買ったりしてて。なんだこいつはって感じはありますけど。あと「バリスタになりたい」とかね。「バリスタ？　なんだそりゃ？」みたいな。コーヒーのうんちく言ったりするような子なんです。

——完全に別人種じゃないですか！

相原 そう、俺とぜんぜん違う。でも、それでよかったんだろうな。社交性がないとロクな男にならないですよ。生きるのたいへん。きっと彼はセックスもいっぱいできるんじゃないの？

——ダハハハハ！　漫画界は比較的社交性のない人が多いから、まだ居場所もありますよね。

相原 そうそう。だからなんとか漫画家は続けたいです。たとえ描きたいものがなくなっても、申し訳ないけど続けさせてください。昔ほどおもしろくないかもしれないけど。

ふつうがよかったなって
いまでも思います

西田藍

2017年6月収録

アイドル。1991年10月20日生まれ。熊本県出身。2012年、講談社主催の「ミスiD2013」に応募し、準グランプリに相当する「ミスiD」5名の中に選ばれる。SF小説に詳しく、書評やエッセイも多い。2017年、第8回ミスヤングチャンピオンファイナリスト。グラビアDVDに『藍 Love』がある。

――西田さんは2012年開催の最初のミスiDで準グランプリに相当する5人に選ばれたわけですけど、ミスiDのいまの流れを作ったのは確実に西田さんだと思うんですよ。

西田 あぁ……なんだか申し訳ない気もします。だんだんヤバい感じになってるんで。

――いまのミスiDはグランプリの玉城ティナさんの流れじゃなくて、西田さん的な厄介な感じを抱えた子の世界になってるので。今日は、そんな西田さんのバックボーンをたっぷりと掘り下げてみようかなと思ってます！

西田 はい、今日はすごい掘り下げられるんだろうなと思って覚悟して来ました（笑）。

――まず、西田さんにはあんまりご家族の話に言及しないイメージがあるんですよね。

西田 そうですね。出せる話だと、現在父子家庭なんですけど、私が父子家庭になったのは16歳ぐらいからっていうのは最近書いたんですが、だからじつは10年も経ってないですし。その前は母子家庭で、その前が母が再婚した家庭で、その前が実両親との家庭だったので、そこらへんはちょっと面倒くさいんで出さなかったって感じです。

――お父さんはアメリカの方ですよね。家庭環境って確実にいろいろ影響すると思うんですけど、思いっきり反映してる感じですか？

西田 反映してますね。私が福祉のことをあれこれ言うのも、わりと福祉のお世話になってきたんで。たとえばDVシェルターとかあるじゃないですか、いろんな行政の施設も、「これはこうしたらこうできる」とか私が言うのも実体験からで。私の時代よりもいまのほうがよくなってると思うので。昔、ツイッターで書いたんですよ。「引っ越したら学校に通えない」とか書いてる人がいたから、「いや、住民票を移さなくても通えるし、苗字は通称でいいし、いろいろ隠してもらえるからどんどん引っ越そう」みたいな。そんな感じで私が教育のことかすごい言うのも家庭環境のせいかな、みたいに思ってて。

――引きこもりで読書が好きになっていくのも、たぶんそこが関係してるわけですよね。

西田 そうですね。本を読むのも、本を読むのが一番怒られにくかったからで、ほかの娯楽に触れるのが怖かったんで。本を読むのが一番安全。まあ、本を読んでも怒られるんですけど、そのほうがマシかな、みたいな。

――逃げ場としての読書。

西田 そうです。だからあんまりポジティブな感じで「本がすごい大好きで」みたいに話せなくて。家族の話をしないのもそこが難しくて、あんまりしないようにしてますね。

――SF好きの理由がわかりますね。より違う場所に逃避させてくれるんだなっていう。

西田 そうです（笑）。家庭環境の話も公表していきたいなとは思ってるんですけど、もう少し先ですかね。

――何があったんだろうっていうのがすごい気になってたんですよ。あまりにも根深い男性不信のきっかけはなんなんだろうとか。

西田 それは……書かない感じですか？

――書ける範囲で話すとすると？

西田 小学生の頃一緒に暮らしてた、母親の再婚相手が暴力的な人で、いろいろ、怖い目には遭ってて。（略）まあ、決定的なことが起こる前に、なんとか逃げ出せたのですが。

玉城ティナ
沖縄県出身の女優・ファッションモデル。ミスiD初代グランプリ（ミスiD2013）。14歳で講談社『ViVi』の最年少専属モデルとなる。その後、モデル活動の他にドラマ・映画にも多数出演。ツイッターフォロワー数106万人超。

――ああ、それじゃしょうがないです！

西田　そうですね（苦笑）。グラビアを始めるきっかけも、その人が死んだからなんですよ。グラビアはやりたいなってずっと思ってたんですけど、根っこにあるのはその人に見られたら嫌だっていうことで。でも、死んだからやっと楽しくグラビアを始められるようになって。自分のセクシー画像を表に出すことに棘みたいなものがなくなったというか。

――見てる人には伝わりづらいじゃないですか。男性不信的なものが根深いのに、なんでグラビアやってるんだろうっていう部分は。

西田　そうですね。それは自分の体は自分のものだ、みたいなことですね。あと、私は色々と嫌な目に遭ったのが子供の頃だったので、逆に大手を振って大人の女がエロいことをするっていうのは私にとってはまったく矛盾してない。

――むしろ健康的というか……。

西田　そうですそうです。ふつうのこと。

――大人不信的なものもあったんですか？

西田　そうですね。周りの大人の男性から、いろいろありましたね。

――ああ、なまじハーフで大人っぽいから。

西田　そうですそうです。言いやすいとこだと、教師に手を握られたりとか。

――それは人格も変わるのも当然ですね。

西田　仕方ないですよね。中学生ぐらいになってからならまだわかるんですけど、もろもろ、6歳ぐらいからはじまったんで。それだけってわけじゃないですけど、死にたかったですね。小学校3年生ぐらいの頃に頑張っていろいろ死のうと思って。みんなも死にたくなるときあるかなと思ってその話をしたらドン引きされて。

――ふつうは思春期になってからですよ！

西田　だから、これは言っちゃダメなことなんだと思ってからは空想で紛らわせてました。いまつらいってときに、つらい日時を書くんですよ。それをずっと取っておいたら未来の私がタイムマシンに乗って助けに来てくれる、と。いま助けに来ないっていうことはたいしたことじゃなかったと未来の私が判断したわけですよ、これは助けるまでもないって。

――なるほど、助けが来ないのはタイムマシンが開発されなかったわけではなくて。

西田　で、実際1~2年経つとそんなことは忘れてるんで、そういうライフハックです。

――その記録というか、当時つらかったというデータはいまでも残っているんですか？

西田　残ってないです。自分の記録は何年かごとに全部消してるので何もないです。日記も全部捨ててるので。自分が嫌いなときに代替行為として自分の写真とか日記とかを全部黒塗りにして破って捨てる、みたいな……。

――もうその時期は越えたんですか？

西田　20歳ぐらいには越えた気がします。痛い日記とかもかわいいなと思って。日記は捨ててたけど写真とかはかわいいと思いながら見返すようになりました。大人になると子供の頃の写真を見返したらかわいいってことに気づき始めたんで、取っておくようになりました（笑）。

――近い時期だと嫌な記憶とも密接だから。

西田　そうです、遠くになるとまあいいかな、みたいな。……

どうしよう？　どこを取捨選択するのか迷っちゃう。1行にすると、幼少期いろいろつらいことがあったから自己否定的だったよねっていうまとめですね。

——その西田さん自体は現状いい感じになってるわけじゃないですか。ここに至るまでにそういうことがあったからこうなったんですって出すのはぜんぜんいいことだと思いますよ。

西田　そう、いまはそんな悪くないですけど……でも嫌ですね、ふつうがいいです。ふつうがよかったなっていまでも思います。

——SFも好きにならないふつうの人生が。

西田　はい。よく「どうしてこういう道に進んだんですか？」とか「どういうことがしたいんですか？」って聞かれるんですけど、頑張ってできることを探してたらここまで来たっていう感じなので、「やらせてもらうことを頑張ってやるだけです」って言ってるんです。私はできることとできないことの差が激しいので、できることをやるしかないかなって思ってます。

——このへんも表現が難しいですけど、ちょっと発達障害的な部分もあるわけですよね。

西田　それがわかったのも何年か前なんですけど、それで第二段階、楽になりました。

——わかるだけでもぜんぜん違いますよね。

西田　違いますね。すっごい怒られてきたけど、そういうことだったんだな、みたいな。

——得意なものには、すごい集中しやすいタイプだと思うんですよ。読書なりなんなり。

西田　そうですね。ただ、いまやらせてもらってる仕事自体も締切が守れなかったり、返事ができなかったりするのも、どうしてなのかっていうことがわかったので。ただ私がクズなだけじゃなくて、わりと理由があったってわかったんで、若干マシになりました。100パーセントできるようになったわけじゃないんですけど。そこがわかったから、試行錯誤しつつやろうかなっていう感じです。

——この世界には発達障害的な人が意外と多いじゃないですか。武器にはなると思ってるけれど、もちろんたいへんさもあるわけで。

西田　たいへんですね。そういう当事者本とか読むと、大抵、雑務をしてくれる、助けてくれるパートナーがいるんですよ。だからちょっとうらやましいですね。面倒くさいこまごました役所の書類とか、私もそういうの、書いてくれる人ほしいなあって。私、そういうことは頭が3回ぐらいスパークしてできないんですよね。

宮台真司がキモくてウザい

——そんな自分が生きていて楽しくなってきたのは、どういうきっかけだったんですか？

西田　波があるんですけど、ミスiDに受かって1年半後ぐらいから若干楽しくなってきたかな？　楽しい波が来るようになった。

——超最近じゃないですか！

西田　これってじつはすごいことじゃないのかって思い始めて。自分の書いた文章が雑誌とか本に活字になって載ってるっていう事実って、これはすごいって思わないと。そうだ、すごいぞ！　楽しい！　ってなりました。

——自己暗示みたいな感じですけど、とりあえず好きだった

吾妻ひでお先生と接点ができたりで。

西田 そうです、キャーすごいっていう。そこは自己肯定じゃないですけど、すごいところにいるんだからもっとハッピーになるべきだぞ、みたいな感じになってきたというか、なかなかないぞこれはと思い始めましたね。

――そもそも、ミスiDを受けるまでの流れっていうのはどういう感じだったんですか?

西田 私が受けたきっかけは「元引きこもりでもOK」って書いてあったからで(笑)。よくわからないままギリギリに送ったんですけど、それを送ったらスッキリするだろうなと思って。当時はただの引きこもりで、小遣い稼ぎに派遣のバイトして、そのあと精神の安定を崩して寝込んで、そのお金でたまに元気になって遊ぶみたいな感じだったので。何日も部屋に閉じこもって、お風呂も入らずにご飯も食べずにじっとしてたりしたから。

――できるのは読書ぐらいなんですか?

西田 読書もできなかったですね、鬱がひどくなると文字が読めなくなるんです。何もしてなかったです。そういう波のなかで、なんか東京に行ってオーディションを受けるとかになって、ちょっとやるべきことが見えたぞっていうか。これに引っかかったら私もまともな人間になれるかもしれないと思って。

――オーディションの過程では、いままで話したような闇の部分は出してたんですか?

西田 引きこもりぐらいですね。学校が合わなくてやめちゃって引きこもってて本が好きです、ぐらいで。そういうのは表に出すことだと思ってなかったので言わなかったです。唯一ワーッと出したのは、最終審査の審査員とのトークで。女性審査員と男性審査員に分かれて、たぶん伝統的に男性審査員のほうが厳しいみたいなんですけど、女性審査員のほうでは山崎まどかさんに学校文化とか制服について話して、男性審査員のほうでは宇野常寛さんに、彼の師である社会学者の宮台真司が大嫌いっていう話をして、はースッキリと思って。もう落ちてもいいや、楽しかったと思って帰りました。

――ダハハハ! 宮台さんが大嫌いって、簡単に説明するとどういうことなんですか?

西田 自分の性癖とか性欲を社会システム論とか言って、マジキモくてウザい。「社会システム論(笑)」って感じですよね。

――うまい言い訳だなというか、テレクラ好きならテレクラ好きでいいだろ、みたいな。

西田 そうですそうです! 前も「AV女優の訴訟がないっていうことはみんな楽しくやってるんだ」ってツイートしたり、なんだこれ…と思って。頭いい人なのに見ないふりをしてるのか、社会システム論で整合性が取れてるのかもしれないけど、そういう正当化は、学問以前だし、気持ち悪いとしか思えないし、ある時代あそこまで影響を与えてしまったから、極悪人だなと思ってます。あと私が宮台真司嫌いだっていうことを友達とかも知ってるんで、なにかあれば「まったり(笑)」みたいな、私の周りだけすごい古いんですよ。友達も仕方ないからノッてくれてるけど、「終わりなき日常(笑)」とか、2010年代に。

――ダハハハ! オーディションでそういう感情をぶちまけておもしろがられるような機会は、なかなかないでしょうからね。

西田 はい。当時、AKBを若手社会学者が語るみたいなのがあって、私はそのとき友達の友達がAKBにいたんですよ。大

吾妻ひでお
漫画家。ロリコンブームの火付け役とも言われている。自身の失踪やアルコール依存症治療の体験に基づく『失踪日記』が話題に。17年、食道がんが判明。手術を終え、現在自宅療養中。

山崎まどか
「乙女カルチャー」として、少女や若者の文化について執筆しているコラムニスト。映画にも詳しい。13年から16年まで、ミスiD選考委員。

宇野常寛
立命館大学在学中に友人と共にウェブサイト「惑星開発委員会」を立ち上げ、評論活動を開始。卒業後にミニコミ誌『PLANETS』を発刊する。著書に『ゼロ年代の想像力』『リトル・ピープルの時代』など。

宮台真司
社会学者・評論家。東京大学文学部社会学科卒業。数理社会学で博士号を取得。首都大学東京教授。ブルセラで下着を売り援交をする女子高生の生き方を「まったり革命」と名付け、90年代の一時期に高く評価していた。

家志津香って子なんですけど。彼女がAKBに受かったとき福岡の水産高校の文化祭に行って、当時私は高1で不登校中だったんですけど、地元のCMとかに出てたので大家さんが「握手してください」とか言ってくれて、「頑張ろうね！」みたいな美しい思い出があって。でも結局、女の子たちが必死に頑張り続けているからこそのAKBのシステムを、なんで新時代みたいな感じできゃっきゃうふふできるのかわからない。「おまえらの神経が理解できないんだよ」っていうのをかわいく言いました。

――かわいく（笑）。

西田 システムはすごくて売れたからすごいっていうのはわかるんですけど、語られ方が「システムがすごい」とか「ビジネスがすごい」じゃなかったんで。そういう社会学のダメな部分を煮詰めたようなものをふりかけてあったから、いやな気持ちになって。それを難しい言葉で言ったり、「少女たちのエモさがどうのこうの」みたいな、「少女たち」、「少女たち」みたいな。うわっ、また始まったって感じですよね。男の人は少女が好きなのね、みたいな。またそれなのか、嫌だなと思って、オーディションのときに話して。

――その後、宇野さんとAKBを語っていた濱野智史さんが地下アイドルのグループを作ったらひどいことになったわけですけど。

西田 そうです、ほら見たことか！

――思いっきり少女たちに逆襲されて。

西田 そうです！ 私がそうやってしゃべったから、わりと宇野さんがプッシュしてくれたらしいんで、よかったなと思いました。

――ミスiDの審査員としては1回目だけでいなくなった宇野さんが。「宇野さん最悪だった」ってあとから聞かされましたけど（笑）。

西田 最悪だったみたいなんですけど、推してくれたからそこは感謝してます（笑）。

――それくらいから厄介さがプラスになってきたと思うんですよ。何かひとこと言いたいっていう姿勢が受け入れられてきたというか。

西田 そうですね。あんまり黙ってられないんだと思います。最初は黙ってたほうがいいのかなと思ったんですけど、黙ってたら黙ってたでほかの子たちのほうが容姿とかプラスの部分があるから、私は黙らない方向でいくしかないかなって、お仕事をさせてもらうようになってからは思いました。そういう方向性になっちゃいました、王道は無理だから。

――その結果、ツイッターもおもしろいことになって、炎上というか、怒られるというか、揉めるような機会も増えてきましたね。

西田 ああ、揉めてるかもしれない（笑）。イライラしたときは反省してるんですけど、そうじゃないときは何も反省しないです。

――ぜんぜんいいと思いますよ。

西田 「いつも闘ってるね」っていろんな人に言われます。闘ってはないんですけど。ツイッターに集中スイッチが入ったらそうなるんだと思います。そのことしか考えられなくなって、結果書いちゃうっていう。スイッチが入ってないときはイラッときても1ツイートぐらいで消えると思うんですけど、スイッチ入っちゃうとやめられないんでしょうね。

大家志津香
AKB48のチームAのメンバー。ワタナベエンターテインメント所属。07年にAKB48第一回研究生（4期生）オーディションに合格し、AKB48に加入したアイドル。愛称は「しいちゃん」。

――ボク、西田さんと深い話をしたことはないんですけど、ツイッターで揉めてるときにDMで「応援してます！」とかは送ってて。

西田　「応援されてる！　よかったな！」と思って（笑）。ありがとうございます。なんかイライラしやすいのかな、すぐカッとなっちゃう。ミスiDになって1年後ぐらいまでは頑張って我慢してたんですけど、あるときからポーンと弾けちゃって、いいやと思っちゃって。言っちゃえって。言ってもらえなくなる仕事はどうせ私には来ないんだと思って。

――1回だけCSでグラドルとしての西田さんと共演したことあるじゃないですか。グラドルが十数人座ってるなかで、ひとりだけ厄介なオーラ全開でおもしろかったですよ。

西田　ですね、ひとりだけ制服も着てたし。

――ちなみに制服好きっていうのは引きこもりだったことも関係してたりするんですか？

西田　してると思います。とにかく中高の制服が好きではなくて。だから、かわいい制服を着たいっていうのがありました。中学校1年か2年のときに地元のモデル事務所で、近くのかわいい私立女子高のパンフレットの仕事をしたんですよ。そこでかわいい制服を着て落差に愕然とする、プラスいろんな制服があるんだ、制服ってかわいいんだって思い始めて、それをきっかけにまずは地元の制服から調べるようになったんですね。

――さらには自分の楽しい学校生活がなくなったことで、より制服への憧憬が強くなり。

西田　はい。かわいい制服でもない、私服でもない学校に入っちゃって。行きたくない高校に行ったのも心の闇を深くしましたね。高校に馴染めなかったのは、やっぱりADHDだったからに尽きると思うんです。ちょっとしたことで深く傷つくし、地方の三番手の進学校だったから、すごい詰め込み教育みたいなところで校則もめちゃくちゃ厳しくて。そうなるとタスク管理のできない私は1～2週間でパンクしちゃって。しかも救済措置もない学校だったので、それで頑張れなくなりました。3年間我慢は無理だなというか。完全に鬱病になっちゃってひどかったですね。

――家でじっとしてるしかない。

西田　制服を着て学校に行っても、途中で座り込んだり、グルグル同じとこ回ったり。学校に行ってもベランダの掃除をするときにいつも飛び降りたいと思ってて。でも、飛び降りたら仲良く話してるこの子がショックを受ける。この子は地元の奨学金を受けて来てるいい子で兄弟も多くて、その子にトラウマを植え付けるなんて、そんなひどいことできないと思って頑張ったんですよ。友達はたくさんいて、イジメられたとかはないんです。だから友達にトラウマを植え付けるのはよくないって冷静に考えて。15～16歳の青少年に級友が自殺したなんてトラウマを植え付けたらいけない、死体を見せてはいけないみたいな感じで、ずっと死ねなかったんです。

――その冷静さがあってよかったですね。

西田　あとベランダのそばにネットがあって、ネットに引っかかって落ちたら死ねないから、ただ障害を持つだけになるとか、そういうことを考えてごまかしてました。あと頭痛もひどくて。当時はまだ片頭痛のお薬があることも知られていない時期で、その痛みと、あと制服の首がきつくてそれで息ができないとか、そういう身体症状もひどくて、すべてにおいて苦しかったです。ボタンを開けると怒られるから、制服の首元に手を突っ込んで

授業中ずっと息してました。さすがにこの奇行は先生もヤバいヤツだと思って注意できない（笑）。それとナルコレプシーでよく寝ちゃってて怒られてたから、ペンを手に刺して起きるようにしてたんで、頑張って刺した跡がずっと残ってます。起きるために刺すのから、だんだん自罰の刺すに変わっていったんでしょうね。そのうち高校には行けないなと思って行けなくなっちゃって。たぶん幼少時のトラウマとかそういうのよりも、むしろそっちの、実際レールから外れちゃったことの影響が大きかったかなと思いますね。

――自分はダメなんだ、みたいになって。

西田 はい。努力して、地元の国公立の大学に入らなきゃいけなかったのに、ダメだと思って。

――それぐらいヤバい状態からオーディションを知って受けて人生が変わるって、そこだけ取るとすごくいい話じゃないですか。

西田 いい話ですね。でも、そのあとけっこう何年もあったんですよ。悶々としてる時期が4〜5年。何度か何かに再チャレンジしようとしたとき、全部失敗してしまって。バイトとかも行くとつらいのであんまりしたくなかったですし、勉強自体もぜんぜんできなくて。

――それなりの進学校には入れる人なのに！

西田 高卒認定試験ぐらいだったらぜんぜんできたんですが、それ以上のことを自分でタスクを決めてやることができなかったんです。だから勉強ができないのもわりとコンプレックスでした。特に本をたくさん読んでたり、話し方が大人っぽくて落ち着いてるからってすごい勉強できそうに思われるんですけど、せいぜい中の上ぐらいなんですよ。だから勉強してる人たちのなかではぜんぜん上じゃないので。

――難しそうな本を読んでるから頭いいんだろうなと思われてるけど、ぜんぜん違うんですね。

西田 そうですそうです。国語の現代文の点数は高いけど、英語はすごい低い、みたいな。高校のとき英単語のテストとか壊滅的だったんですよ。それは後に知能検査を受けてわかったんですけど、短期記憶とかそういうものの私の知能指数って30とか40なんですよ。下位数パーセントだったんです。それを見てすごいホッとして。私ができてないわけじゃなかったんだ、しょうがないんだって。そこは安心できました。

――決定的に向いてなかった。

西田 向いてなかったっていうか、できないんだっていう。病院の先生もそこは「すごい頑張ってきましたねえ！」みたいに言われました（笑）。学校の勉強をするのに役に立つ部分の能力が劇的に低かったのもあって、コンプレックスがガンガンあったのかな？

――どういうことに向いてたんですか？

西田 言語能力とか発想とか。だから、そっちを伸ばすしかないなって。子供の頃は勉強を一生懸命頑張ってれば上にいけるのかなと思ってたんですけど、そもそも勉強を一生懸命できる脳みそを持ってなかった。そのとき診断を受けて認知治療とか投薬とかしてたら、もしかしたらちょっとはできたかもしれないけど、そのときはぜんぜんできなかったので、私はダメだなってすごい思ってました。

――理由もわからず自分が嫌になって。

西田 いま思うと、私も子供のときけっこうヤバいことはあったんです。すぐ死にたくなるのもそれだと思いますし、小学校

1年生の頃、何かでパニックを起こして学校に火をつけてやると思ったことがあったんですよ。

——え！

西田　何かに怒り狂って、でも、そこは頑張って理性で、ものを壊すなら自分のものを壊そうと思って、貼ってあった自分の絵を破り捨てて、それでもスッキリしないからこれに火をつけて学校に火をつけよう、私はまだ7歳だから大丈夫だ、みたいなことを考えて。

——ダハハハハ！　すごい7歳だなー（笑）。

西田　本を読んでたせいでしょうね、そう考えてワーッとなって、どうやって火をつけよう？　石で火がつくかなってカンカンカンとやって、つかない！　みたいな。絶対ヤバいじゃないですか、これはADHDだなって。そういうヤバいことがけっこうありました。

——石で火をつけるのはたいへんですよ！

西田　つかなくてよかったです。子供のときもカッとなることがなくはなかったですね。

自分の憎んだ人が死んだ世界を味わおう

——いまはカッとなったとしてもツイッターで荒れるぐらいで落ち着くわけですか？

西田　あと枕を殴る。枕を殴ると肩甲骨がほぐれて、肩こりにいいってみんなにアピールして（笑）。

——学校生活を楽しく送れなかったトラウマって大きいなと思ってて。ボクの周りのロリコンの人に話を聞くと、小学校中学校と登校拒否だったから、いまもその世代の女の子を引きずり続けてるってことみたいなんですよね。

西田　でもその頃、好きだった女の子がいるって時点でうらやましいですね。それって幼少期に性的なトラウマがないってことじゃないですか。だって幼少期に性的な被害に遭わずに同級生の女の子をかわいいと思えるってことは、幸せなことですよ。幸せな過去を持っててうらやましいって思います。

——西田さんが女の子を好きなのは造形としての美しさに惹かれているわけなんですか？

西田　それは私、中学校の頃に専門の本を読んで勉強したんですけど、そもそも小学校高学年ぐらいの異性愛者でも思春期以前に同性のことを好ましく思ったりするのはよくあることらしいんです。でも私が想像してたのはもっと違うものでした。少女を虐待するようなコンテンツがすごい好きで、それは自分が加害者側に立っての虐待の再演っていうのがあるらしくて。それでまずそういうコンテンツが好きになって、その再演を繰り返してだんだんそれが抜けてきて、それがおぞましいものだと思えるようになって、純粋に女の子が好きってなりました。

——ああ、そういう流れがあるんですね。

西田　自己分析ですけど。小学生ぐらいの頃ってネットもやらないしエロ漫画も読んでないのにそういう妄想があったのは、自分が怖かったです。ロリコンの人たちの気持ちがわかるのは、そういう少女を加害してしまいそうな自分みたいな部分で。ただ自分の場合、少女を加害しそうな自分も少女だったんで、実行に移せない。でもたぶんちっちゃい子だったらできるから、すごい怖かったです。

——同じことをしてしまうんじゃないかと。

西田　してしまうんじゃないかって。だから幸せそうな女の子を見るとかわいいんだけど、つらくもなる。加害欲求ってほど明確ではないですけど、そういう妄想が立ち上がってくる自分がいて、小学校高学年のときは怖かったですね。だから、知るかバカうどんさんの漫画とかめっちゃわかる！　ああいうのを描く気持ちがすごいわかるんですよ。彼女が少女を救うみたいな団体に露悪的になる気持ちもわかる。

――どっちの気持ちもわかる。

西田　わかる！

――救う団体の気持ちもわかるし。

西田　ですね。べつに漫画のようなことをされたわけではないのにそこまで思うってことは、漫画のようなことをされた人はもっと思ってるかもしれないって思うんです。あと都会に住んでたんで、風俗店のチラシとか入ってて、それも風俗のお姉さんを呼んで全裸にして立たせたいみたいな欲望がありました。全裸でずっと立たせておく、みたいな。

――大人になってお金が入ったらそういうことをしてみたいなって感じですか？

西田　っていうか、子供の頃にしたくて想像をしてました。そういうのもいいのかな、女の人でいいのかな、みたいな。だから何か女性に対する加害欲があったんでしょうね。

――仲村みうさんが好きなのも何か感じますよね。彼女もいろいろ複雑なバックボーンをもって水着になってた人じゃないですか。

西田　そうですね。なので私のちょっとある加害欲と、ふつうにきれいな女性が好きな気持ちが合わさって、同年代なのにすごい好きだったんだと思います。死んだ目のときもかわいいし。吾妻ひでお先生の漫画は、それともまたちょっと違うというか。純粋な加害というわけじゃなくて、かわいそうな女の子をかわいそうに描いてるし、女の子のエンターテインメント的な要素もあるし、それは吾妻先生が自分の弱者性を女の子に託したからって言ってたんで、そういう部分でずっと長く好きなのかなと思います。絵もかわいいし。

――当時の、いわゆるロリコン漫画的なものとはまたちょっと違うジャンルですよね。

西田　違います。ちゃんといい感じでロリコン的なものを空想のものとしてうまく描いてるからぜんぜん違うなって。女の子も物体から湧き出てくるとか、まさにそうじゃないですか。だからずっと好きでいるんだと思います。

――単純な疑問なんですけど、こういう考え方の持ち主がグラビアアイドルやるとどうなんですか？　モヤモヤしたりとかします？

西田　私自身がグラビアやることは何もないんですけど、その反応に「ああやっぱりな」と思って。私の写真を見てそれをオカズにすることによって私の何かを侵犯してるっていうふうに思える人がいるっていうのが視覚化されたな、みたいな。そこもバカバカしくて、エロいグラビアをして初めて性的搾取みたいに思ってる考え方が甘いと思ってて。そういう考え方できる人は幸せだなと思います。

――「おまえいろいろ言ってるけど、こんないやらしい仕事してるじゃねえか」的なことを言ってくる人がツイッターにもいますね。

西田　そうです、まさに典型的だなと思って。それはたぶん、そういうこと言う男性自体が自分の性を汚いものだと思ってて、

知るかバカうどん
いじめや強姦、知的障害、四肢切断など人間の負の部分を露悪的に描写する女性漫画家。14年、陵辱系漫画雑誌『コミックMate L』（一水社）で商業誌デビュー。17年、『漫画アクション』（双葉社）に掲載された連載漫画『君に愛されて痛かった』で一般誌デビューするが、すぐ打ち切りに。

仲村みう
15歳で「ミスヤングマガジン2006」に選ばれ、その後、ローティーンにしてはきわどい水着と過激なポーズで撮影をする、いわゆる〝着エロ〟で人気を得る。17年6月にMUTEKIデビュー。現在もAV女優として活動している。

それが投影されるんでしょうね。最近だとクジラックス先生の漫画の騒動で、あれはちょっとクジラックス先生のツイートひどいなと思って。

――クジラックス先生のエロ漫画『がいがぁかうんたぁ』に触発されて、放射能の検査だと言って女子小学生の身体を触った事件で。

西田 あのときは漫画を擁護する立場の人も、茶化すような書き方をする人がいて、悲しかったです。クジラックス先生の漫画を学者が解説すればいいのに、っていうツイートがあって、東浩紀が前にツイッターでやったけど叩かれたって。私は東浩紀のあの説明は下手だったと思うんです。それでまた連投ツイートしちゃいました（笑）。私はクジラックス作品が好きですけど、好きだからといってツイッターにゾーニングというか、なんも対策せずに詳細にそれについて書くことは絶対しないし、倫理的にそれはしちゃいけないと思ってるんだよっていうのと、あと東浩紀のツイートも、何年も前なのに覚えてるの自分でも嫌なんです。ロリ友達のホモソーシャル性がどうのこうのとか言って、それどうのこうの言うときに、あの漫画がすごいのは現実世界も含めての風刺になってて、子供をレイプして回って旅行してふたりの友情がまさにホモソーシャルの世界で高まって、感動しちゃうようなラストになっちゃうってこと自体が現実の再演なわけで。そこがおもしろいのに……（その後もすごい熱弁を振るい続けるが文字数の都合で省略）。

――社会学者にスイッチ入りやすいですね。

西田 そうですね、なんか……キモいんでしょうね。

――ダハハハハ！　なるほど（笑）。

西田 私は学者じゃないんで「キモい」って言っていいかなと思って。そこは立場をうまく使ってるなと思いますね。バックボーンがないアイドルの女の子だから言いやすいっていうのは絶対あると思うんで、そこは自覚的に。

――いいポジションだと思いますよ。なかなかあの人たちに「キモい」と言えないんで。

西田 ただ、べつに東浩紀さんのことはめちゃくちゃ嫌いってわけじゃないんですよ。

――宮台さんと比べたらぜんぜん。

西田 そうぜんぜん。お会いしたこともあるし、東さんのゲンロンカフェでお仕事させてもらったこともたくさんあるんです。最近、娘さんが大きくなり塾に入ることになって……これも1年ぐらい前なんですけどなんで覚えてるんでしょうね、ホントやだ（笑）。奥様が、「山手線だと痴漢に遭いやすいから塾はほかのとこにしよう」って言ってるのを聞いて、「なるほど、女性はそういうこと考えなきゃいけないのか！」って気づきを得たらしいですよ。どんどん気づきを得てほしいなあって思って。ある程度そうやって名の売れた、ある世界のなかで影響力を持つ人が気づくっていうことはとりあえずいいことだと思うので。

――痴漢問題でもスイッチが入りますよね。

西田 そうですね。私自身、ぜんぜん痴漢に遭ったことなくて、せいぜい数回なんですよ。地方にいたのと、外に出なかったっていうのもあると思うんですけど。だから、どちらかというと私憤ではなく、義憤みたいな感じかなって思います。自分が幼少期から頑張って気をつけてやってきたのに、そういうアドバイスをしたがる人がたくさんいるじゃないですか。そういうのもインターネット上で可視化されちゃうんで余計イライラしちゃって。

クジラックス
小児性愛を主な題材に描く漫画家。初単行本である『ろりとぼくらの。』は、発行部数10万部以上。17年、放射線検査を装って住居侵入を図る漫画『がいがぁかうんたぁ』を模倣した強制わいせつ事件があり、警察からも注意勧告された。現在、『COMIC LO』（茜新社）にて『歌い手のバラッド』が不定期連載されている。

東浩紀
哲学者、批評家、小説家。ポストモダン論からオタク文化など、現代社会と文化について幅広く発言をしている。09年の『クォンタム・ファミリーズ』で三島由紀夫賞を受賞。主な著書に『動物化するポストモダン―オタクから見た日本社会』『一般意志2・0―ルソー、フロイト、グーグル』など。ゲンロン代表。

天ぷらセット
かき揚げそば
ダブル海老天そば
もりそば

——西田さんと一緒にミスiDのイベントに出たとき印象深かったのが、ちょうどシンガーソングライターの女性がファンに刺された事件があった時期で、同じファンに接する側としてどう思うのかみたいな話になって……。

西田 はい、それで私が怒った。

——西田さんにスイッチが入って怒り出して、「どうしてそういう話をニヤニヤしながら聞けるのか、考えられないです！」って。

西田 はい、言いました。だってこのイベントでは誰かが誰かを刺すって思ってないからニヤニヤできるわけじゃないですか。他人事じゃないし、そもそもあんな事件が起こってあんなふうに言える神経も理解できない。

——実際あの犯人は比較的ミスiD寄りの人だったわけじゃないですか。大森靖子と橋本愛のファンで、事件を起こしてなかったらもしかしたらあの会場にいたかもしれない。

西田 実際、ファンとよく接触をはかる運営側であり演者なのに、なんであんなニヤニヤできるのかわかんない。だから、私は「おまえもストーカーに刺されるかもしれねえんだぞ！」みたいな感じで言ってましたね。

——その結果、観客も含めて全員が他人事じゃなくなる感じがミスiDだなと思って、個人的にはすごくよかったです。最終的には水野しずさんが「いつでも刺しに来いよ！」ってブチ切れて終わる、そのオチも最高で。

西田 言ってた（笑）。よかった、終わらせてくれて。私はそういうタイプじゃないんですよ、基本いつもビクついてるんですけど。

——でも、ああいうときに最初にスイッチ入れるタイプだと思うんですよ、流れを変えるっていう。あの日のお客さんの感想が、「客という立場を許さないイベント」って（笑）。

西田 たしかにそうですね（笑）。あの時点では楽しいなと思ってたんですけど、全体的に楽しいイベントじゃなかったです。どんよりした気分で帰ったことは覚えてますね。

——ミスiDの人たちがおもしろいのは、ミスiDによって人生が変わったりもするけど、ミスiDに対する複雑な感情も意外とみんな持ち続けているっていうとこですよね。

西田 そうですね。ミスiDになって1年半ぐらいで明るくなったっていうのも、1年ぐらいはミスiDになったのにべつに何か始まるわけでもなく、引きこもりのままで。

——そういうオーディションですからね。最後まで残れば仕事が与えられるとかじゃなくて、自力で誰かに見つかって下さい的な。

西田 でも、1回目だからわかんないじゃないですか。何かあると思ってて。グラビアとかできるかなヤッホーイと思って、東京に出られるかなと思ったのに出られなかった。

——ミスマガ的なものだと思ってたら。

西田 そうです、ミスマガ的なものだと思ってたのに。そしたら、1年半ぐらい経って外部の人から直接お仕事もらうようになって。初代ミスiDになった人で東京の芸能事務所に所属してないのは私だけだったんで、見つけてもらうことに関しては私が一番ラッキーだったなって思います。最初、とりあえず肩書をアイドルにしたんですけど、アイドルって名乗っていいのかな、私は何者なんだろうとか思って。でも、ミスiDが2回目からあんな感じになったんで、堂々とアイドルって名乗れるなって（笑）。便利な肩書でよかったなと思います。一番印象

大森靖子
「超歌手」を名乗るシンガーソングライター。代表曲は『絶対彼女』『絶対絶望絶好調』『ドグマ・マグマ』など。道重さゆみのファンを公言しており、17年には道重さゆみ公演「SAYUMINGLANDOLL〜再生〜」にて楽曲提供を果たす。「ミスiD2015」からミスiDの審査員も務めている。

橋本愛
女優・ファッションモデル。NHK連続テレビ小説『あまちゃん』の能年玲奈演じる天野アキの親友役でブレイク。『桐島、部活やめるってよ』『HOME 愛しの座敷わらし』『Another』の出演で第36回日本アカデミー賞新人俳優賞を受賞。

深いのは、『文學界』に『グレート・ギャツビー』について書いたときに「アイドル」って肩書にしたっていうのは私のなかで申し訳なさがあって。

――でも絶対、そっちが正解ですよ。

西田 しいて言うなら私はアイドルだなと思って、なるべく自分の肩書を名乗らせてもらうときはアイドルって言うようにしてます。アイドルって名乗ったもん勝ち感があるので、ラッキーと思ってます。いまは芸能事務所に入って芸能活動してるから、もう堂々と名乗れるなっていうところはありますね。

――その後のミスiDに対して思うことは？

西田 なんかあんまり見たくないです。やっぱり課金させるみたいなのってつらいから。それこそ残酷ショー的になってるから嫌だなって思います。しかもいままでミスiDに関わった人が常にミスiDを語るみたいになってるから、よけいわけわかんなくなって、「ミスiDとは？」みたいなこと言ってるけど、そんなたいしたもんじゃなくない？　とか思っちゃうから（笑）。病歴をオープンにするみたいなのも最初ビックリしちゃって。

――去年はパジャマで、「いま精神病院から抜けてきました」って人もいましたからね。

西田 そういうのって90年代に流行ったじゃないですか、いまさら……精神病の話も、もっとヘルスケアな感じで語ってほしいんですよ。私も水野しずちゃんと『発達障害ナイト』をやったときも、そういうヘルスケア方面で話したんで。そういうまじめな感じで出すぶんにはぜんぜんいいと思うんですけど。

――水野さん自身もある種の病を抱えてる人ですけど、病気を前面に出す人間を批判するブログを最近書いて炎上してましたよね。

西田 卯月妙子の漫画を去年ぐらいからいっぱい読んでたんですけど、やっぱりこうなるじゃん、みたいな。なんか「ヤバいだろ？」みたいなノリで描くのって……。いまさら悪趣味系をやってもどうなのかって思います。

――ただ、ミスiDのリスカ率は本当に高いですよ。最近も深夜にリスカ画像がタイムラインに流れてきたと思ったら、ミスiDの子で。

西田 私も死にたいなとか自傷行為はけっこうしてたと思うんですけど、切る方向性じゃなかったんですよね。

――それは引きこもり期に？

西田 そうです。ちょっと太ももをつねるくらいは、小学生のことからやってたんですけど。小学校高学年のとき、ふと思いついて、ベルトで自分の太ももを叩いてみたんです。物すごく痛くて。すぐやめたんですけど。それで、小2か小3のときに友達がお母さんにベルトで殴られてたことを思い出したんですよ。こんな痛いのかと思って、その子がどれだけひどい虐待を受けてたかってそのときハッと思ったっていう記憶があります。

――水野さんとのイベント、ボクも司会をやってほしいって頼まれてたんですよね。他のイベント出演があったから無理でしたけど。

西田 いたほうがよかったなって最後気づきました。どっちも障害者だからうまくまとめられないし、なんの価値判断もできない。「これはヤバいよ」ってしずちゃんが言っても、「え、ふつうじゃない？」とか。

――客観性のある人がいない（笑）。この前ふと思ったんですよね。ミスiDも自殺未遂系の人がいっぱい受けてるけど、

【文學界】
文藝春秋が発行する月刊文芸誌。主に純文学作品を扱う。芥川賞受賞で話題となった又吉直樹『火花』も掲載されていた。

卯月妙子
91年に『タブー』（三和出版）で漫画家デビュー。AV女優としても活動しており、V&Rプランニングの作品を中心に出演し、カルト的な人気を博す。12年、自伝的漫画『人間仮免中』がベストセラーに。

セミファイナリストぐらいだったら、もしかしたらもう何人か死んでるのかもしれないよなって。

西田 かもしれない。うっかり死んじゃうことってあるから。生き残ったほうが勝ち的な、それは私が生き残ったから自分に対する加害者の死を知ることができて、加害者のいない世界を生きることができたから、なるべく長生きしたほうがいいなっていうのは死にそうな子に対して思ってるし、たまにそう言うことがあります。自分の憎んだ人が死んでしまった世界をまず味わおう、みたいな。

――嫌いな人への復讐のために死んでも、その嫌いな人は屁とも思わないですからね。

西田 そうですよ！　死にそうになくて、なるべく後々残らない感じの自傷行為で気を紛らわせてほしいって個人的には思います。

伊藤は俳優とは絶対付き合わないです！

伊藤麻希

2017年7月収録

女子プロレスラー。1995年7月22日生まれ。福岡出身。高校1年の7月に「LinQ」2期生としてグループに加入。2016年12月、DDTプロレス『Road to SUPER ARENA～ドラマティック・ドリーム・とんこつ～』での山下実優戦でプロデビュー。2017年4月、東京女子プロレス宣伝部長およびLinQ宣伝部長に就任。6月、「LinQ」の再編成に伴い、8月にグループを卒業している。

――LinQの不人気メンバーだったはずが、不思議なポジションになりましたよね。

伊藤 そうですね。最近どこに行っても「どういうこと？」って言われます。まず、LinQは九州を拠点に活動するグループなのに、ひとりで東京に行ってプロレスを始めて。

――そんなことをしてるあいだにLinQ本体の解体・再開発プロジェクトが始まったりで、ちょっとたいへんなことになってきて。

伊藤 全員リストラされちゃうかもしれないって危機を阻止するために集客が必要だから中野サンプラザのライブのチケットを私が500枚売り切って。その後の発表で部署移動となって。言い方を変えればクビになって。だから、プロレスラー兼ソロアイドルとして活動していこうっていう。

――そもそもLinQというグループに居場所がそんなにない感じだったわけですか？

伊藤 人気はなかったですね。でも、MCとかではわりと貢献したとは思ってます。

――なんで人気なかったんですかね。

伊藤 うーん……私は媚びるのが好きじゃないんですよ。握手会とかもあまり得意じゃなかったんで。そのせいか、私を彼女として見てくれるようなファンもつかなかったし。

――ガチ恋営業みたいなものもヘタだし。

伊藤 続かないからそういうのやりたくないんですよね。べつにルックスがめちゃくちゃいいってわけでもないから。いいのはいいんですけど、めちゃくちゃいいわけではない。

――あ、ルックスいいのはいいんですね。

伊藤 いいのはいいと思う。だけど人気は出なかったですね。まあ、プロレスのなかではルックスがバツグンにいいんですけど……。

――それはつまり、女子プロレスラー全般のビジュアルのレベルが低いってことですか？

伊藤 あぁ……でも、かわいい方も。

――昔よりは断然かわいくなってますよ！

伊藤 そうです。だし、言葉遣いもいいし。

――アイドルより上下関係もちゃんとして。

伊藤 そうですね、上下関係もちゃんとしてる。でも、私はまだヘタクソなので、そんなに人気はないですね。すぐに負けますし。

――そういえば最近、ブル中野さんと対談してたじゃないですか。そのあとブルさんに会ったんで、伊藤さんの話をしたんですけど。

伊藤 え！ なんておっしゃってました？

――おもしろい子だって言ってましたよ。

伊藤 ハー、よかった……。

――ただし、「私らの頃にいたら絶対に潰してる」みたいなことも言ってました（笑）。

伊藤 こわーいわー!! ブル中野さんの時代だったらプロレスしないと思います……。

――もともとDDT両国大会にLinQの一員としてリングに上ったはずが、高木三四郎社長との抗争を経てプロレスラーになって。

伊藤 それで男色ディーノさんのお尻に入ってリングデビュー。練習を始めて5カ月でデビューしたんですよね。だから受身もうまくはなかったからたいへんでした。最近ようやくできるよ

ブル中野
83年に全日本女子プロレスに入門。ダンプ松本の極悪同盟に加入し、ヒールレスラーになる。88年に獄門党を結成。得意技はギロチンドロップ。93年にアメリカWWF（現・WWE）で活躍し94年に帰国。現在は中野で居酒屋「中野のぶるちゃん」を経営。

DDT
DDTプロレスリング。97年にインディー団体として旗揚げ後、路上プロレスなどエンターテインメント性の高い興行が話題を呼ぶ。主な所属選手に、飯伏幸太、高木三四郎、男色ディーノ、スーパー・ササダンゴ・マシンなど。高木三四郎は、DDTの代表取締役社長でもある。

男色ディーノ
業界きってのゲイレスラー。色白で、プロレスラーらしからぬもっちりした腹回りをしている。17年8月よりDDTのプロデューサー。得意技は地獄門と呼ばれる、生尻を相手の顔を押しつける技。

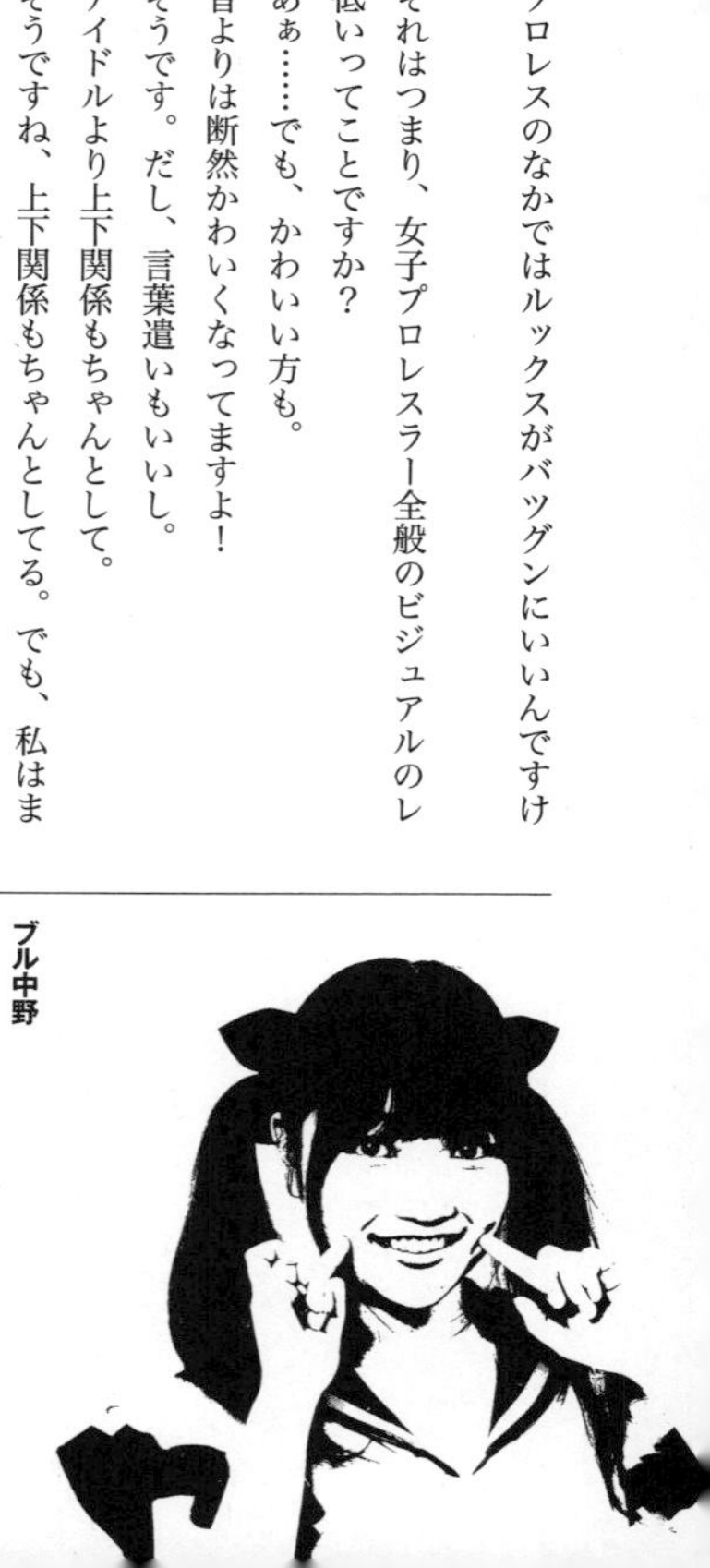

うになったみたいな感じだから。

——最近では、アップアップガールズ（仮）やせのしすたぁと共演した『ぶらり路上プロレス』のアイドル回もあったじゃないですか。

伊藤 あ、観てくださったんですか。すごいですよね、女のドロドロが出るというか。

——覚悟があるアイドルかそうじゃないアイドルかがハッキリわかると思ったんですよね。

伊藤 ああ、たしかにたしかに！　私もいろんなもの犠牲にしてるし。親とか学歴とか。単純に私が親で子供が私みたいな感じだったらすごい嫌だなと思って。なんかいろいろたいへんな目に遭ってるし、学校もあんまり行く必要ないと思ってたから学歴もない。だから、この世界で食べていかないといけない。

——ボク、伊藤さんの載せられないような話も聞いてるじゃないですか。バイトの面接をいくら受けてもダメだったから、ヤケになっておかしな仕事を始めようとした話とか。

伊藤 ハハハハハ！　それヤバいですよね、めちゃくちゃ迷ってた時期だったから。

——そこからよくここまで来たなと思って。

伊藤 でもあのとき一番ヤバかったですね。

——東京には出てきたけど仕事もなくて。

伊藤 なんにもなかった時期で。

——前は何を言うかわからなかったけど。

伊藤 そうそうそう、全部言っちゃおう、みたいな。でも、あれって安易な考えだったなと思って。結局そういう爆弾発言みたいなのに頼っちゃうと、あとがないんだなって。

——自分のなかで線引きができたわけですね、どこまで言っていいのかっていう。ウンコをもらしたとかは言っていいんですか？

伊藤 ウンコもらしたっていうのはフジテレビの『アイドルNEW YEARサミット』ですよね。あれは伊藤が言いたくて言ったわけじゃないですからね。

——会社に怒られもしなかったんですか？

伊藤 そうですそうです、LinQのファンにはめちゃくちゃ言われましたけど、伊藤を出した時点でそうなるのわかるじゃないですか。それはしょうがない。そういうことがあったからかな、昨年末の、指原さんがMCをする『アイドル国会』には伊藤が出なかったですからね。

——出たら何を言うかわからないから？

伊藤 たぶん。

——大人の気持ちがわかるようになってきて。昔の自分は厄介だったと思いますか？

伊藤 うん、昔の自分とは関わりたくない！　去年までの自分とはあんまり関わりたくないなと思いますね。自分のことしか考えてないなと思うから、あんまり好きじゃないです。

——LinQ内でも浮いてましたよね。

伊藤 自分が目立てばなんでもいいかなって感じだったから、たぶん嫌われてましたね。

——たしかにLinQと仕事しても、受け入れられてない感じがするなって思ってました。

伊藤 そうなんですね、私はぜんぜん気づかなかったです。でも、馴染めないところで何も悪いことはない。べつにそれはいいんですよ。問題はお客さんの前で何ができるかなんで。

——そこでどう爪跡を残すか。

アップアップガールズ（仮）
現在5人組のアイドルグループ。『アッパーカット！』など、アップテンポな曲が多い。富士山山頂ライブや陸の孤島秘境ライブなどにも果敢に挑戦。17年9月にに仙石みなみと佐藤綾乃が卒業。

せのしすたぁ
福井県を拠点に活動しているローカルアイドルユニット。メンバーは、まおとゆーたん。まおによるマイクパフォーマンスと煽りが名物。代表曲は『アイドルなんてなっちゃダメ・ゼッタイ！』。

『ぶらり路上プロレス』
Amazonプライム・ビデオにて配信されている旅番組。博多大吉とDDTのレスラーとアイドルで行う「街ぶらバラエティー」。ただし各地にはびこる悪のレスラーたちが「街ぶら」中に強襲。毎回街中でプロレスの試合が巻き起こる。

『アイドルNEW YEARサミット』
15年12月31日深夜（26時30分～）にフジテレビで放映。ロンブー田村淳と総計30組80名超のアイドルがオールナイトで本音を激白したバラエティ番組。ローカルアイドルからハロプロ系まで幅広いアイドル達が一堂に会した。

『アイドル国会』
『指原議長とアイドル国会』のこと。『アイドルNEW YEARサミット』の続編として、16年12月22日深夜（26時15分～）にフジテレビで放映。参加アイドルは総勢12組36名。

伊藤　うん。

――プロレスでデビューしたことで初めて爪跡を残したっていう感覚になれたんですか?

伊藤　そうですね、向いてるわと思って。

――アイドルより?

伊藤　うん。だってプロレスって感情をさらけ出していいんですよ? 私ってもともと、自分に酔いながらステージに立つタイプじゃなくて、感情を出しながら立つタイプなんですよ。だからアイドルのステージじゃもの足りない部分もあったなって思いますね。

――たしかに感情の出し方が激しいタイプでしたもんね。ボクがイベントの司会で絡んだときも、突然MC中におかしくなって、控室で「さっきはちゃんと笑いに転がせなくてごめんなさい!」って号泣謝罪したりとか。おもしろいから写真を撮ってツイートしましたけど(笑)。

伊藤　ハハハハハ! でも、あのときはホントに申し訳ないと思ったんですよ、やりすぎたし、気を遣わせて申し訳ないなと思って。

――おもしろい人なのはわかってたから何度かトス上げたらうまく処理できなくてヘコんでたのは、ちょうど弱ってる時期だからで。

伊藤　そうそうそう、そのあと活動休止しちゃいましたから、ちょっときてましたね。

――いっぱいいっぱいだった頃。

伊藤　昔は弱かったです。でも、いまはプロレスをやることによって、弱くなれなくなった。もう戻れないから覚悟はできましたね。

――ボク、鬱の本を1冊出しましたけど、サブカル系の人がなんで病むのかって、単純に運動してないのが大きいような気がして。

伊藤　ああ、運動すると明るくなりますよ。部屋に引きこもってる人も6キロぐらい走ったら絶対に性格変わるから走れって思う。

――運動して直射日光浴びたら嫌でもそれで変わらざるを得ないというか、元気になる。

伊藤　そうそう、私もそれです。やっぱり筋トレとかやると性格が明るくなりますね。

――で、プロレスを始めたことでメディアにも出やすくなったじゃないですか。

伊藤　ああ、興味は持たれますね。

――手応えを感じたりするわけですか?

伊藤　そうですね、でもまだ私はこれといって何ができるってわけでもないので、まだぜんぜんたいしたことない人間だなと思います。

――冷静だ!

伊藤　はい(笑)。

――いまアイドル上がりのプロレスラーも増えてきてるじゃないですか。意識はします?

伊藤　アイドルレスラーとして被ってるなとは思うけど、伊藤は口を武器にしてるので、その点では、技と顔と口っていう点で見たら私は全部にマルぐらいはつくから。だから私とあなたは違いますけどねって思います。

――なるほど。マイクのスキルとか感情表現の能力が高いのは間違いないと思いますよ。

伊藤 そうですね。そこを大切にして、どんどん自分の強みになっていったらいいなって思うけど、それだけだと飽きられるのはわかるから強くなりたいなって思うし。絶対に遊びにしたくはないんですよね、プロレスは。

――アイドルからプロレスに転身した中野たむさんを取材したら、「アイドルではどんなに頑張っても上が見えなかったのが、プロレスは見えるんですよ」って言ってましたね。

伊藤 ああ、わかる！ すごい共感できます。私のなかでも手応えあったなって思う。

――地下から地上への道ってなかなか見つからないものなのが、プロレスだったら比較的見えると思うんですよ。ちゃんと夢がある。

伊藤 うん、夢ある。

――そんななか、48グループが『豆腐プロレス』の流れで後楽園ホールで興行をやることになったわけですけど、どう思います？

伊藤 そうなんですよね、出たいっすよね。

――出すわけないじゃないですか（笑）。

伊藤 わかります！

――だって「最近、私への挨拶もなしにプロレスをやっているアイドルがいる。松井珠理奈！ そして運営には名前を出すなって言われたけど秋元康！」「最近プロレスするアイドルが多すぎる。豆腐プロレス！ アイドル業界は礼儀が大切でしょ？ 誰に許可取ってプロレスしてる？ 松井珠理奈！」とか、厄介なマイクアピールを続けてましたからね。

伊藤 そうなんです。それに伊藤を出したところであっちに何もメリットないですもん。

――ずっと『豆腐プロレス』に絡もうとしてたのは、どれくらいガチだったんですか？

伊藤 5月ぐらいまでガチで出たいと思ってて。私が逆の立場だったらどうなのかなってことを考え出したら、出さないなと思って。

――ダハハハハ！ 冷静だ！

伊藤 それでこの前、謝ったんですよ。申し訳ないと思って。でも、伊藤をスルーし続けて逃げたのは変わりないじゃないですか。逃げるが勝ちって言葉はあるけど、プロレスでは闘う前から逃げるのは違うと思って。だから結局、私が勝ったってことなんだなって。

――勝ったんだ……。

伊藤 うん、その点では勝った。ただ、3カウント取らないとプロレスは勝てないけど、『豆腐プロレス』に3カウント取って勝ったので、とりあえず和解というかたちで。

――珠理奈さん取材したけどいい人ですよ。

伊藤 はい、いい人ですよね。総選挙のスピーチとか見ただけでもすごいわかります。

――取材したとき「オフレコですけど」って言ってエールも送ってましたよ、ちゃんと。

伊藤 えっ！

――「言うとややこしいことになっちゃうんで載せないでほしいんですけど、名前をいっぱい出していただいてありがたい」「アイドルみんなでプロレスやって誰が強いか決めればいいと思ってる」って言ってましたね。

伊藤 うわー、レスラーだな。いいなー、それくらい器が大きくなったらなーって思う。

中野たむ
元アイドルのプロレスラー。12年、カタモミ女子の1期生としてリーダーを務める。卒業後、15年に「i n f o. m@te・インフォメイト・」を結成。そのグループも無期限活動中止になると、プロレス団体「アクトレス・ガールズ」に参加。16年に安納サオリ戦でプロデビュー。現在はスターダム所属。

『豆腐プロレス』
17年に毎週土曜深夜にテレビ朝日系列で放送された、AKB48グループのメンバーによるプロレスのドラマ。松井珠理奈はスター選手の「ハリウッドJURINA」を演じている。

――あっちの器は超大きいですよ！

伊藤 『豆腐プロレス』には勝ったけど、松井珠理奈には器のデカさで負けた気がする！

――アイドルのランクでも負けてるけど。

伊藤 いや、わかんないですよ。対バンしたことないですから。エイベックスの力を借りればできるはず。レーベル同じですから。

――すごい好感が持てましたよ、プロレスも大好きだし、プロレスのためになればとか、いろんなことによかれと思う姿勢しかないんで。

伊藤 あぁ……そういうところですよね。

――伊藤さんは、やっぱりどこかで「俺が俺が」の部分がある人だと思うんですよね。

伊藤 そうそうそうそう！　そうなんですよ！！　だからこそいい点もあるんですけど。

――プロレスは俺が俺がのほうが絶対いいんですよ。ブルさんが「殴られたことない先輩ってふたりしかいない」って言ってて、そのふたりはボク取材してて、ホントにいい人だったんですよ。「でもね、いい人は二番手にしかなれないんですよ、上には立てない」ってブルさんが言ってて。人を押しのけていく、みたいな人じゃないと上には行けない。

伊藤 ……私はどっちだと思います？

――珠理奈さんのほうがいい人ですよね。

伊藤 それはわかる！

――伊藤さんは確実に「俺が俺が」側ですよね。自分が目立てばって姿勢だったのが、最近はちょっと視点は変わったんだろうけど、根っこにはそれがあるわけじゃないですか。

伊藤 ですよね。

――フォア・ザ・チーム的な感情はＬｉｎＱのチケットを売ったりで出てきたんだろうけど、あれも結果、目立つのは誰かっていったらチケットをそれだけ売った人ですからね。

伊藤 はい。私もこれからのＬｉｎＱには負けたくないですね、よきライバルとして。

――向いてると思いますよ、アイドルより。

伊藤 うん、そう思います。怒りとか悲しみを出してもプロレスってカッコよくなるじゃないですか。それが素敵だなって。

――無様なことをやってもなんとかなる。

伊藤 うん、なんとかなる。感情を押し殺してたから、やっぱり自由な感じが楽しい。

――『路上プロレス』とかでアイドルを見ていると、アプガの佐保明梨さんとか空手やってるけど、ああいうときは女の子モードになるというか。怖がっちゃってるのが伝わるし、それでいて攻撃するときにやりすぎちゃうからプロレスに向かないタイプだなって。

伊藤 プロレスは相手を立てないとおもしろくないですよね、自分ばっかりいっちゃってもあれだから。そこの駆け引きですよね。

――プロレスの仕事を何十年もやってきて、まさか伊藤さんにプロレスのなんたるかを語られる日が来るとは思わなかったですよ！

伊藤 そうですよね(笑)。楽なことばっかりでもないですけど、やりがいはあります。

――それってなんなんですかね。

伊藤 なんでかっていうと、ＬｉｎＱの場合は自分がいなくてもどうにかなるんですよね。だから、ずっと私なんかいらないよなって思って。そういう思いをしたのかなって。

――MCとかでたまに爪跡を残せたらちょっとやりがいを感じるぐらいだった、と。

伊藤 うん、楽しい。これまで、それを引きずってたからダメだったんだなと思って。

――プロレスはもっと替えの利かない、自分にしかできないものをやっている実感が？

伊藤 ありますね。

――いい話じゃないですか。プロレスはアイドル活動にフィードバックされてますか？

伊藤 ほかのメンバーより遠くからでもわかるようになりました、体形がもう違うから。

――あきらかにデカくなって。

伊藤 そうなんですよ、逆三角なんです、もう。それでまず見分けがつくっていうのと、MCも昔のやり方と変わって、自分ばっかり目立ちたいみたいなMCをしなくなって。

――それもプロレスで学んだわけですかね。プロレスは相手も立てなきゃいけないから。

伊藤 そうですそうです！　そういうことを学んだんで、自分が出るべきところはちゃんと出るけど、ここはほかの人だなと思ったときは立ててあげるようになったというか。……でもまあ、それも終わるんですけどね。

かわいくなろうと努力している

――LinQを抜けることになって。ソロだとひとりでLinQの曲とか歌うんですか？

伊藤 いや私、LinQの歌はちょっと。

――ソロのライブで何やってるんですか？

伊藤 おしゃべり。トークショー。

――……トーク？

伊藤 はい。

――……今日も？

伊藤 今日も。

――MCのみ？　対バンイベントで？

伊藤 うん。

カメラマン 衣装意味ないじゃないですか。

伊藤 そう（笑）。ヤバいでしょ。でも武器がそれだから。だってしゃべらなくて体を動かすだけで、いまの私に需要があると思いますか？　私はそんなのないと思います。

――たしかに歌でほかのアイドルに勝てるかっていったら難しいんでしょうけど……。

伊藤 勝てないし、ダンスもべつにうまくないので。だったらしゃべったほうがいいという考え。でも、私はアイドルだから曲がないといけないと思ってるので、どうにか作曲者を探して作ってもらわないとは考えてます。

――そんなに手探りな感じなんですね。

伊藤 だって大人が協力してくれないもん！

――えぇーっ!?

伊藤 べつに大人がちゃんとレール敷いてみたいなこともないんで、自分で気が合う人に曲を頼まないといけないんですけど、なかなかまだヒットする人がいないんですよね。

――アーバンギャルドの天馬さんが「僕が曲を書きましょう

アーバンギャルド
「トラウマテクノポップ」バンド。詩のボクシングなどで活動していた松永天馬をリーダーに、シャンソン歌手の浜崎容子その他が集まり結成。11年7月に『スカート革命』でメジャーデビュー。ライヴやPVなどではしばしば巨大なキューピーが登場する。

か？」って言ってましたね。

伊藤 言ってくれましたね。一応お気に入りだけしておいて、それも考えてますね。

――アーバンギャルドの曲で、病んだアイドルの方々をボクがインタビューした音声を使ったものがあるんですけど、そこでも伊藤さんだけテイスト違いましたもんね。いまにも死にそうな人たちの中で、どこかで笑いが入ってるから、すごい浮いてるんですよ。

伊藤 ハハハハハ！　まだ元気じゃなかった頃ですけど、いまにも死にそうな人のジャンルでテイストが違うっていうのはやっぱりいいですね。ポップに死にたい感情を出すのはかわいいと思う。でも、いまはまだ死ねない。

――その時期はなんで病んでたんですか？

伊藤 もう覚えてない。しょうもなさすぎて。そういう自分に酔ってたんじゃないですかね、わかんないけど。ずっとそういうことを考えながら生きてたんですけど、生きづらいなら死ねばいいじゃんっていう話じゃないですか。でも、死ぬ勇気がないのはただのかまってちゃんだし、だったらおまえ全力で生きろよっていう思考になったんですよ。

――プロレスラーみたいな発想ですよね。

伊藤 レスラーなんで。だから、甘ったれる人は嫌いですね。

――昔の自分ですよ！

伊藤 そう！　だから昔の自分とは関わりたくないんです！あと、ゆとりとか嫌い。

――人間、変わるものなんですね。

伊藤 人間は変わりますね、やっぱり。

――鍛えれば意外と脳みそも筋肉になると。

伊藤 そうですね。環境も変えたし住む場所も変えた、関わる人も変えた、もう全部変えちゃったから。いま自分を変えたいと思ってる人は全部捨てるといいんじゃないですか？

――そして体を鍛えれば問題なし、と。

伊藤 そしたら伊藤みたいになれるから。

――なりたいかどうかは別ですけど。

伊藤 みんななりたくないかな？　こっちのほうが楽しいよ！あこがれられたい！

――病んでるアイドルとかが、「私もこんな感じで健康になりたい！」って思うかっていったら、やっぱり病んでる感じがカッコいいからああやってるんだと思うんですよね。

伊藤 わかる！　私もそうでしたもん。「人と違う私どう？」みたいな。いまもそんなに人は好きじゃないから人間関係で病むことはまだあるんですけど、死のうとは思わない。

――プロレス界がいいのは、人間関係をこじらせてもそれがアングルになるというか、意外とガチ揉めしてもビジネスになったりするんですよ。それがプロレスのすごいところで。

伊藤 たしかに。私はまだそこまでの人がいないから、そういう人が現れたらおもしろいことになりそう。でも私、昔と比べてちょっと余裕ができたというか、「売れたい売れたいめっちゃ売れたい！」みたいなのが治まりました。そうやって必死になっていると自分の本質を失う気がして。ちょっと落ち着いたほうが自分らしくいられるから。ダメだったら福岡に帰ってスナックでもやればいいし。

――福岡でスナック！

伊藤 そういう思いがあるから、いまは気楽に挑めるようになりましたね。そうやって自分を出すときは出して、ダメなら下がって。

——前は売れたい売れたいが大きすぎた。

伊藤 そのバケモノでした。テレビでも「私が一番爪跡残す！」みたいな。ただ、視聴者は伊藤だけを求めてるわけじゃないので。

——当たり前ですよ！

伊藤 そうなの（笑）。

——おもしろいのはそれでいいですけど、基本はかわいい子を見たい人が多いだろうし。

伊藤 だから、かわいくなりたいとも思いましたね。昔はビジュアルは関係ないから大丈夫でーす、みたいな感じだったんですけど。

——「私、そっち担当じゃないし」って。

伊藤 うん。でも、いまはかわいくなりたいと思って、海外からビタミンCのサプリを個人輸入したりしてるんです。3600円するんですけど、それを毎月輸入して、朝イチで飲んで。めっちゃ不味いんですけど、やっぱりかわいくなりたいと思って。あと、化粧水とかもちゃんと塗るようになりましたね。

——それはアイドルの世界だとかわいい子がいっぱいいるけど、女子プロの世界ならトップになれるかもっていうことですかね（笑）。

伊藤 そうそうそうそう！

——ダハハハハ！　こっちはかわいいのハードル下がってるから勝ち目あるぞっていう。

伊藤 でも、いいじゃないですか、かわいい子が苦しんでる顔って需要あると思うし。だから、とにかくかわいくなりたいなって。

——いろいろ頑張ってますね。ボクけっこう観てますよ、LINE LIVEとかも。

伊藤 え、それ言ってくださいよ！

——男のモデルの人に技をかけてたりとか。

伊藤 あ、中島健さん！『ポップティーン』のめちゃくちゃ有名なモデルの方です。……やっぱり伊藤のこと好きなんですね。

——そうでもないですけど……。

伊藤 なんでよ！　絶対に好きでしょ？　ちゃんと応援してくださってるんですよね？

——うまいこといってほしいし、ヤバい時期を越えられてよかったなとは思ってますよ。

伊藤 ちょっと食べられるようにはなって。

——ふつうに心配してた時期ありましたからね、「変な仕事をするぐらいだったら金ぐらい貸しますよ。本格的にヤバくなったら言って下さい」ってぐらいの時期があったから。

伊藤 そうだった（笑）。この前、生配信でお金の話をしたんです。そしたら終わった瞬間、社長から電話かかってきて、怒られたんで、私はもうお金の話はできないんです。なので私はもう何も言わないですよ、怒られたくないんで。

俳優とは絶対に付き合わない

——これはセーフかわからないですけど、アイドルとプロレスどっちが儲かるんですか？

伊藤 伊藤の場合はプロレスですね。握手会に来てくれるお客さんがいつでも多いわけではないんですけど、LinQだとお客さんが来なさすぎて一番最初に握手会が終わってたんです。

中島健
モデル。フィリピン人と日本人のハーフ。雑誌『ポップティーン』（角川春樹事務所）において、メンズモデルとしては初めて表紙を飾った。

それが真ん中ぐらいになって。

――やっぱりビジュアルのレベルが……。

伊藤 そう、こっちでは高いから握手会が真ん中ぐらいで終わるんです。どんどんはけていくなか、私はまだ残ってるなって思って。

――ホントにプロレスが向いてますね。

伊藤 うん、よかったです。でも、プロレスは適職だと思ってて、私の天職はアイドルだと思ってますね。これホントなんです。アイドルがあってのプロレスだと思ってるから。

――アイドルをやってきて培ったものがプロレスでプラスになっている気はしますよね。

伊藤 そうなんです。根本にアイドルがあると思ってるからアイドルをやめることはできないし、ＬｉｎＱを切られてヤベぇと思ったけど、そもそも私はアイドルだって定義にしておけばなんの問題もないから。私は男とか女とかそういう世界じゃなくて、私の性別がアイドルだっていう感じで、生まれたときからアイドルだっていう感じにしておけば。

――本籍がアイドルみたいな。

伊藤 そう、アイドルなんです！

――引っ越しても本籍は変わらない。

伊藤 ずっとアイドルだからなんの問題もない。このままアイドルをやっていきたい。だから体型も太りすぎず痩せすぎずな感じで。

――やりすぎになってほしいですけどね、ブル中野さんが一時期、体重１００キロ超そうと頑張ったみたいな、それくらいの体型になってもアイドルだって言い張ったりとか。

伊藤 ヤバいっすね、おもしろそう。でも私ちょっとコンプレックスがあって。中途半端な体型がすごく嫌なんですよ。強そうでもなく、細くもないからモデルにもなれない、みたいな。それが最近コンプレックスだから。

――アイドルの世界では、すでにこの段階でもあきらかに異質でおもしろいだろうけど。

伊藤 うん、まだまだです。だから筋肉をもっとつけたいなと思ってますね。

――ブル中野さんとの対談で笑ったのが、「処女なの？」ってズバリ聞かれてて。

伊藤 聞かれました。

――あれブルさんふつうにいろんな人にも聞いてるらしいですね。女子プロレスラーにもいつも聞いてて、「ファンがそれを一番喜ぶじゃないですか」ってことでした（笑）。

伊藤 そういう感じで聞いてたんですか！　私は処女ですよ。いや、ホントですよ！

――べつに疑ってないですよ。

伊藤 ビジネスじゃなく。たいへんですよ、いろんな人が大人になっていくけど、大人のなり方がちょっとわかんないから、どうするのかなと思って。まあ32歳ぐらいになったらいろんな経験してみたいなと思いますね。

――それくらいまでは処女を守って。

伊藤 どのくらいが賞味期限だと思います？

――ただ、全女は三禁だったけど女子プロ界って恋愛禁止なわけじゃないですよね？

伊藤 いや、東京女子プロレスは恋愛禁止ですね。でも、いい人いないからなぁ……。

――プロレス界に？

東京女子プロレス
ＤＤＴが運営している女子プロレス団体。かつて全日本女子プロレスが掲げていた酒・タバコ・男を禁止とする「三禁」を所属選手に課している。また「鎖国」を行っており、所属選手が他団体に参戦することはほぼ皆無。

伊藤 いや、プロレス界はそういう目で見たら何もできなくなっちゃうじゃないですか。

――男女の試合もできなくなりますけど、出会いはアイドル時代よりもあると思います。

伊藤 ……かなぁ？ 私、付き合うにあたって俳優は嫌なんですよね。うぬぼれてるヤツが多いからあんまり好きじゃないですね。

――ビジュアルがいいと調子乗ってたりで。

伊藤 そうそうそう！ だから私、ビジュアルがいいヤツとは付き合わないですね。伊藤は素直な人と付き合いたいです、謙虚な人、「俺なんて俺なんて」って人がいい！

――この会話にニーズがあるのかなぁ……。

伊藤 ないかなぁ？ ないか（笑）。

――一応書いておきます。

伊藤 ありがとうございます。伊藤は俳優とは絶対付き合わないです！ でも、そこを頑張って落としにくる俳優が現れないかなと思って。それでも伊藤は拒むんですけどね。

――イケメンのモデルに技をかけた流れで。

伊藤 でも、ポップティーンのモデルさんとは、本番しかしゃべってないですからね！

――あと何か言いたいことありますか？

伊藤 いま私、深みのある人間になりたいと思ってて。ペラペラな人間になりたくないなって思ってるんです。どういう訓練をしたらペラペラな人間にならないと思いますか？

――根本に死にたいと思ってるようなものがありながら、いまはどんどん違う感じになったっていうことで人間的な幅はできたわけじゃないですか。深みはあると思うんですよ。

伊藤 そう、だから死にたいと思った人たちの気持ちもわかる。ただのポジティブ野郎ではない。そこは大きいと思います。

――いい経験はしてると思うから、あとはそれをどう表現するか。どうしても笑いを取ろうとしちゃうから、なかなかいい話にならないっていうのはあるじゃないですか。アーバンギャルドの曲に声を使ったとき、ちょっと浮いてたのはそこなんですよ。みんな声だけで泣けるぐらいのか細い感じのなかで、伊藤さんだけ半笑いで話している感じというか。

伊藤 あ、みなさん泣きそうだったんだ。

――あの曲に参加してた、ゆるめるモ！のあのちゃんとか天才的な声じゃないですか。

伊藤 うん、かわいい！ 舌っ足らずな感じでかわいいですよね。伊藤、一時期あのちゃんみたいな話し方になりたくて、舌っ足らずにしゃべる練習をしてたんですよ。

――まったく向いてないですよ！

伊藤 ホントに向いてないと思いました！

――タイプが違いすぎますよ！

伊藤 でも、元アイドリング!!!の朝日奈央さんとは同じ声質ってことがわかって。

――朝日さんも前へ前への人ですよね。

伊藤 そうそうそう、私はそっちタイプでしたね。真似できなかった。最近仲良くなりました、よくお仕事一緒にするようになって。

――とりあえずいい方向だと思いますよ。

伊藤 わかりました、自信を持ってこれからも前向きにいきたいと思います。私も二度と同じ過ちは繰り返さないようにしますよ！

ゆるめるモ！
「（窮屈な世の中を）ゆるめる」という意味などを込めて命名された脱力支援アイドルグループ。フリーライターの田家大知が、ももいろクローバーの『ピンキージョーンズ』に触発され、「辛い時は逃げてもいいんだよ」をテーマに、自ら街頭スカウトで集めたメンバーで12年に結成された。個性が強いあのちゃんは13年9月に加入。

アイドリング!!!
06年から15年まで活動していた、フジテレビ721（現・フジテレビTWO）のテレビ番組『アイドリング!!!』から誕生したアイドルグループ。朝日奈央は2期生として加入。低いこもった声をしている。

いまのＡＶ業界のことを聞くと、（第一プロ時代と）同じじゃんこれって

畑中葉子

2017年8月収録

歌手。東京都八丈島生まれ。1978年に平尾昌晃とのデュエット曲『カナダからの手紙』で歌手デビュー。同年のNHK紅白歌合戦にも出場。1979年に『ロミオ＆ジュリエット'79』でソロデビュー。1980年『後から前から』を発売。続いて出された『もっと動いて』も話題となった。2016年、33年ぶりのオリジナル・アルバム『GET BACK YOKO!!』を発売。

――畑中さんはすごい珍しいかたちで復活した人だと思うんですよ。今日はそこにいたるまでの流れを、ちょっと答えづらいこともあるかもしれませんが聞かせていただきます。

畑中 はい。答えられないことはノーと言いますので（笑）。

――了解です！ それで大丈夫です。もともと歯の治療のために八丈島から飛行機で東京に通うぐらいのハイクラスな暮らしをしていたそうで。

畑中 そうですね。父が八丈島で畑中組という建設会社をやっていて、東京と八丈島を行ったり来たりする感じの生活だったんですけど、私が17歳になるちょっと前に父が脳溢血で他界して、そこからちょっと畑中の家から出されるかたちになって。母も、その建築会社で経理をやっていたんですけど……。

――親戚が手のひら返ししたという。

畑中 そうですね、あんまり書いてほしくないですけど（笑）。もう付き合ってないので触れたくないんですよ。でも、昔だから母がすごいイジメられてるのは小さいときから見ていたので。あの頃ってそんな感じでしたよね、嫁っていうのは。私なんかも幼心に親戚から嫌な思いをいっぱいしてきてるので。

――じゃあ飛行機で歯の治療に行ってた＝いいとこの子みたいな感じじゃないんですね。

畑中 そうです。デビューしてまた親戚がバッとくっついてくるみたいなこともあったから、人間ってそんなものなのか、みたいな。ただ私はデビューできたことがうれしかったから、そういうのはあんまり気にせずな感じでしたけど。その後、につかつに出ると今度は「おまえのせいで子供たちが学校に行けない」とか言われて、「はぁ？」みたいな。そのときは私も20歳過ぎてたから、もう。

――そこで親戚とは距離を置けた、と。芸能界に入るきっかけはスカウトなんですよね。

畑中 そうです。中学3年のときに原宿に行って、そこで3社からスカウトされて。その名刺を持って帰ったら、母は大反対でしたけど、父は若いとき東京にいて、歌が好きで習ってたみたいなんですね。だから「女の子は結婚したら何もできなくなっちゃうから、親元にいるときぐらい好きなことやらせてあげなさい、どうせなれないから」っていうことで、ウチの隣の隣に平尾昌晃先生が住んでらしたから、平尾先生に「この名刺の会社はどういう会社でしょうか？」ってお尋ねしたら、「そんなにやりたいんだったら、ウチの歌謡教室でレッスンしたらいかがですか？」っていうことで。

――それで平尾先生門下になるわけですね。

畑中 はい。やっぱり親がそれを望んだんですね。平尾先生は有名なかただったから。で、オーディションを受けに行って。

――すぐ華々しくデビューしたようなイメージですけど、意外とそうでもないんですね。

畑中 平尾昌晃歌謡スクールには養成科、予科、本科、研究科とあって、本科のなかで選ばれた子だけオーディションを受けられるんですけど、そのなかのひとりに選ばれて。だから、その後は私が秘蔵っ子で私ひとりかわいがられてたみたいな書き方されてるんですけれども、本科になって平尾先生のレッスンを受けられるのは年に2回ぐらいなんです。

――あ、そんなものなんですか！

畑中 そうですよ。10人、20人のなかのひとりでワンコーラスを聴いていたぐらいなんですよ。その本科のなかで5～6人選ばれて、いろんなところにオーディションを受けに行きました

平尾昌晃
作曲家、歌手。『瀬戸の花嫁』『よこはま・たそがれ』など、60年代後半から70年代にかけて多数のヒット曲を手がける一方、ドラマ『必殺』シリーズなどの音楽も作曲。17年7月、肺炎で死去。79歳没。

『君こそスターだ！』
73年10月から80年3月まで、フジテレビ系で放送されていたオーディション番組。高田みづえ、石川ひとみ、林寛子らを輩出。

『カナダからの手紙』
78年1月に発売された平尾昌晃・畑中葉子によるデュエット曲。平尾&畑中は同曲で78年の『第29回NHK紅白歌合戦』にも出場。

第一プロ
第一プロダクション。60年に設立された芸能事務所。02年8月、代表だった前村悟が第一プロから独立し、当時の担当アーティストやスタッフと共に、株式会社ノーリーズンを設立している。

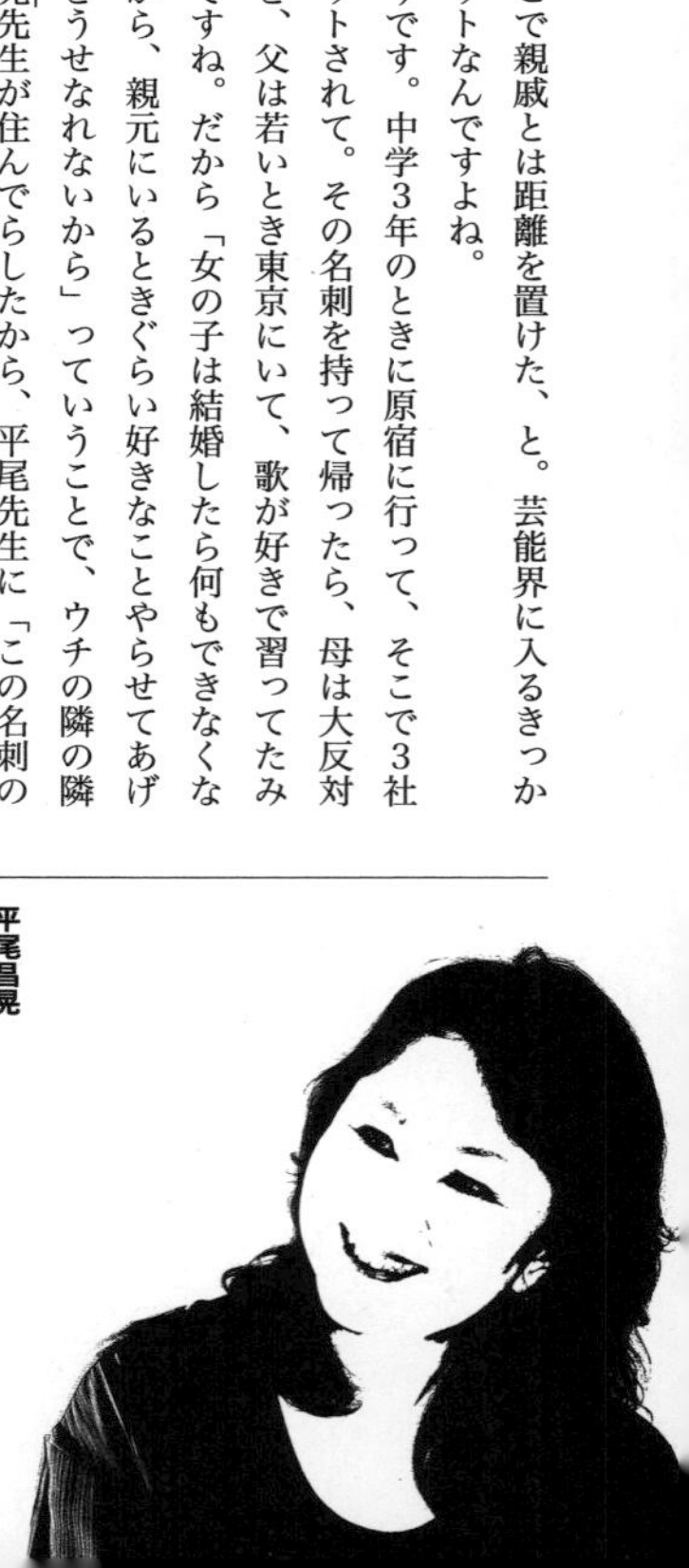

けど、ことごとく落ちてました。フジテレビの『君こそスターだ!』も。

——そしたら『カナダからの手紙』で平尾先生とデュエットする話が来るわけですよね。

畑中 そのときは平尾先生の20周年で『カナダからの手紙』って曲があって、それをビクターから出すということで、ビクターさんが第一プロさんに「こういう曲あるけど」って持ち掛けて、ビクターのプロデューサーが「じゃあ平尾さん、この曲はひとりじゃなくて歌謡教室の生徒さんとデュエットということでオーディションしましょうよ」っていうお話だったらしいんです。でも、デュエットの話も、私たちはふつうのオーディションだと思ってて。歌謡教室でオーディションやったら、いつもは平尾先生いらっしゃらないのに、そのときはいらして。なぜか作詞家の喜多條忠先生もいらしてて。ビクター、第一プロ、喜多條忠先生が私を選んだんですね。

——平尾先生は近所の女の子だっていうこともぜんぜんわかってなかったって話ですよね。

畑中 そうなんです。私をレッスンしてくださってた片桐和子先生が平尾先生に「葉子ちゃんに決まったわよ」って言ったら、「え、なんで?」っておっしゃったっていう(笑)。

——ただ、やっぱり誤解はされますよね。ああいうデビューの仕方をすると、気に入ってる子をゴリ押ししたんだろう、みたいな。

畑中 そうなんです。平尾先生が亡くなってしまったから言える話なんですけど、そのときも週刊誌には「手をつけられてる」だなんだかんだと書かれて。でも、なんの証拠もないし何もないから、週刊誌もそこで終わってるんですよ。会社のマネージャーにも「何も言うな、下手に触ると余計うるさく書かれるから」って言われたから、あえて反応せず。

——高校生でデビューしていきなり売れて、いきなりそういう噂まで流れて親戚の態度も変わったら、まあいろいろ考えますよね。

畑中 でも、新人でいきなりヒットする人って珍しいんですね。石野真子ちゃんは同じデビューですけど、真子ちゃんでさえ『春ラ!ラ!ラ!』でやっと『ザ・ベストテン』に出てる。あんなに人気があったのに。彼女が泣きながら歌ってるのを見て、私は『カナダ』でポンと出させてもらったじゃないですか。

——いきなり『紅白』にも出て。

畑中 『ザ・ベストテン』にもポンと出させていただいてるから。そのときはぜんぜん、ホント鼻高くなっちゃって、半分は私の力でしょ、みたいな感じになってたから(笑)。

——平尾先生みたいな大ベテランの人とセットだと、また扱いが違うでしょうからね。

畑中 だから勘違いしちゃったんです。世界は私で動いてる、みたいな。

——それぐらいになってたんですか!

畑中 そうそう、なっちゃいますよ(笑)。次から次へとレコーディングだなんだかんだって忙しかったので。平尾先生は地方のサイン会とか行かないんですね。だから私は平尾先生の歌入りのカラオケを持ってサイン会に行くんです。だから先生はお休みでも私は土日も忙しくて。昔は生放送も多かったし歌番組も多かったから、自分のことを振り返るとか、かみ砕いて見てみるなんてことは一切できませんでした。鼻が高くなるだけ(笑)。

喜多條忠
作詞家。73年、フォークグループ・かぐや姫に提供した『神田川』がミリオンセラーを記録。その他の代表作に、柏原芳恵『ハロー・グッバイ』、キャンディーズ『暑中お見舞い申し上げます』など。

片桐和子
作詞家、訳詞家。ヘドバとダビデのヒット曲、『ナオミの夢』(71年発売)の訳詞で知られる。

石野真子
元アイドルの女優。77年に『スター誕生!』に出演し、翌年『狼なんか怖くない』で歌手デビュー。81年に引退するも83年女優として復帰し、ドラマや舞台など活動の幅を広げる。現在は安定感のある母親役が好評。

『ザ・ベストテン』
78年1月から89年9月まで放送されていたTBS系列の音楽番組。毎週生放送で、独自の形式で算出された邦楽ランキングの上位10曲を発表し、その曲を歌手が披露するという演出が話題を集め大ヒット。最高視聴率は41・9%(ビデオリサーチ調べ、関東地区)を記録した。

―しかも、それだけ鼻高くなっても当時給料が5万円だったらしいじゃないですか。

畑中 そうなんです。それが最初の契約ですから。売れるか売れないかわからないし。でも、いまそれがすごく問題になってますよね、ここから何年間はいくらでって。『カナダ』がヒットしたからあれですけど、ヒットしてなかったら5万円以上のお給料は払えなかったでしょうし。それに、父がいないってこともあって、事務所が衣装から普段着から食事代からすべて出してくれてたんです。

―あ、そうだったんですか！

畑中 だからそれもいけなかったんです。自分で5万円のなかから貯金して何かに使うってことをしないで母に預けちゃってたから。

―金銭感覚が完全にないままで。

畑中 ないまま。自立心もないままフワッとなってたのがよくなかった。地方から出てくると、寮だったりほかに家を借りて、苦しみながらも自分でやっていかなきゃいけなかったのが、私は生活が変わらないんですもん。

―お母さんと一緒に住んで。

畑中 ご飯はあるし、洗濯はしてくれるし。

第一プロの最悪エピソード

―その後は平尾先生とのデュエットを4枚出した後、ソロに転身するわけですよね。

畑中 先生とは1年間っていうことで、来年どうしようかっていう制作会議があって。そのときには違うデュエットの男性が第一プロにもう所属していて、私はそれを知らなかったんですね。私は平尾先生とのデュエットでデビューして、平尾先生の力だとか、どうのこうのって言われてたので、もうデュエットは嫌だ、次もデュエットだったらやめるって言って。そしたら第一プロの社長に、「僕は『カナダからの手紙』が欲しかったんだよ、畑中葉子が欲しかったんじゃないんだよ」って言われて、ものすごいショックを受けて。そこで鼻がポキーンと折れるわけですよね。

―私は必要とされてなかったんだ、と。

畑中 で、私がソロでやることはみんなが反対して、会社の人たちも「ふざけんな、おまえに何ができるんだ」っていう感じで。デュエットの2枚目、3枚目と徐々にセールスが落ちてきて、テレビとかもあんまり出られなくなって不安になってきた時期で。そんなときコンサートの楽曲をレッスンしてくれた平尾先生のところの男性がいたんですけど、彼だけが味方に感じちゃったんですね。その人にいろいろ悩みを打ち明けたりしてるあいだにグッと気持ちがそっちにいって、その人を好きになってしまって。で、もうどうでもいい、もう何もいらないってことで恋に走ってしまって。

―仕事をすっぽかしたってホントですか？

畑中 はい（あっさりと）。

―うわーっ！　余計事務所は怒りますよ！

畑中 そうですね。でも、すっぽかしてふたりで六本木で隠れてご飯食べてたら、いきなりサングラスかけた第一プロのスタッフと平尾先生のところのスタッフがドドドーッて。

―昭和の芸能界って感じですね（笑）。

畑中 ホント怖かった！「おまえちょっと」って彼を連れて

って、「えーっ!?」みたいな。でも、そのときに彼が「ちょっとお腹が痛くなった」とか言ったときに気持ちがフッと引いて幻滅したんだけど（笑）。だから一応ソロではデビューできたんだけど、もう鳴かず飛ばずだったし、そのときにはもう家を出て彼のところに転がり込んでたんです。

——それで電撃入籍ですか。

畑中 そうです。そのときは会社に内緒で入籍しちゃったことがよくなかったんです。

——やっちゃいけないことだらけですよ！

畑中 ハハハハハハ！　でも、私らしいなって。それができた自分がうらやましいなって思う。あの勢いと一途なところが、いまはできないもん。だから人には迷惑かけましたけど、若いときでよかったなって思いますね。

——結婚会見もしたんですよね。

畑中 中野区役所に婚姻届を出したら、そこからバレたらしくて。畑中葉子って本名なので。こっそり婚姻届を出してへへへヘッて思ってたら、すぐ会社から呼ばれて、もう見つかってるのかと思って。それで会社も驚いて、「記者会見をしなさい」ということで。

——そこで「事務所との契約が切れたら芸能界を引退する」って宣言をしたんですよね。

畑中 そうなんです。私も強がりだし勝気だし負けん気が強いから、「芸能界はちょっとやってみたかっただけよ」「ひととおり会いたい芸能人には会えたし」みたいな感じにカッコつけちゃったんです。そのときはなんでもできると思ってたから、レコード店で働いて彼と一緒にやっていくとか思ってたんだけど、なんのことはない、2カ月後には私は実家に帰ってたので。彼が先生のところをやめて収入が私だけになって、第一プロがたいへんだろうからって18万に上げてくれたんです。

——5万円から。

畑中 はい。そしたら彼が先生のところをやめざるを得なくなって、それでもなんとかなると思ったら借金の明細が出てきたり、夜中にドンドンドンッて来たり。「え、どういうこと?」ってなって。そしたら私をいろんなところに遊びに連れていくときにカードを使ってたのと、あと車のローンとかもあることがわかって。私は母にお給料を預けていたのでお金の使い方を知らないから、その18万も全部彼に渡してたんですね。そうすると次の日にもうないんですよ。3日食べられなくて、お水を飲んでたりしてました。それで大ゲンカになって私が飛び出して家に帰って。

——そして契約期間中に離婚に至る、と。

畑中 そうなんです。それで実家に帰ったとき、母は何も言わずにお茶を出してくれたんですね。そのときに初めて子供と親じゃなくて、対大人として接してくれたような気がして。そのとき私の「勝手に結婚して、もう離婚します、仕事させてください」ってことにすごいバッシングがあって、ワイドショーとか週刊誌にすごい書かれ方をして、それがショックで引きこもっちゃったんですよ。そしたら会社の雑誌担当の方から電話があって、『週刊ポスト』の水着のグラビアなんだけど、気晴らしにグアムに行っといでよ」って言ってくださって。行かせていただいたら、その水着のグラビアがおじさま方にウケて、『プレイボーイ』からセミヌードの話が来て。そのときに社長から、「もうアイドルではやっていけないから脱ぐか、それができないんであれば違う仕事を見つけなさい」って言われて。

——引退してふつうの仕事をしろ、と。

畑中 そうです。そのときに、やっぱり私はこの仕事しかできないし、この仕事が好きだし、ここでやりたいって思って、「やらせてください」って。会社のみなさんにもご迷惑かけたわけだし、これしかいま仕事はないんだし、これやらなかったら先はないんだなってわかってましたから。だから『後から前から』のジャケットは『プレイボーイ』のグラビアなんですけど、あれ泣き腫らして目が真っ赤っかなんですね。やっぱり割り切れてないというか。それで、じゃあ『後から前から』って曲も出しましょうってなったら、ちょうどそのときににっかつから話が来て。

——あ、映画のほうがあとなんですね。

畑中 あとです。最初、『後から前から』のカップリングの『愛の白昼夢』がA面だったんです。だからにっかつは『愛の白昼夢』が1本目になっちゃったんだと思うんですね。制作会議で『後から前から』のほうがおもしろいからってことでひっくり返ったので。

——いわゆるポルノ映画に出演したことに関しては複雑な思いもあるとは思うんですよ。

畑中 そうですね。あのとき、会社の人から「成人映画」って言われたんですね。私、成人映画とポルノ映画がイコールになってなくて、「あ、わかりました」って言っちゃって。ホントに世間知らずというか無知というか、成人映画っていうのは大人が見る一般映画だと思ってたんです。その打ち合わせで六本木のにっかつの下のレストランでプロットを3つ読んだら、のっけから裸と絡みが書いてあって、「なんですかこれ？ こんなのできないです」って言ったら、「じゃあおまえに何ができるんだ！」って怒鳴られて、それで六本木から中目黒まで泣きながら歩いて、「これはどうしたらいいんだろう、私は引き受けたんだよな……」って考えながら……。

——それでも、やろうと決意して。

畑中 それで歩いて帰って母に「こういう話が来て、お受けします」って言って。母はそこで背中を押してくれると思ったんです、こういう状況なんだから。そしたら「私はあなたを裸にするために産んだんじゃない」って言われて。でも、こういう段階に来てて、『後から前から』も売れてるわけではないけどウケてはいて、いろんなバッシングもあったけども、もうここしかないでしょって。だからやるしかないよねと思って。で、会社の方に電話して「やります」って言って。

——当時の週刊誌の対談を見ると、ポルノの人＝いやらしい人扱いされて、ずっといやらしい話を聞かれ続けていた畑中さんから、嫌々やってます感がすごい出てたんですよ。

畑中 だって、好きで裸になる人もいるかもしれないけど……。私はアイドルになりたくてこの世界に入って、先生とデビューして、そこの道を折っちゃったのは私なんだけど。……あの頃ってストレートというか、それがおもしろくて聞いてたと思うんですけど。

——セクハラのレベルが違いましたよね。

畑中 そうでしょ？

——女性マネージャーに「処女？」って聞いてるのとかあってビックリしましたよ、マネージャーさんまで巻き込むのかっていう。

畑中 ホントに？ ヒーッ、誰だ？ いま評論家とかで出てる肥留間正明さんっていらっしゃるじゃないですか、あの方が『女

『後から前から』
80年に発売された畑中葉子のソロ2枚目のシングル曲。リリースが、畑中がロマンポルノに出演した時期とも重なりヒットした。

にっかつ
映画製作、配給会社。東映、東宝、松竹と並ぶメジャーな映画会社だったが、71年、経営が傾き、低予算で制作が可能な「日活ロマンポルノ」と銘打った成人映画路線に転換。映画作りにおいては自由度が高く、多くの監督や脚本家を輩出している。

肥留間正明
芸能評論家、出版プロデューサー。『女性自身』、『週刊宝石』（ともに光文社）などの週刊誌記者を務めた後、音羽出版を設立。『やじうまワイド』（テレビ朝日系列）、『アッコにおまかせ！』（TBS系列）など、テレビ番組にも出演。

性自身』の記者だったとき離婚のインタビューを受けてるんですね。そのとき肥留間さんからいきなり「もう傷ものだから」って言われて。

——うわーっ！

畑中 それすっごいショックで、ガーッと泣いちゃって。「何その傷ものって！」って。で、肥留間さんが「あ、ごめんなさいごめんなさい！」って時代だったんですよ。

——一回でもポルノ映画に出ると、世間はそういう扱いになるんだなって思いました。

畑中 すっごい嫌でしたもん。「ちょっと色っぽいポーズを取ってください」とか「ちょっと肩はだけてください」とか言われて、それ私の仕事じゃないよねって思っちゃうんです。私がそういうところですごく意固地になっちゃったのもあって。スクリーンの中、ステージの上は畑中葉子ですけど、それ以外はお金もらってませんからっていう考えだったから。ステージの上では仕事としてやってますっていうことですごく遮断していたので。

——でも、あからさまに周りのモードが変わっちゃうわけですよね。脱げって言われたり。

畑中 そう、飲みに行くと「脱げ」って。すっごい多かったです。なんですかね、あれ。いまっていろんな経験を積むのが人間だってことで、ネットとかでも庇ってくださる方がいらっしゃるけど、あの頃は悪者みたいな感じですごい言われてて。結婚して離婚して脱いで、変わり身が早いとか言われましたね。

——写真集もかなり話と違う感じで脱がされちゃった、みたいな噂も聞きました。

畑中 近代映画のヤツですね。1冊目です。だからあの写真集は大嫌いですし、写真の修正もできてなくて汚いし、最悪の作品だと思ってますけど。第一プロはね、もう最悪！ ついてたマネージャーが最悪だから、もう騙す騙す。ドラマも台本にないところで「脱いでください」っていうのがずっと続いてました。いまのAV業界のことを聞くと、同じじゃんこれって。もっとひどいですけどね。

——畑中さんがボクのAV強要案件の記事をリツイートしてたから、たぶんそこにも思うことがあるんだろうなと思ってたんですよ。

畑中 あります！ 原宿とかでスカウトされてる子を見ると「ちょっとちょっと」「やめときなさい」って言いたくなるもん。お節介だけど、そう簡単に芸能界はデビューできないから。そこは考え直さなきゃいけないよって思っちゃう、若い子たちに。とりあえず私にはまだ守ってくれる会社がありました、何かあれば。でも、ひとりでそういうわけのわからないところに入り込んだら、ホントに誰も守ってくれない。私、粗大ゴミをいっぱい捨てたくて、ポスティングされてたチラシで、部屋から荷物を全部運んでくれるっていうから、電話して見積もりに来てもらったの。そしたら5つぐらいで5万円って言われて。

——かなり法外ですね。

畑中 「は？」と思ってお断りしようとしたら、うしろに運転手が腕組んで睨んでて。「いらない」って言おうとしたら、「こっちも仕事ですから！」ってすごいんですよ。その脅かされ方、ああいうのが女の子がひとりで事務所で、ああいうふうになったら……。

——10代とかだと逃げられないですよね。

畑中 私、いい歳でも自分の家で怖くてお金を払っちゃってる

んだから。もっと国にしっかりと取り締まってほしい。そうじゃないと若い子たちが餌食になっていくだけだから。

――当時、畑中葉子と寝た寝ないって言ってた人を名誉棄損で訴えたっていうエピソードも見掛けたんですけど、それって……？

畑中 はい、ありました。Rさんですね。

――あ、Rさんがそういう話してましたね。

畑中 そうそうそう。でも、ホントは第一プロの社長が来て一緒に話すはずだったのに社長が来なかったんです。だから私が検察官に話しましたよ。そのときに検察官が「にっかつみたいな仕事してるんだから、そういうこと言われたってしょうがないでしょ？」って言われたの。こいつに何を話してもしょうがないと思って、もういいって思いました。

――だから、その時代のことってつらい思い出なわけじゃないですか。でも、そこを受け入れたことでいまの畑中さんがあると思うんです。『後から前から』をネタにされることをよしとして、自発的に乗っかっていって。

畑中 それは、結婚して20年家に入って2010年に復帰したとき、私を推してくださった方々が『後から前から』のファンだったんですね。だから苦しかったけれども、あのときがあったおかげでいまがあるんだなって。そう考えるとやっておいてよかったと思うし。いま『カナダからの手紙』の畑中っていうより『後から前から』の畑中みたいな。

――すっかりそうなっちゃいましたよね。

畑中 そっちのほうが大きくなってるから、これはホントにありがたいことで。私、2曲しかないんですよ（笑）。『カナダからの手紙』と『後から前から』しかないのに、いまでもベッド・インとか若い方に歌っていただいたりして、これは感謝しなきゃいけないなと思って。こうやって歌っていられることは『後から前から』があってのことだから。

――もともとツイッターでイジられ始めたぐらいが発端ですよね、そこに畑中さんが反応して、Tシャツを作ったりの流れに至り。

畑中 そうですね。ツイッターが復帰してからの自分の原点というか。そのときは『後から前から』はもうぜんぜんクリアになっていて、それはたぶん子供たちに「なんでお母さんそんなに気にするの？」って言われたことで。

――当時は子供がイジメられるかもしれない、みたいな思いがあったみたいですね。

畑中 そうそうそう。でも、いまの子たちってぜんぜん感覚が違って、「なんで気にするんだ」ってことを言われてからだと思いますね。そこで吹っ切れて、ツイッターでも自分から入っていったり、『後から前から』をネタにしてツイートできるようになって。

――Tシャツも着られるぐらいになって。

畑中 そう！ そうなんです。あと、やっぱり玉袋筋太郎さんの存在も大きくて。玉袋さんのスナック玉ちゃんで毎回『後から前から』か『カナダからの手紙』を歌わせていただいてたんですね。で、玉袋さんにMXに出していただいたりして、そこからですね。

――MXに出たときに軽く話した人生のインパクトがすごくて、サラッと笑い話ぐらいにしてるんだけど、これけっこうたいへんなことだと思って。それをちゃんと聞いてみたいと思ってインタビューお願いしたんですよ。

ベッド・イン
女性アイドルユニット。12年より活動開始。「地下セクシーアイドル」と自称し、ワンレンやボディコンスタイル、ジュリ扇など、80年代末から90年代初頭のバブル期を意識したキャラクターが特徴。

玉袋筋太郎
お笑いコンビ・浅草キッドのボケ担当。飲食店のスナック愛好者としても知られ、一般社団法人全日本スナック連盟を設立。イベント「スナック玉ちゃん」を開催したり、自らがオーナーを務めるスナックを赤坂に開店したりと、スナック文化の啓蒙活動も行っている。

畑中　フフフフ、ありがとうございます。

ヤン富田からせきしろまで多彩なサブカル人脈

――で、復帰後は音楽活動が順調になっていくわけじゃないですか。意外なサブカルチャー人脈にどんどんつながっていくことで。

畑中　そうなんですね。私、サブカルっていうのも知らなくて（笑）。でも、私を推してくれてる人はサブカルの人たちなんだって思って。私、デビューした頃いろいろなことがあって人間不信にもなってて人付き合いをしてなかったんですね。だから帰ってきたとき、ひとりぼっちだったんです。なんの伝手もなくて。それがツイッターでいろんな人とつながってそこからお仕事が発展していって、こうやって仕事ってしていくのかなってことを初めて知って。こうやって人ともお付き合いをしていくと楽しいんだな、線を引くことはないんだなって思ったんですね。それでいろんな人とお会いして。ツイッターで、「じゃあお会いしましょうよ」って言ってくれた方とリアルにつながっていきたいと思って。

――その結果、遠藤賢司さんとかいろんな人とつながっていくことになるんですね。

畑中　CDはそうです。岩下の新生姜の社長がエンケンさんとつなげてくださって。エンケンさんがディスクユニオンに推してくださって。私も自分で「出してください」ってゴリ押しで売り込みに行ったので、最初は引いてました。でも、あのとき「これは出さなきゃいけない」って使命感がありました。エン

遠藤賢司
「エンケン」の愛称で知られるシンガーソングライター。69年、シングル『ほんとだよ／猫が眠ってる』でレコードデビュー。72年にシングル『カレーライス』が大ヒットし、フォークソングブームを牽引する存在に。その他、代表曲は『満足できるかな』『不滅の男』『夢よ叫べ』など。17年10月、胃がんのため死去。70歳没。

岩下の新生姜の社長
栃木県栃木市に本社を置く食品会社「岩下食品株式会社」の岩下和了社長。ツイッターの活用や「岩下の新生姜ミュージアム」の運営など、独自のPR手法で売り上げを増加させた。音楽好きとしても有名。

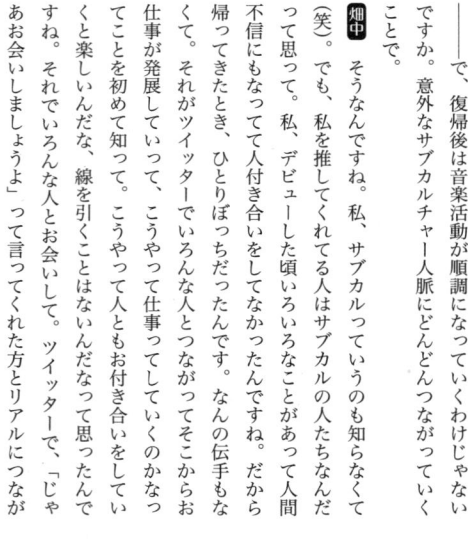

ケンさんには「生き方がアート・ロックだから葉子ちゃんはそのままいきなさい」って言ってくださって、とても励みになりましたね。

――復帰して良かったですよね。

畑中 ……ただ今回、平尾先生が亡くなったことを聞いたのが芝居の楽日の前の終演後だったんですけど、そのあとにすっごいメールとか電話とか夜中も鳴りっぱなしで、演劇の制作の方にもすごい電話がいったらしくてご迷惑かけて、フリーってこういうことなんだなって思って。でも、楽日のことがあるから全部スルーしたんです。取材を受けてたら次の日は芝居ができないと思って。そしたら、やっぱりカメラが劇場に来てご迷惑かけたりして、また考えちゃって。私が戻りたかった芸能界ってここなのかなって、スッと気持ちが落ちてたんですね。ちょっと方向転換しなきゃって思うところがあって。だからいま、ツイッターもブログも発信してないんです。

――最近、告知だけになってますよね。

畑中 そうなんです。ちょっと、私ここに帰ってきたかったのかなっていう思いがあって。ちょっとそっとしといてっていう感じで。

――テレビ的な芸能界じゃない世界で復活したわけじゃないですか。だからテレビ的な世界で翻弄されると消耗するんでしょうね。

畑中 たぶんそれですよね。でも、『アウトデラックス』に出たら、２００枚の『後から前から』Tシャツがボンとはけたわけで。だからテレビの力って大きいんだけど、その前からバラエティのお話が何個かあってもお断りしてるんですね。「いまのテレビって何？」と思って。「こう言ってください、ああ言ってください」って、私の言葉じゃないことを。「え、私は何？　どこにいればいいの？」ってちょっとわかんなくなっちゃってて。

――決めすぎなヤツがたまにありますよね、ボクも「ウィキペディアのこの内容を話してください」とか言われたりして、それボクの発言じゃないじゃないですかっていう。

畑中 そうなんです。だからみんな同じことを言うようになってテレビがおもしろくなくなってるんだと思うし、いまちょっと迷ってるところです。私はスタッフがいないから相談できる人がいなくて。バーッと復活してCDも2枚出せて、たぶん壁にまたぶつかってるんです。いろんなことをやったけれども、これは遊びじゃなくて仕事でやってるから金銭につながっていかなきゃいけないわけですよ。それがなかなかつながっていかないっていうことは、ちょっとやり方が違ってたんじゃないかって。違う方向を考えたほうがいいんじゃないかっていうぶつかりがあって。

――こういう音楽をやればおもしろがってくれる人もいますけど、ビジネスでどれくらいいけるかっていうと難しいところですからね。

畑中 そうなんです、とても難しいと思うんですね。いまホントに集客できないので、集客ができないとお店にも申し訳ないし続けることもできないので。じゃあどこまで持ち出しでできるのかっていうのと、やり方が違うんじゃないかっていう。そのへんの方向性で迷っていて、来年がデビュー40周年でCDを出すって動いてたんだけどやめたんです。製作費は私が全部もって、それは平尾先生に捧げるようなCDだったんですけど取りやめたら亡くなっちゃって。また先生が亡くなったことで、先生のことを扱ったテレビとかなんだかんだが増えてくると、それも嫌になっちゃうんですよ。なんでそこもう一回踏み台にして……そうやらなきゃ次につながらないこともわかってるんだけど、なんでいきなりここに来てまたそうなるわけ？　と思って。

——利用してると思われるのも嫌ですしね。

畑中　いきなりここに来て「じゃあ先生のことを話して下さい」って言われても、それが芸能界なんだと思うんですけど、でもそれが終わったら、その人たちが今後違ったかたちで私を起用してくれるかっていったらどうなのかっていうところがあって、難しいです。

——ヤン富田さんの起用から非常階段との絡みから、一連のおかしな流れはおもしろかったですけどね。ふつうに買ってましたから。

畑中　えっ！　ありがとうございます！　ディスクユニオンからアルバムを出すとき、『後から前から』のセルフカヴァーを入れてほしいって言われたんですけど、「勘弁してください、『後から前から』はあれ以上のものは作れないから無理」ってお断りしたんですね。でも、やっぱり『後から前から』は必要だな、どうしよう嫌だなと思ってたとき、洗濯ものたたみながら、「ハッ、ヤン富田さんだったら作れる！」って思って。で、すぐにM.C.BOOさんにご連絡して。

——脱線3の。

畑中　そしたらヤンさんが「プロデュースもアレンジも全部お任せいただくのであればやらせていただきます」っていうことだったのでお願いして。レコーディングのときのヤンさんの意固地なまでのプロフェッショナルさに、これは惚れるなみたいな（笑）。で、JOJO広重さんは飄々としてるんですよ。いつも「畑中さんのやりたいようにやっていただけたらいいので」って、全部やりたいようにやらせていただいて。ちょっとネガティブなことを言っても、「畑中さんが思うようにやればいいんですよ、大丈夫大丈夫」って感じなので、すごい救われたというか……。

——非常階段とのコラボでは、高校時代にやろうとしたランナウェイズのカヴァーをいまやったというのも意外なエピソードでした。

畑中　そうなんです。高校時代は、ちょうどランナウェイズが流行ってた頃だったんですね。私、ディスコが好きで、どっちかっていうとソウルのほうが好きだったんですけど。

——ディスコ好き話はよくされてますけど、昔は意外とヤンチャだった説もありますね。

畑中　そうですね。私たちの時代ってヤンキーではなくてツッパリって言っていて、矢沢永吉さんがガンガンに流行ってる頃で。でも、アイドルになりたかった（笑）。

——昔のアイドルは男も女も不良上がりが多かったわけですけど、時代が変わっていまはイジメられっ子のほうが増えたんですよね。いまはイジメられっ子がイジメた相手を見返したくてなるジャンルになってるんですよ。

畑中　そうなんだ！　……ウチも子供を育ててるから、そういうイジメとかはいろいろ見てきて、ウチの子も不登校でしたね。でもウチの息子のときは生徒が半分来てませんでしたから、公立でしたけど学校が崩壊してました。娘のときは私が学校のカウンセラーの先生にお話をうかがいに行ってて。私、2009年に女性だけのカラオケサークルを始めてるんですけど、それ

ヤン富田
音楽家。60年代末から音楽活動を開始。日本で最初のヒップホップ・プロデューサーで、音楽の研究機関、オーディオ・サイエンス・ラボを主宰。ドラム缶を改造して制作された「スティールパン」の奏者としても知られている。

非常階段
79年に結成された世界初のノイズバンド。ライブ演奏の他、ステージ上での放尿など、過激なステージパフォーマンスで知名度を上げた。12年、アイドルグループ・BiSと共演し、「BiS階段」としてライブ。13年には、初音ミクに扮するボーカリストを迎えて「初音階段」を結成するなど、様々なアーティストとのコラボにも積極的。

M.C.BOO
89年結成されたヒップホップユニット「脱線3」のメンバー。MC担当。音楽活動の他にも、映画やテレビ、CMの企画構成など幅広く活動。

はそのカウンセリングの先生に言われたんです。私みたいに子供が不登校だからってカウンセリングに来る親は少ないんですって。隠そうとする、男親は特に。私は外に発信できる仕事をしてるから、ぜひ自分はこういう経験をしたっていうことを外に向けて話してほしい。世の中、悩んでるお母さんたくさんいるからって言われて、じゃあ私にできることは何かなって思ったとき、そういう方々がカラオケで発散するサークルを作ればいいんじゃないかってことで。

——当時、畑中さんがめまいとかしてたのが歌うことで治ったって記事で見ましたよ。

畑中 一度、自律神経を傷つけると台風のときとか耳が痛くなって、「あ、来るな」って思う。耳が痛くなったら薬を飲むことにしています。去年のライブの前の日もめまいで倒れてて起きられなくなって、這いずって行きましたけど（笑）。体重減らさないと写真うつりが悪いからって痩せようと体重を減らすとすぐめまいがきちゃうので。年齢には勝てませんね。倒れたらおしまいだから。

——ただ、最初にも言いましたけど、ホントに珍しいかたちの復活だし、すごいと思いますよ。大きな力も何もなく復活したという。

畑中 ありがとうございます。でも、復活したように見せかけてるんじゃないかなっていう気がしていて。ひとりで頑張ってるからみなさん手を差し伸べてくださってるので、それはみなさんに感謝して。ずっと何かでお返ししなきゃって思ってたけど、お返しすることなんてできないから、自分がコツコツ歌っていくことがみなさんに対するお返しだと思って歌っていこうっていまは思ってます。

——イベントにせきしろさんを呼ぶとか、まったく想像もつかないことになってますね。

畑中 そうですか？　え、なんで？

——どういう人選なんだっていう。

畑中 私、鼻が利くのかも。人間的におもしろい人が好きなんです。せきしろさんってすごい得体が知れない人で。だって私、そういう人が好きなんだもん。「こうでしょ？」とか「こうだよね？」って、ゴリ押しする人が嫌いなので。せきしろさんも、いしかわ（じゅん）先生もそうだけど、人のことは言わないの。自分のことしか言わなくて、それがすごく興味をそそることで。私は悲しいことにホントに知識がないので、そういう方々の生きざまを見ると力にもなるし。せきしろさんなんかパンク少年だったらしいじゃないですか。その頃のせきしろさんを見たかったなと思って。吉田さんはせきしろさんと仲いいんですか？

——知り合ってからは長いですけど、じつはそんなにちゃんと話したことはないですね。

カメラマン 吉田さん仲いい人いないです。

——適度な距離を全方位で保つっていう。

畑中 一緒だ、私もそうです。踏み込まれるのが嫌なタイプ。距離は保っちゃいますね。

——アルバムにはビートたけしさんやアナーキーの仲野茂さんが参加してましたよね。

畑中 あれは私のディレクターの趣味です。第一プロのディレクターがアメリカ帰りで情報量がすごかったの。すごいアメリカ的な人間で、外国って車検なかったから、駐車場で縦列駐車で出られないとコンコンコンコンってぶつけて出るんですよね、アメリカって。

JOJO広重
ノイズミュージシャンで、ノイズバンド「非常階段」の中心メンバー。84年にアルケミーレコードを設立し、多数の音源をリリース。ソロとしても、『君が死ねって言えば死ぬから』『みんな死んでしまえばいいのに』などのアルバムを発表している。

ランナウェイズ
ザ・ランナウェイズ。70年代に活躍したアメリカのガール・ロック・バンド。畑中葉子と非常階段がコラボしたアルバム『畑中階段』で、ザ・ランナウェイズの大ヒット作『Ｃｈｅｒｒｙ Ｂｏｍｂ』をカバーしている。

せきしろ
作家、コラムニスト。パンクロックやハロプロに精通。主な著書に『去年ルノアールで』（マガジンハウス）、『妄想道』（角川書店）など。

仲野茂
アナーキーのボーカリスト。アナーキーのメンバーが傷害事件を起こした際に、仲野茂ＢＡＮＤも結成。新宿ロフトを彩っていたバンドマンの１人で、現在も毎年１月２日に新宿ｌｏｆｔで生誕イベントを開催している。

――えっ……。車を車にぶつけて？

畑中 だって出られないからコンコンコンってスペースを作って出て行くんですよ。それを日本でやっちゃうような人間だったの。そのディレクターのおかげなんです。

――トム・トム・クラブ『おしゃべり魔女』のパロディやろうとか、そういうセンス。

畑中 それもそうです。だから本当に感謝してる。いま大きいところの社長さんになってて、昔のアルバムをボックスセットで復刻した頃にディスクユニオンでライブをやったとき、トークで来てもらったんですよ。そのとき私の女の子のファンがいて、私にすごい似てる若い子で。そしたら話してるときにその子を見つけてナンパして。その女の子がまた私に「あの人にナンパされて食事に行ってきました」とか言ってきて、やめてよ、みたいな（笑）。

――ダハハハハ！　元気ですね（笑）。

畑中 ね、ちょっと迷惑な話だけど（笑）。

俺、アイドルのマ●コ見たことありますよ

FUCK ON THE BEACH 〝ヨッシー

2017年9月収録

バンドマン。1996年結成の東京POWER VIOLENCEバンド〝FUCK ON THE BEACH〟のボーカルとギターを担当。バンド活動とアイドルオタク活動以外は寝込みがち。主食は納豆とバナナ。萩原舞（ハロプロじゃないほう）の等身大の全裸がプリントされた抱き枕を保有。

ツヨッシー 畑中葉子の次が俺なんですか！

――ゲストのジャンルはバラバラなんで。

ツヨッシー 人選が広いですよね。

――地下アイドルの回もあればヲタの回もあるという。もともと、いつかインタビューしたいって話をしてたんですよね。前に読んだ、とあるハードコア系のミニコミで読んだ女子プロレスの追っかけ話がおもしろかったんで、そこを発端に現在のアイドル追っかけ話まで掘れたらと思います。女子プロ追っかけ時代に、もうバンド活動（ファストコア〜パワーバイオレンスの日本代表格、FUCK ON THE BEACH）はやっていたんですか？

ツヨッシー ちょうどバンドやってなかったのかな？ あのときはIWAジャパンがおもしろくて。もともと子供のとき、（アブドーラ・ザ・）ブッチャー、（ザ・）シークとかからプロレスは観てて。女子プロもビューティ・ペアのときからですね。だって俺、長与千種の写真を生徒手帳に入れてましたもん。

――アイドル的に長与千種が好きだった。

ツヨッシー バレンタインにチョコを送ろうかなってぐらい好きでしたからね（笑）。

――どっちの立場だっていう（笑）。

ツヨッシー スター性あったでしょ、太る前。風林火山の道着で。でも格好的にはダンプ松本とかブル中野の片モヒカンとかね。

――ハードコア的にはそっちのほうが乗れるはずじゃないですか。超カッコよかったですよ、エクスプロイテッドのTシャツを着たりして。

ツヨッシー そうそう、絶対に本人は知らないだろっていう。聴いてるわけない（笑）。

――ブルさんも言ってましたね、基本、新人に「ドクロついてる服を買って来い」って命令するだけだからナパーム・デスになるときもあれば、グレイトフル・デッドのときもあって、音楽的な幅が広すぎたという（笑）。

ツヨッシー でも昔はテレビばっかりでしたね、観るのは。で、大仁田（厚）選手が出てきて、あれもテレビとかビデオで観てて。実際に観に行こうと思ったのはカクタス・ジャックの画鋲マッチ。「来た！ これだ！」って感じで、これは行くしかねえやと思って。で、第一試合の市来貴代子と新谷朋江の試合で、なんだこれ、かわいいぞ、みたいな。

――そこに引っ掛かった！

ツヨッシー そのとき白とピンクのヒラヒラの衣装で、新谷はボーイッシュだったから完全に市来だと思って。で、ちょっと調べたら『天才・たけしの元気が出るテレビ!!』の女子プロ予備校にいたなんて話で。そこから市来だろってことで、第一試合から「いちきーっ!! 殺せーーーっ！」とか言って。

――新谷を？

ツヨッシー そのときは完璧に市来だから、「殺せ！ 耳狙え！」とか、「腕折っちまえ！」とか。Iジャの第一試合なんて満員でもないし、だから俺ひとりで言ってて。

――あとはIジャおばさんぐらいですよね。

ツヨッシー Iジャおばさん！ 懐かしい（笑）。でも、第一試合はIジャおばさんだって黙ってるからね、そこで「殺せーーー！」とか言ってて。そのときいつも黄色のバッド・ブレインズのキャップ被ってて豹柄のハーフパンツとかはいてたから、まあ目立つでしょ？ で、市来もすぐ覚えてくれて。で、似て

IWAジャパン
94年5月にビクター・キニョネスが旗揚げ。過激なデスマッチ路線だったのにもかかわらず、外国人選手の顔ぶれが豪華で、テリー・ファンク、ダン・スバーン、カクタス・ジャックらが参加していた。日本人選手は、中牧昭二、ターザン後藤など。95年には川崎球場で「悪夢の懸け橋」を開催。

ビューティ・ペア
ジャッキー佐藤とマキ上田によって76年に結成された、全日本女子プロレス所属のタッグチーム。試合前のリング上で歌うという斬新なスタイルで、女子プロレス界のアイドル的存在となった。

長与千種
80年に全日本女子プロレスに入門。84年にライオネス飛鳥とクラッシュ・ギャルズを結成。トレーナーに空手家の山崎照朝を起用し、女子プロに格闘技の要素を取り入れた。95年にGAEA JAPANを設立し05年に解散。

ない似顔絵のTシャツとか買って。

――ボクも新谷のTシャツは持ってますけど、あれはひどい絵の、本当にひどいグッズでしたね。

ツヨッシー　ホント誰が描いたの？　って感じでしたよね。似てるのは髪型ぐらいで。

――プエルトルコ直輸入みたいなヤツでしたよね、Tシャツの素材も死ぬほど悪くて。

ツヨッシー　グダッてるヤツ（笑）。あれに「市来貴代子」って書いてもらって「愛してるって書いて」って言ったら、「愛してるよ」って書いてくれて、「キターーーッ!!」みたいな感じで（笑）。それでもう第一試合で市来にグワーッとなって、メインでカクタスにイェーイ!!　ってなって血まみれになって、場外乱闘のレスラー、俺、レフェリー、若手みたいな感じで最前で騒いで、ずっとそんなのやってて。当時、市来のTO（トップヲタ）がいたんですよ。クイーンズロードっていう旗を作ってて、バルコニーに張ってて。そいつもともと全日ヲタだからキングスロードからのクイーンズロードなんですけど。そしたら「今日、市来が履いてるシューズ、俺が作ったんです」って言ってて、「え、何？　そういうのありなの？　マジで？　じゃあ水着とかも作ったら着てくれんの？」「たぶん着るんじゃないですかね」つって。

――これはプレゼントするしかない、と。

ツヨッシー　そうそう。で、市来に「俺、今度コスチューム作ってやるよ」って言ったら、「マジで？　カカオプランニング製の作ってもいい？」「いくらくらいなの？」「5～6万かな？」「いいよ、作ってやる」って。

――金額的にはぜんぜんなんとかなりますね。

ツヨッシー　そうそう、いまのアイドルオタク活動で掛かる金額に比べれば、5～6万だからね。俺、出待ちして毎回市来に手紙書いてたの。アイドルの出待ちって遠くから見てなきゃいけないでしょ。でも、プロレスの出待ちって写真を撮るじゃないですか、後楽園ホールの裏とかで。そのときに手紙を渡して。カクタスが来てるときだったら千葉、埼玉とか仕事終わりでも行けるところは行って、「殺せー！　元川殺せ！」とか言って。

――ダハハハ！　元川恵美も殺害（笑）。

ツヨッシー　で、「そろそろ水着できるよ。いついつ着るから」って言われて、第一試合のとき人なんていないから最前に勝手に座ってて、ベリンダ・カーライルが流れると、白い布に「市来♡貴代子」って「魂込めて！　新日本プロレス」みたいに書いたの持って「いーちーきっ！　いーちーきっ！」ってひとりでやってて。そしたら青いスパンコールのコスチューム着てきて、「これ！　これ俺が作ったの！」「あれ俺が金出したから！」ってオタクの知り合いに自慢して（笑）。

――黙っていられなくて（笑）。

ツヨッシー　で、終わって市来に「すげえよかったよ」って言ったら、「お礼に水着を持ってきたんだけど受け取ってくれる？」って言われて、「え、断る理由ないっしょ！」って、袋に入ってるの渡されて。市来の匂いがするんですよ。市来、香水の匂いがすげえしてて、後ろにいても「市来？」ってわかるぐらいなんですけど、その匂いパンパンの水着で、パッと開けたら俺が初めて見たピンクと白のヒラヒラの水着で、「サインもらってもいい？」って言ったら、左のオッパイのところに「市来貴代子」って書いてくれて、「キターーーッ！　ありがとう！」って（笑）。

カクタス・ジャック
アメリカのプロレスラー。IWAジャパンの看板レスラーで、川崎球場での「ワンナイト・デスマッチ・トーナメント」でテリー・ファンクをくだし優勝もする。その後アメリカに戻り、WWF（現・WWE）と契約すると、「多重人格」キャラで大ブレイク。

市来貴代子
『天才・たけしの元気が出るテレビ!!』（日本テレビ系列）でやっていた女子プロレス予備校出身のプロレスラー。94年、IWAジャパンの対シンティア・モレノ戦でデビュー。デスマッチも経験済。得意技は顔面蹴りとジャンピング・ニーパッド。

新谷朋江
75年生まれのプロレスラー。夫はプロレスラーのTAJIRI（田尻義博）。

元川
元川恵美。IWAは女子プロレスラーが少なかったため、市来貴代子と対戦することが多かった。03年にさくらえみに改名。12年からは日本とタイを拠点とする女子プロレス団体我闘雲舞を主宰。

——5〜6万で使用済み水着を回収できるんだったら相当いいシステムですよね（笑）。

ツヨッシー　ほら、名のない若手女子レスラーっていったらあれだけど、物販でIWAのグッズ売るじゃないですか。Iジャのマークのシャツとか若手も着てるでしょ。「それを買ってくよ。市来サイズ何？」「私はM」「じゃあMを買うから、あとでいま着てるそれちょうだい」って言って、そのとき金だけ払うんですね。で、出待ちしてると脱ぎたてのTシャツを「はい」ってくれるの（笑）。

——ダハハハ！　下取りシステム（笑）。

ツヨッシー　ほら、向こうにしてみりゃ売り上げにも貢献してるし、新しいTシャツも着れるし、誰も損はしてないでしょ。で、俺だけ「あー市来の匂い！」って（笑）。西武球場前広場でも、タイガー・ジェット・シンがいて、爺さん逃げなくて突き飛ばしちゃって、爺さん倒れて救急車を呼ばれたりして。そのときも物販で、「あ、トレーナーも出たんだ、買ってくよ」ってお金だけ払って、終わってから「はい」って渡されて、「あぁ……市来の匂い！」って。とりあえず1回家で着て、ベリンダ・カーライルをかけて。

——テーマ曲で気持ちを高めて（笑）。

ツヨッシー　だから俺が持ってるIWAグッズは全部市来が着たヤツ。そのとき俺、60キロぐらいしかなかったからMでも着れて。

——水着も着たんですか？

ツヨッシー　水着は着てない。だって俺が着たら俺の水着になっちゃうから（笑）。あれは袋に入れたまましまってたんですけど、当時つき合ってた女の子に見つかっちゃって。「これほら、そのポスターの市来貴代子って選手のコスチュームだよ」「なんで持ってるの？」「いや、俺……コスチュームをプレゼントしたんだよね。「いくらなの？」「5万だったかな……」「で？」「そしたら俺にくれた」「おかしいでしょ、人の水着」「いや、水着じゃないよ、コスチュームだよ」。

——ダハハハ！　そこは重要ですね（笑）。

ツヨッシー　「野球ファンは野球選手が使ったグローブとかボールとかほしいでしょ、俺も好きなレスラーのコスチュームがほしい、それだけで、べつに下心とかないよ」って。

——アスリートとして好きなんだっていう。

ツヨッシー　でも、「そんなわけないじゃない！」って、ぜんぜん許してもらえない（笑）。

——まあ、怒って当然ですよ（笑）。

ツヨッシー　完全に気持ち悪いでしょ。

——男子のでも引っかかりますもん。1回、維新力のSWSのジャージとかNOWのジャージとかのフルセットがヤフオクに出てたんですよ。そのなかに試合コスチュームが入ってて、維新力のパンツだけはすごい持て余して、いまも袋からも出してないです。

ツヨッシー　吉祥寺のどりんくばぁー維新力の店とか行ってます？　ほら、市来が最初LLPWにいたじゃないですか。それもあるから、1回詩子に挨拶に行こうと思って。

——維新力夫人の穂積詩子に（笑）。

ツヨッシー　ジュリアナ詩子に（笑）。

——それまで追っかけ経験はありました？

ツヨッシー　もともとおニャン子クラブとか好きだったし、少女隊とか佐野量子とか。あと相楽晴子はファンクラブに初めて

維新力
プロレスラー。大鳴戸部屋所属の元大相撲力士。相撲廃業後に、SWSに入団。SWS崩壊後は、後継団体のNOW、WARを経て引退（後に復帰）。LLPW所属のジュリアナ詩子こと穂積詩子と結婚。94年に、吉祥寺に「どりんくばぁー『維新力の店』」をオープン。

少女隊
84年にデビューしたミホ、レイコ、チーコの3人組のアイドルグループ。デビューアルバムは山口百恵、ピンク・レディーを手がけた都倉俊一がプロデュースを担当した。89年に解散。15年に、当時の楽曲をカバーする2代目の少女隊が結成された。

入ったの、相楽倶楽部。そしたら会報に「親衛隊募集中」とか書いてあって、やってみようかなと思って電話してみたら、親衛隊長みたいな人から電話があって、「君、親衛隊やる気あるの？」「興味があって連絡したんですけど」「どうすんの？」みたいな、けっこう怖い感じだったから、「すみません、やっぱり受験勉強が……。高校受験を控えてまして、合格してからお願いします……」って。

――わかりやすくビビッて（笑）。

ツヨッシー　やっぱりあのとき怖いでしょ。場所取りだったりコールの練習だってけっこうキツいって聞いたし。だから結局それはできなかったんだけど。その前は原田知世。

――世代的にみんな通ってますよ。

ツヨッシー　『時をかける少女』の前、『ねらわれた学園』に出てたじゃないですか。

――テレビバージョンで髪が長いとき。

ツヨッシー　そうそうそう。「うわ、俺この子だ！　この子しか見えないかも！」と思ってずっと原田知世が好きで。『愛情物語』のシナリオ本があったんですよ。原田知世のところに全部黄色い線引いてセリフを覚えてました。あれ原田知世が具合悪くなって、「生理かしら？」とか言われるところを巻き戻して、「いま生理って言った！」みたいな。それで『早春物語』のとき試写会の券が当たって、初めて原田知世に会ったんですよ。

――接触イベントとかない人でしたからね。

ツヨッシー　そうそう、角川は社長だけの接触だから(笑)。「原田知世だ！　本物だ！　やっと会えた！」って、5年越しぐらいでうわーっと思って。でもあれ、生徒と教師の禁断の恋みたいな話で、最後にキスシーンがあるじゃないですか。もうガッカリですよ、ガッカリ！「初めて会えた！　知世ちゃーん！」だったのが、帰りはガックリですよ。

――中年男とキスをしてたから（笑）。

ツヨッシー　そうそうそう。しかも林隆三さんがちょうど『たけしくん、ハイ！』に出てる時期だったんですよ。あんな酒飲んで酔っ払い役やってたような奴と、「クソッ、あのオヤジ！　なんでキスしたんだよ！　許せない！」みたいな、それで半分他界ですね。

――だいたいそのぐらいの時期でしたよね。周りのファンが原田知世から離れたのは。

ツヨッシー　やっぱりあのキスシーンが。

――キスシーンに限らず、露出もあまりないし。それで身近なおニャン子とかに流れて。

ツヨッシー　そうなんですよ。おニャン子も最初は国生さゆりが好きだったんです。『バレンタイン・キッス』を『夕ニャン』で歌ったヤツ、全部録画してたんですよ。毎日夕方5時に帰ってきて、全部3倍で録って、テープ全部『バレンタイン・キッス』だけで。あのとき国生さゆりは白いブラウスに赤いカーディガン、赤いミニスカートに赤いタイツを履いて赤い靴だったんですよ。だから俺も赤いタイツを買ったんですよ、長崎屋で。

――とりあえず同化しようとするんですね。

ツヨッシー　なりたいんですよね。それで赤いタイツを履いて振りコピですよ（笑）。

――現場に行かなくても十分に狂ってた！

ツヨッシー　そのときもうパンクと出会ってるんですよね。だから、パンクと出会ってなかったらどんどん変なほうにいってた。それで『夕やけニャンニャン』とか観に行って。

佐野量子
68年生まれの女優・アイドル。84年に日本テレビ系列ドラマ『気分は名探偵』で女優デビュー。85年には『ファースト・レター』でＲＣＡからアイドル歌手デビューした。ＪＲＡ騎手・武豊と95年に結婚し、事実上芸能界を引退した。

相楽晴子
85年のドラマ『スケバン刑事II 少女鉄仮面伝説』で知名度を広げたアイドル。86年には『スケバン刑事II』の挿入歌『ヴァージン・ハート』で歌手デビューした。95年、ロサンゼルスに移住。その後、仕事で知り合ったアメリカ人男性と結婚し、1女をもうけた。

原田知世
82年に「角川・東映大型女優一般募集」オーディション特別賞を受賞し芸能界入り。83年に主演映画『時をかける少女』で日本アカデミー賞新人俳優賞を受賞。同名タイトルの曲もヒットした。

国生さゆり
おニャン子クラブ会員番号8番。86年、『バレンタイン・キッス』でソロデビュー。累計31万枚ものヒットとなる。

――あれ、なかなか当たらなかったですけど。

ツヨッシー　高校に入ったら番組のサクラやってる友達がいたんですよ。『夕やけニャンニャン』も観に行けるよ」って。でも、とんねるずはもういなくて、パワーズの時代で。俺、ゆうゆ推しだったから、ゆうゆは最後までいてくれたじゃないですか。おニャン子が2列座ってて、俺は3列目に座って、「ゆうゆだ！　うわぁぁぁぁぁぁ！」とかなって。で、友達が「ゆうゆ！」って声かけて、ゆうゆが「ん？」って振り返るんですよ。でもその友達が隠れるから、俺の顔見て「ん？」ってやって、「はぁぁぁぁぁ〜っ、かわいい！」みたいな。ゆうゆがすごい好きでしたね、あと（渡辺）美奈代ちゃん。

――わかります。いまも最高ですよ。

ツヨッシー　あと、ウチの義理の父親が中華料理屋やってて、それが『スクールウォーズ』の撮影で使ったラーメン屋なんですよ。

――梅宮辰夫と和田アキ子の？

ツヨッシー　そう。あれ中河原にある店だったんですよ。水曜日が定休日で、水曜日に撮影やってたんですよ。それウチの義理の父親の店なんです。義理の父親を自慢してもしょうがないんですけど（笑）。あそこ大映スタジオの裏なんですよ。「さっきまで杉浦幸がいたよ」「えーっ、マジで!?」みたいな。

――大映テレビ関係の人がみんな来るんだ！

ツヨッシー　そうそうそう。ウチの母親がそこでパートをしてて、禁断の愛で奥さんと別れてウチの母親と結婚したんですよ。それでほかでウチの母親と中華料理屋やってて、そこでおニャン子がバイトしてたの。27番の松本亜紀って子なんですけど、「いま、おニャン子いるよ！」って言われても、俺シャイだから行けないんですよ。ダメだった、「そうなんだ、今日いるんだ……」みたいな。

――そこから足を踏み外したのが市来だった、と。

ツヨッシー　Iジャの後は大日本に行ったじゃないですか。その頃には女子プロの新人の子とかも懐いてくるんですよ、「今度この子デビューするから写真を撮ってあげて」なんて言われて、それが広田さくらだったり。あと、これ名前を言わないほうがいいけど、相談の電話とかあったり。バイトが終わってから毎日電話してくるんですよ。だから話を聞いて、「それはあれだな」みたいに言って。

――謎の立ち位置になって（笑）。

ツヨッシー　帰りの電車が同じ方向だから新宿まで一緒に帰ったりしたけど、その子が全女に上がったらもうテングになっちゃって。

――アイドルと違ってそのへんのガードは緩いわけですよね。

ツヨッシー　で、手紙を送って住所を書いとけば返事もくれる子はいるし。●●●●●が好きで、一緒にリング片づけとかもやったんですけど、俺のこと生理的にダメだったみたい。その後、ソープで働いてるって噂もあったじゃないですか。結婚して子供も産んでるし、嘘だと信じたいですけど。それで市来ですけど、大日本が川崎でやったとき、新日本プロレスの大谷が来てたの。

――大谷晋二郎が。

ツヨッシー　で、市来が犬を抱いてたり、大谷が抱いてたりするんですよ。「え？　俺、聞いてないよ！」って。で、「この前の全日のドームも市来とふたりでいたらしいよ」なんて聞いて、

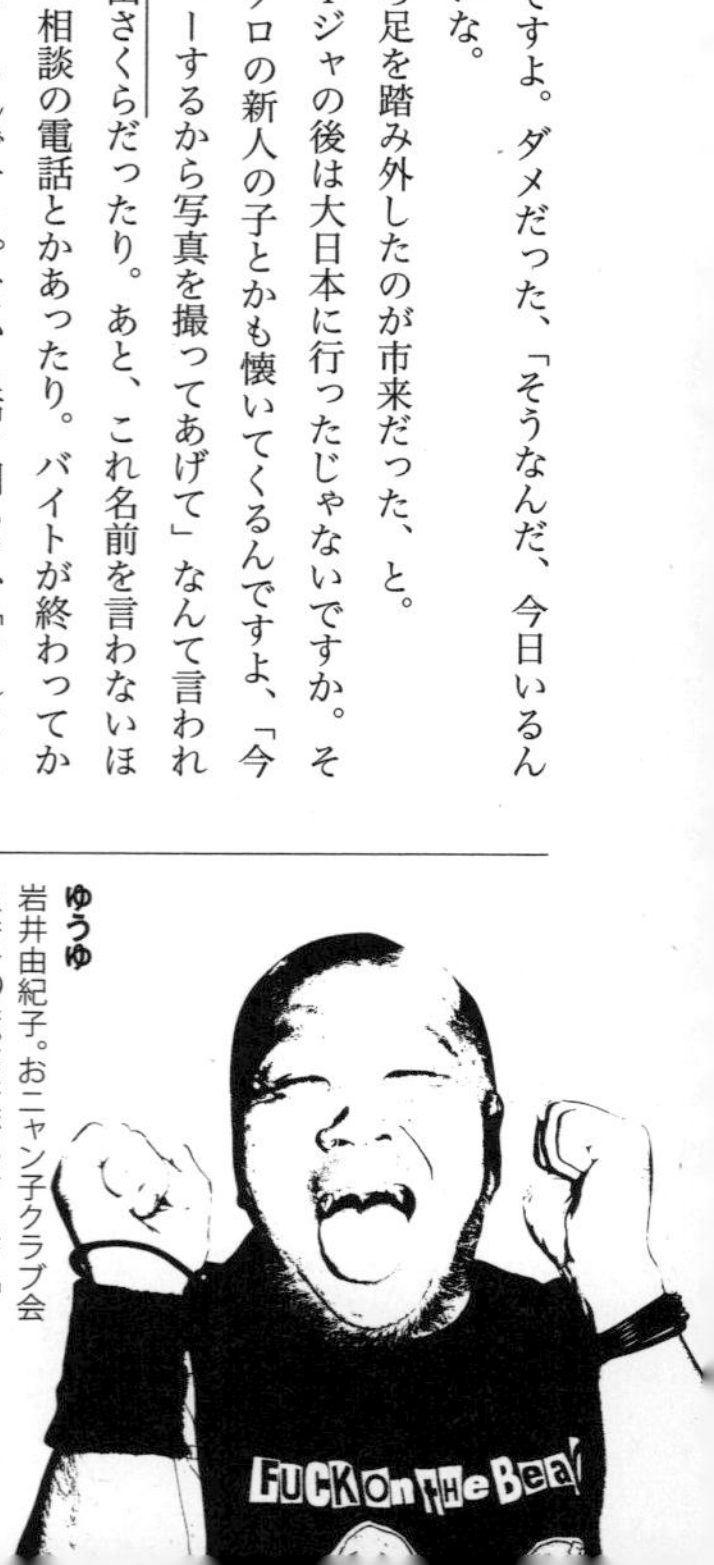

ゆうゆ
岩井由紀子。おニャン子クラブ会員番号19番。高井麻巳子と共に「うしろ指さされ組」を結成して人気を博す。おニャン子解散後は愛称の「ゆうゆ」を芸名にした。

松本亜紀
おニャン子クラブ会員番号27番。86年に「第5回ミスマガジンコンテスト」の準ミスマガジンに選ばれた。

広田さくら
95年、GAEA JAPANに入団。デビュー戦は全日本女子プロレスの日本武道館大会で、長与千種と組みアジャ・コング&田村欣子と対戦するという破格の扱いを受けた。現在のリングネームは「旧姓・広田さくら」。

大谷
大谷晋二郎。新日本プロレスのジュニア級時代にジュニア7冠王者、IWGPジュニアを獲得。00年の海外遠征後にヘビー級転向。その後はZERO-ONEやハッスルなどで活躍。「日本一熱いプロレスラー」と言われている。

「なんだよー!」みたいな。その前にもいろんな話はあったけど、目の前で犬を抱いてるの見て、病むわーって感じで。

――ダハハハハ！　ガチ恋が病んだ瞬間（笑）。

ツヨッシー　もうダメだー、みたいな。だって俺、ＩＷＡのときは俺もレスラーになろうと思って走り込みとかやってたんですよ。疲れると、前に市来が走ってると思って、見えない市来を追っかけて走ってて（笑）。

――ダハハハハ！　すごいなー（笑）。

ツヨッシー　そういう時期もあったんだけど。でも、ガラスデスマッチを観て、あれは無理だと思って。画鋲は頑張れると思ったけどガラスは嫌だなと思って。もしそのときやってればね、「おい葛西（純）！」なんつってたかもしれない。弱いけど（笑）。そのときはもうバンドを始めてて。だから週に何回も大宮スケートセンターとかバンバン行ってるほどのペースではなかったですね。

大恋愛に失敗して アイドルヲタに戻る

――失恋で距離を置く感じだったんですか?

ツヨッシー　バンドがおもしろくなってきたっていうのが大きいですね。いい調子で音源が出たり、海外ツアーに行ったりして、もうバンドだなって感じだったんだけど。またオタクな活動をするのは、大恋愛に失敗して。で、もう恋なんかしないと思って（笑）。

――また失恋で人生が変わって（笑）。

ツヨッシー　こんなに傷つくんだったらもういいやって、『北斗の拳』のサウザーと一緒。あれもお師匠さんのことすげえ愛してたけど、最後に殺した相手はお師匠さんだったでしょ。悲しむぐらいならもう愛なんかいらないよって思ったときに出てきたのが『マジすか学園』。

――ああ、ＡＫＢでヲタ復帰したとは聞いてましたけど、そういうことだったんですね。

ツヨッシー　その前に椿鬼奴にガチ恋してたんです。もうすっげえかわいくて、奴さん。

――当時の女子プロ感ありますよね。

ツヨッシー　そうそうそう、メイクもあるし。で、キュートンってあったじゃないですか、あれもおもしろくて。キュートンのライブに行ったりして、朝10時前に並ばなきゃ買えないんですよ。公園通りのシアターＤでピースが司会で若手がいっぱい出るライブ、５００円ぐらいのヤツに奴さんたち出てて、そういうのも観に行って女子高生のうしろで。

――いやらしい目で見て（笑）。

ツヨッシー　そう、性的な目で。ガチ恋だったから。で、得意の手紙ですよ！　ＦＵＣＫ ＯＮ ＴＨＥ ＢＥＡＣＨのＣＤ入れて。で、奴さんは当時ブログやってて、俺は斎藤清六って名前でコメントしてて。奴さんは金星ダイヤモンドっていうバンドやってて。

――奴さんは音楽好きですもんね。

ツヨッシー　だから俺もイケるんじゃねえかなと思って。で、ライブはお客さんもそんなにいないし、「奴さん、斎藤清六です」「ハッ、斎藤清六さん！」みたいな。でも、やっぱり近づけないんですよね、仲良くなっちゃえばいけるんでしょうけど、そんなに縁もなくて。そこで『マジすか学園』が始まって。ＡＫ

葛西純
デスマッチのカリスマ。カミソリ、蛍光灯、画鋲、のこぎりなど、様々なデスマッチを経験。６ｍ以上の高さがあるバルコニーからしっかりダイブして、ボディプレスもできる。自分のことを「俺っち」と呼ぶ。

椿鬼奴
よしもとクリエイティブ・エージェンシー所属のお笑い芸人。ショートボブで眉頭を鼻筋まで延ばしたような独特のメイクで、桃井かおりのモノマネをしていた。休日はパチンコ屋に入り浸っている。

キュートン
02年に吉本の芸人で結成されたお笑いユニット。メンバーは、増谷キートン（リーダー）、くまだまさし、椿鬼奴、しんじ、元アホマイルドの二人。メンバーではない元Ｂコースのハブも一緒に活動している。

Bなんかぜんぜん興味なかったんです。

――それは最初の『マジすか』ですよね。

ツヨッシー そうです、まだ前田あっちゃんがいて。『クローズ』とか流行ってたじゃないですか。俺らは『ビーバップハイスクール』があったけど、ああいう敵だったヤツがどんどん味方になってくる『ジャンプ』的な世界がたまらなくて。……いま思い出したらちょっとブルッときちゃった。何回も泣きましたもん！ で、最初はゆきりんだったんですよ。初めてのゆきりんとの接触は写真集のイベントで。行ったら「本日、柏木由紀さん風邪のため声が出にくくなっておりますのでご了承ください」みたいな紙が貼ってあって、プレゼントボックスに手紙を入れて（笑）。で、ゆきりんに「初めまして」って言ったら、耳元で「声出ないの」とかささやかれて、これがゆきりんの釣りかーと思って。

――ダハハハハ！ 上手いですね（笑）。

ツヨッシー でも、ゆきりん人気あるから握手券が取れないんですよ。そこでフレッシュレモン市川美織ちゃんが研究生で来て、『有吉AKB共和国』に出たときに、「これだ！ この子だ！」と思って。ゆきりん推しで何度かテレビには出たことあるんですけど、そのときはじつはもうみおりんだったんですよね。

――推し変してた。

ツヨッシー すでに。「ゆきりんに入れるね」って言いながら全部みおりんに投票してました。それで美織ちゃんずっと推してて。ああいう変なこと言う子好きなんですよね。「フレッシュレモンになりたいの」なんて最高じゃないですか。最初は運営にも推されてたから、けっこうテレビにも出てたし。でも結局、劇場公演は観られないじゃないですか。全握のときのライブとかしか観られないんですよね。生誕を当ててウォーッてなってみおりんの似顔絵を描いてったりはしたけど。

――佐野量子好きがハマるのはわかります。

ツヨッシー ただ、俺らのなかでは2013年の『千本桜』のとき、みおりんは大切なものを失ったんじゃねえかと思ってて。あのとき舞台やってたんですよ。舞台ってダメじゃないですか。若いイケメンと一緒に作り上げていくから嫌だなと思って。そのとき755で私信的な、これなんかあるのかなって感じの投稿があって。それからちょっと変わったの。大人になったんですよ。で、みおりんヲタと話すと、「やっぱ2013年2月だよね」「だよねー」みたいな。で、みおりんがいるチーム4はぱるるもいて、ぱるるの握手レーンに誰も並んでないんですよ、かわいいのに。じゃあ俺ぱるるも行こうと思って、それからみおりんとぱるるに行くようになって。

――ぱるるは塩じゃなかったんですか？

ツヨッシー 俺、1回も塩対応ないんですよ。みんな塩塩言うでしょ。たかが10秒だから盛り上がってはいないけど、嫌な思いはしたことないんです。で、だんだん運営がぱるるを推すようになったじゃないですか。『めちゃイケ』で推されてすげえ売れたから、なんか嫌になっちゃって。それでぱるるになんか言ってやろうと思っちゃって。「……売れたね」ってすごく含みのある感じで言って。

――「おめでとう」じゃない感じで。

ツヨッシー そう。そしたらぱるる、握手の手を引っ込めたの。俺は両手を出してて、「え?」って言ったらね、ぱるるがそのままこっちを睨みつけてて。で、「時間です」。

――やっぱり最高ですね、ぱるる（笑）。

市川美織
10年にAKBに加入。『真夏のSounds good!』で選抜メンバー入りを果たす。14年にNMB48に移籍し、18年にNMB48の卒業を発表。キャッチコピーは「フレッシュレモンになりたいの」で、愛称は「フレッシュレモン」。身長148cm。

『千本桜』
13年に上演された『音楽劇 千本桜』。黒うさPが作詞・作曲し、ボーカルに音声合成ソフト「初音ミク」を使用し、インターネット上で公開された楽曲『千本桜』をモチーフにしたミュージカルとなっている。

ぱるる
島崎遥香の愛称。12年12月1日の『めちゃイケ』では、「ポンコツ島崎遥香を教育せよ」というサブタイトルで放送。島崎の塩対応がいじられた。16年の紅白でAKB48を卒業。

BiS
10年に女性歌手プー・ルイが中心となって結成されたアイドルグループ。つばさレコーズ所属。奇抜な企画を多数行い話題を集めた。14年に横浜アリーナでライブを行い解散したが、16年に新メンバーで再結成。代表作に『nerve』『PPCC』など。BiSのファンのことを総じて「研究員」と呼ぶ。

ツヨッシー　そのときは塩っちゃ塩だけど、俺も仕掛けてるから。向こうもそれに応えてるわけですよね。「うわーっ、ぱるるに握手を拒否されちゃったよ、ギャハハハ！」みたいに話も盛り上がるし。で、その夏のドームでチーム4の解体があって。そのときからAKBもう人気なくなってきたなんて言われてたけど、俺はいつまでもこの泥船に乗ってるから、チーム4と心中するぜ、みおりんをずっと推し続けるって思ってて。そしたら解体になっちゃったんで俺、泣きましたからね。

――あのときBUBKA勢もみんな激怒してましたね、「希望を壊された！」みたいな。

ツヨッシー　そう！　で、半年先の握手券を売ってるから、もちろん買うし行くけど、でもモヤモヤしてたんですよ。目当ての子がやめちゃって返金になったりもあるし。まあ、泥船に乗ってるぞとは思ったけど、「ももクロもいいよ」なんて言われても「いや、俺はチーム4だから」って言って。スパガとかはチョコチョコ行ってたけど（笑）。で、12年の12月9日、秋葉原のタワレコでBiSとドロシーリトルハッピーの『GET YOU』のリリイベやってて。赤坂ブリッツでもけっこうおもしろかったって聞いてたんだけど、「いや、俺はチーム4だから」って。

――「地下の人間じゃないから」って。

ツヨッシー　そうそう、「みおりんだから」ってAKBヲタの友達に言ってて。「でも、リリイベはタダで観れるから行こうよ」って言われて端っこで立って観てて、「これが地下アイドルかー」なんて言ってたら、「何これおもしろい！」みたいな。曲もハイスタみたいでおもしろいし、『GET　YOU』もいい曲じゃないですか。「これおもしろくない？　あの子なんていうの？」「プーちゃん」なんつって、CD買って特典会で「はじめまして」「ああ、そっちにいたね」「すげえかわいくない？」「ホント？」なんて会話して、そのときにビビビビッときて、「あ、俺こいつとつき合うわ！」と思って。

――なんで「つき合うわ」なんですか！

ツヨッシー　もちろんみおりんはまだ継続してるけど、つき合うのはこの女だと思って。で、12月の13日かな？　ロフトで鳥肌実とBiSとなんかの3マンがあって、そこにももちろん手紙を書いていって、CDとTシャツとフルセットで持ってって。そのとき俺、ツイッターって蒼井そらのツイートを見るためのものとしてやってただけなんだけど。

――蒼井そらも推してたんですね。

ツヨッシー　恵比寿マスカッツおもしろくて。俺、ファーストライブ行ってますから、CD4枚買って。ただ、蒼井そらのAVは観たことないんです。セックスしてほしくない。

――なんですか、それ（笑）。

ツヨッシー　蒼井そらも処女なんですよ、自分のなかでは。マスカッツのメンバーのAVは観たことない、みんな処女だから。ちょっとセクシーな感じで下ネタを言うアイドルですから。谷間も見せてくれるけど処女ですから。ツイッターはそのために登録してたんだけど、「相手にリプ飛ばすとふぁぼってくれるんだよ」って言われて、「え、ふぁぼって何？」みたいな。そのときプーちゃんお気に入りが1万ぐらいで、なかなかふぁぼらない感じだったんだけど、「俺！　鼻ピアスの男です！　ツヨシっていいます！」「すげえ大好き」みたいな感じでやったと思うんです。

――突然ハイテンションでつぶやき始めて。

ドロシーリトルハッピー
正統派アイドルグループ。仙台市在住のメンバーで結成された。11年にavex traxからメジャーデビューするはずだったが、デビュー5日前に起こった東日本大震災の影響により、全てのイベントが中止または延期となった。代表曲は『デモサヨナラ』。

『GET YOU』
BiSとドロシーリトルハッピーがavex traxに在籍していることから企画されたコラボレーション・シングル。男の子を取り合う女の子たちの気持ちを赤裸々に歌うラブソング。

プーちゃん
BiSのメンバーだったプー・ルイの愛称。BiSファーストライブ写真集『MOBiSPROOF～BiSの7日間戦争』で、プー・ルイとツヨッシーが対談をしている。18年3月、第2期BiSを卒業。

恵比寿マスカッツ
08年4月、テレ東『おねがい！マスカット』レギュラーで結成された。メンバーは、蒼井そら、麻美ゆま、吉沢明歩など人気AV女優とグラビアアイドル・モデル。13年に全員卒業。現在は新しいメンバーで、「恵比寿マスカッツ1・5」として活動している。

ツヨッシー そう（笑）。それで会いに行ったら、プーちゃんも「あー、この前の人！」ってなって。「俺、バンドやってんだ。CDとTシャツ持ってきたよ！」「じゃあ対バンやろうよ対バン！」「やろうな！　やろうな！」みたいな感じで。リップサービスとはいえすごいじゃないですか。その次の日にツイッターでFUCKのTシャツ着て……これ足掛け5年間待ち受けにしてるんだけど。

――あ、まだガラケーなんですね。

ツヨッシー これ（見せる）。プーちゃんが自分のバンドのTシャツを着た写真を上げてるのを見て、「うぉぉぉぉぉーーー！　私信キターーーーッ！」と思って。そのとき俺まだツイッター使いこなしてなかったんですけど、「プーちゃんがFUCK ON THE BEACH着てる」って騒ぎになったんですって。で、次の日は渋谷WWWでライブがあって、並んでたらプーちゃんに「ツヨシなんなの？　すごい人なの？」って言われて。「そんなすごくないけど対バンしようよ」って言ったら、「しようよ！」ってなって。だけど、やっぱりオタクにも自治があって。

――新参者が突然そういうことをすると。

ツヨッシー 異物が来ると排除しなきゃいけないみたいな、何するかわかんないし。で、結構チェキ撮るときも近いし（笑）。やっぱり叩かれたんですよ。「変なの来たぞ」みたいな感じになって。そのときはまだなんだかわかんなかったんだけど、ジュンジュン（渡辺淳之介マネージャー）がFUCK ON THE BEACHを知ってたから、「FUCK〜の人だ」って会場でも何度か言われてて。そのときの手紙に「来週、消毒GIGに出るから、よかったら来いよ」みたいな。

――消毒GIGに誘った！

ツヨッシー いま思えばその手紙とかみんなに見られてるんだって感じですごい恥ずかしいんだけど。その日、BiSは名古屋だったから来れないかとか思って。そこからホントに大好きで、絶対つき合うと思ってたし。

――それはヲタも警戒しますよ！　そんなガチ恋の半ヲタ関係者が近付いていきたら、俺たちが阻止しないと！　ってなりますからね。

ツヨッシー ね、ガチなんだもん。それで、めいっぱい叩かれて。俺はツイッターを使いこなせてないから叩かれてることもわからないんですけど、周りの目はすごいんですよ。俺は自分の友達と行ってるから関係ないし、ちょっとでもライブで隙間があったら「プーちゃん！」ってずっとやってて、プーちゃんも俺にレスするから「なんだあいつ」みたいになって。でも、バンドやってれば叩かれるのも慣れてるじゃないですか。そんなんでライブ行かなくなることもないし、ずっと行ってて。プーちゃんが駒沢公園で100キロ走るっていったら俺もコンバースにジーパンでひと晩じゅう走って。最後の1周は走らないでゴールで「プーちゃーん」とかやってましたけど。その翌日、大宮で『GET YOU』を歌ってて、こいつはもう俺が支えるわと思って。クリスマス男子会っていうのが下北沢シェルターであったんですよ。上手からノンちゃん、プーちゃん、ミッチェル、ユフちゃんだったかな？　『nerve』で前に来るじゃないですか。俺そのとき最前で上手の一番端っこにいたんですけど、そしたらプーちゃんはノンちゃんの走行を妨害してまで俺のとこに来たんです、1番のサビで。「だろ？　だろ？　結婚だよな？」みたいな。

渡辺淳之介
BiSのプロデューサー。愛称「ジュンジュン」。BiS解散後は自身の会社WACKを立ち上げ、BiSHらのプロデュースを行っている。数々の奇抜な手法でプロデュースを行うため、誤解を受けやすい人。渡辺の半生を追った書籍『渡辺淳之介 アイドルをクリエイトする』（宗像明将・河出書房新社）がある。

消毒GIG
GAUZEの音楽活動の基盤となっているハードコア・ライブの自主企画。81年から現在まで続いており、18年2月11日のライブでvol・169を迎えた。

——明らかに勘違いですよ！

ツヨッシー　すげえうれしかったし、チェキの距離はどんどん近くなってくるし。チェキのとき、「俺、上脱いでいい？」って裸になったりしてて、「なんだあいつ？」って。

——余計にヲタを怒らせて（笑）。

ツヨッシー　「ツヨシさんおもしれえな」って来る人も、「いつもいますよね」って話しかけてくる人もいるけど、おもしろくない人もやっぱりいて。でも関係ないし、つき合うのは俺だし。それでジュンジュンから「BiSと対バンしませんか？じつはシェルターで7デイズやるんですけど、プー・ルイの誕生日どうですか？」って言われて。「俺ら出て大丈夫だったらやりましょう」って、断る理由はないなと思って。「じゃあ俺俺の誕生日のライブにBiSは出られる？」って言ったら「ぜんぜん出ますよ」って言われて、「じゃあ、お互いの誕生日にやりっこしよう」って。

——で、新宿アンチノックでしたっけ？

ツヨッシー　そうです。両国で「重大発表、シェルター7デイズ！」ってやったときも、「ああ、知ってるよ」って（笑）。もちろんケーフェイだから言わないし、近い友達にも黙ってて、メンバーしか知らないぐらいで。で、新宿アンチノックで俺の誕生日企画でBiSと対バンするって発表したときに、「なんであいつだけ？」みたいな感じになって。対バンするならやっぱり一緒に何かやりたいじゃないですか。BiSの曲は難しいし、それやってもおもしろくないと思って、「AKBの『ヘビーローテーション』やるからプーちゃん歌ってよ」って言ったら、「いいよ、歌うよ」って。ジュンジュンもその場でOKで、簡略化した演奏で練習して、満員のシェルターで『ヘビーローテーション』やって。もう半端じゃなかったですね、「おい、俺の横で俺の女が歌ってるよ！」って（笑）。

——ダハハハ！「俺の女」じゃないですけど、それはかなりの満足感ですよね。

ツヨッシー　そのとき、俺がプーちゃんの顔を描いたTシャツがあって、「これ着て歌いなよ」って言ったら、「いいよ」ってそれ着て。かわいいんですよ……。前髪短いときのプー・ルイ。あのプー・ルイが一番かわいい！　で、「アイウォンチュー」とか俺見て歌うんですよ。「だよね！」みたいな。でもね、やっぱり楽屋に一緒にいられないです。

——BiSの楽屋はピリピリしてますしね。

ツヨッシー　そういう話はいっぱい聞いてるし。そのときはもうユフちゃんやめて新メンが3人入ってるから、そんなにピリピリはしてなかったけど。ベルハー（BELLRING少女ハート）と対バンしたときも、殺害塩化ビニールの企画があって、俺がベルハーを呼んだんですよ。最後、流血ブリザードがチンコ出しちゃって、メンバーが怖がって泣きそうになっちゃって、ヲタちゃんが怒って、「誰が呼んだんだ！」ってことになって。

——あったなー、それ。

ツヨッシー　「誰が呼んだんだ！」「ツヨシだ！」「ツヨシ死ね！」ってなって、「え、俺？」って。そのときも田中さん（ベルハー運営）が荒縄持ってきて、「メンバーが亀甲縛りできるんでレスラーを亀甲縛りやります」って言ってて、「大丈夫ですか？ヲタちゃんとか怒らないんですか？」「いや、これくらい爪跡残さないと」とか、俺は心配してた側なのに、俺が「あいつのせいだ！　死ね！」とか言われて（笑）。だいたい俺、どこ行っても叩かれますからね。悪目立ちしちゃうのかな？

殺害塩化ビニール
バカ社長と呼ばれているTHE CRAZY SKBが設立したインディーズレコードレーベル。AIDS、猛毒、流血ブリザード、ありぢごくなど、一風変わったバンドがリリースしている。

――またオフィシャルの仕事とかもしちゃいますからね、BiSの写真集で対談したり。

ツヨッシー あれは対談っていうよりも、俺がいかに好きかってプーちゃんにずっと言ってるだけだから誰もおもしろくない(笑)。

――もっと彼女の話が知りたいのに(笑)。

ツヨッシー そう、ずっと俺がどんだけ好きかって話をしてて。あのとき、みずほも推してたんだけど、「みずほのとこ行ってんの?」って聞かれて、「行ってない!」って言って、ベルハーとちょっと疎遠になったんです。対バンしたときは、かくれてみずほとチェキとか撮ったりしてたんですけど。

――両立はできなかった。

ツヨッシー やっぱりプー・ルイしか見えないってことで。TIFのとき、(BiSHのセントチヒロ・)チッチがやってるナターシャってユニットがあったじゃないですか。あれアイドルちゃんみんな観てたからニヤニヤして見てたらみずほがいて、「みずほ!」って言ったら「ああ!」なんつって、ぜんぜん変わってなかったですね。一時期ちょっと大人になったときあったじゃないですか。あのとき、「最近みずほちょっと大人っぽくなっちゃってない?」って聞いたら、「うん、大人になったの」って言われて、ガーン! マジか……と思って。

――深読みしすぎですよ! ぜんぜん大人になってないし、まだ100パー子供ですよ。

ツヨッシー え! いまもあのままなんですか? じゃあ信頼できますか?

――この前の『夏の魔物』のバックステージでずっと走り回ってて、「何やってるんですか?」って聞いたら、「芝生だから芝生を踏みたい!」って言ってましたからね(笑)。

ツヨッシー 変わってない(笑)。

――話を戻すと、あの時期のBiSのことは相当追っかけてきたわけじゃないですか。

ツヨッシー そう。2013年はホントBiSばっか、プーちゃんばっかで、バンド活動休止説とか流れちゃって。やってるよ! たしかにライブは減ってたんですけど、しょうがないかって感じで。俺の誕生日のときは平日にやって270人だったからもうパンパンですよ。あのときプーちゃんにFUCK ON THE BEACHを歌ってもらって。

――アンチノックでBiSは観たいですからね。

ツヨッシー ね、絶対おもしろいじゃないですか、音もいいし。俺は『GET YOU』の衣装でやってくれって言ったけど、それはスルーされました。そのときに津田(紀昭、KEMURIのベーシスト)さんのREDEMPTIONも呼んで。BiSの『MURA-MURA』って曲を作ったの津田さんじゃないですか。だから「最後に『MURA-MURA』お願いできますか?」って言ったら「やります」って言ってくれて、BiSにも言ったら「やります」って。「3回続けてお願いしていいですか?」って言ったら、3回はホーン隊がキツいでしょってなって、じゃあ2回続けて『MURA-MURA』やりましょうってなって、2回やったら大盛り上がりで、メンバーからもやってよかったって言われました。ライブでプーちゃんが歌ってくれて、最後に2回『MURA-MURA』やってくれたから、早く結婚してえなとか思ってて。だから13年はホントにプー・ルイ。でもじつは俺、1回他界してるんですよ。

――BiS解散前に。

みずほ
朝倉みずほ。「BELLRING少女ハート」の初期メンバー。17年に麻宮みずほ名義で「THE 夏の魔物」に加入、同年脱退。同年に「There There Theres」に新メンバーとして加入した。

『夏の魔物』
音楽家の成田大致が、地元の青森県で開催すべく立ち上げた野外イベント。正式名称は「AOMORI ROCK FESTIVAL -夏の魔物-」。17年は、関東圏では初めてとなる「夏の魔物2017 in KAWASAKI」として川崎市東扇島東公園特設ステージにて開催。

REDEMPTION
スカパンクバンド・KEMURI解散後、KEMURIのベーシストだった津田、POTSHOTのボーカルだったRYOJIなどを中心に、前身バンドである「REDEMPTION 97」を結成。ボーカルがHALに入れ替

ツヨッシー　『DiE』のPVでハメ撮りっぽいことやってたじゃないですか。「なんでそういうことやるんだよ！」と思って。

――BiSはそういうグループですよ！

ツヨッシー　わかってて推してるはずなのに（笑）。『DiE』のPVで脚をピーンってやってイクー！　みたいなシーンがあるんですけど、もう途中で消してましたね。

――じゃあ『BiSキャノンボール』とか腹立たしいぐらいの企画だったんですか？

ツヨッシー　そのときはもう1周まわってました。『DiE』のときにDDTと絡んで福田（洋、現トランザム☆ヒロシ。プロレスラー）に蹴られたじゃないですか。あのとき俺、みおりんの握手会に行ってたんですけど、プー・ルイが蹴られてるときになんで俺はみおりんと握手してるんだと思って。葛藤ですよ、とりあえずプー・ルイにはもうリプしない！　みたいな感じで……おかしいですよね。オタクめんどくせえから。プー・ルイにだけは絶対リプとかしないんですよ。でも「福田を殺せ！」みたいなことは書くんだけど。

――そこには怒ってるけど。

ツヨッシー　だけど、プー・ルイには絶対にリプ飛ばさない。で、IDOLのTシャツ（BiS公式グッズ）を着てみおりんの握手会に行ってるんですよ。だから俺も煮え切らないんですけど。で、みおりんに「IDOLって……」とか言われながらも握手してて、帰るときは「福田ぁ！」と思いながら、でも1カ月ぐらいプー・ルイにはリプも飛ばさずにいて。で、『@JAM』にBiSが出るとき、「俺、『@JAM』でBiSは観ねえよ、ベルハーから観るよ」とか言ってたら、その日はチェルシーホテルでライブだったんですけど、BiSご一行が上がってきた

わってから、「THE REDEMPTION」に改名している。

@JAM
ソニー・ミュージックグループ社員の橋元恵一が総合プロデューサーを務めるアイドルフェス。10年より開催。

んですよ。そしたらプー・ルイが「あっ！」みたいになって、「よう！」「うん」みたいな、つき合ってたみたいな空気になって（笑）。「元気？」「う、うん」とかなって。やっぱり『＠ＪＡＭ』は行こうって思って（笑）。

――ダハハハ！　単純だなあ（笑）。

ツヨッシー　そう、ヲタチョロいですよね。あのときの空気感、なんともいえないあの感じ。で、『＠ＪＡＭ』で「俺、今日上がるわ」って言って、プーちゃんが自己紹介するときにバーッとリフトで上げてもらって。２リットルのお茶のペットボトルをピロピロ飲みして、そのへんは大爆笑なんですけど２０００人には伝わらなくて。でも、プーちゃんが「あ、ツヨシ来てくれた！」みたいな感じになって。そこからまた復活して。そのあとツアーにぜんぜん行けなくて。あのときプー・ルイが飯はお米だけとか言ってて。

――ああ、車中泊で自炊してたツアーですね。みんな精神的にヤバくなってた時期。

ツヨッシー　それなのに、なんで俺は支えてあげられないんだ、プー・ルイが頑張ってるのに俺はなんにもしてあげられないんだって思って。そのときＢｉＳとＫＥＭＵＲＩとの２マンがあったんですけど、「今日リフト上げるからな」とか言われて、「いや俺なんてダメだよプー・ルイ支えられないし……」みたいな。で、上げられるとき「うーん……裸だ！」ってなって、脱いで。「ああ、脱げばおもしろいと思ってるんですねー」みたいにイジられて、「ごめんな……」みたいな。そのときＫＥＭＵＲＩで入れてもらってて、中打ちで、あんまりがっつかないみたいなのがカッコいいじゃないですか。「あ、お疲れ」みたいな感じで。で、ミッチェルとか観に来てて、「俺ぜんぜんツアーとか行けなかったしぜんぜんプー・ルイ支えられなかったな」って言ったら、「いやツアー全通するほうがおかしい。みんな仕事もあるんだし、そんなのいいんだよ」って言われて。そっかと思って、「じゃあ乾杯します」ってなったら「プーちゃん乾杯！」みたいになって（笑）。

――ＢｉＳで人生が狂った人は多かったですからね、ツアー全通して仕事をやめたりとか。

ツヨッシー　ね、カミさんと離婚したり家を売ったりとかね。そうさせるだけのものがありましたよ。俺がバンドやっててもライブ全通しようって人なんかいないですけど、ＢｉＳだと全部観なきゃ気が済まないっていうか、いつおもしろいことがあるかわかんないし、とりあえず目が離せなかったですよね。俺、プー・ルイの前で２回ぐらい泣いてるんですよ。『ＧＥＴ ＹＯＵ』のときもメンバーがどんどん倒れていくじゃないですか。今日は何人いるんだろうって状況のときにユフちゃんも倒れちゃって３人とかでやってて。プーちゃんが「オリコン11位と10位は意味が違うんです、お願いします！」って言ってて。あのときドロシー（リトル・ハッピー）のヲタは富豪が多くて、３ショットも撮れるんで、「じゃあ、あの子とあの子」なんつって。ＢｉＳは売れない立ちんぼみたいにずっと立ってて。で、たまに「じゃあプーちゃん」とかもあるけど、基本的にＢｉＳはそんな感じで。で、俺プーちゃんの顔を見た瞬間に泣いちゃって。「俺もうどうしていいかわかんない。俺が１０００枚とか１万枚買えたらいいけど、そんな金もねえし」とか言って泣いちゃって。「ツヨシが泣いてどうすんの？　チェキ撮ろ」「うん！」みたいな。

――ダハハハ！　ピュアだなー（笑）。

ツヨッシー　で、次の日に「BiSとドロシー『GET YOU』発売」って書いた旗を作って、駅前で旗を振って。俺がCDを1000枚は買えないけど、1000人に1枚ずつ売れればいいやと思って。午前中に行って場所取りして、旗を振って。それで買った人がいるかいないかはわかんないですけど、これが俺にできることだと思ったんですよね。だからホントにBiSのこと、プーちゃんのことばっかり考えてましたね、13年は。

——解散はいつでしたっけ？

ツヨッシー　14年の7月8日。べつに解散なんかしなくていいじゃん、解散の美学なんてねえよ、「解散するのやめます」でいいじゃんと思ってたけど、やっぱりそれがおもしろいってことで、最後のバカ騒ぎみたいな感じになってたじゃないですか。「解散します！」「やったー！」ってなってたけど、何がやったーだよ、俺はずっとこのまま観たいよって思ってて。そこでプーちゃんはルイフロ（LUI◇FRONTiC◆松隈JAPAN）とかやり始めちゃって。

BiS解散以降もアイドルに夢中

——ルイフロには乗れなかったですね。

ツヨッシー　俺もまったく。だから悔しくて。そんなの絶対おもしろくないじゃないですか。だからあれは切なかったですね。ルイフロがBiSの前座で、俺が仕事が終わって急いで行くとみんな外にいるんですよね。「もうルイフロやってるよ」「え、観ないの？」「観ないよ」なんてみんな言ってて。「俺は観るよ！」って。俺はプーちゃんがやることだから応援しようと思ってたけど。ルイフロはやっぱり切なかったですね……。

——BiSと同じ人が曲を作って同じ人が歌っても決定的に違うのが不思議でしたよね。

ツヨッシー　ね。もともとプーちゃんはコピーバンドとかやってたっていうけど、バンド慣れしてねえし。解散の次の日にBiSが3万円でシェルターやって、その次の日からルイフロが42日間連続インストアマラソンやったじゃないですか。最初こそ80人ぐらいはいたけど、どんどん減っていくんですよ。平日の蘇我のイオンなんてて、こんなの行けねえよと思ったけど、絶対に人いないから俺が行かなきゃと思って。もうライブも終わって特典会も終わりかけのときに行って。でも、そこでCDを買ったら認めちゃうことになるから、俺ルイフロのCDは買ってないんですよ。

——意思表示として。

ツヨッシー　それはプー・ルイには悪かったかもしれないけど、絶対よくないことだから。で、特典会を見て帰るんです。だから蘇我に行って滞在時間10分みたいな（笑）。

——そこまで行くなら買えっていう（笑）。

ツヨッシー　ハハハハハハ！　それも裏口のところで牛乳箱を裏返しにしたようなステージでやって、オタクが15人ぐらいかな？　ルイフロは結局20日間ぐらい行ったんですよ、半分ぐらい行ったけど、これじゃねえよなって、見てあげなきゃいけないけど見てられなくなっちゃったっていうか。それで、ゆるめるモ！に行ってたんですよね（笑）。

——なんでもいいんじゃないですか（笑）。

ツヨッシー　ハハハハハ！　でもほら、待ち受けはずっとプー・ルイですから。ゆるめるモ！は最初は人もいなかったじゃないですか。田家（大知プロデューサー）さんにも、「もうちょっ

ルイフロ
プー・ルイ、オプティマス松隈こと松隈ケンタらが在籍していたロックバンド「LUI◇FRONTiC◆松隈JAPAN」。後に「LUI-FRONTiC 赤羽JAPAN」と改名して解散。

と上がりたいんですよ」って言われたんだけど、「俺とかに頼んだら下ネタになっちゃうよ」「でも、いまのままじゃダメだと思うんで」って言ってて。新宿MARZで200人も入らなかったから、田家さんが逆モヒカンにしてるときで。ゆいざらすとあのちゃん目当てで行ってて。そのとき、すごいかわいい子がいたんですよ、白いブラウスに白いカーディガンで白いスカートで、三つ折りの白いソックスで赤い靴で。「なんだあのかわいい子は！」って言ったら、「いま休んでるちーぼうですよ」「え、あの子もメンバーなの？　これは行かなきゃ」と思って、「どうもこんにちは！」って。そのときディスクユニオンの『Follow Up』ってフリーペーパーでレビューを書いてたから、「こういう者ですけど」みたいな感じで。

――半ヲタ関係者アピールを（笑）。

ツヨッシー　そう、『Follow Up』見せちゃって。「あんたちーぼうっていうんでしょ？　かわいいね、いつ復帰するの？」って言ったら、「3月か4月です」「俺、あんた推すからね」「ありがとうございます」って。それでちーぼう復帰祭りがMARZであって、『nerve』とか歌うんですよ。未成年だけど、すげえかわいくて。それでゆるめるモ！に行ってたけど、ルイフロと対バンになると逆に行かない。ルイフロに行ったら認めちゃうことになるからと思ってて。でも、ゆいざらすが卒業しちゃったじゃないですか。卒業発表のとき、最前で泣いたんですよ、俺。泣きながらミックスみたいな。そのとき初めて来た友達がいて、俺が泣きながらミックス打ってるの見て、「俺にはハードル高すぎます」って言われましたけど（笑）。

――プー・ルイさん以降は、BiSHとか偶想Dropとか、パンク系のグループに流れたイメージでしたよ。

ツヨッシー　その前に、じゅじゅですね。「うわ、しらいちゃんかわいい！　こんなかわいい子いるんだ！」ってなって、じゅじゅの対バンで偶ドロを観たんですよ。その前にツイッターで零ちゃんが白（クロ）だとか言ってて、おもしろい子いるなと思ってて。で、行ったら紫音ちゃんが頭から水かぶってて、Coccoとかもすげえ好きだったから、ああいう本気っぽい感じがして、これおもしろいかもと思って。それで社長に「対バンやろうよ」って言われて、すぐ対バンするようになって。偶ドロおもしろかったですよね。初期の偶ドロは予算度外視のおもしろさがありましたね、ものを壊すとか。無銭のライブなのに3万円ぶん枕買ってきて全部割いて羽根だらけにするとか。チェキ代もらったって赤字でしょ、みたいな。ただ、偶ドロもそれから脱退とかあって、その頃には俺、放課後プリンセスに行ってたんですよね。

――放プリ!?　正統派アイドルじゃないですか！

ツヨッシー　放プリはAKBに行ってるときに出口でチラシ配ってたんですよ。そのときなにゃん（小田桐奈々）とか千葉（さきの）ちゃんとか、あのへんとしゃべってて。で、放プリにチョコチョコ行ってたら、放プリユース（長澤茉里奈が在籍した放課後プリンセスの下部ユニット）っていうのが出てきて。そのとき放プリユースなんて早く引っ込めと思ってたんですけど（笑）。よくよく見たらみんなかわいくて。そしたら「私たち、3月20日で放プリユース卒業します。自分たちでやります！」みたいな感じになって。そしたらこっちもエンジンかかるじゃないですか。そこから「全通だ！」ってなって。そしたら「やっぱりやめません！」みたいになって、ズルッみたいな（笑）。そのときに牧原ゆゆちゃん、ミスiDの。あの子が新メンバー

ゆいざらす
元ゆるめるモ！メンバー。14年に保育士を目指すため卒業。卒業後も飛び入りでライブに参加したり、交流は続いていた。

ちーぼう
16年、ゆるめるモ！がメジャーデビューする前にレッツポコポコに移籍。千歳ちのに改名。レッツポコポコは18年1月に解散。

偶想Drop
世界で一番激しいIDOLをコンセプトにしたグループ。ハードコア系のバンドとの共演も多かった。17年解散。

じゅじゅ
「呪い」がコンセプトのアイドルユニット。クロスアイデア所属。しらい、ねうの2人で14年結成。現在はしらいが卒業し、ねうほか4人で活動している。

で出てきて、「なんだあの子、子供を入れちゃうの？」って思ったら大学生で、帰って調べたら元ぱるる選抜で、活動する前にクビになってて（笑）。「がんばゆゆ」とか言い出して、なんだ「がんばゆゆ」ってと思って、俺が好きなヤツじゃないかって（笑）。そしたら1カ月もしないうちにやめちゃって。腰が悪いとかで。それでミスiDに出て。

——とんでもないカミングアウトをして。

ツヨッシー　そうそう、そんなこと言って大丈夫？　みたいな。でもファイナリストに入って、いまひとりでやってるじゃないですか。それも行ってるんですけど、体調不良でキャンセルとか多くてたいへんそうですね。

——復活BiSはどうなんですか？

ツヨッシー　BiSやるって聞いて、まず鳥肌ですよ。最後ぐらいにルイフロの無銭のライブに行ってBiSのときみたいにずっと野次ってたんですよ。そしたらレスくんないんです（笑）。だからこういうのじゃねえのかな、嫌なのかなと思って。俺は「プーちゃんこっち来て写真を撮ろう！」とか、記念撮影のときもそういうことするから、こういうんじゃねんだなと思って。そしたらBiSやるって聞いて、14年の7月8日からそれまでの期間がないことになるぐらいの衝撃を受けて。

——あのときのBiSが帰ってきた、と。

ツヨッシー　やっぱりプーちゃんのBiSの歌っていいじゃないですか。「うわ、プー・ルイの声だ！　あ、そういえば俺、つき合うんだった！」って思い出して。デビューライブが中野ヘビーシックだったじゃないですか。あれ外れたら嫌だからあえて行かなかったんですよ。裏の手を使うのも嫌だし。外れたらホントに他界だわと思って。俺、そのときもガラケーなんで、合宿の流れのニコ生とかなんにも見てないんですよ。たまに上がってくる画像ぐらいで。そのとき俺、放プリ行ってたんです。BiSは結局、好きすぎてなかなか行けなかったんですよ。でも、O-nestでやったときかな？　「帰ってきたぞー！」って『Give me your love全部』が始まるじゃないですか、もうブワーッですよ。あのときは戻ってきたーって思ったけど、ルイフロを途中で降りちゃったからチェキに行けないの。好きなくせに。

——まだ他界している状態なんですか。

ツヨッシー　しかも、「あれ？　これなんかつき合えねえぞ」みたいな感じになって。

——やっと気づいた（笑）。

ツヨッシー　そう、気づきだして。俺つき合えねえなと思って。だから今年になってからですよ、復活してチェキに行って。「プー・ルイちゃんしか見えないからね」とか言って。

——さんざんほかのアイドルを見てたのに！

ツヨッシー　そう、だから「嘘つき」って言われました（笑）。BiSも何度か行ってるうちに、りなはむ（BiS初期メンバー）がBPM15QからCY8ERに替わったじゃないですか。俺、りなはむのソロだったり、ようなぴちゃんとのなぴはむとか、もともとりなはむ好きなんですよ。昔のBiSのPVとか観てると、ひとりかわいい子いるじゃないですか。「この子かわいいじゃん、なんていうの？」と思ったら、「おつかりなはむ」なんつって、「おつかりなはむ？　これ、俺の好きなヤツじゃねえか！」って。

——ダハハハ！　また来た（笑）。

ツヨッシー　変なこと言う子が大好きなんですよ、「おつかり

放課後プリンセス
放課後にプリンセスに変身するのがテーマ。衣装はほぼティアラが用いられている。

牧原ゆゆ
10代で成長が止まったアイドル・永遠少女症候群☆ゆゆ。ギミックではなく、本当の病気。ミスiD2017にも選ばれた。

りなはむ
BiSに「ヨコヤマリナ」という名前で初期メンバーとして在籍していたが、早い段階で脱退。以降、アキシブprojectを経て、CY8ERを結成。その際に、「苺りなはむ」と改名している。

CY8ER
15年、苺りなはむとかもきゅによって「BPM15Q」が結成。16年、「CY8ER」へ改名。「ゆめかわいい」がテーマのアイドルグループ。メンバーはりなはむの他に、小犬丸ぽち、ましろ、病夢やみい、藤城アンナの計5人。

なはむ」とか「がんばゆゆ」とかフレッシュレモンとか。そこからCY8ERばっかりになっちゃいましたね。

――りなはむさんと結婚しそうな予感は？

ツヨッシー ないですね。ガチ恋もうやめたんですよ。ガチ恋はプー・ルイで終わって。

――もう恋なんてしない的なヤツですか？

ツヨッシー そう、ガチ恋したってどうせ実現しないから最初から望まない（笑）。

――ダハハハ！ 気づくの遅いですよ！

ツヨッシー ガーン！ でも、CY8ERいまおもしろいですよ。こないだ『帰れま10』って企画やったんですけど、箱にカラーボールを入れて、持ち曲が12曲あって。箱から引いた曲を順番にやるんですけど、そのボールを毎回箱に戻して、全曲やるまで帰れない。夕方5時から始まって1時間ライブやって、6時から1時間物販やって、7時からまた1時間やるんだけど、同じ曲ばっかり出ちゃうんですよ。で、8時から9時まで物販やって、9時から1時間半、どうやっても引けないんです。しかもそれが新曲なんですけど。「ツヨシも引く？」って言われて引いたけどダメで、メンバーみんな汗びっちょりで化粧も取れて、眉毛もまつ毛も取れて赤ちゃんみたいな顔でやってて。消毒GIGみたいな感じですよ！ 「じゃあ4個続けて引け」って言ったら全部同じ曲ばっかで、ラスト1曲だけ引けないんです。曲間ないんだけど、終わった瞬間に座り込んじゃったりしてて、俺は最前にいたから「頑張れよ！」とか言って。みんな朦朧としてて。最後、10時半ぐらいにりなはむがラストの曲引いて、みんなウォーッてなって。そのときは半端じゃなかった。あれは映画化するべきですよ。

――そのレベル！

ツヨッシー あそこ欲がないんだろうけど、映像を撮ってないんですよね。53曲やったんですよ。最後の1時間半ノンストップですからね。でも、もうガチ恋はしないです。

――ようやく真理に気づいた。

ツヨッシー 余計な期待はしない。

――まあ、どれだけ本気であってもガチ恋がかなうことってほとんどないですからね。

ツヨッシー でも、けっこうかなってるじゃないですか。だって俺、アイドルのマ●コ見たことありますよ。つき合ってるヤツの携帯で。「つき合ってもいいことないっすよ、外は歩けねえし。1回ディズニーランド行ったぐらいですよ」なんつって、最初は下着姿の写真を見せてきて、次はオッパイが出てきて、次はマ●コが出てきて。俺はその子を知らなかったんだけど。だからわかんないですよ。あと俺が思うに、オタクになっちゃダメだな。最初からオタクでいくともう……。

――そういう対応になりますからね。

ツヨッシー そうそうそう。だからチェキを撮っちゃダメなんだよ！ それを教訓にこれからも生きていきますよ。高望みせずに。

やっぱり青山ひかるがぶっちぎりで篠崎愛を抜いたら、あとは紺野栞、鈴木ふみ奈、片岡沙耶、和地つかさ、平嶋夏海、桐山瑠衣

呂布カルマ

2017年10月収録

ラッパー。1983年生まれ。愛知県名古屋市で活動する。ヒップホップレーベルJET CITY PEOPLE代表。韻に踏まれないスタイルで『フリースタイルダンジョン』（テレビ朝日）の２代目モンスターとして活躍。『NEWS RAP JAPAN』（AbemaTV）にも出演。代表曲に『俺の勝手』『オーライオーライ』など。昆虫とグラビアアイドルも好き。

——（見本誌を並べて）全方位にかみつく雑誌の中で唯一そうじゃないページです。

呂布 表紙だけでもだいぶ物騒ですよね。

——雑誌が出るたびに炎上してますからね。今日は音楽の話じゃなくて、呂布さんがグラビアアイドルがなんでそこまで好きなのかとか、そういう話ができればと思ってます。

呂布 ああ、本望です。

——本望なんですか（笑）。

呂布 誰にも聞いてもらえないんで。

——一推しは篠崎愛さんなんですか？

呂布 そうですね、篠崎愛が14歳ぐらいのときから好きで、最近の篠崎愛はグラビアアイドルなのかっていうところまでいってると思うんで。歌手、タレントというか……。あと、松本さゆきも大好きだったんですよ。ハマり始めの頃の四天王で、ギャスパー・ノエの『エンター・ザ・ボイド』にちょっとだけ出てて、めっちゃ好きだったんですよ。青山ひかるとか鈴木ふみ奈も同系統ですね。

——呂布さんがそのへんを熱く語ってるインタビュー（「篠崎愛さんは別格っすね。もう10年ぐらい好きっす、ブッチギリで。青山ひかるさんはブッチギリの2位っすね。篠崎愛は僕の中で非の打ちどころが無いんすよ。青山ひかるは非を打とうと思えばいくらでも打てるんすよ。カメラマンの腕の差が如実に出るんで。篠崎愛は誰が撮ってもすごいんすけど、そういう意味で青山ひかるの方が玄人好みなんすよね」と発言）をボクが140文字に編集して拡散した結果、青山ひかるさんに届くという事態にも発展して（笑）。

呂布 あれちょっと嫌な言い方してたんで、そこだけ抜粋すんなよと思ったんですけど。青山さんはいくらでも非を打とうと思えば打てるんだけど、そこがいいってことで。

——同感です。基本、巨乳好きなんですか？

呂布 そうですね、結局はバランスなんですけど。オッパイが大きかったらお尻も大きくないと嫌だし。嫌だっていうか（笑）。

——画像漁りが趣味なんですよね。

呂布 そうですね。音楽ももともと趣味だったんですけど、それはいま仕事になってるんで、それ以外のホントに実益に一切関わってこない趣味っていうとグラビア画像集めになるんですね。ただ、自分はDVDや写真集を買ったりしてるわけじゃないんで……。

——お金を落とさないタイプ。

呂布 そう、ちょっと心苦しいんですよ（笑）。だからあんまり偉そうなことは言えないですけど。

——YouTubeで聴いてるだけの音楽好きみたいな感じで（笑）。ただ、お金はかけてないけれども熱意だけは伝わりますよ。

呂布 まあ、好きなもんは好きなんだから。

——片岡沙耶さんが地上波に出ていたことにあんなにすぐ反応する人もいないですよ。

呂布 マジですか（笑）。

——「地上波で片岡沙耶だ！ 土曜の夜に家に居たご褒美だ！」には笑いました（笑）。

呂布 片岡沙耶も好きですね（笑）。東海地方のローカル番組に出てて、まさかこんなところに片岡沙耶が出るのかよと思って。

カメラマン それ吉田さんが紹介したヤツ？

松本さゆき
00年代後期に活躍した、Gカップの元グラビアアイドル。30歳で出場したミス・iD2017では吾妻ひでお賞を受賞。杉作J太郎監督『チョコレート・デリンジャー』のヒロイン。フランス映画界の鬼才ギャスパー・ノエ『エンター・ザ・ボイド』（09年公開）にも出演。ノエが雑誌で見た松本に一目惚れしオファーに至ったという。

青山ひかる
Iカップのグラビアアイドル。猫目が特徴的。『有吉反省会』（日本テレビ系列）に「おしりが汚いグラドル」として出演。『DTテレビ』（AbemaTV）で、処女を継続していることを告白した。

鈴木ふみ奈
Hカップのグラビアアイドル。本当はIカップあるとのこと。愛称は「ふみにゃん」。ミスFLASHのメンバーで構成されるアイドルグループ「G☆Girls」の初代メンバー。サックスが得意。

——そうですね。お勧めのアイドルを呼んでくれってオファーで里咲りさ社長を紹介して、そしたらグラビアアイドルも呼んでほしいって追加で頼まれて、それが片岡さんの地上波初登場で。そしたら彼女だけ番組に定着して温泉コーナーとか出るようになったという。

呂布 そうだったんですか。なんかめちゃくちゃはつらつとしてました。ただ、あんまり動いてるのは好きじゃないんですよ。

——やっぱり画像派で。

呂布 画像ですね、動画も観ないし。きれいに切り取られた写真が1枚の絵として好き。

——ある程度修正されててもですか？

呂布 修正もシミを消したりする程度のと、ボディラインまでいじくってるのってわかるじゃないですか。そこまでしてないのがいいです。

——けっこうアンダーグラウンドな活動をしている女の子まで掘り下げてますよね。

呂布 完全にうしじまいい肉さんのおかげなんですけどね。あの人をフォローしておくだけでどんどん世界が広がっていくんで。

——いわゆるコスプレイベントとかに出ているかわいい女の子までわかるようになって。

呂布 そうですそうです。

——ラッパーとして、グラビアの子と仕事で絡むような機会も増えてくるじゃないですか。

呂布 そうですね、最近チョコチョコ。

——そういうときはどんな感覚なんですか？

呂布 ひたすら恐縮しっぱなしというか。こないだ紗倉まなさんと仕事させてもらったんですけど（クラブイベントでフリースタイルバトルで対戦）、こっちがカッコつけても全部見透かされてる感じがして。どうせエロい目で見てるのにスカしてるだけだってことがバレちゃうんですよね。逆にこっちが丸裸にされてるような感じがして。

——あのバトル無茶苦茶よかったですよ。

呂布 あれはヤバかったですね。もともとマネージャーか誰か伝手にご指名で「呂布カルマさんとバトルしたいって言ってるんですけど受けてもらえますか？」って電話で相談を受けたとき、「紗倉自身はMCバトルとか未経験なんですが頭の回転が速いんでできると思うんですよ」とか、めっちゃ言ってくるやんと思って。でも、ホントにそうでしたね。手も足も出なかったって感じです、ホント。

——ダハハハハ！ ぜんぜんいつものフリースタイルバトルのほうがやりやすい（笑）。

呂布 はい。女性と闘うこと自体、二度目だったんですけど、過去に16歳ぐらいの女の子と闘ったことがあって。その子はお世辞にもかわいいって言えるような子じゃなくて、女性相手だとどうしても下ネタを言ってしまうんですね。それは本意じゃないんですよ、16歳だし。でも、女の子って下ネタを言われ慣れてるから下ネタのカウンターを持ってて、それでカウンター決められて負けたことがあったんです。7〜8年前ぐらいかな？ だから次に女の人と闘うときは下ネタは一切言わないで包み込むような感じでやろうって決めてたんですけど……AV女優じゃないですか。

——よりによって（笑）。

呂布 下ネタを言わないわけにいかないしなー、みたいな。ホ

片岡沙耶
Hカップのグラビアアイドル。下乳天使と呼ばれており、自らも下乳が綺麗に見える水着の研究・製作に余念がないらしい。

うしじまいい肉
コスプレイヤー。布面積の少ない過激な衣装を着ることで知られる。また、言動も過激。彼女のブランド「PredatorRat」の下着は布面積が小さいのが特徴。

紗倉まな
人気AV女優。近年は活動を広げており、処女小説『最低。』（KADOKAWA）は映画化された。そういったエロから派生した仕事を多くこなしていることから、自身をエロ屋と称している。明石家さんまがファンを公言。

ントにどうやって闘っていいかまったくわからなかったですね。

——紗倉さんは好きではあったわけですか？

呂布 もちろんもちろんもちろんです！ なので、あれは不思議な感覚でしたね。

——AVも映像は観ないで画像派なんですか？

呂布 AVはグラビアから入って映像にいくって感じです。AVは動画で観るし抜くし。ただし、グラビアでは抜かないですね。

——グラビアは芸術というか別のジャンル。

呂布 そうですね。グラビアアイドルは自分でも抜いてほしいって思ってないんじゃないかなと思ってて。なかにはそうじゃない子もいるかもしれないですけど、やりたくて水着やってないだろうなっていうのがなんとなくわかるから。ホントは女優だったりアイドルやりたいけど、ステップアップのために「綾瀬はるかだって昔は脱いでたんだよ！」とか言われて脱がされてるんだろうなと思って。

——「彼女も下乳を出してたんだ！」って。

呂布 前は自分の好きなグラビアアイドルが、それこそ篠崎愛が歌い始めた頃とかは、余計なことしてんじゃないよって思ってたんですよ。なんか真剣に歌い始めて、おいおいおいって思ってたんですけど。でも、グラビアアイドルって次から次へ出てくるじゃないですか。売れそびれた子がどんどん露出が激しくなっていくのって、こっちとしては少し寂しくなるというか。だから、自分が好きなグラビアアイドルはすぐ卒業して本来自分がやりたかったことをやれるようになればいいなって最近は思うようになってきました。

——だんだん優しい目線になってきて。

呂布 はい。それを悲しんでる暇がないぐらい、日夜新しい子が出てくるから。だんだん病んでいってるなっていう雰囲気とかを感じたくないというか、そういう目線ですね。

——グラビアだけじゃなくてその子のツイッターとかも掘ったりはするんですか？

呂布 掘る子は掘ります。積極的に水着の自撮りを上げてくれてる子とか、自撮り部に所属してる子たちは。着衣で顔アップとか上げてるだけのヤツはフォローしないです。だって、そこに興味があるわけじゃないから（笑）。

——ホントに徹底してるんですね。

呂布 そうですね、体が好きなんですよね、いい体を見たいっていうだけなんで。

——グラビアという趣味をいつか仕事にもつなげたいみたいな思いはあるんですか？

呂布 仕事になったらめちゃめちゃいいんですけど、具体的にはわかんないですね。消費する側だからそれをどう仕事にするのかは。

——たとえばグラビアプロデュースとか？

呂布 ああ、それはやってみたい（笑）。でも結局、素材次第かなって感じはしますね。

——ぶっちゃけて言うと、ミスiDの審査員とかだったら話が来るかもしれないですよ。

呂布 マジですか！ めっちゃやりたい！

——それなら言っておきますよ。

呂布 ぜひお願いします！

——グラビア担当の人が少ないんで。

呂布 自分はけっこう見てるほうだと思うんで。まあ、めちゃ

紺野栞
Hカップのグラビアアイドル。ぽっちゃり体型だったが、17年『ダイエット総選挙2017夏の陣』（TBS系列）に出演し、10キロの減量に成功。

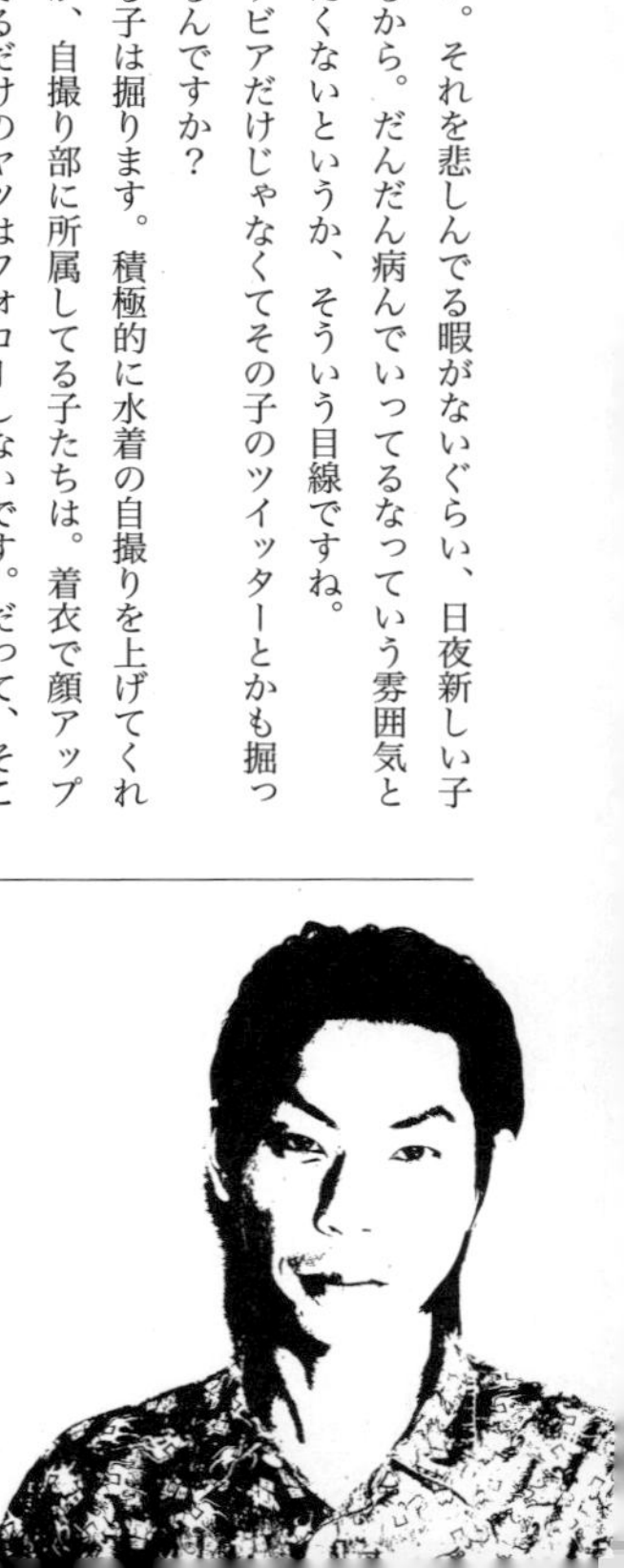

くちゃ偏ってますけどね。

――いまのお勧めは誰なんですか？

呂布 やっぱり青山ひかるがブッチギリで。篠崎愛を抜いたら、あとは紺野栞、鈴木ふみ奈、片岡沙耶、和地つかさ、平嶋夏海、桐山瑠衣。そのへんです。

――いいとこ突いてきますね。ボク、和地さんが売れないグループアイドル（メグリアイ）に所属していた頃からの知り合いです。

呂布 あの子、最近テレビにちょいちょい出てくるようになったけど、めちゃくちゃハングリー精神が強そうで必死じゃないですか。ちょっと見てらんないんですよ。AbemaTVとかでグラビアアイドルがワーッとたくさん出る番組あるじゃないですか。ああいうの嫌いなんですよ。安売りしてほしくない。

――ダハハハハ！　誠実な意見だ（笑）。

呂布 笑いにしてほしくないんですよ、もっと美しく扱ってほしいのにエロ笑いみたいなのが嫌で。芸人が偉くて水着の女の子がモブみたいなのって、僕は逆だと思うんで。

――ひと山いくらみたいな扱いで。

呂布 だから、ああいうのは一切観ないです。

――和地さんは昔からギラギラしてて、グループアイドルのときも突然「匍匐前進します！」とか言って始めたり、ガッツあって。

呂布 背も低いし負けん気が強い感じしますよね。骨太感もあるし。だから、和地さんは写真だけで見てたいって感じです。

――Abemaで『NEWS　RAP　JAPAN』みたいな番組に出てはいるけど、そのへんは一線引きたいタイプなんですね。

呂布 そうですね。まあ、もしそういう仕事が来たら絶対に断らないですけど（笑）。だけど、本意ではないというか。そういう関わり方をしたいわけではないですね。

――知り合いになりたいわけでもない的な？

呂布 究極そうですね。会いたいような会いたくないような。1回、篠崎愛さんと仕事したことあるんですけど、実在してることを認めちゃうとつらい、みたいなのってあるじゃないですか。「いるんだ！」っていう。

――いますよ、そりゃ（笑）。

呂布 それを本人に言っちゃったんですよ、「実在してるんですね！」「実在してますよ」って。明日からどういう気持ちで……。

――画像に向き合えばいいのか（笑）。

呂布 はい。だからわかんないですね。

――とにかく神聖であってほしいんですね。

呂布 ホントにそうです。たとえばグラビアアイドルを抱きたいか抱きたくないかみたいな話になったら、そりゃあ抱きたくないことはないんですけど、逆に言うと僕みたいなもんが簡単に抱けちゃうっていうのはすげえ心配になるし、むしろマネージャーがガッチリとグラビアアイドルを守って、声をかける隙間がないぐらいのほうが安心するというか。

――その面倒くさい感情が最高ですね。

呂布 ガチなんですよ。

――ほかのラッパーの人とか、もっと見る目が違うじゃないですか。グラビアアイドルをふつうに食べものとして見るような感じで。

呂布 AV女優とかと同じような目で見てますよね。僕はそう

和地つかさ
Hカップのグラビアアイドル。身長148センチ。もともと「メグリアイ」というアイドルグループに在籍。この「メグリアイ」は、ライブ動員が300人に満たない場合は解散すると公約を掲げ、結果、289人の集客にとどまり解散。

平嶋夏海
Fカップのグラビアアイドル。愛称は「なっちゃん」。元AKB48のメンバーで、渡り廊下走り隊7としても活動していた。16年公開の映画『女ヒエラルキー底辺少女』の主演を務める。父の影響でバイクが好き。

桐山瑠衣
Jカップのグラビアアイドル。07年から活動している（当時高校2年生）。車好きなグラドルとしても知られており、愛読書は『頭文字D』と『湾岸ミッドナイト』。

『NEWS RAP JAPAN』
16年からAbemaTVで放送されているニュース番組。社会で話題のテーマをラップバトルによって討論する。賛成側も反対側も、その立場を番組から割り振られている。メインキャスターは東大出身ラッパーのダースレイダー。ラップのレポーター（ラポーター）として、呂布カルマやとろサーモン久保田らが出演している。

いう見方じゃないです。グラビアアイドル好きだって言うと、よく言われるんですよ、「え、誰々とヤりたいですか?」みたいな。ヤりたいかヤりたくないかでいったらヤりたいに決まってるけど、そういうことじゃないんだよっていう。言っちゃえばグラビアアイドルぐらい会えるじゃないですか。でも、それがしたいわけじゃない。

――たとえば篠崎さんが歌のプロデュースしてほしいって言ってきたらどうします?

呂布 喜んでやらせてもらいますけど。

――なんで歌なんかやるんだと思った時期はあったけれども、そこはちゃんと乗っかる。

呂布 そこはもう越えたんで。それも篠崎愛が教えてくれた感情なんですけど、ホントにやりたいことをやっていいよって。あの子は14歳ぐらいからグラビアアイドルをやってるわけじゃないですか。もういいでしょって感じですよね。もう十分やったと思うし。

――ちなみに、ラップをやるアイドルの人たちについてはどういうふうに見てますか?

呂布 歌唱法としてのラップなんで、それは自分たちがやってるヒップホップとは別ものとして見てるっていうか、ご勝手にっていう感じですね。ただ、アイドルラップに群がるプロのラッパーたちはクソだと思いますけど。昔だったらRIP SLYMEとかKICK THE CAN CREWとかSOUL'd OUTとかヒルクライムとか、セルアウトだとか悪口言ってたんですよね。それがアイドルだったらいいのか、もっとセルアウトじゃねえかよ、そこは貫けよと思って。来週も地元でライムベリーとツーマンやるんですけど、同業者として誘ってくれるなら出ますって。

――ライムベリーのMIRIさんからCDを渡されたときのことをつぶやいてましたね。

呂布 そうですそうです、初めて会ったぐらいのときに「これ聴いてください」ってCDを渡されて。「MIRIちゃん、俺30歳過ぎのオッサンなんだよ。これ、どういう気分のときに聴いたらいいの?」って聞いたら、「アイドルに癒されたいときに聴いてください」って、そこはラッパーとしてじゃなくてアイドルとしてってことで答えてたんで、正直な子だなと思いましたね。その日、名古屋から出てきてたんですけど終電を逃しちゃって、もうホテルも取れなくて品川で途方に暮れてたんですよ。そのCDめちゃくちゃ聴きたくなって、「まさにいまだ!」って。

――アイドルに癒されたくなって(笑)。

呂布 CDプレイヤーなかったんで聴けなかったんですけど。家に帰って冷静になってから一通り聴いて、それっきりですね。

――MIRIさんは比較的本気でラップをやってるアイドルの人ではありますけどね。

呂布 ただ、本気だったらライムベリーとしての活動はやってられないと思うんで。そこが両立できてる時点で、僕はぜんぜん本気だとは思わないですけどね。

――なるほど。ちなみに、もともとアイドル自体、お好きだったりしたんですか?

呂布 まったく興味ないですね。グラビアアイドル以外は興味ないです。アイドルのシステムってけっこう無茶苦茶じゃないですか。そこにいる女の子を応援してあげるっていうか、応援したい感覚がちょっと理解できないっていうか。やめるように

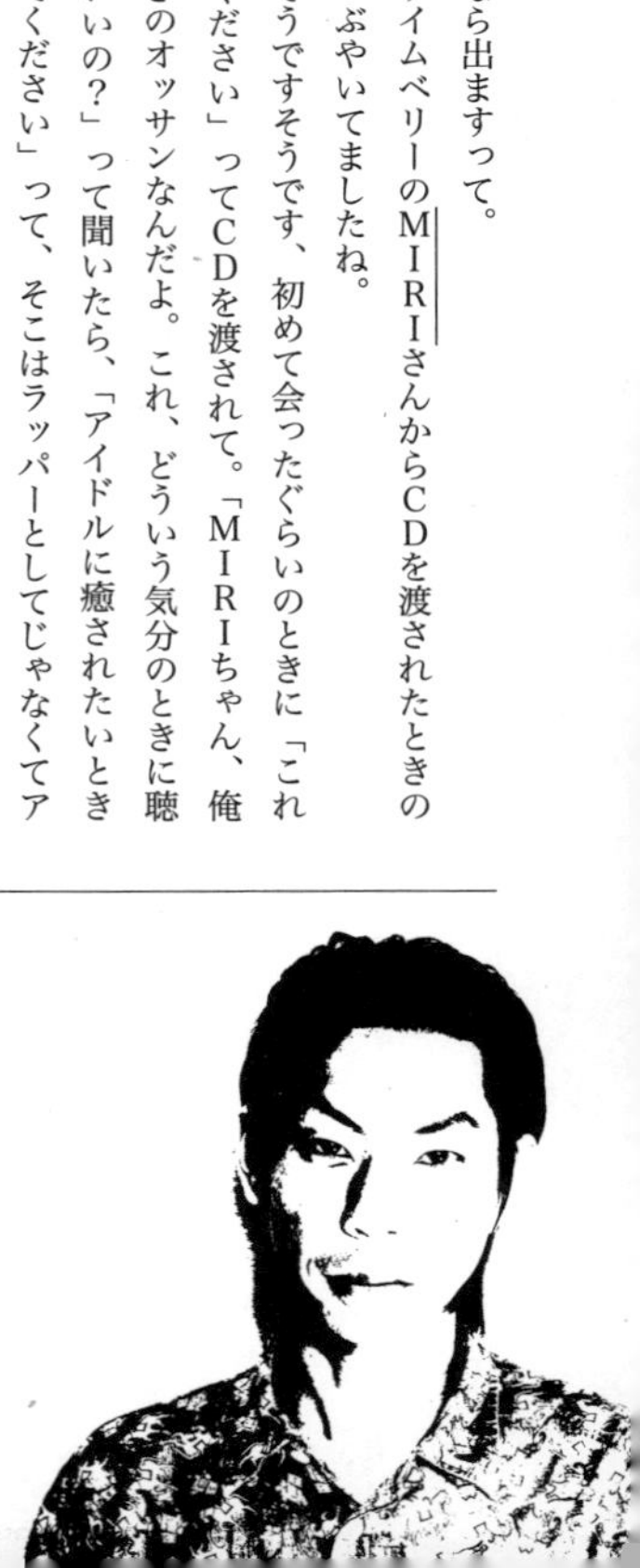

SOUL'd OUT
3人組ヒップホップグループ。m-floのVERBALに見出されデビューした。日本武道館で単独ライブを成功させるほどに人気になったが、14年に解散。

ヒルクライム
2ndシングル『春夏秋冬』のスマッシュヒットで知られる。17年にメンバーのDJ KATSUが大麻取締法違反で逮捕されたため、活動を休止。

MIRI
女性ヒップホップグループ「ライムベリー」のメンバー。男ばかりのフリースタイルバトルの大会にも参加し、スキルの高さをみせつけた。16年に発売したソロアルバム『"hi-hop"ト名乗ッテモイイデスカ』には、晋平太、ハハノシキュウ、韻踏合組合のERONEらがゲスト参加。

説得するならまだしも、応援ってなんやろって思っちゃって。

――ダハハハハ！「こんな腐った世界にいたら駄目だよ！」ってことですか（笑）。気持ちはわかりますけど、それを言い出すとグラビアの世界のほうがヤバいっていうか。

呂布 グラビアは僕は女体に興味があるんで。本意じゃないのは重々承知だから、心が折れるまでか次のステップに上がるまでの一定の期間、体を見せてもらっていて、ありがとうございますっていう気持ちで見てる。だから30歳になってまでズルズルやらないでほしいなっていう感じです。グラビアの子ってワンミスでAVに行ってしまうじゃないですか。それもすごく心苦しくて。そこにいると一歩間違えるとAVなんだよ、みたいな。オバケみたいな爆乳の子も、すぐAVに行かされるんだろうなって心配なんですよ……。

――事務所が同じだったりもしますからね。

呂布 でも、片岡沙耶さんは舞台とか力を入れてやってるみたいだから。舞台に力入れて何になるのかと思うんですけど、演技のほうにいけたらいいなって思って見てますね。

――舞台って、ちゃんとした人の作品に出ない限りはホントに意味ないじゃないですか。

呂布 そうなんですよね、ホントに。空いたスケジュールを埋めるためだけの舞台で。

――ツイッターでぜんぜん関係ないつぶやきに画像を貼るのはどういうことなんですか？

呂布 あれは雑誌の巻頭グラビアじゃないですけど、グラビアってつきものじゃないですか。その感覚と同じというか。あと、僕はこの審美眼を持ってるぞっていう誇示ですね。

――すっごいまじめな話にも画像がついてたりするからおもしろいんですよね。

呂布 あと、照れ隠しもあるかもしれないですね。水着がついてるとちょっとマイルドになるじゃないですか。だからいいことしかない。よく「なんで画像ついてるんですか？」「画像ついてる意味あるんですか？」みたいなリプが飛んでくるんですけど、意味があること以外ダメなの？　みたいな。ビールのポスターで女の子が水着でビール飲んでるのはなんでなの？　っていうのと一緒だよってことですね。女の子の水着姿は、何にでもよく合うから何にでもつけてるって感じです。

――どこかに善意の感情があったりするのかなと思ったんですよ。これがきっかけでちょっとでも誰かの目に留まってくれればとか。

呂布 どっちかっていうと勝手に貼ってるだけなんで怒られないかなって。最近は貼ってる本人がツイッターのアカウントをフォローしてくれるようになってきたんで、むしろヒヤヒヤしてる感じなんですけど。

――悪い気はしないと思いますけどね。

呂布 そうみたいで、まあ安心してますね。イメージビデオとか違法でアップされてるヤツのURLとか貼ってるわけじゃないし。

――ただ、自分の動画を勝手に上げられると怒ってるのに、自分が画像を貼るのはいいのかっていう思いはあったりしないんですか？

呂布 いや、僕は正直、YouTubeで違法でアップされてるヤツとか余裕で聴くんですよ。AVも違法のヤツ観てるし。ただ、僕のとか僕の友達のを違法でアップしてたら怒るよ、それが僕の目に留まったらやめろよって言うのは当たり前じゃないですか。

——自分に入るべきお金がおまえに入ってるのはおかしいだろってだけの話ですかね。

呂布 ナメとんかって話じゃないですか。先日もそーゆーアカウントを見つけて、それはすぐ消えてくれたんですけど、「自分は特定得意なんで手伝わせてください」みたいなDMがいっぱい来て、怖えなこいつらと思って。ヤバいソルジャーがいっぱい集まっちゃって。「今回はアカウントが消えたんで不問にします」って全員を抑えて。いろいろ来ましたね、「趣味で特定をやっている者です」みたいな。なんだよその趣味みたいな（笑）。

——呂布さん、顔とかキャラ的にかなりアウトローだと思われがちだと思うんですよ。

呂布 そうですね。一般の人の感覚からしたらアウトローな部分はあると思うんですよ。まあ、無茶苦茶はしてないですけど。

奥さんは少女漫画家

——もともとは漫画家志望でしたよね。

呂布 そうですね、漫画家を目指す投稿時代の暇潰し的な感じでラップを始めたんで。ラップのほうが速攻楽しかったんです ぐ乗り換えました。それこそ『おぼっちゃまくん』とか『コロコロコミック』とか読んでた頃から漫画家にはなりたかったんで、小学生、中学生ぐらいまではプロ漫画家になりたいって思いはみんなあったりするじゃないですか、プロ野球選手になりたいみたいな感じで。その感覚でずっとやってたから。うまかったし、これはなれるものだと思ってたんですよね。

——美大に行くぐらいまでちゃんと漫画家を目指す人って、そうはいないと思うんですよ。

呂布 ホントは中学を卒業したらすぐアシスタント修行やってプロになるって思ってたんですよ。親が「高校は行ってくれ」って言うんで、じゃあ高校3年間我慢してあげるってことで。小学校3年生から漫画家になりたかったんで、勉強はホント意味ないと思っちゃってたんですよ、授業中もずっと絵を描いてたし。高校は友達がみんな行ってるアホな高校に行って、高校を出たらすぐアシスタント入ろうと思ってたら、大学に行けるなら絶対に行ったほうがいいよって言われて、芸大だったら画力だけで行けそうだし、少しはためになりそうだから芸大に入れたら行くわって。

——芸大は入るのたいへんじゃないですか？

呂布 いや、そんなでもないです。自分が行ってたのは地元の私立の芸大なんでそんなにめちゃめちゃたいへんではなくて。で、大学を4年で卒業して、漫画家になるつもりだったんで就活とかまったくしてなくて。で、そのままフリーターになって、親には「漫画を描いてるよ」って言いながらラップどっぷりやってたっていう感じですね。

——投稿はしてたんですよね？

呂布 1回だけ。ただなんの賞にも入らなくて、それは大学4年生のときなんですけど、原稿も返却されなくて。持ち込みしたわけじゃないんで寸評も聞かせてもらえないんですよ。半年ぐらいかけて頑張って描いたのに、こんなことあるかと思って心が折れました。

——どこに送ったんですか？

呂布 集英社です。

——え、『ジャンプ』ですか？

呂布　『ジャンプ』ですね。

——無茶苦茶王道を狙って。

呂布　そうですね。嫁さんが漫画家なので。

——そうらしいですね。

呂布　嫁さんが集英社で描いてて、やっぱり集英社の漫画家の待遇のよさってほかとぜんぜん違うんですよ。少女漫画家たちって無茶苦茶甘やかされてるから、近くで見ててこれはいいなと思って（笑）。原稿料も違うし。読んでたのはほとんど『チャンピオン』だったんですけど、『ジャンプ』に応募しましたね。当時の『ジャンプ』ってすげえ貪欲に新人を募集してたんですよ。毎月ナントカ賞みたいなのがあって間口もすごく広かったし。

——当たればデカいのも『ジャンプ』だし。

呂布　デカいですね。少女漫画家でも嫁さんと同世代の、僕が聞いたことないような20代前半の女の子が、「そんな稼いでんの!?」ってぐらい稼いでたりでビックリして。でも、もう漫画家の夢は完全になくなりましたね。

——いまも描いてるじゃないですか（『いまトピ』というサイトで『俺と世界』連載）。

呂布　描いてるんですけど、苦痛で苦痛で（笑）。全10回って話をして、いま9回目になって延長の話が来たり、ほかの媒体からも「ウチでも是非！」みたいな話が来るんですけど、苦痛すぎて無理だなっていう。

——何がつらいんですか？　ネタ？

呂布　締切とネタですね。やっつけでできないじゃないですか。かといってギリギリまで取り掛かれないんで。いま隔週で1ページやってるだけなんで作業してる時間っていったら7時間ぐらいのことなんですけど、そこに至るまでプレッシャーみたいなものがずっとあって、もう耐えられないなって感じです。

——フリースタイルバトルのほうが相当プレッシャーありそうに見えるんですけどね。

呂布　でも、あれはその場でパッと行ってパッとやるだけなんで、なんとでも言い訳ができるし、その日は調子悪かったんだっていうだけなんですけど、作品はずっと残るので。いまもっと暇だったらいいんですけど、本業のほうがすごく忙しくなって割に合わないし、漫画はしばらくいいかなって感じです。

——さすがのうまさだなと思いましたよ。

呂布　ホントですか？　ミュージシャンで絵を描いたりする人ってけっこう多いんですけど、見せてもらって「うわ、マジやん！」って度肝を抜かれるヤツはいないんですよ、みんなイラストに毛が生えたぐらいの感じなんで。僕はそんなレベルでやってたわけじゃないぞっていうのがあったんで、そこはちゃんと証明できたというか。あとは、もともと保留にしてた漫画家の夢も一応叶ったんで。

——漫画でお金がもらえて。

呂布　これで一応成仏できたかなって。

——最近フリースタイルバブルでヒップホップ漫画みたいなものも出てきてますよね。

呂布　はい。まあ一切読まないですけどね。

——でしょうね（笑）。

呂布　まったく興味ないですね。

——好きなものがふたつ重なったら大好きになるっていうものでもないですからね。

呂布 それはありますね。それこそいま『スピリッツ』で般若さんとR-指定が監修してる漫画があるんですよ。『キャッチャー・イン・ザ・ライム』。『NEWS RAP JAPAN』にその編集の方が見学に来てて、「こういう連載が始まりました。ちょっとしたコラムみたいなことで呂布さんに触れさせてもらってるのでぜひ」って持ってきて、「どうですか?」って言われて読んだんですけど、「……僕、35になるんですけど百合漫画をどういう気持ちで読めばいいですか?」みたいな。ぜんぜんダメなんですよね。

――気持ちはわかります。

呂布 百合の女の子たちがラップバトル部っていう。それまたすごくて、ヒップホップ部じゃなくてラップバトル部なんですよ。すげえ曲解だなと思って。劇中ですごい韻を踏むんですけど、それは作家の方が自分で考えてるらしくて、じゃあR-指定と般若が監修してる部分って百合の部分なのかなって、どこに関わってるんだと思って不思議なんです。

――ネームのチェックぐらいなんですかね。

呂布 そうなんですかね。それであれだったらいいのかなって感じなんですけどね。なんでも混ぜりゃいいってもんじゃないですよね。部活に最初ふたりいた金髪の子がわりとムチムチして僕の好きな体型だったんで、この子の体型だけはいいなと思って、でも百合だしなー、先ねえなーって感じですね。

妊婦ヌードとかバカかよ 脱ぐのが10カ月遅えよ

――ちなみに、『NEWS RAP JAPAN』は好きでボクもけっこう観てますよ。

呂布 ありがとうございます。ダース(レーダー)さんが吉田さんによろしく言っといてって言ってました。あれはおもしろいですね。最初、「ニュースをラップにしたいんです」って打診が来て、喫茶店でお話を聞いた帰り道は不安すぎて。去年の12月ぐらいに1回目の放送があったんですけど、収録前日は去年で一番憂鬱だったぐらいに怖くて。大ケガさせられるんじゃないかなと思って。

――勉強しないように生きてきた側だし。

呂布 それもそうだし、ニュースをラップでやって討論でバトルするとか、ヤバい空気しかなくて。絶対ヤバいヤツだわこれと思ったら、意外とちゃんと形になって最近は楽しくやってますね。最初は怖かったですね。

――これは混ぜていいものなのかっていう。

呂布 そうですそうです。あと、変な誤解だけ与えるんじゃないかなって。

――切り取られたら確実にこういう思想の下でラップをやってると思われますもんね。

呂布 ホントそうですね。あと、ラッパーのバカがあんまりバレるのもよくないし。

――知性のレベルはわかりますね(笑)。

呂布 そうなんですよ。でもまあけっこう無責任にやってるんで、わりと楽しいですね。

――ディベートに徹して、本気でそう思ってるかどうかは関係なくやればいいっていう。

呂布 そこの注釈さえちゃんと入れてくれれば大丈夫です。本気でこんなこと思ってるのかって思われたらたまんないですけ

R-指定
大阪出身のラッパー。地元の梅田サイファーでフリースタイルの腕を磨き、ラップバトルの大会UMBで三連覇を果たす。『フリースタイルダンジョン』の初代モンスター。現在はヒップホップグループ「Creepy Nuts」のメンバーとして楽曲の制作を積極的に行っている。

『キャッチャー・イン・ザ・ライム』
背川昇による百合ラップ漫画。監修が般若とR-指定。『週刊ビッグコミックスピリッツ』(小学館)で連載。ネガティブな主人公・高辻皐月の高校生活が、ラップと出会ったことで少しずつ輝き出す。

ど。

――実際、『フリースタイルダンジョン』バブルの影響は相当大きいと思うんですよ。

呂布 大きいですね。いつまで続くかわかんないですけど(笑)。初代モンスターのときは結局2年ぐらいで交代になったじゃないですか。そのときは交代になるっていうのもこっちは知らないから、たいへんな仕事をしてるなって思ってたんですけど。で、二代目モンスターの打診が来て、代替わりするんだっていうのがもう頭にあるんで、やっても1年半とか2年ぐらいのことだなっていう意識があるから逆にオファーを受けたというか。初代の人たちのその後を見ても、勝とうが負けようが人気は出るんだな、結局人となりが伝われば人気が出るんだなって感じだったんで。

――絶対に負けられないわけではなく。

呂布 番組としてはモンスターが負けたほうが盛り上がるのになって視聴者として思ってたんで、負け方ですよね。自分の価値が下がらない負け方だったらぜんぜんマイナスにならないんで、そこは気にしないですね。

――昔のフリースタイルは怖かったみたいな話もありますよね、ケンカに発展みたいな。

呂布 ありましたよ。本人同士もそうだし、その取り巻き同士とかがケンカするっていうのがめちゃくちゃあって。でも、いまはむしろそんなとこで本気になって怒ってるほうがダサい、みたいなのもあるし、そういう若い子がいっぱいいるのわかってるから、ホントに怖い人が参戦してないんですよ。そのルールをちゃんとわかってる人しかいないので、それ自体はいいことだなと思うんですけど、怖い必要はべつにないというか(笑)。

――そもそも、ホントに怖い人がバトルしてた時代があったっていうのが恐しいですよね。

呂布 そうですね、そんなことする必要はホントはないんですよね。昔はバトルに対するモチベーションが違って、一晩やっても賞金が1万とか2万とかそんなもんだったんですよ。だから単純に目立ちたいみたいな気持ちでできたんですけど、いまのバトルだと10万とか30万とかザラにあるじゃないですか。そうすると出て「あー負けちゃった」じゃちょっと済まないぐらいの本気の気持ちが入ってきちゃうというか、バトルに向かう気持ちもちょっと変わってきてるのかなって感じがするんですけどね。バトルでハネたらそのあといろいろ広がるっていうのは見えてるし、ぜんぜん桁が違いますね。バトルに出てるMCと出てないMCだと認知のされ方がまったく違いますから。それこそCMだったり、ヒップホップ絡みのちょっとした別の仕事みたいなのに出てるのもみんなバトルの人だし、バトルに出てない人たちはほぼいないようなものとして扱われてるなって感じますね。

――テレビに出ることの葛藤はありました?

呂布 まったくないです。逆にテレビに出ることを恐れてる人たちって何を懸念してるのかよくわからないんですよ。やりたくないことをやらされるんじゃないかって恐れてると思うんですけど、やりたくないことをやれって言われたときに「嫌です」って言えるじゃないですか。家族を人質に取られてやらされてるわけじゃないんだから。出て自分に美味しいな、メリットがあるなって思うことだけやればいいのに、そこを自分を出さずに取り扱われてしまうって強迫観念がある人たちはなんでそう思っちゃってるんだろうなって。そこはいくらでも断れるし、

口を出せばいいだけの話じゃないですか。「これを出されたら嫌だ」って。それをハナから放棄しちゃってる人たちはすげえ臆病だなと思います。

――実際、これまでに不本意なことをやらされそうになったことはあったんですか？

呂布 ありましたけど、それは断りました。世に出てるものは自分のなかで一応OKと思ったものだけです。事務所に所属してるわけじゃないので。断るとマズいみたいなことはないんで、そこは楽ですね。

――おかしなオファーとかも来ますか？

呂布 来ます来ます、それこそラップスクールの先生やってくれとか。詐欺じゃないですか（あっさりと）。電話で打診を受けたとき、「カリキュラムとかどういう感じで考えてるんですか？　正直、詐欺みたいなのいっぱいあるんで、その片棒を担ぐ感じになるのは厳しいんで教えてください」って言ったら何も決まってなくて、まんま詐欺みたいなことを言ってたんで、こりゃダメだなと思って、「ちょっと力になれないですね」と。

――いまの時期はお金になると思われて、いろんなオファーが来てるんでしょうけどね。

呂布 あとボーイズラブみたいな小説でイケメン声優たちにラップさせるヤツを書いてくれ、みたいな。自分の書いたラップを他人が歌うっていう経験がなかったので、それ自体はおもしろそうだと思って。『TOKYO TRIBE』とか『HiGH&LOW』みたいな、地域の代表のイケメン不良たちがラップで闘うみたいな小説だったんですよ。

――おもしろそうじゃないですか。

呂布 ちょっとおもしろそうだなと思って受けたんですけど、小説を読んだらめっちゃひどくて、ヒップホップのことなんにも知らない人が書いた小説だなと思って、それは小説を読んだうえでお断りしました。「ちょっとこれに加担することはできないです」って。そんなのはちょいちょいありますね。

――「グラビアとかお好きなようなので」って感じでAbemaのエロ番組の出演オファーとかもありそうな気がしますけどね。

呂布 エロ番組だったら受けますけどね。

――それはまた別なんですね。

呂布 はい、ラッパーとして以前にエロとしてって、そこは言い訳がつくところなんで。「これはラッパーとして出てるわけではない、いちエロい私人として出てるんだから」という言い訳が自分のなかで成り立てば。

――そこで変にラップとか絡められると困るけどって話ですね。「これを見てフリースタイルでちょっと絡んでください」みたいな。

呂布 あ、そういうのもありましたね。地元なのでSKE48の子たちにラップを教えてほしいっていう番組で、ちょっと怪しいぞと思って台本を送ってもらったんですけど、司会が「じゃあ僕の知り合いのディスが得意な友達を紹介します、MCバトルで生計を立ててるMC、呂布カルマさんです」みたいな紹介をされてて。「よきところでメンバーのフリップを見ながらディスってもらいます」とか書いてあって、これヤバいなと思って断りましたね。ちょっとしんどいかなと思って。

――別ものだったらいいわけですね。

呂布 そうですね、何も関係なくただのエロい人っていう枠だったら出ます。あとそれがSKEじゃなくてグラビアアイドル

『HiGH&LOW』
EXILE率いるEXILE Tribeの面々が出演する映画ならびにドラマ。ギャングチーム同士がバトルを繰り広げたり、手を組んでヤクザと戦ったりする話。17年の『HiGH&LOW THE MOVIE 3 / FINAL MISSION』で、シリーズはひとまず終了。

だったらやってたかもしれない。間近で見れるわけだし。ただふつうの制服みたいな格好した女の子を見てもおもしろくないし、断りました。

――一貫してますね（笑）。

呂布 そうですね（笑）。エロのほうが表現として芸術より位が上だと思ってるんで、エロい仕事はぜんぜん自分を殺せるんですよ。ただ、アイドルとかと混ぜられるのはちょっと違うかなって感じで。地方へライブしに行ってホテルで1000円のカード買うじゃないですか。あれって映画も観られるし、有名な監督が時間と人と予算をたくさん使って名作を原作にした、すごい位の高い芸術としての映画があって。その一方ハメ撮りみたいなのがあって。でも結局ひとりのときまず観るのはハメ撮りだなってこないだ思って。そういうことだよなと思ったんですよね。

――どんなに大金をかけたところで。

呂布 すっげえ時間があったらもしかしたら映画も観るかもしれないけど、でも一番大事なのはハメ撮りだよなと思って。地元に有名な好きなラッパーがライブに来るっていうときに、ちょっとブサイクな女の友達から「すごい寂しいから会いに来て」って言われたら、たぶんチケットを持っててもそっち行くな、みたいな。音楽とか美術なんてそんな程度だなと思ったんですね。エロいものに対しての尊敬っていうのはすごくありますね。

――たいしたお金にもならないのに水着や裸になってくれてる子に対する感謝っていう。

呂布 そうですね。でも、その子たちは位の高いエロを経て、位の低い芸術のほうに行こうとしてるから、ホントは逆なんだけどなー、みたいな。いまが一番輝いてるんだけどなー、みた

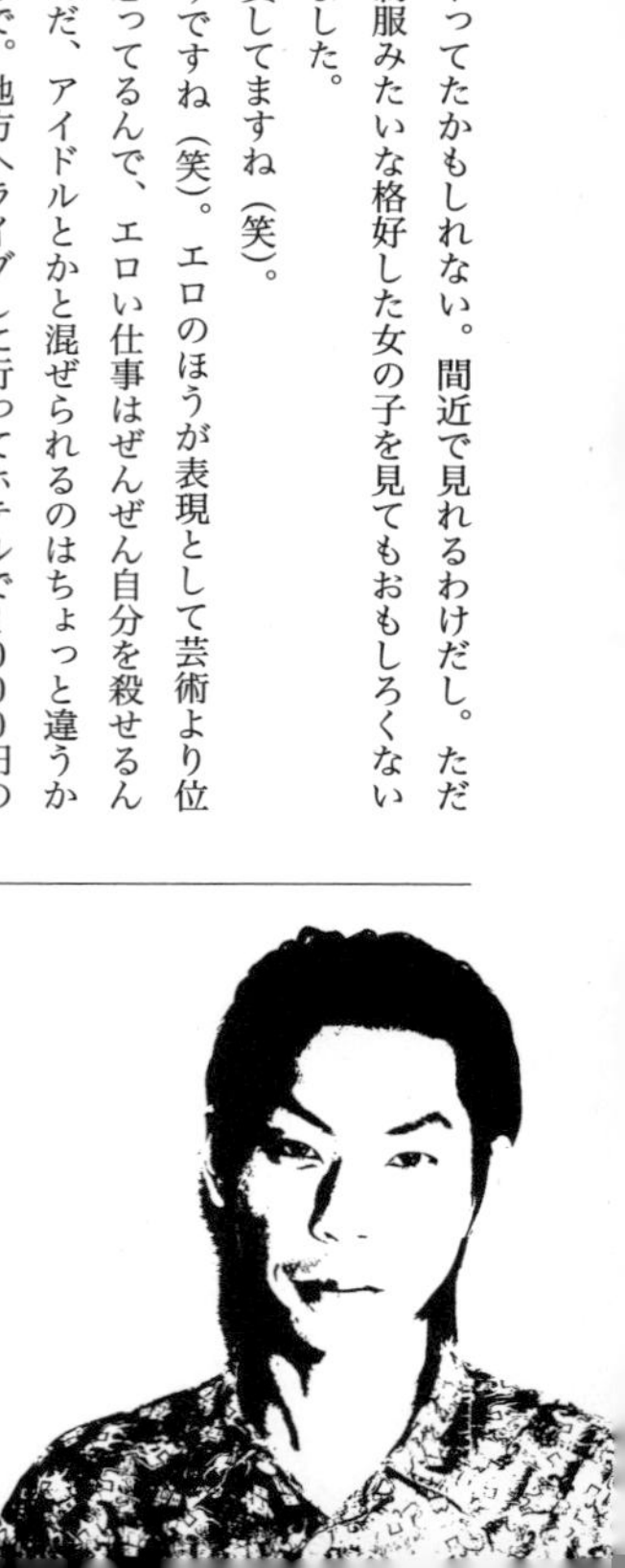

いな。AV女優の芝居のほうがふつうの女優の芝居より絶対にすごいですよね。

——実際、『ゴッドタン』の『キス我慢選手権』とかでそれが証明されてますからね。

呂布 ホントにそうですね。あんな淫乱な芝居が上戸彩にできるのか、綾瀬はるかにできるのかって話なんですよね。

——すごいわかるのが、芸術的なヌード写真集のガッカリ感ってすごいですもんね。

呂布 本当にエロの芸術とか、ヌードをモノクロで撮るのとか、まったく理解できなくて。

——「女性向けのお洒落なヌード写真集を出しました！」とか、よくありますけど。

呂布 クソですね（キッパリ）。妊娠してから脱ぐヤツもそう。バカかよと思いますね、脱ぐのが10カ月遅えよって。

——ダハハハハ！ まあ、その瞬間を残したい気持ち自体はわかるんですけどね。

呂布 わかりますけど、それは個人でやりゃいいじゃないですか。なに出版物にしてひと稼ぎしようとしてんの？ エロはエロだけで置いといてほしいんですよ。エロと何かを混ぜないでほしいですね。「エロカッコいい」とか嘘ですから。カッコ悪いですよ、エロをそんなふうに扱ってる時点で。エロはエロだけで純粋に、混ぜるなって感じですね。

——わかります、まっすぐな意見ですよ。

呂布 「エロおもしろい」とかね。いやおもしろくねえから、エロいからっていう。

——もしグラビアプロデュースするとなったら、ちゃんとしたものを作る感じですか？

呂布 ちゃんとエロいものを撮りたいです。ただグラビアに関しては自分は抜きじゃないから、そこはエロさが見えてきれいなものっていうか、女の子が嫌な気持ちしないものを。体の迫力があって、生のエネルギーがあるものが好きなんですよ。豊満なのが好きなのは、生のエネルギーがすごいなって思うんで。ガリガリの子って病気みたいだし。それ見て喜んでるのってどうなの？ みたいな。幼女っぽさが残ってるのも嫌なんですけど。顔が幼いのは好きなんですけど、体が幼いのはちょっと。それを好きだと公言しておまえ大丈夫なの？ みたいに思っちゃいますね。

——もともと塾の仕事をしてた人じゃないですか。それでその姿勢だと安心できますよ。

呂布 まったくそういうのに興味がないとかじゃないかぎりはたいへんでしょうね。

——塾の仕事はちゃんとされてたんですか？

呂布 もちろん（笑）。でも、1年ぐらいなんですよ。なのでホントの醍醐味を知る前にやめてるんですけど、おもしろかったですね。音楽がすごく忙しくなったタイミングもあってやめたんですけど、音楽が趣味の範囲で置いとけるぐらいだったらずっとやっててもいいなって思えるような仕事でした。

——先生がエロ番組に出るようになったら当時の生徒はショック受けるでしょうけどね。

呂布 ハハハハハ！ そうですね、純粋な子たちだったんで。隠してましたしね。ラップしてるってことも言ってなかったです。やっぱり塾に来るようなまじめな子たちって誰もヒップホップなんか興味ないんだなと思ったし、ぜんぜんバレなかったですね。あとひとりで歩いてるとすごくバレるんですけど、不

『キス我慢選手権』
05年から放送されている深夜番組『ゴッドタン』内の企画。あの手この手でキスをしようと誘惑してくるAV女優に打ち勝てるかという趣旨。『ゴッドタン』でも特に人気で、『ゴッドタン キス我慢選手権 THE MOVIE』として劇団ひとり主演で映画化もされた。

思議と妻子と歩いてるとバレないんですよ。バレても気を遣ってくれてるのかわかんないですけど、めったに声かけられないですね。

――奥さんは漫画家ってことまではオープンにしてて、誰なのかは言ってないんですか？

呂布 言っていいのかな？ 山口いづみっていう細々やってる感じの作家なんですけど。

――手伝ったりするんですか？

呂布 1回だけしたんですけど、やっぱり向いてないですね、ひたすら消しゴムかけたりとかベタ塗ったりとか、退屈すぎて。あと僕自身が絵を描けるから、少女漫画の絵ってちょっとデッサンおかしかったりするじゃないですか。そういうのどうしても言っちゃうんですよね、「この横顔ってさー」みたいな。絶対ケンカになるんですよ。こっちはよかれと思って言うんですけど。で、嫁も「少女漫画はこれでいいんだよ！」って言ってるくせに、ちょっと経つと「そんなこと言うから全部描き直したくなったじゃん！」「あ、ごめん……」みたいな。だから嫁の作品は読まないようにしてます。僕も嫁の作品は読まないし、僕の作品を嫁にしっかり聴いてもらったら、それはそれでいろいろマズいな、みたいなのもあるんで。お互い干渉しないように。

――じっくり聴き込まれると困ることが。

呂布 はい、「このスラングってさー」みたいなこと言われると参るじゃないですか。嫁の作品も少女漫画なんで、嫁の恋愛観がもろ出てるじゃないですか。こいつこんなこと思ってんのかって思っちゃうといろいろ気まずいんで、あんまり見ないようにしてますね。

山口いづみ
日本の少女漫画家。『別冊マーガレット』（集英社）で少女漫画家デビュー。現在、集英社の少女漫画誌『ココハナ』で『思い出のとき修理します』を不定期連載している。

少年院送りが決まった時点で
パニックになって倒れた（笑）

戦慄かなの

2017年11月収録

アイドル。1998年9月8日生まれの19才。ミスiD2018サバイバル賞受賞。狩野英孝の元交際相手に関する暴露ツイートで話題となる。のーぷらん。の初期メンバー（水色担当）。秋葉原のメイド喫茶にもたまに出没。Twitterアカウントは@CV_Kanano。

――まずはミスiDおめでとうございます。

戦慄 ありがとうございます。絶対に獲れないか、吉田さんの賞ぐらいかと思ってたら。

――「吉田豪賞無理だったんだけど！　絶対もう無理じゃん」ってつぶやいてて（笑）。

戦慄 そうです。だから吉田さん賞の発表のときに違う人が呼ばれたから、ヤバッ、もうないじゃんと思って。前の年のヤツ見てたから、もうどこにも当てはまらないと思って。ミスiDの器じゃないし（笑）。そしたら、サバイバル賞っていう初めて聞いた賞で。

――要は、意外とボク以外の人もちゃんと評価してたっていうことだったんですよね。

戦慄 ビックリした、ぜんぜん知らない人が「今回一番笑った人」って言ってて。あの人、誰なんですか？　サクマっていう人？

――知らないんですか！　佐久間宣行さんは『ゴッドタン』のプロデューサーですよ！

戦慄 えーーーーっ!!　私、『ゴッドタン』は小学校のときから観てます。めっちゃ好きな番組ですよ！　えーっ、うれしい！

――とりあえず、ミスiDの期間中にどれくらい話していいのかわからなかった物騒な部分がだいぶオープンになったなと思って。

戦慄 そうなんですよ、自分でもいいかなって。でも、吉田さんのせいですよ。私は言うつもりなかったのに、それを言わないとつまんねえみたいな空気になるのが怖くて。『ミスiDフエス』でひとりずつ挨拶するときも、みんな「いままで応援してくれた人がどうのこうの」とか言ってて、「あれつまんないから、なんか一発かまして」とか言われたから、「ミスiDの楽屋は少年院より空気悪かったです」って言ったらドーンとウケて。

――言ったことで確実に爪跡だけは残して。

戦慄 間違いないですね。べつに少年院出を売りにして賞は獲りたくなかったし、もっと中身を見てほしかったけど、べつに少年院のことをどうこう書いている人いなかったし。

――それだけじゃなくて、少年院トークの転がし方とかが最高におもしろかったわけで。

戦慄 まあ、よかったのかな？

――もともと世間的に話題になったのは狩野英孝淫行騒動の炎上きっかけだったわけじゃないですか。あれはなんだったんですか？

【「ねえ私今だからぶっちゃけられるけど、狩野英孝と淫行報道があった飛沫真鈴さんと赤血球（彼女が所属していたアイドルグループ）の解散前のライブで一緒になって、楽屋で狩野英孝さんとのセックスの話してるとこ聞いちゃって『さっきの話聞こえちゃったんですけど』って言ったら怖い声で『誰にも言わないでね』って言われたことある」「飛沫真凛、楽屋で散々色んな芸人を食った話してたのにライブのステージ見に行ったらほっぺたにガムテープ貼っててそこに『処女』ってでっかく書いてあって『いやお前さっきの話ｗｗｗｗ』ってなった」などとツイート】

戦慄 ホント、隣にいて話を聞いてただけなんですよ。隣でずっとベラベラ狩野英孝のことを話してて、いいのかなと思って。でも、私的にはめっちゃいいこと聞いちゃった、ラッキーみた

佐久間宣行
『ゴッドタン』『ウレロ☆未確認少女』などで知られる、テレビ東京のプロデューサー・演出家。バラエティやコメディを主に担当する。『ゴッドタン　キス我慢選手権　THE MOVIE』（13年）で映画監督デビューを果たした。「ミスiD2015」からミスiDの審査員も務めている。

赤血球
15年に『感情VORTEX』でデビューした飛沫真鈴と二瀬玲奈による2人組アイドルユニット。狩野英孝が付き合っていた未成年の相手が飛沫真鈴だったと言われている。16年に解散。

いな感じじゃないですか（笑）。

――狩野さんといろいろあった未成年アイドルの飛沫真鈴さんが、アイドルイベントの控室で生々しいセックスの話をしていた、と。

戦慄 そうそうそう。だからお友達になりたくて声かけただけなのに、ツカツカみたいな感じで来て、「絶対に言わないでね。言ったらどうなるかわかってんの？」みたいな感じで言われたから怖っ！　と思って、いつかさらしてやろうと思ったんですけど（笑）。

――それが阿佐ヶ谷ロフトでの出来事で。

戦慄 そうです。でも、アイドル潰しみたいなことはしたくなかったんで。もう時効だと思ったのは、狩野英孝がニュースになったときじゃなくて、飛沫真鈴さんがそのときアイドルやめたタイミングだったんですよ。だから時効かなと思って。アイドルやってるときに狩野英孝と付き合ってること言ったらマズいじゃないですか、アイドル潰しみたいで。でも、やめたし、おもしろいから私のものにしちゃえと思ってつぶやきました（笑）。

――それをボクも拡散して。

戦慄 インプレッションがすごいことになってて。昨日見たら100万いってました。

――一気に拡散されてネットニュースになり『週刊文春』でもコメントするって流れで。

戦慄 はい。『文春』はクソでしたけどね。だから、もう絶対に関わりたくないです。

――その段階では、ただの口の軽い厄介な地下アイドルが出てきた的なイメージでした。

戦慄 はい、めっちゃ叩かれたけどべつに気にしてなかったです。いいやと思って。

――噂で聞いたら、飛沫真鈴さんが歳ごまかしてたのは誰も気づいてなかったらしいですね。グループ内の公式年齢が21歳とかで。

戦慄 そうなんですか！　ぜんぜん知らなかった。実際は17歳でしたよね。でも、私もそのときは未成年って知らなかったから。

――だから、狩野さんが手を出してもしょうがないっていうのが真相だったみたいです。

戦慄 狩野英孝は捕まってないですよね？　小出（恵介）さんとごっちゃになって未成年淫行みたいな感じになってるけど、狩野英孝はべつに悪くないのになーとか思って。

――無理矢理したわけでもなく、単純に保護観察に近い状態での再犯だったってだけで。

戦慄 ハハハハハ。それと、私の聞いた話だとほかの芸人さんにも誘惑してたみたいで。

――けっこういろいろやってる人らしいっていうのは聞きました。彼女は芸人好きで。

戦慄 吉本の劇場に行ったり、ほかの劇場に行ったり、芸人さんにチヤホヤされてるのが楽しかったみたいなことを本人が言ってました。だから狩野英孝は悪くないのにと思って。

――戦慄さんは、それで話題になったわけじゃないですか。その後もチョコチョコ、プチ炎上みたいなことがありましたよね。

戦慄 ありました。仮面女子とかですよね。

【「さっき楽屋の前で仮面女子候補生とその運営に喧嘩売って暴

言吐きまくりました。が、謝る気はまったくないです」とツイート】

あれはホントに仮面女子がクソだったんですよ。私、のーぷらん。っていうアイドルやってたんですけど、あと1週間でデビューっていうときに私が炎上しちゃって、上の人も困ってたけど、おもしろいからって入れてもらえて。で、のーぷらん。のリーダーが元仮面女子だったんですよ。その子は友達の旦那さんといろいろあったみたいで、写真が流出したりして。私の周りそんなのばっかなんですけど（笑）。それでやめさせられたのかな？

——あ、そうだったんですか。

戦慄 一応表面上は円満な卒業みたいな感じだったけど実質クビだったんですよ。で、のーぷらん。と仮面女子が対バンする機会があったんですよね。リーダーが仮面女子時代に友達だった子が卒業するってなって、対バンだしその機会にお祝いしたいってリーダーがプレゼントと手紙を持ってって。そしたら運営の人からリーダーとは話すなって言われてたみたいで、仮面女子から総スカン食らっちゃったんですよね。話しかけたのに無視されてリーダーが泣いちゃって。私そのときリーダーとめちゃめちゃ仲悪かったんですよ。ウンコって呼んだり、お茶をかけたり。

——えっ？　リーダーに？

戦慄 仲がすごく悪くて。調子こいてるって思われてたみたいで目つけられちゃったんですよ。だから、こっちもやってやると思ってバッグを投げたりババアって言ったりしてました。でも、そのときに初めてかわいそうって思って、ドアをバーンッて蹴って仮面女子に「調子こいてんじゃねぇよ！」って言っちゃったんですよね。そしたら運営に、のーぷらん。とはもう対バンは無理って言われて。

——そりゃそうですよ（笑）。

戦慄 で、仮面女子の子も、みんな「何あの子？」みたいになって、相互フォローだった仮面女子の子にもブロックされたり、仮面女子のオタクからのーぷらん。の運営に苦情が入って。でもマイナスは大きかったけどリーダーとはちょっと絆が芽生えました（笑）。

——ちょっとケンカっ早すぎますよ！

戦慄 でも、いろいろつっかかられたりしたんです。リーダーには3分遅刻しただけで「もうレッスンに出ないで」とか言われて。リーダーとボスを履き違えてたんですよ。ほかのメンバーをみんな味方にして私をハブこうとしたりして。だから、ウザッと思ってやっちゃいました。それデビューの前日です。

——うわーっ、最悪じゃないですか！

戦慄 ピリピリなまま明日デビューってなって。まあ舞台の上で仲良くしてればいいよね、みたいな。めっちゃピリついてたのに舞台の上で肩を組まれたりして、なんだこいつと思ったけどオタクの前では仲良くして。

——ホントに、なぜこういう人がアイドルグループをやってたのかって話ですよ（笑）。

戦慄 ハハハハハ、ホントですよね（笑）。

中学のときにアマゾンカード詐欺

——そろそろバックボーンを掘り下げてみましょう。家庭環境が複雑だったんですよね。

仮面女子
日本のアイドルグループ。アリス十番、スチームガールズ、アーマーガールズの3グループを総称して仮面女子と呼ぶ。メディアに出演する時は、全員が仮面を被っているのが特徴。自称最強の地下アイドル。

のーぷらん。
17年にデビューしたアイドルユニット。コンセプトは、時代にあわせて様々なカタチに変化していけるよう、あえてノープラン（無計画）に設定された。個々の活動もあるため、ライブ等で全員が揃うことは滅多になく、戦慄かなのはデビューから3カ月後、受験のため卒業した。

戦慄 そうですね。幼稚園のときに両親が離婚して、離婚する前もお母さんがお父さんに暴力ふるうタイプの人だったんですね。

――逆DVですね。

戦慄 そうです。真冬のベランダにお父さんがパンツ一丁で出されたり、あと椅子がバキバキで、お父さんが血まみれになって毎晩椅子をガムテープで補強してるのを見てて、お母さんは朝まで帰って来なくて。そのときは大阪に住んでたんですけど、離婚して東京に来て。そしたら暴力の矛先が私と妹に、みたいな感じです。おばあちゃんが近くに住んでたんですけど、おばあちゃんとお母さんも仲悪くて、おばあちゃんは私の妹をすごい気に入ってたんですけど、私は気に食わなかったみたいでおばあちゃんからも暴力受けて、誰も頼れる大人がいないみたいな感じでした。

――当然それは性格にも影響が出ますよね。

戦慄 そうですね。でも、非行に走ったのはじつは遅咲きなんですよね。

――その前にイジメられた時期があって。

戦慄 そうです、すごい暗い性格になっちゃって、髪の毛もとかさないで毎日顔を隠してる感じで。妹はいつも新しい服を着てるけど私はボロボロで。自分からボロボロのを着てたんですよ、これでいいやと思って。で、貞子とか言われて。たぶん負のオーラがすごかったと思うんですよ。そのときにリーダー格の女の子が話しかけてきてくれて、それがうれしかったんで手下じゃないけどグループに入ったら八方美人みたいになっちゃって、それがまたイジメになって（笑）。うまくいかなかったですね。小学校時代。中学校でも、もの投げられたりしました。で、中2の美術の授業のときに自殺未遂しちゃって（笑）。

――授業中に？

戦慄 授業が終わったあとですね。みんながいなくなってから彫刻刀でブスブスやって、あとから飛び降りました。でも美術室が2階だったから、いま考えたら死ねるわけないんだけど、そのときはめっちゃ高く見えたんですよね。でも、骨も折れなかったですね。

――当然、騒ぎにはなりますよね。

戦慄 なります、救急車を呼ばれて（笑）。それ以降は自分を傷つけたりはないです。そのとき突発的に死のうってなっただけで。

――そこからなんで悪の道に進むんですか？

戦慄 ちっちゃい頃からお母さんとお父さんがケンカしてるのを見てて、私は物欲とかぜんぜんないんですけど、お金がなきゃいけないんだっていう思考になって、小1のときに初めて万引きをして……早いですね、遅咲きじゃなかったですね。万引きは非行のうちに入らないぐらいに思ってたんですけど。お菓子とかも、あれ食べたいと思ったら盗るようになっちゃって。で、中学のときに出会い系サイトをやり始めまして。アマゾンカード詐欺ですね。「中学2年でーす」とか書いたら「嘘だろ」みたいなコメントが絶対に来ると思ってたんですけど、そしたらみんな「え、会おうよ！」みたいなコメントばかりで。

――ロリコンの人たちが食いついてきて。

戦慄 そうです。そこメッセージが多く来た人気女性ランキングみたいなのがあって、それでずっと1位を独走してて。で、「電車賃がないからアマゾンギフトカードをください」みたいに言ってはブロック、みたいな。

――それって問題になりますよね？

戦慄 なりますなります、捕まりました（笑）。1週間ぐらいで取り尽くして捕まったんですね。それが初めての逮捕ですね。

――あんまり後先考えてないですよね。

戦慄 考えてないですね。もうどうにでもなれって、失うものはあんまりなかったんで。

――会ってから金を引っ張るんだったら向こうも訴えづらくなったりするんだろうけど。

戦慄 陰キャラだったので、そんなのは無理なんですけど。それが中1か中2で。

――まずは補導みたいな感じなんですか？

戦慄 補導ですね、すぐ家に来ました。バカだったんで位置情報とか消してなかったんでしょうね。お母さんが厳しくて男の子としゃべっただけでも怒る人だったので携帯を持たせてもらえなかったから、iPodタッチみたいなWi－Fiがないとつなげないヤツを自分で買って、コンビニのWi－Fiとかで3時間ぐらいやってて。それで始末書みたいなの書かされたんですけど、その1週間後には大量万引きで捕まってますね（笑）。

――ぜんぜん懲りてなかった！

戦慄 懲りてないですね。そのときは友達と一緒にやってたんですけど、傘を閉じてそこにものをバンバン入れてたんですよ。そしたら入口でバーンと開いて、ものがバラバラバラッて（笑）。それで店員さんが来たら友達が私を置いてダッシュで逃げたんですよ。その子が捕まっても捕まらなくても私が捕まるのは一緒だと思ったら、結局私だけのせいになって学校にも行きづらくなっちゃって。

――やらかした直後にまた捕まったせいで。

戦慄 アマゾンカード詐欺は学校にバレてなかったんですよ。でも、お母さんが私のことどう思ってるかわからないんですけど、私がこういうことしたっていうのを学校に電話したんです。「こういうことする子なんですよ」って学校に電話して、どういうつもりだと思ったんですけど、それがバレてしまって。

――停学？

戦慄 停学にもならなかったんですよ。先生たちは「でも来なよ」みたいな感じだったけど、クラスメイトは「あ、来た……」みたいな感じになって居づらくなって、ちょっと不登校みたいになった時期もありました。でも、あんまり懲りてないです。嫌いな女の子がいるから学校に行かないじゃなくて、嫌いな女の子が私がいないところでなんかしてるのがムカつくから、それをずっと見てやろうみたいな気持ちで学校に行ってました。だから、そのときから意外にタフだったのかもしれないですね。……このボイスレコーダー、どっかに流したりしないですよね？

――しないですよ！　当然原稿チェックもありますから。この先、戦慄さんが有名になったあとでテレビ局に売るとかもしないです。

戦慄 やめてください！

――で、そのあと何があったんですか？

戦慄 高校は女子高なんですけど、中学のときよりも緩くなるわけじゃないですか。そこで会ったギャルみたいなヤンキーみたいな女の子と仲良くなって、その子の家に入り浸るようになったんですよね。その時点で家に帰らなかったりしたんでお母さんが捜索願を出したり。で、いろいろ悪いことしました。

――「いろいろ悪いこと」ってなんだろう？

戦慄 いろいろ（笑）。でも、私的には全部染まったら終わりだっていうのは心のどっかにあったので、ムカつくヤツをボコるときも私はそんなに手を出さなかったし、その子にも「ほどほどにしときな」って言ったりしてたし（笑）。クスリとかやってる人もいたけど、私は絶対にやらなかったです。それだけは誓えます！「老人だけはやめときな」とか「オヤジ狩りとかもやめな」とか忠告したりしてたんですけど、遊ぶのは楽しくて。

保護施設に地下アイドルが！

――そっちの世界に順応していって。

戦慄 そしたら友達がいっぱい集まったときに男の人がいて、みんなが寝たりどっか行ったりしてるとき襲われそうになったんですよね。私が寝てるときに服を脱がされてたみたいで、下着で寝てる写真を撮られてて。お風呂に入るときの着替えの写真とかも撮られてて、それで脅されて、タバコの火をつけられて威圧されたんですよ。根性焼の跡ここにあるんですけど、それで完全にビビッちゃって。そしたら手元にスミノフの空き瓶があって。咄嗟でしたね、向こうがトイレに行って戻ってきたときにボーンッてやっちゃいました。

――空き瓶で頭をカチ割って。

戦慄 カチ割って。

――まあ、正当防衛ですよ。

戦慄 そうですよね。で、そいつの携帯を持って逃げました。それをすぐ川に投げて。

――ダハハハハ！　なんで！

戦慄 写メのデータがあるから。スミノフの瓶で携帯をバッキバキにしてからスミノフと一緒に川に投げちゃって。それでお家にも帰れないし、ヨレヨレしながら裸足で新宿ブラブラしたりして。で、2〜3日野宿したときに、でも充電はちょいちょいしてて、そしたら親から連絡が来て、「いまどこにいるの？　帰ったら暖かいお布団が……」みたいなこと言うから、思わず「ママー！」ってなって、それで帰ったら警察がいて、「ハメやがったなコノヤロー！」って感じですね（笑）。

――ダハハハハ！　なるほど（笑）。

戦慄 捜索願を出されてたんで、「どこでどうしてたの？」っていうのを聞かれるだけでお家に帰れると思ってたんですけど、「いや、今日は帰さないよ」って言われて。「待って、夜ご飯も食べてないし裸足だし」って。

――暖かい布団はどこ？　っていう。

戦慄 そうです（笑）。そのまま、その足で保護施設に行き、そこから2年間社会に帰ることはなかったんですけど。余罪もあったし、あとそういうところに近づいちゃう、危機管理能力がない、みたいなことで。あと、ぜんぜん反省してなかったんですよね。

――いまでもしてなさそうですよ（笑）。

戦慄 してないです。「いや、あいつが悪いんですよ！」みたいにずっと言ってて、「だって写真を撮られたんですよ、かわいそうでしょ？」みたいな感じで言ってたんで、反省の色がないっていうことで保護施設に行って。お母さんが迎えに来れば帰れたんですけど、お母さんが迎えに来なかったんですよ、4カ月。で、クリスマスもそこで過ごして。

――保護施設って具体的に言うと？

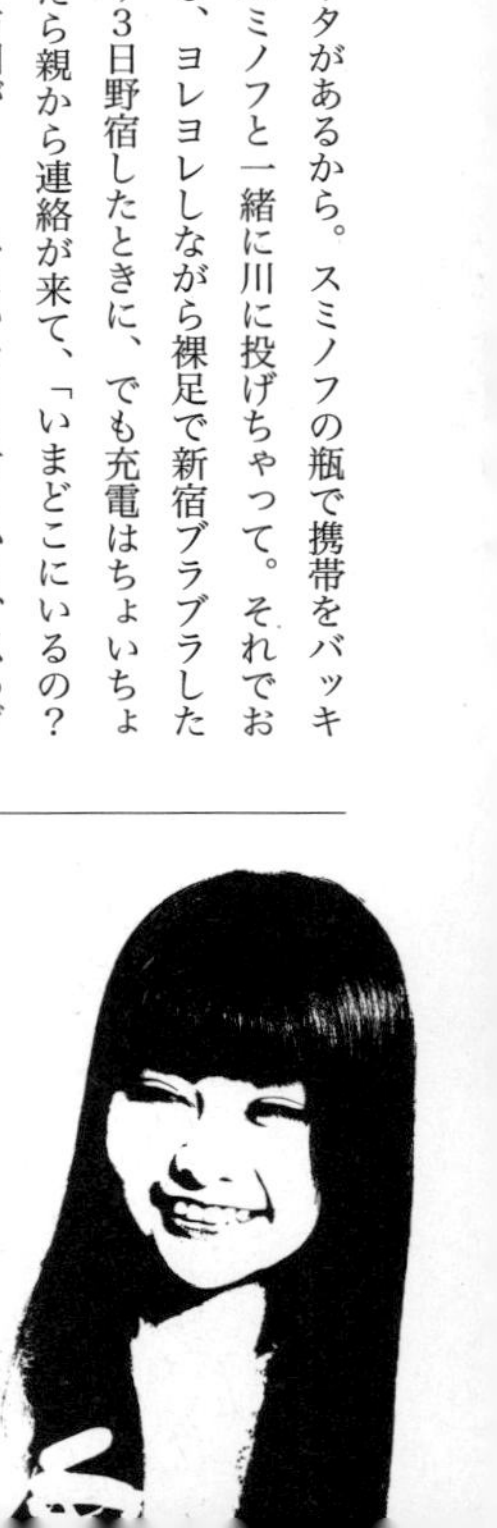

戦慄 一時保護ですね、児童相談所の。2回目ぐらいから少年センターとか児童相談所でカウンセリングとか受けてたんですよね。

――そこにいるのはどんな人たちだったんですか？ たとえば家庭に居場所がない系の人なのか、それともアウトロー系なのか。

戦慄 一時保護はどっちもいて、ちっちゃい子もいるんです、親がダメダメでとか。あとヤンキーでタイマンで捕まった人とかもいて。だから逮捕じゃなくて保護みたいな感じが多いけど、しゃべっちゃいけなかったんで。

――なかにいる人と？

戦慄 そうです。施設ってどこでもそうなんですよ、個人情報を聞かないみたいなのが原則のルールで。これ言っていいのかな、一時保護に●●●●●（某地下アイドル）がいたんですよ（笑）。●●●●●って私の妹の中学の同級生だから、私に話しかけてきて、「▲▲ちゃんのお姉ちゃんですよね？ 私、援交で捕まりました」とか言って（笑）。●●●●●自体もうどこ行っちゃったのって感じだし、べつにおいしくないですけど、ちょっとおもしろいじゃないですか（笑）。

――援交で捕まってたんですね（笑）。

戦慄 お風呂の脱衣所でたまたま一緒になったときに話して。でも、しゃべったり規則違反をすると端に追いやられてパーテーションで囲われて、そこでひとりで広辞苑をひたすら写すみたいなことをやらされるんですよ。

――写経みたいな感じで。

戦慄 そうですそうです。就寝時間がみんなより遅くなって起きる時間がみんなより早くなったりして、地獄じゃないですか。

それを●●●●●がやってたんで、そこで話しかけてきて、「へーっ、ウケるー」みたいな感じでお風呂に入りましたけど。しゃべっちゃいけないから友達も作れなくてずっとひとりで。

――そこにいつからいつまでいたんですか？

戦慄　それが高1の秋から冬。本格的に非行に走ったのは高校入ってすぐなんですよ。半年ちょいぐらいのあいだに駆けめぐった感じです。で、一時保護にお母さんが来なくて、私の引取先どうしようみたいになったんですよ。そしたら私が非行に走るんで、とりあえず鑑別所にってことになったんですよね。警察的には少年院に入れたかったみたいで。

――態度が悪かったとかなんですかね？

戦慄　けっこう悪かったです。警察って威圧的な態度なんですね、それで強いこと言われて泣かされたりしてたんで、一番最後のときに警察の人が買ってきてくれたジュースを頭からバーッてかけちゃったんですよね。

――なんで飲み物をかけたがるんですか！

戦慄　いや、そこにあったから（笑）。

――それ一番やっちゃいけないヤツですよ。

戦慄　それでけっこう嫌われてたんで。

――当たり前ですよ（笑）。

戦慄　でも、少年院に入るわけないと思ってて。私は自分でヒートアップしてるってわかんなくて、「私がしてることみんなしてるじゃん、ふつうじゃん。少年院って人殺したりする人が入るとこでしょ？」って思ってて。

――「私は正当防衛だし」っていう。

戦慄　そうそうそう。それに万引きとかみんなやってるじゃんって思ってたし。毎回毎回「少年院っていうのはこういう手順を踏んで……」って紙に書いて説明されるんですよ。で、ついにブチ切れて。少年院に入れたかったみたいなんですけど私は絶対に入らないと思ってたからめっちゃ反省してない態度で臨んだんですけど、最後であっさり（笑）。

――少年院送りが決まって。

戦慄　そうです、少年院送りが決まって。私、パニック障害持ちなんですよ。だからその時点でパニックになって倒れて（笑）。「少年院送致です」って言われた瞬間に。そのあと全部聞こえなくてキーン、みたいな。

――小学校ぐらいからパニック障害で。

戦慄　そうなんですよ、お母さんが帰ってこないときに「どうしようどうしよう？」ってなって倒れたのが最初です。それってクリスマスだったんですけど、帰ってくると思ってたら帰ってこなくて、そのときちょっと怖い映画を観てたんですよね。ママが帰ってこない、どうしようと思って電話も通じなくて。で、大阪にいるお父さんにも電話したんですけど通じなくてパニックになって、力が全部抜けちゃって倒れたのが最初でしたね。

――それからたまに発作が出るようになり。

戦慄　1カ月に1回、2回ぐらいは。いまは「どうしようどうしよう？」ってならなくても倒れるときがあって、電車とかでバタッみたいな。貧血に近いですよね。少年院でそれになっちゃって、仮病かと思われて。「少年院送致」って言ったらきれいに倒れたから(笑)。それから鑑別所でずっと寝てましたけど、うーんうーんってうなされてました。

――なかなか少年院出身のアイドルっていないと思うんですよ。初めて聞きましたけど。

戦慄 だいたい少年院に入った人って、とび職か水商売になりますよね。少年院に入ってるときもみんなと話せないんですよ。でも、いまってSNSがすごいから、名前とかで。

――検索したり、出所後につながったりで。

戦慄 つながってます、ぜんぜん。だから、そこで「久しぶり！」のあとに、「え、何でパクられたの？」が常識みたいになってて。そこで知る、みたいな。2年ぐらい一緒にいるんでなんとなく勘づくところはあるんですけどね。授業で中絶とか援交の話になると泣き出す子とか、「あいつ絶対援交じゃん」みたいな。援交だけじゃ捕まらないですけど。

――金を盗んだとかいろいろ。

戦慄 そう、たぶんある。殺人とかもいますね、その子とたまに会ったりします。ホントはあんまり関わっちゃいけないってわかってるんですけど、でもなついてくれるし、その子は自傷癖がすごいんですけど私が「これはやっちゃダメだよ」とか言って、それで治ることもあるから。少年院を出てつながっちゃうと再犯につながるみたいなことがあるじゃないですか。薬物は特にそうですね。そういうのもあるけど私はいまのところはないです。殺人した子も、お父さんがこの前いきなりいなくなって、次の日に青森の樹海で首吊ってるのが見つかって、2カ月前なんですけど、みんなでその子を慰める会みたいなのをやって犯罪者がゾロゾロ、みたいな（笑）。

――日本のアイドル界もすごいことになってきてますね。そこからアイドルグループに入るってことが、もう奇跡じゃないですか。

戦慄 ホントですよ、1回就職してますし。

――そうなんですか？

戦慄 アイドル入る前、秘書やってました。施設って勉強しかすることがなくて資格めちゃめちゃ取ってたんですよ。秘書検定も法律検定も取ってたんで、それ活かしてハローワークに行ってすぐ就職したんですけど、いろんな人に口説かれたりしてムカついたんでやめました。で、どうしてもアイドルやりたくて。アイドルはもともと好きだったんですよ、幼稚園のときはモーニング娘。だし、小学校のときはずっとＡＫＢが好きだったし。

――自分が過酷な状況にいるときは余計アイドルみたいなものにあこがれそうですよね。

戦慄 そうですね。出てきたら地下アイドルって私が施設に入る前より浸透してて、一通り見る限り自分でもできそうじゃんって思って。「え、こんなブスがこんな歌ヘタでやってんの？」みたいな。で、最初に●●●●●にアイドルやらないかって誘われて。

――少年院まで行った人がアイドルグループに入ってみて、どういう感覚なんですか？

戦慄 どういうもなにも、べつに誰にも迷惑かけてないからいいかなって感じです。

――でも、あきらかに何かが違うわけじゃないですか。リーダーにお茶をかけたりとか。

戦慄 違いますね。でも、なんか馴染めてないですか？ たとえばミスｉＤとかでは。

――ミスｉＤには馴染めるでしょうけど。

戦慄 でも、たまたま曲作りもしたいしダンスも好きだし歌も好きだし、かわいいことも好きだし。だから自分がやりたいことをやりたいっていうだけなんですよね。べつに有名になりたいとか、地上に行きたいとかじゃなくて、ずっとアイドルを続けていきたいとも思わないし学生のときだけやってスパッと終わって、自分がやりたいことをスタンプラリーみたいな感じでどんどんやっていこうみたいな感じです。でもちゃらんぽらんにはやってないですよ、ちゃんと全力でやります。

――のーぷらん。を学業に専念するっていう理由でやめたのは本当だったんですか？

戦慄 そうですね。のーぷらん。はグループってどんな感じか1回やってみたいじゃないですか。だからやってみて。でも、入ったときから違うなっていうか。私がここにいても私の良さは出ないし、でものーぷらん。の動員の半分ぐらい私だったんですよ。意外にオタク受けが……もの好きが多いから。

――狩野英孝騒動の後でも、厄介なヤツがいるぐらいのおもしろがり方をされてたんですね。

戦慄 そうそう、それで「怖ーい」みたいな感じだけど接触は愛想いいし、オタク的には受けがよくて。だから、私がなんでのーぷらん。のお世話しなきゃいけないんだって思って、じゃあ、私がもっとやりたいことをできる場所で突き抜けたいなと思ったから、とりあえず受験もカブッてたし、ミスiDは絶対に受けるって決めてたのでスパッとやめて。

――とりあえず、いまも保護司の人と定期的に会ったりしてるような状態なんですか？

戦慄 します、1カ月に1回。でも最近、ちょっと保護司と仲が悪すぎてバックレてるんですよね。あんまりバックレると再収容もあるらしくて。再収容されてもおいしいですけど、さすがにリスクありすぎるんで（笑）。

――ツイッターがしばらく止まってると思ったら（笑）。ミスiDの最終面接のとき、「吉田豪さんは少年院の慰問に来るボクサーみたいな顔してる」って言ってましたよね。

戦慄 ホントにそうなんですよ！

――ボクが履いてたアディダスのサンダルを見て、「それ少年院でみんな履いてますよ」とか、少年院あるあるがおもしろかったです。

戦慄 ホントにみんな履いてるんですよ。そっちがリサーチして煽ってきてるのかと思うぐらい。だからキャラ完璧じゃんと思って。

――慰問に来るボクサーみたいな顔のヤツが、少年院でみんな履いてるサンダル履いて。

戦慄 だからコスプレ完璧じゃんと思って。少年院に入ってる人は意外とふつうの人が多いのに、少年院に慰問に来る人は女優さんとかはいなくてボクサーとかラッパーとか。

――そりゃそうですよ。アウトローを活かせる職業じゃないとダメでしょうからね。

戦慄 ラッパーは「俺ムショ帰り」みたいなのができるし、ボクサーはもう天職ですよ。

――アイドルは難しいし、初ですよね。

戦慄 いばらの道ですね。

――でも、ぜんぜんありだと思うんですよ。

戦慄 そういうのを売りにしなくても何かできたらいいですけどね。吉田豪さんがおもしろがっちゃってるからもうないな（笑）。

――ボク、テレビの企画で出したことありますからね。『あしたのジョー』みたいなパターンで女子の刑務所にアイドルのノウハウを送って。ヤンキーって基本かわいいから、かわいい

ヤンキーを集めて不良上がりのアイドルグループを作ったらいいんじゃないかって。

戦慄 バズる！

――ボツりましたけど。絶対いいですよね。

戦慄 絶対いい！ それ呼んでくださいよ！ 私がいなかったらどうするんですか！

――バックボーン背負ったヤンキーが集まって、超いいグループになると思うんですよ。

戦慄 そうですよ！ 少年院の女の子ホントみんなかわいくて。でも、そのかわいさを活かしきれずにヤクザと結婚しちゃってあんまりよくない人生を送るみたいなのがテンプレですよね。そういうの多いから。私は無駄にしたくないんですよ。でも私、ヤンキーに見えないですよね？ 髪の毛はホントは吉田豪さんぐらいの色にしたかったですけど、さすがに少年院とか行ってる人がその髪色にしたら……って感じじゃないですか。私ピアスも開いてないんですよ、偉くないですか？

――どこかで反発しながらも、厳しいお母さんの呪いみたいなのがある気がしますね。

戦慄 あります。だって、じつは男の子と付き合ったこともなくて。なんだかんだいってお母さんのことが大好きなんですよね。

――いくら暴力を振るわれても。

戦慄 そうです。やっぱりお母さんってお母さんじゃないですか。どっかでお母さんに認められたいみたいな気持ちがあって。じつはミスiDのこともお母さんには言ってないんです。私がそういうことを言ったら、「は？ なんであんたが」みたいな感じでヒステリックになったりするんですよね。床を洗剤まみれにしたり、あと掃除機も何台も壊れてるし。

——何かの病を持ってる人だとは思います。

戦慄 そうなんですよ。そのわりに「あんたおかしいから精神科に行きな」みたいな。おまえが行けよって感じなんですけど。私はいまも通っててぜんぜんどこも悪くないし、お母さんは自分が病んでるって認めたくないんですよね。私、施設のなかでずっと本を読んでたんですよ。そういう経験があったから、「あ、あのときのこれか！」ってパシッとなったりして賢くなっちゃいました（笑）。

——ふつうにシャバにいるよりも勉強して。

戦慄 だから、それがツイートの説得力になって、たまにバズるんじゃないですか？

——人生経験によって説得力も出ますから。

戦慄 私まだ19なんですけどね（笑）。

——少年院帰りは説得力ありますよ。

戦慄 でも、少年院から出てきた人、みんなちゃらんぽらんなんですよね（笑）。

——それをどうプラスに活かせるかって考えたらいいんだと思います。うまくやれば講演会ビジネスとかで食べていける人ですよ。

戦慄 じつはそれめちゃめちゃやりたくて。自分がアイドルになって、少年院出でもこんなふうになれるんだよって感じで、非行少年とかを勇気づけられたら。だから私がやりたいことは何個もあって、アイドルもそれのひとつに過ぎなくて。講演会やりたいです。

——ミスｉＤって最終面接でヘヴィな告白をする女の子が多いんですけど、戦慄さんの告白は少年院ネタでもポップだったんですよ。

戦慄 はい、間違いないですよ。私けっこう病んだりとかしないし。ハッピー野郎でいようと思うんですよね。ずっと陰キャラだったんですけど、そういうふうに思うだけで人生が楽しくなってきました。いま楽しいです。

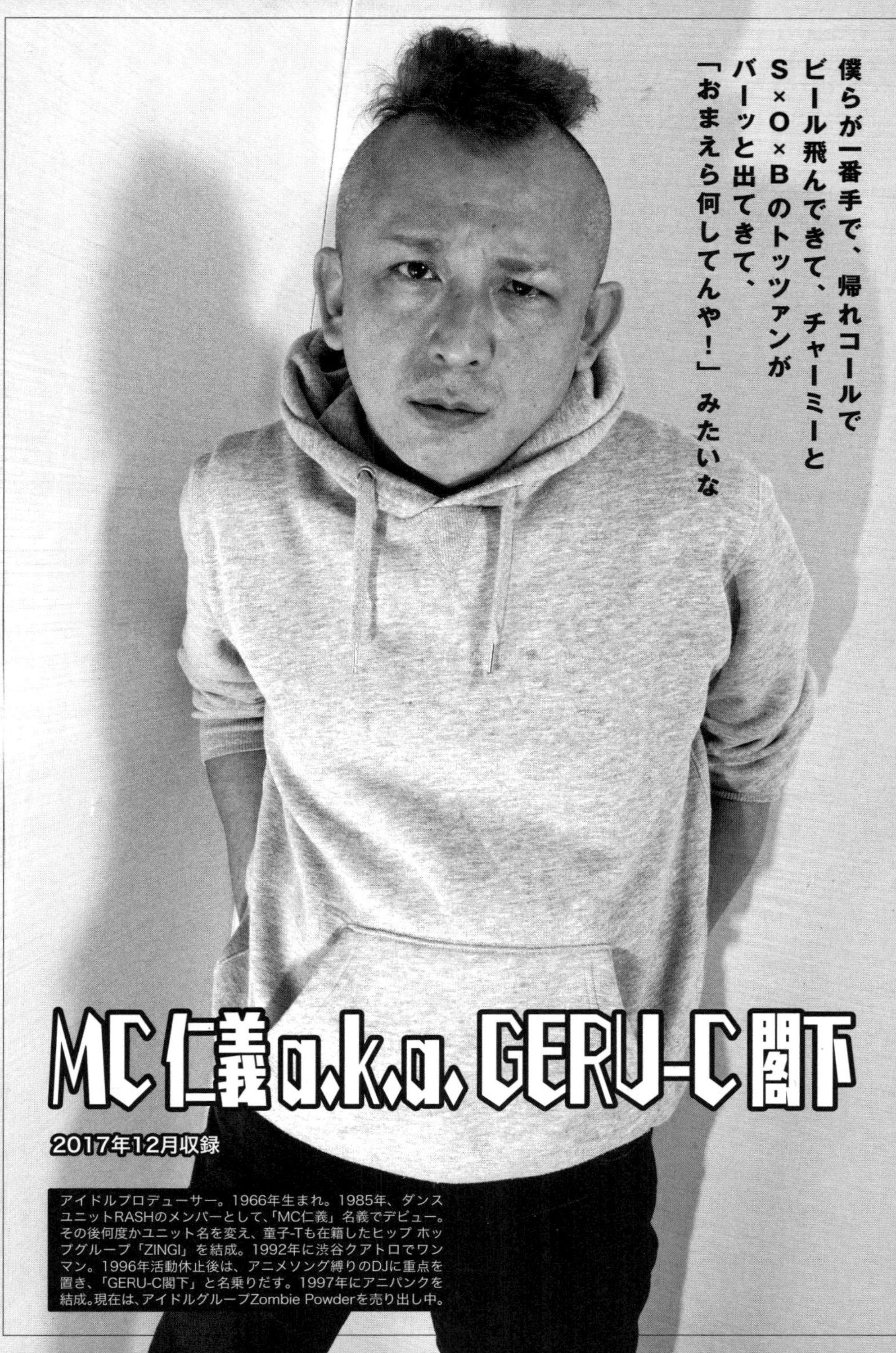

僕らが一番手で、帰れコールで
ビール飛んできて、チャーミーと
S×O×Bのトッツァンが
バーッと出てきて、
「おまえら何してんや！」みたいな

MC仁義a.k.a. GERU-C閣下

2017年12月収録

アイドルプロデューサー。1966年生まれ。1985年、ダンスユニットRASHのメンバーとして、「MC仁義」名義でデビュー。その後何度かユニット名を変え、童子-Tも在籍したヒップ ホップグループ「ZINGI」を結成。1992年に渋谷クアトロでワンマン。1996年活動休止後は、アニメソング縛りのDJに重点を置き、「GERU-C閣下」と名乗りだす。1997年にアニパンクを結成。現在は、アイドルグループZombie Powderを売り出し中。

――今日は人生を振り返ってもらいます！

閣下　こういうの初めてなんでお手柔らかにお願いします。ホント慣れてないんだよなあ……。やってた当時はまだヒップホップを扱ってる雑誌があんまりなくて、ロックの『フールズ・メイト』とか、それこそ『ロッキング・オン』とか、ああいうのでライターさんによく怒られたんですよ。

――何を怒られたんですか？

閣下　「この曲でこういうことを言ってるっていうのは右の思想が」とかそういうことをツッコまれて、言葉に詰まると「前の世代のパンクとかのムーヴメントのときのアーティストはそんな半端じゃない」「はぁ」って。

――「すみません」と（笑）。

閣下　そう、謝って（笑）。それでレコード会社の人に「ダメだよ！」とか言われて、「素直に言ってるだけなんですけど」って。

――まずはZINGI以前のバックボーンから掘りたいんですけど。ボクは『オールナイトフジ』のRASH時代から観てますよ。

閣下　懐かしいですね。ほとんど語ったことないですよ！　RASHは原宿にまだホコ天があって、ローラーさんたちとか、竹の子族はさすがにもう廃れつつあったけど、まだいて。あとローラースケートの人とか、NHKのほうに行くと一世風靡セピアがやってて。

――まだバンドはホコ天でやってないような時代。

閣下　そうです。それで高校のときにディスコに行ってたら、いまでいうCRAZY-Aとか、後のTRFのSAMさんとかいらっしゃった東京ビーバップクルーとか、そういう人たちがディスコでブレイクダンスをやり出して。子供だったんで、どうしたらああいうふうに踊れるのか、もうみなさんがあこがれの的で。どうやって背中で回るのかとか。とりあえずマイケル・ジャクソンの『ビリー・ジーン』とか『スリラー』の影響をモロに受けた世代なんで。それでホコ天に行ったら東京Bボーイズっていう後のCRAZY-Aが踊ってて。そこでなんか知らないけどマットを運ぶ小僧連中のひとりになったんです。

――マット運びの小僧！

閣下　それでもCRAZY-Aは「教えてください」って言うと「盗め」とか言って。

――あの頃ってDJから何から全部そうですよね。まずはボーヤから入るような時代。

閣下　そう、レコード持ちからね。だからdj hondaなんてヒップホップ好きだったから、ディスコに僕らが行くとレコードこすってくれるんだけど、すぐ店側から「スクラッチやめろ」「もっと大切に扱え」と言われて（笑）。そんな世代ですよ。そんなとき10代だったから、とにかく日曜日に原宿の駅に行って、CRAZY-Aの下の人たちがラジカセを持ってるからそれ持つの手伝って、ずっと見てて、「あの人たちから盗む！」って（笑）。それで練習すると人だかりができたんですよ。で、一世風靡セピアがデビューするぐらいで風見しんごさんがブレイクダンスやって、それでスカウトしに来たんです。

――これからブレイクダンスは芸能界でもイケるんじゃないか、みたいな空気になって。

閣下　そうです。それで風見しんごさんが『ザ・トップテン』で『涙のTAKE A CHANCE』を歌うっていうときに、もちろんバックダンサーはウェーブが4人いたんですけど、も

『オールナイトフジ』
83年から91年までフジテレビで放送されていた深夜の生放送番組。主な出演者にはとんねるず、片岡鶴太郎、B21スペシャル、田代まさしなど。「オールナイターズ」と呼ばれた女子大生軍団がいて、いわゆる「女子大生ブーム」の火付け役となった。

RASH
ZINGIの前身となった6人組ブレイクダンスグループ。原宿のホコ天で踊っていたところ、芸能界にスカウトされる。『オールナイトフジ』にレギュラー出演。アルバム1枚とシングル3枚をリリースしている。

一世風靡セピア
哀川翔、柳葉敏郎などが所属していたグループ。ズートスーツ姿にキレのあるダンスが特徴。もともとは、路上ダンスパフォーマンス集団・劇男一世風靡（こちらには勝俣州和も在籍）から派生したユニットだった。

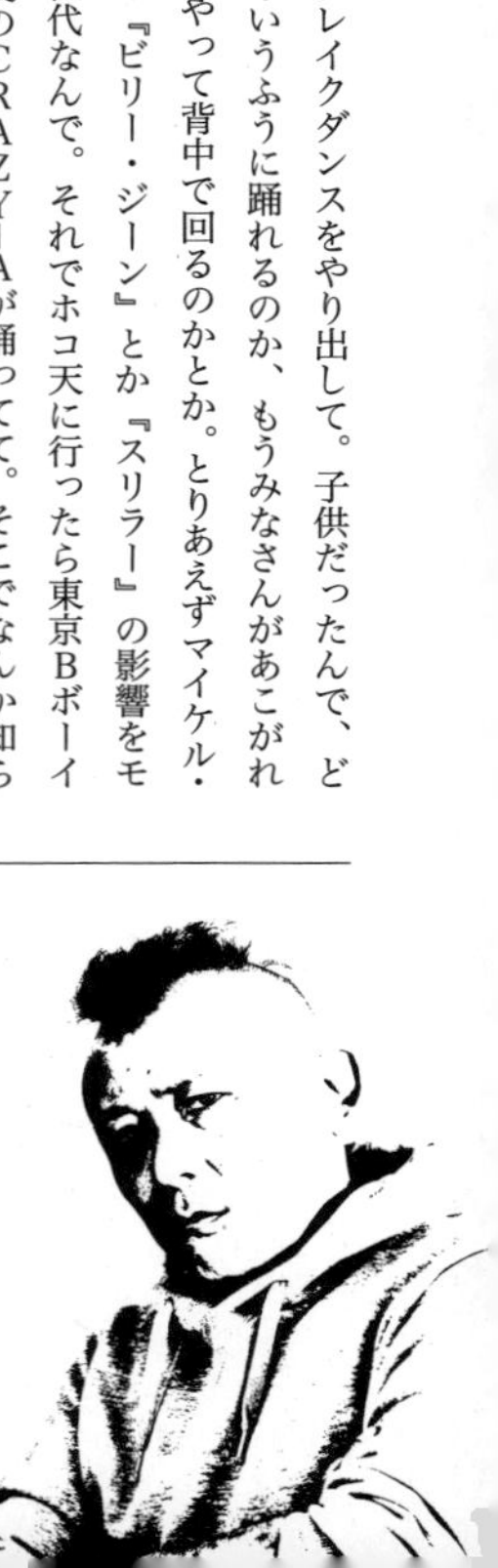

っとっていうことで、わけわからず行って10人ぐらいのなかのひとりで。

――『トップテン』がデビューなんですね。

閣下 そのときに当時のRASHの社長が僕を入れて5〜6人スカウトするんですよ。ふたりはその気になってて、僕ら3人は「えぇ〜?」とか言ってたら中華料理屋に連れてかれて。その社長さんはシュガーとかヴィーナスをやってた方で、「ブレイクダンスを取り入れた、若いラッツ&スターを作りたい」みたいに社長が熱弁を振るって。ガキだったから、「ラッツ&スター? 黒塗りすんの? 俺らヒップホップだから」「ヒップホップってなんだ?」みたいな、ホントそんな時代。ちょうど高校卒業するぐらいの時期で、べつに大学に行く予定もないし、じゃあやってみるかって話で、ブレイクダンスをやる若者みたいな感じでレッスンを受けるんですよ。

――一応アイドル枠だったんですか?

閣下 これ言っていいのかわかんないですけど、とりあえず当時、男の子の3人組ってほとんどテレビ出られないんですよ。

――それはジャニーズ的な力の関係で。

閣下 たぶんそうだと思います。それで、いま渡辺美奈代とかの事務所の社長やられてて、グループサウンズ時代はジャガーズのマネージャーだった人がTBSのプロデューサーを知ってて、当時つくば万博の『EXPOスクランブル』っていう番組を……。

――やってましたやってました!

閣下 そこで僕らは毎日常磐線でつくばまで通って、番組のマスコット的にアイドルが来るとバックで踊るとか、ブレイクダンサーズをずっとやってて、番組は半年で終わるんですけど、2カ月目ぐらいにRASHでデビューするんですよ。芸能界に入っちゃっていきなりデビューで、かわいい子ばっかだし。

――こりゃアイドル食えるわ! ぐらいの。

閣下 ハハハハハ! まあ、そう思いますよね、ホントに(笑)。だって同期ってジャニーズでいうと少年隊だし、当時はテレビとかラジオ局って必ず同期のお披露目ライブみたいなのが局であって。NHKのときはレベッカが一緒でしたもんね。その番組公募でRASHって名前が決まって、一世風靡の流れで、セピアが原宿から出てきたからRASHも原宿から出てきたってことでデビューして、徳間の一世風靡のチームが僕らをやってくれたんですけど、そこからが地獄の日々で。

――そうだったんですか?

閣下 『EXPOスクランブル』が終わって仕事がないんですよ。テレビは出られない。それで、「おまえらやっぱホコ天だろ」と。でも、もうCRAZY-Aとかビーバップクルーとは違うところでやらなきゃいけない。僕らシングル2曲しかないのにライブやったりブレイクダンスやると相当イジメられたんですよ、「俺たちよりうまくもねえのにラッキーでデビューしただけで!」って(笑)。

――うわー!

閣下 それでもCRAZY-Aは、「シゲル、おまえホントにブレイクダンスやりたいならRASHのショータイムが終わってからウチのマットに来りゃいいじゃん」って言ってくれたり、なかにはいい方もいらっしゃって。一番ひどかったのは、ホコ天って暗黙の了解で縄張りがあるんですね。おおざっぱに言うと、歩道橋からしばらくはローラーの縄張りで。知らないで、たとえば徳間ジャパンのスタッフが車を停めて場所を押さえる

CRAZY-A
日本初のB-BOY。ダンスチームROCK STEADY CREW JAPANのリーダー。風見慎吾(現・風見しんご)のバックダンサー「エレクトリック・ウェーブ」のメンバーでもあった。97年、ヒップホップイベント「B-BOY PARK」を開始。

dj honda
DJ。かつてTRFのDJ KOOとともにリミキサーグループ『The JG's』を結成していた。アメリカで行われたDJバトル「DJ Battle World Supremacy」で準優勝。自身プロデュースのアパレルブランド「h」も立ち上げており、「h」のロゴ入りの帽子が有名。

『EXPOスクランブル』
85年にTBSで放送されていた、つくば万博関連の情報バラエティ番組。とんねるずやラッツ&スターといった面々が日替わりでMCを務めていた。RASHはこの番組のアシスタント的な役割。本田美奈子や岡田有希子らアイドルも多数出演。

と、おっかない人が「なんなのおまえら？」みたいな。そのうちに飲みかけの缶コーヒーが飛んできたりして、原宿やだなーとか思って（笑）。

——めんどくさすぎますね！

閣下 とにかく徳間ジャパンでぜんぜん売れなくて、次に東芝ＥＭＩに行ってもぜんぜん売れなくて、『オールナイトフジ』のスタッフに「お笑いの要素を取り入れたらテレビに出してやる」って言われて、僕らなりに譲歩してブレイクダンスとかラップのあいだにコントみたいなのを入れたりモノマネしたりすることで準レギュラーみたいになっていって。最初に出始めた頃はウッチャンナンチャン、パワーズ、ちびっこギャングの時期ですね。

——とんねるずの番組卒業直後。

閣下 そこで準レギュラーで、メイン司会が田代まさしさんで。『オールナイトフジ』でお笑い要素を入れつつやってると時代が少し追いついてくるんですよね。バブルガム・ブラザーズがブルース・ブラザーズの格好から少しヒップホップな感じになってきたり。とにかくレコード会社には「ラップなんて売れねえよ」ってさんざん言われてて。スチャダラパーが『スチャダラ大作戦』を出すんですよ。そのときに東芝ＥＭＩの人に、「日本でラップのアルバム出てるじゃない！　あなたたちラップは売れないとか言ってるけど」って言ったんだけど、なんかごまかされて。

——徐々に時代が変わってきたんですね。

閣下 青山のどっかのレコーディングスタジオでＲＡＳＨのアルバムを作ってるときに、スウェットで浅黒い大きいオッサンがフラッと現れて。僕がちょうど、ラップっぽい曲を1曲だけやらせてもらって出てきたら、そのオッサンが「僕なら小説を読むな」って言うんですよ。誰なんだろうと思ったら、「井上陽水だよ」って（笑）。だけど当時バブルだったんで、いい加減な呼び屋が外タレを呼ぶんですよ。当時のラッパーやニュージャックスウィングだとか、ＲＡＳＨがよく前座をやったんです。それこそＬＬクールＪもやって。

——ヒップホップの需要も増えてきて。

閣下 で、ＲＡＳＨのほかのふたりはヒップホップよりＲ＆Ｂっていうかニュージャックスウィングが好きだから、ＲＡＳＨと並行して、趣味でＭＣ仁義＆ＤＪ８９３っていうのを作るんですよ。ホントになんちゃってでしたけど。

ソウルスクリーム事件の真実

——なんでそんなにバイオレントな匂いのする名前を名乗ることになったんですか？

閣下 僕ホントに流行りものが好きでブレイクダンスに飛びついたし、ディスコに行って踊ればモテるとか、ホントにミーハーなんですよ。僕の時代はサーフィン行くかディスコ行くか、そういう感じの時代だったんで。で、それでヒップホップってＣＲＡＺＹ－Ａとか、あと映画の『ワイルド・スタイル』とか、そういう不良だとかチンピラみたいな人たちがやり始めた音楽だっていう先入観があったんで。小学校の頃からスティーブ・マックイーンとかチャールズ・ブロンソンが好きで、そういうのにあこがれてたんですよ。

——ああいうヤバい感じを日本で出すにはヤクザ映画や『仁義なき戦い』だ、と（笑）。

パワーズ
須間一也と小田進也のお笑いコンビ。後に小田が脱退し火野玉男が加入。火野玉男は現在の堀部圭亮である。『ザ・テレビ演芸』の10週勝ち抜きでブレイク。

ちびっこギャング
越川大介と藤井一男のお笑いコンビ。2人とも身長が160センチ代前半だったことから、この芸名になったという。『オールナイトフジ』『夕やけニャンニャン』『笑っていいとも！』（すべてフジテレビ）などに出演。

スチャダラパー
高木完プロデュースによるヒップホップグループ。さんピン世代。小沢健二との『今夜はブギーバック』のヒットで知られる。メンバーのBOSEはバスケットボール好き。日本語ラップをお茶の間レベルにまで浸透させた『スチャダラ大作戦』は、90年に発売された1stアルバム。脱力した楽曲群がラップのイメージを刷新。

『ワイルドスタイル』
82年にアメリカで制作されたヒップホップ映画。まだ、日本人にヒップホップカルチャーが馴染みのない時期に上映されて話題に。この映画に感化されブレイクダンスを始めた人が多数。

ザ・スターリン
遠藤ミチロウを中心として結成されたパンクバンド。ライブで裸になったり、牛乳をまきちらすなどの派手なパフォーマンスで週刊誌を賑わせたことも。かつてアナーキーとは険悪な仲だった。『ロマンチスト』のサビ部分である、「吐き気がするほどロマンチックだぜ」というフレーズが有名。

童子-T
元ZINGIのメンバー。ZINGI時代はハーコーなラップスタイルであったが、ソロ転向後はバラードでラップするように。BENIとフィーチャリングした『もう一度…feat.BENI』はオリコン6位に。

リトル
KICK THE CAN CREWのリーダー。ZINGIのメンバーを慕っていた。身長が150センチ代なことから、このMCネームに。

ECD
日本のヒップホップの黎明期の頃からシーンを牽引。伝説のヒップホップイベント「さんピンCAMP」をプロデュース。デ

閣下 ホントそういうとこが浅はかで。それで趣味でやってたんですけど、ラップをやってる若者が増えてきて、まだカラーギャングもない頃だったんで、不良っぽい感じで頭モヒカンだし、ぜんぜんヒップホップじゃないじゃん、みたいな。僕らは初めて聴いた洋楽がパンクだったりメタルだったりハードロックだったりする世代だから、とにかく目立ちたかったんで、モヒカンでナチスの軍服いねえだろ、みたいな発想だったんですけど。

――それはパンクですからね（笑）。

閣下 もともとアナーキーとかザ・スターリンとか好きだったし、そしたら『宝島』で（高木）完ちゃんが「ヒップホップは黒人のパンクだ！」みたいな見出しでなんか書いてる記事があって、これはパンクだ、と。それでピックアップメンバーでZINGIっていうユニットを作って。そのなかに後の童子―Tとか、そのまた下にKICK THE CAN CREWのリトルとかいて。最初はパブリック・エナミーにあこがれてたんで、ああいうパフォーマンス、軍服を着たセキュリティがいて。

――これにパンクをミックスさせよう、と。

閣下 スチャダラパーと仲悪いとかじゃないんですけど、当時はそういうのがヤワに見えて、こっち見ればCRAZY―Aとかいて、やっぱり不良気質な人たちに惹かれたんで、僕はぜんぜん不良ではないのに、友達には暴走族とかいっぱいいたから金魚の糞で、たまに集会に行くレベルだったんですけど、カッコつけて言うと演じるっていうかそういうコンセプトでZINGIを固めていって、ECD主宰のチェックユアマイクコンテストで優勝してファイルレコードからデビューして。

――だからアナーキーの仲野茂さんがアルバムのゲストヴォーカルで歌ってたんですね。

閣下 そうです。『ウォーク・ディス・ウェイ』でランDMCとエアロスミスがやったり、『ブリング・ザ・ノイズ』をアンスラックスとパブリック・エナミーがやったり、ああいうミクスチャーの先駆けみたいなのもカッコいいなと思って。根がロックとかパンクを聴いてきたから、みんなに合わせて当時P―FUNKのコンサートとか行っても、1曲長えなとか（笑）。黒人の音楽ってすごいと思うんですけど、でもやっぱりずっとロック聴いてて、その頃もずっとザ・モッズ聴いてたし。で、僕は怪獣世代なんで『ウルトラQ』とか『デビルマン』のBGMとかをサンプリングして1stアルバムを作って。

――後の要素はその時点で入ってたんですね。当時はただの悪い人だと思われてたけど。

閣下 ホント思われてましたね。「シンナーやめろ」ってステッカーをシャレで作ったんですよ。そしたらスチャダラとか完ちゃんとか近田（春夫）さんとかがおもしろがって、ファイルレコードに置いてあるからみんな持ってって自分たちでいろんなとこに貼って。あのシールだけ『FRIDAY』に取り上げられて、「このシールはなんなんだ」って。

――絶対ギミックだと思われないですよね。

閣下 そのときホントに申し訳ないんですけど、いろんなとこに呼ばれるんですよ。一番涙が出たのは、ラフィンとSxOxBに呼ばれて大阪に行ったんですよ。僕らが一番手で、帰れコールでビール飛んできて。そのときにチャーミーとSxOxBのあの亡くなられたトッツァンがバーッと出てきて、「おまえら何してんや！」みたいな。客も、「カラオケじゃねえか」と。結局ターンテーブルでライブやってたんで、「カ

モ活動にも積極的に参加。代表曲に『MASS対CORE』『ECDの“東京っていい街だなぁ”』など。著書も多数。18年1月24日に永眠。

ランDMC
ニューヨーク出身のヒップホップグループ。エアロ・スミスのヒット曲『ウォーク・ディス・ウェイ』を元にした楽曲が全米チャート4位に輝く。彼らが着用していたアディダスのスニーカーやカンゴールのハットは、オールドスクール・ヒップホップのスタイルとしても定着。

『ブリング・ザ・ノイズ』
パブリック・エナミーの2ndアルバム『Public Enemy II』に収録されている楽曲。当時、メタルとの邂逅は革新的で、国立アメリカ歴史博物館が、アンスラックスがコラボレーションについて語ったドキュメンタリー映像を制作したほど。

アンスラックス
アメリカ出身のメタルバンド。スラッシュメタル四天王の1つ。またバンドのロゴも有名で数々のパロディをされている。

ザ・モッズ
パンクロック黎明期を彩った日本のパンクロックバンド。今も革ジャンにリーゼントでライブを行う。

1stアルバム
90年、ファイルレコードから発売された『ZINGI』のこと。高木完がプロデューサーを務めている。

ラフィン
ラフィン・ノーズ。日本のパンクロックバンド。有頂天、ウィラードらとともに日本のパンクシーンを黎明期から牽引した。現在も精力的にライブ活動を行っており、年間80本程度のステージをこなす。ボーカルはチャーミーで、白いヘアバンドにスパイキーヘアが印象的。

SxOxB
日本のハードコアバンド。1stアルバム『Leave Me Alone』は当時、世界最速とうたわれており、とにかく速い楽曲が特徴であった。その後、音楽性をグラインドコア、デスメタルとどんどん変えていった。初期のボーカルはトッツァン。SxOxBの象徴であったが95年に逝去。追悼ライブでは、BRUTAL TRUTHのケヴィンが駆けつけた。後任ボーカルとして、ライズ・フロム・ザ・デッドのNAOTOが務め、その後何度かボーカルチェンジを繰り返し、現在のETSUSHIに落ち着いた。

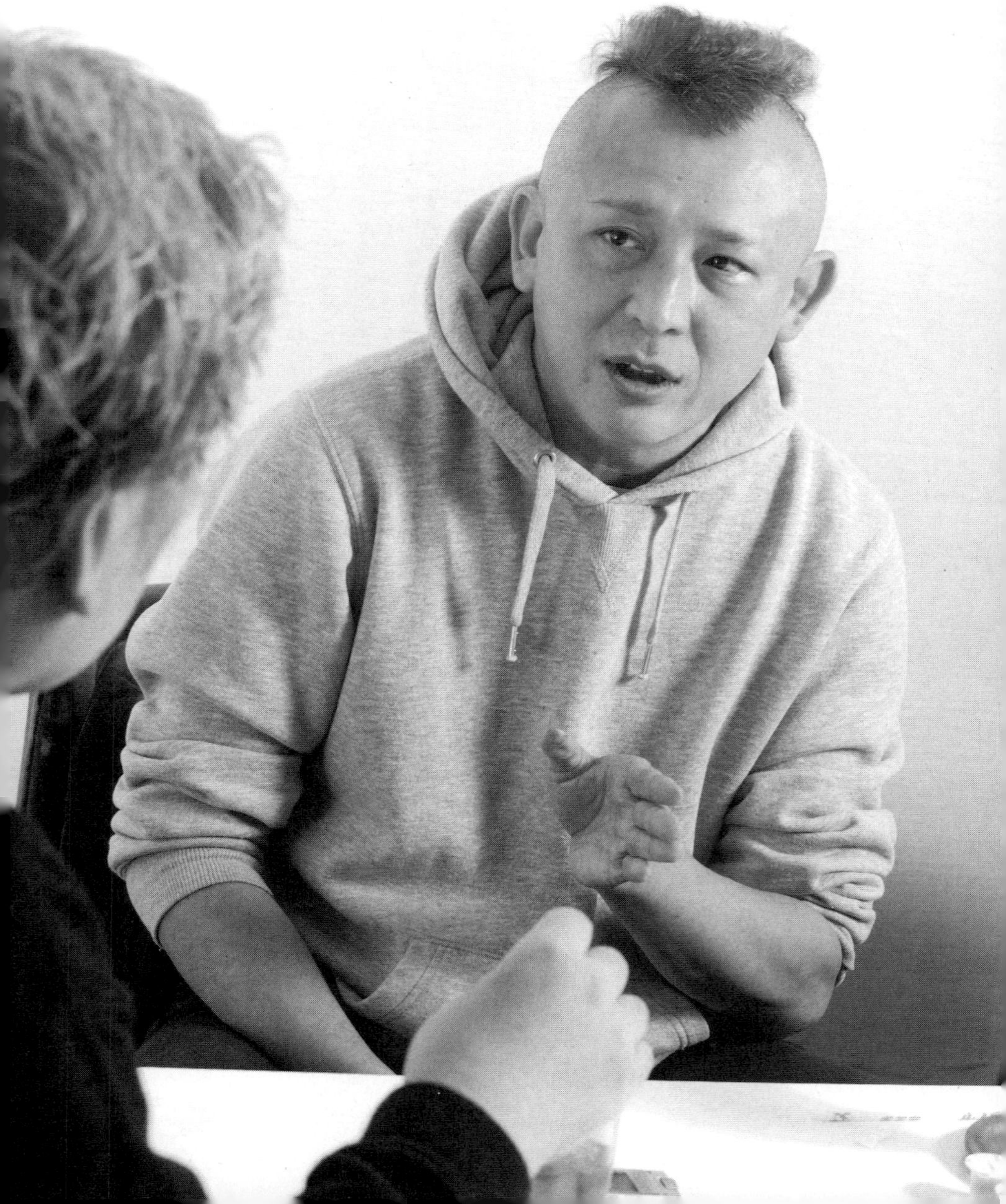

ラオケなんか観に来たんじゃねえよ！」みたいな。

――パンクスが怒ってるんですか（笑）。

閣下 はい（笑）。ヒップホップのシーンにもだんだん呼ばれなくなるんですよ。当時ファイルレコードで、ZINGI、ライムスター、EAST END、リップスライム、MELLOW YELLOW、つまり後のFG系と、そこにたまたま先に出したZINGIがひっついて代々木チョコレートシティでイベント始めるんですよ。僕らは、たとえばガスボーイズとか（須永）辰緒くんのほうのちょっとハードなほうにも呼ばれるんですけど、メインはそっちで。ライムスターって早稲田のサークルだから、客もそういう連中が多くて、ZINGIがやると、みんな「うるさい！」みたいになって、居場所がどんどんなくなってくるんですよ。そのへんから怒るキャラが生まれてきて説教をし出すんです。「なんでもありがヒップホップじゃねえのかよ！　俺はそう思って入ってきたし、おまえらもそうじゃねえの？」と。でも、叫んでたり言いたいことを韻を踏まないで言って、間奏はギターが入ってるみたいなのがちょっと煙たがられるようになってきて、ハードコアとかパンクシーンのオファーがあれば出るようになって。それもまた針のむしろなんですよ。

――そっちも（笑）。

閣下 GISMに呼ばれたときも……。横山SAKEVIさんがハウスにすげえハマってて芝浦GOLDとかでやってて、「ZINGIヒップホップだろ、今度俺のイベント出ろよ」とか言われて。そしたらリハーサルで鉄アレイの人たちとかに、「何？カラオケなの？」って言われて。「…………はい」「バンドじゃねえんだ？」って話してたら、SAKEVIさんが、「いいんだよZINGIは！」みたいな。もうメンバーみんな「早く帰りたい……」って感じになってて（笑）。

――ダハハハ！　ヒップホップの悪そうな人たちとはなんとかなってたんですか？

閣下 僕らはそういう感じだったんで中立とは言わないですけど、後の雷の連中とかよく渋谷で遊んだりイベント一緒になったりして。ご存じだと思うんですけど、ソウルスクリーム事件っていうのがあるんですよ。

――あのときもバブルガム・ブラザーズとか全部と通じてる数少ない人だったわけですよね。

閣下 嫌ですよー！　要は第一世代、CRAZY-AとかGANXSTA D.Xとかの僕と同世代の人たちは、RINOやMARYANとかあのへんの雷世代によく思われてない、みたいな。僕らはないんですけど、たとえばラッパ我リヤが雷の誰かにぶっ飛ばされたとか、「我リヤおまえどっちなんだよ、ZINGIかよ、こっちかよ」みたいなことを言われたり。で、こじつけでTwiGyがGANXSTA D.Xをディスってるとか、そんなことないのに噂が噂を呼んで。で、ソウルスクリームの事件もあったし、そういうふうに見られがちなんですけど、いまだに僕はZeebraとかRINOとか仲いいし。

――全方位的に交流が持てるタイプ。

閣下 同業者はそう思ってくれるんですけど、当時のヘッズっていうか……僕、何回も警察に呼ばれたことありますからね。相模原のローライダーでチーム仁義っていうのがあって、そいつらが応援してくれてたんですよ。童子-Tが相模原っていうのもあって。そしたら、いきなり相模原警察が来て、「君か、MC仁義って」と。仁義一家と名乗ってる子が未成年をぶっ飛

FG系
FUNKY GRAMMAR UNIT系、略してFG系と言う。ライムスターのアルバムにMELLOW YELLOWらが参加したことがきっかけ。FG系アーティストのライブイベントFGナイトも開催。

ガスボーイズ
柏出身のヒップホップグループ。ヒップホップグループとしては珍しくバンド形態であった。

須永辰緒
DJ。現在はジャズ・スタイルだが、90年代前半までは、「DJ DOC HOLIDAY」名義でヒップホップを中心にプレイしていた。須永が携わったレーベルでガスボーイズの音源が発売。17年、不慮の事故で片目を失明。

GISM
日本のハードコアバンド。メタリックなギターの要素が足されたハードコアはジャパコアのシーン形成に大きく影響を与えた。ボーカルは横山SAKEVIで、ディストーションの効いた声が特徴的。

鉄アレイ
日本のハードコアバンド。元鉄アレイのベーシストKATSUTAは、現EXTINCT GOVERNMENT。また反原発デモへの参加で知られ、高円寺で「TOKYO HARDCORE TATTOO」という刺青屋を経営している。

ソウルスクリーム事件
六本木のクラブで起こったとされる事件。ヒップホップグループのソウルスクリームがEAST ENDをライブでディスったことにブラザー・コーンが激怒して、ソウルスクリームのメンバーを殴ったとされている。後にソウル

ばしたとか、女の子ヤッちゃったとかで、見に行ったら名前も顔も知らない。そういうので2回ぐらい呼ばれたことありますね。「あのー、ヤクザでもなんでもないんですよ、芸名っていうかー」って。

――完全に反社会勢力だと思われて（笑）。

閣下 そういうことも多々ありましたね。どっかのラップグループが揉めたりフォロワーが揉めたりすると、「またZINGIでしょ？」みたいな。だからソウルスクリームのときも僕とKダブが止めたのに、「結局やったのは仁義でしょ？」ってなってて。

――あのとき、止めたのがそのふたりだったっていうエピソードが大好きなんですよ。

閣下 僕、あのとき初めて生でソウルスクリーム観て、すげえカッコいいじゃんって目の前でKダブと言ってて、それで戻ったら一触即発みたいになってて。みんな酒も入ってるし、いろいろあったんですよ。ライムスターが海外レコーディングで、その代わりにソウルスクリームが来たっていうのも当日聞かされて、あれは（ブラザー）コンちゃんが仕切ってたイベントだったんで、よくあることだけど挨拶がちゃんとねえとかどんどん蓄積されて、それでソウルスクリームがEAST ENDのことをちょっとディスってゴングが鳴っちゃったみたいで。当時の街の不良の先輩方もたくさんいて囲んでるから、「ちょっとこれはないですよ」と。殴られた子もいたみたいですけど、とりあえずソウルスクリームを帰して。

――Kダブさんが止めたのはいいけど、関係ない人を殴ってた説もあって（笑）。

閣下 僕もあんまり覚えてないんですけど、Kダブさんたしかに一番暴れてましたね。止めるというより彼は暴れてました。ちょっと過剰に（笑）。1回あの話をKダブくんとしたいぐらいです。HAB（ソウルスクリーム）とかも最近それを話してるんですけど。地方に行くと地元のDJが必ず「すみません仁義さん、証言かけていいですか？」って。なんで俺がヒール役なんだよって！

――止めただけなのに（笑）。

閣下 そういうイメージで売ってたのも事実なんで、しょうがないよねって。でも、童子-Tとかほかのメンバーは嫌だったと思います。ちょっとレベルミュージック的なリリックを書くと、ほかはパーティーラップだとかアメリカを追っかけてるような感じで。トラックもギター鳴らないしツーバスじゃなくて。それで後に童子-TとかDJ BASSとかは抜けていって、まあそうだよねって。

――その後の童子-Tさんの方向性がそれでわかりますよね。あの反動だなっていう。

閣下 たしかに（笑）。

――あの事件がなかったら、もっとバブルガム・ブラザーズが日本のヒップホップ界でもリスペクトされていたはずなんですけどね。

閣下 そうなんですよ。そこでイメージ的にも力を持ってる大人の芸能人が弱い者イジメしたって取られたのは紛れもない事実だと思います。こう言ったらなんですけど、当事者のEAST ENDが帰っちゃってますからね。僕それには怒りました、「なんで帰っちゃってんの？ おまえらがコンちゃん焚きつけたくせに」「いやぁ……」みたいな。コンちゃんがEAST ENDをすごいかわいがってたんで、いろんな偶然が重なって

スクリームのHABが殴られていないと訂正。

GANXSTA D.X
読みは「ギャングスタデラックス超合金」。横須賀出身のラッパー。ホコ天を経てブレイクダンスで風見しんごのバックダンサーを務めた。日本のカラーギャングの創世者としても知られ、『池袋ウエストゲートパーク』のキングのモデルになったとの説も。

RINO
「RINO LATINAII」のことで、読みは「リノ・ラティーナ・ザ・セカンド」。LAMP EYE、KAMINARI-KAZOKU.のメンバーであるヒップホップレジェンド。経営者としての顔も持ち、白金高輪の居酒屋「鳥居亭」の店長だったりもする。

MARYAN
「G.K.MARYAN」のこと。62ページの注釈参照。

ラッパ我リヤ
トラックメイカー兼ラッパーのMr.Qと山田マンとDJ TOSHIからなる。Dragon Ashとの『Deep Impact』を経て、17年『MY WAY』での再コラボが話題に。

TwiGy
愛知県出身のラッパー。日本のヒップホップ界の最重要グループMICROPHONE PAGERのメンバー。その後、YOU THE ROCK★らと雷（後にKAMINARI-KAZOKU.）を結成。

DJ BASS
ヒップホップDJで元ZINGI-

あの事件が起きてしまったっていうことですね。

――バブルがJ−RAPを名乗ったりとか。

閣下 それでECDくんに「J−RAPは死んだ」ってやられて（笑）。みんな一生懸命アメリカで生まれたヒップホップをいろんな人たちがいろんなスタンスで日本に浸透させようとかこれで売れてやろうとか、ホント思ってたと思うんですよ。だからおもしろかったし、それはいろんなジャンルの創世記とかに近いのかなと。それでCRAZY−A主宰の『B−BOY PARK』が代々木で始まってて、7年目かな？ 初めてそこで僕、キングギドラを観るんですよ。すごかったです、超満員で。僕がイメージするアメリカのラッパーみたいなコンサートになってたんですよ。そのときに袖で僕とDJ KRUSHとdj hondaとMUROで観てたんですよ。KRUSHは笑って、「いい時代になったねえ」って言ってて、hondaは「へぇーっ、こんなのウケるんだ」。MUROは「俺は絶対負けねえ」。でも、僕は負けたと思ったんですよ（笑）。こういうふうになりたかったと思ったのと、試行錯誤しながらロックやパンクを取り入れて、四文字熟語で韻踏んだりしてた自分たちよりすごくスムーズで、大げさに言うと違う世代が出てきちゃってて……それはすごい覚えてるんです。

――さらに時代が変わっていた。

閣下 僕は負けたなと思ったな。Zeebraにその話すると苦笑いしてますけど。こう言ったらなんですけど、ちゃんとB−BOYで僕のなかで100点だったんですよね、カッコいいなって。それでどんどんミクスチャーなバンドとかメロコアとか出てきて、それも超カッコいいなと思って。僕ら楽器できないから、そのとき自分らでバンド抱えてパーマネントグループみたいな感じでやってて、でもバンドは維持費がすごいかかって。ラッパーとかターンテーブルだとそんなにかからないんですけど。で、バンドの人たちも「ここはベースをループで弾いてもらえませんか？」とか言うと「嫌だ」とか「なんで？」とか「なんかつまんないね、ヒップホップ」とか言われて。バンドの人たちも年上だったんで、なんとなくそれでZINGIが終息して。それからは、なんとなく僕もフィーチャリングで呼ばれればやりましたけど、ぜんぜん高まらず。そんなことでクサってたときにちょうどアニパンクの話が来るんですね。

――気がついたらアニパンクになってたから、なんで？ と思ってたんですよ。

閣下 最初、アニメタルが売れて、ファンハウスからメンバーとディレクター全部ひっくるめてソニーに移っちゃって、残った人たちが悔しくてアニパンクを始めたんですよ。当時、ブランニューモンキーズやってた井手コウジを呼んで、彼はブランニューモンキーズでラップやる前はパンクのバンド組んでたんで、彼がプロデュースするってことで。で、アニメは茂くん（閣下の本名）詳しいからってセレクターとして呼ばれて、それで帰ったんですよ。そしたらレコーディングの当日に電話かかってきて、「予定してたボーカルが来ない。パンクだから、アニメはダメだって」と。

――当日いきなり？

閣下 当日（笑）。それで、「じゃあとりあえず行くわ」「俺が歌っていいなら録ろう」って、そんな安易な。ちょうどアニメタルのブームがガッときてて、アニメタルが2ndシングルを出したときにアニパンクも1stを出したんで、みんな間違って買ったんです。

のメンバー。後にINORANのバンド「FAKE?」のDJも担当。

『B-BOY PARK』
90年代中盤にホコ天が廃止されたのを契機に始まった、B-BOYによるB-BOYのためのイベント。17年に20年の歴史に幕を閉じた。

DJ KRUSH
ヒップホップDJ。原宿のホコ天で活動していた際、MUROと知り合いライブに参加するようになる。世界的に評価されており、ハービー・ハンコック、ロニー・ジョーダンなど、海外の大物アーティストのリミックスを多数手がけている。

MURO
DJ KRUSHとのユニット「クラッシュ・ポッセ」でのMCを務めて、TwiGyらと組んだグループ「MICROPHONE PAGER」を経て、ソロへ転向。トラックメイカー、プロデューサー、DJとして活躍。セレクトショップ「サベージ！」を運営し、90年代のB-BOYにファッション面でも大きな影響を与えた。

アニパンク
著名なアニメソングをパンク調にカバーして演奏していたロックバンド。パンクバンドSOBUTのツアーにも出演。アパレルブランド「RISK」のHigo-viciousも加入。

アニメタル
アニメソングをメタル調にカバーしていたメタルバンド。1stアルバムが予想外の大ヒットしたため、後にガーゴイルやココバットのメンバーが演奏をサポート。ボーカルはANTHEMのさかもとえいぞう。

——そういうことなんですか！

閣下　そうです！　だからアニパンクの1stだけ売れたんです。初登場19位かなんかで『カウントダウンTV』に呼ばれて。そしたら、ファンハウスがBMGビクターに吸収されて、それだったらちゃんとやりましょうってことで、井手から離れて僕がボーカルで、そうそうたるパンクのミュージシャンの方を呼ばれてアルバム作って。よくある話ですけど、売れると思ってないから取っ払いでやっちゃうんで、1stが売れてカラオケ入ってるから、みんな「よかったねえ茂」とか言うんだけど。「いやいや俺3万円でやっただけだから」って（笑）。まあ、規模の小さい『およげ！たいやきくん』ってことで。

——しかもカヴァーだから印税もなく。そこからはちゃんと印税でやろうと思ったら、今度はそれほど売れないしっていう（笑）。

閣下　ホントそうなんですよ……。

アイドル運営として謝罪し、ヲタにボロクソ言われる

——そのへんから仁義感のない活動が増えて、ヲタの人というイメージになっていく。

閣下　これがまた修羅の道で。六本木でパンク系のDJイベントがありまして、それこそラフィンのPONちゃんとかSAのタイセイとかそうそうたるメンバーで、僕は歌謡曲を回してたんですよ。とにかくみんな日本語を回すのが条件で。僕は世代的にジュリーとかピンク・レディーとか回してたら被るんですよね、王道っちゃ王道なんで。それであるとき「アニメを回さない？」ってオーガナイザーに言われて。タイセイが回してたらライダースを着てる人たちがウォーッとかやってるのに、僕が『ハクション大魔王』とかかけるとサーッみたいな状態が続くんですね。それが、ホントに『エヴァ』なんですよね。

——『エヴァンゲリオン』のヒット効果で。

閣下　『エヴァ』が流行って、僕はコスプレ万博に客でよく行ってて、そこにバカダンスって文化があって、歌詞に合わせてお遊戯をするというか、これがすごいおもしろくて。『残酷な天使のテーゼ』がかかると必ずそのチームが10人ぐらいで腹切りダンスをやり始めるんですよ。これはおもしろいと思って教わって、『エヴァ』を自分でかけて、それを見よう見まねでやってたらウケたんです。

——ブレイクダンスの頃から見て盗むスタイルだったのが、そこで活きた、と（笑）。

閣下　そういうことです。そしたらある日、日本語ロックのイベントもアニヲタが来るようになって、また祭り上げられるわけです。「あれ、これ商売になる？」みたいな。そういうのがあって、アニソンDJでやっていこうかなと思ってイベントを立ち上げて、いまに至るんですよね。それでもやっぱり7〜8年やってると、オタクDJのすごくうまい人たちが出てくるわけですよ。で、ゲストで呼ばれても「閣下は『マジンガーZ』から『ガンダム』までかけてくれればいい」みたいな状況になってくるわけです。「いやいや、俺も最新のかけたいんだけど」みたいな。当時はそういう役割で呼ばれることがちょっと嫌だったんですね。そうやってまた……（笑）。

——そこも居心地が悪くなっていく（笑）。

閣下　そういう星の下なんですよね、僕。

SA
パンクバンド。16年に結成30年を超えてメジャーデビュー。海外で活動する際は「SA a.k.a. Samurai Attack」の名義を使用し、男臭いパンクスピリッツを見せているバンド。タイセイはSAのボーカリストでありSA発起人。矢沢永吉に才能を見いだされ、矢沢の40周年記念アルバム『Last Song』収録の11曲中5曲を作詞した。

——そしてHIP HOP戦隊B–BOYGERなんかを経て、なぜか今度はアイドルの運営になっていたから驚いたんですよ。

閣下 そうなんですよね。アニソンのDJイベントが乱立してきて、チッタに相談したら客を呼べれば貸してくれるって言うから、本物のアニソン歌手をブッキングしてやってたんですけどギャラが高いんですよ。これちょっと収支合わないねって話になって。それで初めてギュウゾウくんをDJに入れたとき、サエキけんぞうさん、昔、仁義で「叫んでくれ」って1曲だけ呼ばれたことあるんですよ。そのつながりで、サエキさんに電話して「地下アイドルを呼びたいんだよね」と。

——サエキさんきっかけなんですか。

閣下 それで何組か紹介してもらって、それでも足りないってなって。いまじゃ考えられないんですけど、ツテのあるレコード会社にプレゼンしに行ったんです。たとえばキングレコードに行って、タイの双子の……。

——Neko Jumpですか？

閣下 そう、Neko Jumpを呼びたくてキングに行ったんです。ちょうどその時期来るからいいですよ、みたいな。そしたら横に座ってる女性が「いまウチこういうのやってるんで出してください」って言ったのが、まだ6人の頃のももいろクローバー。で、ももクロも決まり、僕の『オタククロニクル』っていうアニメのイベントのスタッフで、ビックリマンシールのコレクター世界一っていうのがいるんですよ。そいつにシールがもとで仮面女子のオーナーからオファーが来るんです。それでアリス十番と、あと何かのきっかけですごいいいのがいるって言われて、それがBiS。とにかくよくわからないままNeko Jump、ももクロ、BiS、アリス十番、放課後プリンセスはプロレス関係で呼んだんですよ。それで初めてインディーズアイドルを観て、みんなすごかったんですよ。

——音楽的にもすごい雑多だし。

閣下 これは大げさに言うとヒップホップと似てるって。女の子たちがやってるだけでこんなに音楽もいろいろだし、衝撃を受けたんですよね。それでイベントにアイドルを呼ぶようになったら、いまの社長から「だったらグループを作ってみませんか？」って話で。そのときの発想は、僕らはアイドルといえば80年代なんで、そういうのをオマージュしたものを作りたいって言ってヴァンパイアKissをスタートさせていまに至るんですけどね。

——ヒップホップやパンクを通った人が、そういう匂いのしないアイドルを作って。

閣下 そこはひた隠しにして、現場でも僕はヲタに混じってミックスを打ってたり、「あの人なんなんだろう？」って感じで。ヴァンキスが終わってチャメっ娘☆WITCHESをやって、それはいろんな人が絡んでて、レンタルで違う事務所の女の子もいて、それで揉めて終わって。その流れで『機動武闘伝Gガンダム』を作ってた鵜島仁文さんと知り合って、彼をメイン作家にしてアニロックのファントムボイスを作ったんですよ。これはイケるかなと思って1年半ぐらいやってたら、ぜんぜん温度差があってですね。草野球とか少年野球とか高校野球の監督ってこういう気分なのかなと思ったんですよ。彼女たちのなかで、「なんか閣下だけ熱くなって」みたいな。彼女たちって、全員とは言わないですけど乃木坂とかももクロを見てアイドルになりたいって入ってきたけど、地下アイドルになって毎日の

HIP HOP戦隊B–BOYGER
MC仁義が携わるエンタメ集団。ヒップホップの4大要素ラップ、ブレイクダンス、DJ、グラフティにプロレス、特撮、アニメなどを融合した。

サエキけんぞう
テクノユニット「パール兄弟」のボーカリスト。モーニング娘。の1stシングル『愛の種』の作詞でも知られる。

Neko Jump
タイの双子デュオ。日本でもCDデビューを果たしている。MC仁義が主宰した10年の「大人まんがまつり」に出演。

アリス十番
仮面女子グループのユニット。ジェイソンマスクを被り、異形の武器を携えたヘヴィメタルアイドル。秋葉原の常設劇場P・A・R・M・Sで毎日公演を行っている。

ヴァンパイアKiss
GERU-C閣下プロデュース。通称「ヴァンキス」。14年8月30日に解散。

チャメっ娘☆WITCHES
GERU-C閣下プロデュース。15年9月5日に解散。

ようにライブやって物販やって、いつしか「ももクロになれないよね、私たち」って。

――プロ野球選手になれないと気付いて。

閣下　それで5月で解散したんですね。

――そういう時期にメンバーの子がやらかして閣下が謝罪してるのを見て。あの頃、Ｚｅｅｂｒａさんの取材して、「感慨深いですよね、ＭＣ仁義がアイドルのことで謝罪してるんですよ」って話してたんですよ（笑）。

閣下　ホントにねえ（笑）。あれヲタにボロクソ言われるし。でもホントのことっていうか、ちゃんと説明できないじゃないですか。彼女たちのそのあとの人生もありますしね。だからホント難しいなっていうのは日々感じてて。カッコつけて言えば、自分が見た景色もあるし、見られなかった景色を彼女たちに見せたいってちょっとロマンチックに言ってる部分もあるし、もちろん下世話に言えば、彼女たちが売れれば僕らも儲かる。それは否定しません。でも、その前に10代や20代の女の子なんだよなっていうのをすごい感じますね。だから運営に向いてねえな（笑）。

――東京アイドルフェスで超新塾の人にGERU-C閣下がインタビューされてたとき、偶然通りかかったボクがフォローしたじゃないですか。「みなさん知らないでしょうけど、この人はすごい人なんですよ！　ヒップホップ・レジェンドなんですよ！」って。

閣下　ありがたかったですよ。あれで初めてディレクターが調べたらしいです。それでZINGIの写真を出したっていう。助かりました、ホントに。いまは、せめて彼女たちとはまじめに接することが多少の誠意かなと思ってやってるところはありますね。たとえば小室哲哉さんとかつんく♂さんとか、黙ってても「ここでやりたいんです！」っていう子たちがやってるんだったら関係性もちゃんと成り立つけど、なんだかわかんないうるせーオッサンが「こうしたほうがいいんだよ」「表現者だろおまえら」みたいなこと言っても説得力ないんですよね。……ちょっと愚痴になっちゃいました、すみません（笑）。

――『オールナイトフジ』だなんだに出てた頃って美味しい思いはしなかったですか？

閣下　それこそ時代がバブルだったから、５００円とか１０００円しか持ってなくても帰りに5～6万は持ってましたね。たとえば先輩タレントさんとかミュージシャンに呼び出されて、ちょっとゴージャスなカラオケスナックみたいな店でちょっと背中で回ったり頭で回ったりするとおひねりが、みたいな。ＲＡＳＨのときは月給3万円でしたから。

カメラマン　吉田さんが聞きたいのは下半身の話ですよ。あの頃、セクシーグループブームじゃないですか。何かなかったんですか？

閣下　『オールナイトフジ』のレギュラーとなると、ディレクター、プロデューサーに「絶対に手を出すなよ」と言われて。彼女たちも女子大生といいながら、半分はタレントじゃないですか。僕が不思議に思ったのは、ロケがあるんですよ。あるディレクターのロケに行くと必ずこの子が来るな、みたいな。

――おまえが絶対に手を出すなって言っといて、おまえはヤッてんだろっていう（笑）。

閣下　絶対そうなんですよ！　あと、この子タイプだなと思って大勢で打ち上げみたいな感じで飲んでるときに口説いてると、真顔で「私、無理なんです。某タレントさんの彼女なんで」み

たいな（笑）。あとは地方の営業ってだいたいメンツが決まってるんですよ、同期とか後輩のアイドルとか。そこではいろんなことが繰り広げられてました。僕らお金がなかったんで、『オールナイトフジ』やってた頃は曙橋のCXの稽古場を夜中によく借りてたんですよ。そうすると某アイドルがよく差し入れ持って来るんです。僕たちも「あれ絶対に誰かに気があるよな」って言ってたらウチのリードボーカルとつき合ってたとかはありましたね（笑）。僕はそんなにないです。さっきからずっと言ってるように、僕ちょっと抜けてるんですね。一生懸命口説いてたら、泣きながら「RASHのバックダンサーの人の彼女なんです」「どいつ？　マジで？　それでもいいよ」みたいな（笑）。

――それほどいい思いはしてない（笑）。

閣下 そういう意味では世間でかわいいと言われてる人が、それはテレビ局でも地方の営業でもいるわけじゃないですか。そりゃみなさん社内恋愛じゃないけど、いろいろあったと思いますよ。いろんなこと思い出してるんですけど、言ったら抹殺されるから（笑）。

――いろいろあったんですね（笑）。

閣下 でも、僕らペーペーだったから言いなりでしたね。たとえば貴さん（石橋貴明）が「ディスコ行くぞ！」って六本木サーカスに10人ぐらいで行って、「茂、おまえ顔利くんだろ、VIP空けさせろ」「……はい、ちょっと聞いてみます」みたいな。で、「大丈夫ですかね？　とんねるずの石橋さんなんですけど」って言ったら入れてくれて。そしたら横でジョディ・ワトリーが飲んでて。そしたら貴さんが「知り合いか？　声かけてこい」「いや……無理です」って（笑）。

――そこはとんねるずも通用しないですよ！

閣下 ボディガードいるのに無理ですよ。貴さんとかノリさんって、（ブラザー）コンちゃんと上下関係だったりもして。で、ディスコが好きで、フジテレビの稽古場で練習してると貴さんがヒュッと来て、「おい最近のニューダンスのステップ教えろよ」とか。ノリさんは器用なんですぐ「こんな感じ？」ってできるんですけど。そんな思い出もありますね。ホントRASHはコンちゃんとか田代さんにすごいかわいがってもらったんですよ。

――ブラザー・トムさんって死ぬほどいい人じゃないですか。で、コンさんはトムさんも言ってるぐらいにいろいろある人で。

閣下 そうですね（笑）。当たり前のようにバブルのライブは毎回遊びに行って、「踊れ」ってステージに出されたりしてたんですけど、絶対にふたりは一緒に飲まないんで。だからたまにトムさんと飲むと、「茂、このナントカってラップグループすごいカッコいいな」とか、音楽の話をするのはトムさん、女の話をするのはコンちゃん。ギラギラしてるコンちゃんもカッコいいんだけど、カッコつけないトムさんもやっぱシブいね、みたいな。僕もあこがれてひっついてましたけど、夜の六本木で、売れたらこうやって遊べるんだって思いながら見てました。どこ行っても「コンちゃーん！」みたいなお店ばっかりだし、売れるってこういうことなのかなと思って。

――そしたらソウルスクリーム事件で。

閣下 ホントに……あれはホントいろんなボタンのかけ違いと、ラップグループなんでメンバーじゃない人間みたいなのがいるじゃないですか。たとえばHABとかE．G．MANが「すみません」って言ってるのに、そういう子たちが「俺は関係ねえ」とか「俺は悪くねえ」みたいなこと言って、それがその場にいる、ちょっとお酒が入って気持ちが大きくなってる諸先輩方が「なんだあいつは！」みたいな。それはHABも言ってました、「あのときにあいつが謝ればね」って。

――CRAZY-Aさんも「挨拶しないのがすべて悪い」のひと言で終わらせたりで。

閣下 まぁ……そうですね。だからこないだZeebraに「おまえあいだに入れよ」って言ったら、「絶対に嫌です」って（笑）。

――おそらく、そのきっかけを作ったライムスターにしても気まずいはずですもんね。

閣下 こないだ20年ぶりにMummy-Dとサシで飲んだんですよ。それで久々にその話になったら噂でしか知らないんですよ。だからいまみたいに詳しく話したら、「ぜんぜん知らなかったです。とにかくニューヨークへの一報は、茂さんがまた暴れてるってことだった」と（笑）。また俺か！　っていう。

Mummy-D
ライムスターおよびマボロシのMC。MELLOW YELLOWのKOHEI JAPANは実弟。トラックメイカーとしてはMr. Drunk名義で活動。

応援団もおもしろかったですね 右翼団体も楽しかったんですよ

ギュウゾウ

2018年1月収録

芸人。1964年生まれ。栃木県出身。電撃ネットワークのメンバー。サソリ芸など、危険な人体パフォーマンスを得意とする。空手団体士道館黒帯（段位は二段）、柔道講道館黒帯。J-POP DJ軍団「（有）申し訳ナイタズ」に参加し、DJとしての活動も行っている。栃木県小山市で会員制農園ギュウゾウ農場を主宰し、アイドルイベント「ギュウ農フェス」も度々開催。2017年、大学応援団本の決定版『伝説の応援団クロニクル』（河出書房新社）のアドバイザーを務める。

ギュウゾウ　今日は怖いなあ……。古い話はあんまりしゃべりたくないんだけど（笑）。

――古い話をする企画ですよ！　須永辰緒さんのインタビューにも、ふたりでラーメン屋を破壊したエピソードが出てきましたけど。

ギュウゾウ　それ都市伝説ですよ……。

――自分たちが先に注文したのに、ほかのヤツのが先に出たことでキレたっていう話で。

ギュウゾウ　記憶にないなあ……。

――そうなんですか？

ギュウゾウ　須永はすごい男ですよ。須永辰緒はなかなかの伝説を持ってますけど……。

――ギュウゾウさんのそっち系の原点っていうのは空手よりも応援団が先なんですか？

ギュウゾウ　柔道ですね。高校のとき空手やりたかったんだけど、僕の生まれ育った町ってホントにド田舎だから空手の道場がないのよ。で、胴着が似てるから似たようなもんかなと思って柔道やったらぜんぜん違って。楽しかったですよ。弱かったですけどね。

――『リングの魂』の柔道企画でも有吉弘行さんと闘ったギュウゾウさんが喧嘩腰でヤバかったって伝説になりましたけど、柔道のスキルはいろんなものに活きますよね。

ギュウゾウ　柔道はよくできてますよ。弱い人が強くなるっていう意味では空手よりも柔道のほうが。強い人はまた別ですよ。柔道は才能がなくても強くなれるんじゃないかな。

――ケンカには空手みたいなイメージですけど、意外と柔道も活きるじゃないですか。

ギュウゾウ　そうそう。僕程度だったら、案外柔道のほうが使えたりするんだよね。

――そうですよね、相手は服を着てるし。

ギュウゾウ　あとパンチで人が倒れるまでとか、蹴りで倒れるまでやるのってなかなか難しいですよ。あと怖い。人の顔面を叩くとか蹴るっていうのはふつうじゃないですよ。

――自分の拳も心配じゃないですか。

ギュウゾウ　そう、拳も一発で壊れちゃうし。柔道はパーンと投げると下はコンクリートだからね。血が出るとやっぱ怖いんですよ。

――だったら絞め落としたいっていう。

ギュウゾウ　……え、今日そっちの話？　それならいっぱいありますよ。茂（GERU-C閣下）くんともよくケンカしました。あいつは兄弟ぶんみたいなものなんですけど茂くん、すぐ知らない人とケンカ始めるから。『オールナイトフジ』の最後の頃は茂もRASHに飽きちゃっててZINGIのほうばっかりやってたからね。ZINGIけっこうコワモテだし、茂すぐケンカ始めるんだけど、揉めると「よし、頼む！」って言って、「えぇーーーっ!?　俺がやるのー？」みたいな。

――内田裕也さんシステムですね、「（安岡）力也、任せた！」みたいな（笑）。

ギュウゾウ　ＺＩＮＧＩもそうだけど、ナントカ一家っていうのはそういうもんですよ。

――それでギュウゾウさんが代わりに？

ギュウゾウ　やりましたよ何回か。ひっくり返されたこともありましたよ、クラブで。

――相手はヒップホップ関係？

ギュウゾウ いや、不良の人。怖い思いもしましたよ。そういうときやれるほうのタイプではあった、そんなに強くはなかったけど。空手やってる人が少なかったから。脚を蹴る人なんて誰もいなかったし。蹴りで脚が顔までいくだけでもビビッちゃうじゃないですか？ 向こうだってケンカなんてしたくないんだし、こっちだってしたくないから、そこらへんで。どうしようもなくなるぐらいやりたい人だと、こっちも逃げますよ。バットとか持ってくる人たちとやるはずないですよ。

――最初からルールが違う人とは（笑）。

ギュウゾウ 逃げたほうがいいですよ！ 昔、村上竜司さんが護身術かなんかのビデオ出したときに、「バット持ってきたらこうやって対処する」みたいなことをやってたけど、やっぱり「そんなキチガイ相手にしちゃダメだよ、逃げることだよ」って言ってて。そういうときは自転車を投げつけて逃げて。

――なるほど、勉強になります（笑）。

ギュウゾウ 向こうもビックリしますから……危ない危ない、しゃべらされちゃう！

――基本、時効ですから大丈夫ですよ。

ギュウゾウ いやいやいやいや。

――いまさらギュウゾウさんにタレントイメージとかもないじゃないですか（笑）。

ギュウゾウ そうなんだけど、赤ん坊ができたじゃないですか。CMの話が久々に来て、赤ん坊を抱いて出てほしいって。けっこう大きい会社なんだよ。しかも代理店の方も言わなきゃいいのに、「ギュウゾウさん、ほぼ決です！」「やったー！ 赤ん坊を抱いてテレビに出られる！」なんて言ってたら、「社長NGでひっくり返っちゃいました」って。いまでもそのCMが流れてるんだけど、ちょっと僕と髪の毛が似てるような方が赤ん坊を抱いて出てる、いいCMなんですよ……。

――素行調査的なものがあったんですかね？

ギュウゾウ 「髪の毛が赤いモヒカンの人はやっぱふつうじゃないでしょ」っていうふうな理由を言われましたよ。素行調査……。

――叩けば埃が出るわけじゃないですか。

ギュウゾウ 昔は、元不良だった方が更生するのが美談になってた時代ってあると思うんですよ。ヤンキー先生とか。最近はツイッターとかだと、それすら許されないもんね。

――安藤組の安部譲二さんみたいな人がタレントになる時代ってあったわけじゃないですか。安藤昇先生が映画スターになるような。

ギュウゾウ 言ってみれば岩城滉一さんだってそうだし、本間優二さんだってそうじゃないですか。ギリギリあの人、元ブラックエンペラーの宇梶剛士さん。関東連合のナントカさんも俳優に転向してると思ったけど捕まっちゃって。……さて、今日はどういう話を？

――主にこういうアウトローの話ですよ。

ギュウゾウ しゃべれない話ばっかですよ！

――それって応援団時代の話からですか？

ギュウゾウ それもね……最近、応援団の本を出したじゃないですか。そのなかでも相当しゃべらないようにしておいたのに。

――暴力的なイメージを消して（笑）。

ギュウゾウ そうですそうです！ 先輩方がケンカの話しかしないから、もうたいへんでたいへんで。貸してくれる写真も、ちょっとこれ勇ましすぎるだろ、みたいなので。ただ、僕らの

村上竜司
空手家。士魂村上塾塾長。初代マーシャルアーツ日本キックボクシング連盟ヘビー級王者。アンディ・フグのK-1デビュー戦の対戦相手として知られる。

本間優二
暴走族ブラックエンペラー出身の俳優。三代目総長を務めた。ブラックエンペラーのドキュメンタリー映画『ゴッド・スピード・ユー！ BLACK EMPEROR』に出演したことで、芸能界に進むことに。弟はレプロエンタテインメントの社長。

ブラックエンペラー
60年代から活動を続けている国立にルーツを置く暴走族。その他の暴走族と「関東連合」を組織。ドキュメンタリー映画が制作されたことで知名度が拡大。全盛期は勢力を東は茨城県、西は愛知県にまで伸ばし、構成員が2000人以上いたとも。宇梶剛士は七代目の名誉総長だった。

応援団の本
『伝説の応援団クロニクル』。17年に河出書房新社から発売された、応援団をテーマにした本。60年代から70年代に応援団に傾倒した人物の多くは、今津寛（元衆議院議員）中島武（際コーポレーション総帥）など、後の日本の重要人物になっている。

頃に、いわゆる昔ながらの応援をあんまりしない応援団は淘汰されたんですよね。いまの応援団はスポーツみたいになってるんで、すごくいいですよ。僕も頭のなか、昔の思考回路ではなくなってるんですよ。

――もう右翼思考は抜けちゃったんですか？

ギュウゾウ もう僕の出る幕じゃないでしょ。根っこにはまだあるし、好き嫌いはあるだろうけど。奥田（愛基）さんと話しても、奥田さんいいこと言うなー、なんて思うし。

――SEALDsもいいこと言うな、と。

ギュウゾウ そうそう、あとウーマンラッシュアワーの村本さんも頑張ってるなーって。

――ギュウゾウさんが右翼的になっていったのは応援団がきっかけだったんですか？

ギュウゾウ そうですね。ウチの大学って、何も考えないで入ったらプロテスタントの学校だったんですよ。WASP（白人エリート支配層の保守派）ってあるじゃないですか。そういうのを大学生になって知って、これとんでもないぞってなってくると、学内にそのカウンターで愛国団体ができちゃうんです。

――プロテスタントの学校なのに「白人をのさばらせるな！」みたいな組織が（笑）。

ギュウゾウ そういうところに魅力的な先輩がいらっしゃって、その方が団体にはいってたんですね。その先輩と仲良くなって、その先輩と一緒にいるうちに僕もいろいろ感化されて。たぶん僕のいいところだと思うんですけど、僕ちょっと脇が甘いじゃないですか。

――脇が甘いし感化されやすいですよね。

ギュウゾウ そうそうそう、夢中になっちゃう。そうすると、なぜか人が集まってくるんですよ。たとえば畑やるって言ったら「手伝いますよ」とか、アイドルイベントやりたいなって言うと「じゃあ手伝いますよ」みたいな感じで、俺はあんまり独裁的な人ではなくて、どっちかっていうとイエスマンだから、「いいよいいよ、やればいいよ」っていうタイプだから。応援団のときも人がよく集まってきてたんですよね、一匹狼タイプではないんですよ。だいたい人が集まるようなものっておもしろかったりするじゃないですか。

――当時の応援団もそうだっただろうし。

ギュウゾウ 応援団もおもしろかったですね。右翼団体も楽しかったんですよ。

――有名な団体に入られてたんですよね。

ギュウゾウ 有名な団体にいましたね（笑）。どこでもね、何十人か集まる団体のトップに立ってる人は魅力的なんですよ。ただ、これはちょっとやりすぎだなっていうところがあったりして、結局その団体をやめてっていうか、友好団体に移籍したんだよ。

――移籍してるんですか！ 主に街宣活動をしてたのは移籍後のことなんですか？

ギュウゾウ 移籍後じゃないかな。移籍前はものすごいデカい団体だったから、その他大勢じゃないですか。ホント円満移籍で。

――移籍後にマイクを握れるようになって。

ギュウゾウ そうそうそう、そうするとまた楽しいっていうね（笑）。移籍したっていっても一緒に行動するんですけど、わりとかわいがられてたんですよ。あんまりグズグズ言われなかったですね。いまでも靖国神社に行くとね、「おう、大島！」っ

奥田愛基
学生政治団体SEALDsの創設メンバー。国会前のデモでは中心的な役割を果たし、特に安保法案の時の激しい主張がメディアの注目を浴びる。15年には民主党の推薦により、公聴会で直接安倍首相に意見陳述した。

て（笑）。

ギュウゾウ　ダハハハハ！　昔の仲間が（笑）。参っちゃいますよ、ホント。

――でも、時代が変わりましたよね、靖国神社もアイドルがデートに使う場所になって。

ギュウゾウ　ね、チキパさんだっけ？　いいんじゃないですか？　昔は自分が思うことが活字になって不特定多数の人に読まれるっていうのは、とりあえずなんでもいいから何者かになったり、ある程度の実績を作らないといけなかったじゃないですか。それで何者かじゃない人たちがマイクを持って大きな声で「こっち向いてこっち向いて」ってやってたように思うんですよ。左翼の人たちのデモもそうだし、やっぱり左翼の人たちはちょっと怖いというか、すげえなと思うんだけど、ホントに機動隊とかとケンカしちゃうわけじゃないですか。テロとか完全犯罪とかもしちゃうわけじゃん。右翼の人たちが当時テロみたいなことして犯行声明を出すと、だいたい根こそぎ捕まるのね。左翼の人たちって昔はほぼ捕まらなかったじゃないですか。みんな「俺の話を聞いてくれ！」って大騒ぎしてたんだと思うの。でも、いまはSNSがあるから言いたいことがあれば言えるし。それが間違ってるか間違ってないかは別だけど、鈴木邦男さんとか木村三浩さんとか弁が立つ人、文章が立つっていう方は『レコンキスタ』とか機関紙とかで。でも、なかなか届かないジレンマがああいう活動だったんじゃないかな。

――当時の主なターゲットは共産党ですか？

ギュウゾウ　もともと僕たちの周りは、反米右翼のほうが肌に合いましたね。既成右翼の人たちは反米を許さなかったから、親米反共ってやらないと存在できなかったと思うんですね。いまは違うと思うけど、昭和の時代は公安のみなさんとかとなあなあだったし。だって「記念撮影しときますね」とか言って、今日は調子いい人が来てるんだなと思ったら公安の人で、パネルにして「いい街宣でしたよ」なんつって。だからどっぷりですよね。

――気持ち的には公安も右寄りだろうし。

ギュウゾウ　それがだんだん時代が変わってきて、アメリカ嫌いのほうが若者には……僕らはお金のためにやってなかったから、お金っていうものが昔はね……。お金を稼ぐ手段でやってる人もいらっしゃったと思うし。

――総会屋的なシステムですよね。

ギュウゾウ　ズバリ言うとね。若者はあんまりそういうふうに思わない。もちろん思う人もいたとは思うけど、もっと理想で生きてたと思う。不勉強だったり、思いが激しすぎちゃって向こうが受け入れがたいとかもあったとは思うけど。前に豪ちゃんがうまいこと言ったじゃないですか、俺がアイドルオタクになって、思いが激しすぎちゃってアイドルさんから嫌われてしまうっていうね。

――「ギュウゾウさんは愛し方が不器用なんですよ。昔、国を愛するあまり街宣車で叫んでたときと同じで愛の表現が不器用な人なんですよ」って（笑）。

ギュウゾウ　ハハハハハ！　いろいろ反省してます。でも、うれしいことに、そのときが一番楽しくて、いま非常に楽しいですよ。

――当時で有名なのは、「ビートたけしは国賊だ！」っていう一連の街宣活動ですよね。

ギュウゾウ　ハハハハハ！　だって、みんなたけしさん大好き

チキパ
Cheeky Parade。SUPER☆GiRLSの妹分ユニットとして、avexのアイドル候補生9人で結成された。13年の新宿BLAZE単独ライブでメジャーデビューへの最終課題を達成し、1stメジャーシングル『BUNBUN NINE9'』を発売。16年メンバーが長期アメリカ留学を行い、現在は5人で活動中。

鈴木邦男
政治団体「一水会」の元最高顧問。現在「ヘイトスピーチとレイシズムを乗り越える国際ネットワーク」代表。かつては右翼的な立場だったが、冷戦後左右を超越すると宣言し左翼思想に傾倒する。

木村三浩
政治団体「一水会」の代表。アメリカのイラク侵攻を一貫して非難しており、新右翼団体として従来の右翼とは違う立場を見せている。

『レコンキスタ』
木村三浩が発行人を務める月刊紙で、新聞の形態をとっている。政治団体「一水会」の機関紙。鈴木邦男、木村三浩らが連載を行っている。一部500円。年間購読は6000円。

なんですから。その後、たけしさんの息子さんがBiSのTシャツを作って、そこで「じつは僕」って言われて、やっぱり似てるんですよね、たけしさんをちっちゃくしたような感じの外見なんですけど。

——街宣活動で困ってたとき、知り合いの家に預けられてたっていうのは聞きました？

ギュウゾウ とりあえず僕が聞いたときは、お父さんはとっくの昔に家にいなくて、家でひとりで震えてたって話だったんですよね。

——ボクが聞いたのは、当時預けられた知り合いの家っていうのがヤクザの家で、「ここなら安全だ」って言われたって（笑）。

ギュウゾウ 安全も何もないんですけどね。

——当時、『風雲！たけし城』の収録が中止になることが多々あったみたいですね。収録するってときに、「ビートたけしは国賊だ！」って叫ぶ街宣車が山ほど現れて。

ギュウゾウ そうそう。当時、僕なんか補助席に座ってるようなもんでしたけどね。

——そういうことやってた人が、後にたけしさんの番組に出るようになるわけですけど。

ギュウゾウ そうなんですよ！　ちょっと感動しましたよ！　枝豆さんがいい人で。枝豆さんがたけしさんに耳打ちするんですよ、「殿、こいつですよ、あのとき殿の家に来てたの」「おまえかー！」なんて。豪ちゃんみたいに恫喝されなくてよかった（笑）。

——つまみ枝豆さんも同じラインというか、街宣活動でおなじみの人なんですよね。

ギュウゾウ あの人は有名な方で。……やだなあ、今日の話の流れ。そんなことより、早くプー・ルイ卒業の話をしましょうよ！

——（無視して）そして『宝島30』事件。

ギュウゾウ それもね、だから素敵なご縁だなと思うんですよ。宝島さんは当時……。

——『宝島30』っていうちょっと政治的な雑誌があって、町山智浩さんがそこにいて。で、皇后の批判記事みたいなのを出して騒動が起きたんですよね、銃弾を撃ち込まれたり。

ギュウゾウ そうそうそう。それでみんなで抗議の電話をして、「おまえも大学生なんだから行け！」って言われて電話でガガッとやってたら、もろ論破されちゃって（笑）。

——弁の立つ人が電話に出たんですよね。

ギュウゾウ そうそう、もろ論破されちゃって。文系の方はホントにしゃべりが達者で。

——悔しくてその後の『宝島』の取材にわざと遅刻して行った話も覚えてますよ。

ギュウゾウ よく覚えてますねえ。去年、久々に宝島社と仕事したらぜんぜん違う会社になってて、『宝島30』の話なんか誰も知らないんだなって。ホントにみんなが忘れてるところを豪ちゃんがツイッターで定期的に書くから。もうみんな忘れてるのに！

——ラジオに出れば街宣車の話をしたりで。

ギュウゾウ 僕らの周りは当時、慌て者が多くて、宝島社にはもう弁で勝てないから行動で！　みたいな感じでね。僕が知ってる話は、「肉体言語だ！」ってトラックでバックで突っ込んで逃げてくるって行ったら、隣のビルに突っ込んじゃったっていう（笑）。

『宝島30』
90年初頭に宝島社から刊行されていた言論誌。朝日新聞へのカウンター雑誌としての立ち位置を築いたものの、わずか3年で廃刊。今では作家の橘玲が編集長だった。

DENGEKI
network
Shock Boys

——ダハハハハ！　ボクがその頃、宝島社に出入りしてて、ある日いつものようにお使いに行ったら「伏せて！」って言われて、それが銃弾を撃ち込まれた翌日だったんですよね。「窓から顔を出してると撃たれるから」って言われて、その日は社員が全員伏せて移動してて。すごいとこ来ちゃったなと思って。

ギュウゾウ　いい話ですよね、ホントに。

——それでまず宝島社の看板を外したんですよね。「看板外せば右翼にバレないはずだ」って。右翼そんなバカじゃないよっていう。

ギュウゾウ　それがバカで、隣に突っ込んじゃったっていうね（笑）。平成初期ってホントにいいね。まだ呑気な時代でしたよ。

——それで入り口に警備員を立てたけど、社員証がないから判別できないってことになって、『VOW』で投稿が採用されるとVOWボーイっていう安齋肇さんのイラストのテレフォンカードがもらえるんですけど、あれを社員に配って、入り口でみんなVOWボーイを見せて入ってたっていうのもふざけた話じゃないですか。銃弾を撃ち込まれてるのに、なんでこんなふざけてるんだよって（笑）。

ギュウゾウ　当時はまだピストルとかも手に入りやすかったのかな。こういう活動してると肉体言語っていう言葉がまた魅力的でね。

——で、後日、ギュウゾウさんに応対していたのは町山さんだった説も出てきて（笑）。

ギュウゾウ　これも都市伝説ですけど、おもしろいですよね。こないだ水道橋博士さんのパーティーで町山さんに初めて会ったんですよ。それもちょっと会いたくねえな、会わないほうが楽しいかなと思って1回断ったんだけど、別の方から電話かかってきて「来てくださいよ」っていうのがあったんで、なんか縁があるのかなと思って行ってみたら、僕の隣に偶然奥田さんが座って。

——右翼と左翼が同席するようになって（笑）。右翼の活動をやめようと思ったきっかけが、『オールナイトフジ』に出始めて顔バレしたからっていう話もありましたよね。

ギュウゾウ　そうそう、なんでも知ってますね。あるところを占拠するために乗り込んだら、「あれ？　テレビ観ましたよ、応援してます」って言われて、これはマズいぞって。そこまで気がつかない俺も俺なんだけど。

——当時は並行して活動してたんですね。

ギュウゾウ　電撃ネットワークがものすごいスピードで売れちゃったんですよ、だからなんとなく並行しちゃって。さすがにそれで、「会長、僕そろそろ後方支援に回らないと」って言ったら、「そうだよな、俺もそう思ってたんだよ」なんて餞別もらって。円満も円満、みんな「頑張れ」みたいな。いまはそんなつき合いはないし、僕もわざわざノコノコ行ってっていうことはないけど、いい人で。

ロンドンナイトでのいろんなケンカ

——その頃、ロンドンナイトに出入りしてたと思うんですけど、アナーキーの『東京・イズ・バーニング』を聴いてカチンとこなかったんですか？「♪何が日本の象徴だ、なんにもしねえでふざけんな」とか歌ってたから、右翼としては「仲野茂、許さん！」とか。

ギュウゾウ　仲野茂さんも知り合いになりましたけど、仲野さ

ロンドンナイト
日本のクラブ・シーン、特にロック系のクラブパーティにおいて絶大な影響力を誇る老舗中の老舗パーティー。大貫憲章が主宰。ロック・シーンはもちろんのこと、高橋盾など関わっていた人がその後、デザイナーとして成功するなど、裏原系のアパレル・シーンとも関わりが深い。

『東京・イズ・バーニング』
アナーキーの1st『アナーキー』収録の、クラッシュの曲の日本語カバー。歌詞が皇室批判ともとれる内容だったため回収措置に。当時発売されたLPでは「何が日本の象徴だ」などの歌詞にピー音が被せられた。

レヴィロス
スコットランド出身の男女混合パンクバンド。キャッチーなメロディでPOP PUNKと評されることもある。

んもそんなに考えてなかったって言ってましたよ。僕もパンクミュージックの本質っていうのもわかってなくてね。

――電撃ネットワークでレヴィロスのカヴァーまでやってたのは、あのときロンドンナイトに行ってた人ならではだと思いましたよ。

ギュウゾウ　ね、あれは素晴らしいでしょ？　ロンドンナイトはもともと好きな友達がいて、遊びには行ってたのね。運がよかったなと思うのは、後々何者かになる若者たちがいっぱいいて。後々にいろんなことがあったっていう話は聞いてるけど、裏原でガンガン億万長者になったり、歌手とかバンドとかでも頭角を現したり、ちょうど僕らが一生懸命遊びに行ってたときと被っててね。そういう人たちと出会えたっていうのがすごくうれしかった。とにかく人間的な魅力がある子が揃ってた時期なのよ。これが驚くほど世に出てるんですよね。その頃にいられたのはよかったかな。ほぼ毎日行ってましたもんね、ミロスガレージに。月曜がロンドンナイト、火曜がヒップホップ、水曜は行ってなかったんだけどスカで。木曜がロカビリーナイト、金曜がハウスで土曜がヒロシくんとかNIGOちゃんとかムラジュンか。日曜はレゲエだったから、たまにしか行ってなかった。だからほぼ行ってましたよ、毎日楽しくて。当時は、特にロカビリーナイトはケンカが多くてね。

――当時、ロカビリーは怖かったですよね。

ギュウゾウ　そうですね、みんなケンカっ早かったし、ちょっとぐらい鼻血が出てもバーッと顔を洗ってまた踊るみたいな。みんなグズグズ言わなかった。歯が折れたとかってなっても警察に行くだのって人いなかったですよ。僕も、まぶたを切られちゃったことありました。毎年12月はよくケンカしてて、顔が腫れたまま電撃ネットワークやってましたよ。

――それはクラブでのアクシデントで。

ギュウゾウ　そう、青春のぶつかり合いで。おっかないですよね。当時、バイト先に鉄アレイのみんなとかJHAJHAくんがいて。

――それはなんのバイトですか？

ギュウゾウ　大工さん。これは電撃ネットワークに入る前。少し芝居もやってたんだよ。芝居やってるときが一番お金なかったかな。バイトも楽しくて、そこで南部さんと知り合うっていうね。鉄アレイのみんなとか、ニコニコしながら「大丈夫か、こいつら？」っていうぐらいすごかったです、あの人たちは。

――書けないようなエピソードばっかりですよね、あの時代の鉄アレイっていうと。

ギュウゾウ　うん。俺は嫌なことされたことは1回もない。あの人たちは体もデカいんだよね。だからすごいな、怖いなって。それでなんとなくS x O x Bのトッツァンとかとつながってね。なんで俺がS x O x Bと仲良いのってみんな不思議がるけど。当時、ロマンさんがトッツァンにボーヤみたいにくっついてたって話、おもしろかった。家が近所だったっていうのもあって、ギター男と俺がいて、そこにトッツァンがロマンを連れて遊びに来たのかな？　もうふたりとも死んじゃってるけど。

――名前も出せないパンク界の超大物とケンカになりそうになったのは、その頃ですか？

ギュウゾウ　僕じゃないですよ、三五（十五、電撃メンバー）さんなんです。あれはロンドンナイトかな？　三五さんと●●くんが揉めそうになって、チャーミーがすっ飛んできて、「あかんで！　ギュウちゃんちょっと頼むわ」って。チャーミーも

ヒロシ
藤原ヒロシ。80年代の、いわゆるクラブの先駆け的DJとして知られる。高木完とともにヒップホップ・ユニット「タイニー・パンクス」を結成するなど、日本のヒップホップの黎明期を作り出した。現在の音楽活動は、自らの歌が表現の中心に。

NIGO
ファッションデザイナー。A BATHING APEの創業者として知られ、裏原ブームの立役者に。現在は、ガールズユニット・BILLIE IDLEを渡辺淳之介と共同でプロデュースしている。

ムラジュン
村上淳。元読者モデルの俳優。UAと結婚していたが、離婚。息子の村上虹郎もまた俳優として活躍。

JHAJHA
「LipCream」のボーカル。桑名六道の名義でのソロ活動も。アルバムジャケットのセンスが特徴的で、多くのハードコアバンドに影響を与えた。ちなみに「LipCream」初代のボーカルは「GASTUNK」のBAKI。

三五
三五十五。電撃ネットワークではMC担当。13年に肺がんのため芸能活動を休止、15年に逝去。

あんまり口調は強い人じゃないんだけど、「おまえ、ええ加減にせえや！」ってふたりを離して、「ギュウちゃん、悪いけどほかで飲んで」みたいな感じで。やっぱりケンカはよくないじゃないですか。できればケンカしないほうがいいし。

――……ギュウゾウさん、してましたよね？

ギュウゾウ　反省してますよ……。

――ギュウゾウさんと仲のいい須永辰緒さんも衝撃でしたね、このインタビューシリーズで拳銃で撃たれた話が出たの、須永さんぐらいですよ。「このへん来るの久しぶりなんですよ。昔、近くで拳銃で撃たれたから」って（笑）。

ギュウゾウ　ハハハハハハ！　拳銃の話しましょうか？　ケンカした相手が拳銃持ってたっていうのはありましたけど。怖かったー！

カメラマン　ロンナイは特に怖い人ばっかりでしたね、ふつうにヤクザとかも来てたし。

ギュウゾウ　来てましたね、やっぱりパンクロックが好きでね。ヤクザ風を吹かせるような人はいなかったけど……僕の世代の大番長みたいなのがいるんですよ。高校時代に蝶野さんとケンカしてぶっ飛ばしたっていうすごいのがいるんです、超有名な。それがいい男で、ミロス来てましたね。本職になってもものすごい勢いで出世したけど、プロの方々の組織図が変わったときに、ごりゃやってらんないなってカタギになったね。これは男がやるべきじゃない仕事だなって感じでスカッとやめて。たまーに祝いごとの場なんかで会うと、「いま居酒屋やってるからギュウちゃんも来てよ」なんて言ってて。人には恵まれたかなと思いますね。昔の仲間、俺がアイドルオタクになってみんなビックリ仰天してましたけどね。いまでもグズグズ言うヤツはいるけど……。

――いるんですね（笑）。

ギュウゾウ　でも、なんつってもいまが楽しいね。そのときに一緒に遊んでた若い子なんかは、「俺の青春を返してくださいよ！」なんて言うんだけど、俺はいまのほうが楽しいし。

――そういうパンクでデタラメがやれる感じの文化が、ＢｉＳとか周辺のアイドルヲタにあるんじゃないかと思ったわけですよね。

ギュウゾウ　だから、おもしろかったね。初めてパンクのライブとか観たときに通じるというか、ヒップホップも昔は暴力的なところもあったんですよ。東京のヒップホップの人たちもケンカが好きな一派はあったし、ガスボーイズとかココバットとか、僕らそっちで遊んでたから。Ｚｅｅｂｒａとかスチャとかも当然知ってるけど、どっぷりと遊びに行ったり用がなくても会ったりっていうのは、そっち側とはなかなかないんですよ。運がよかったなと思うんだけど、そこからもいろんな人が出たわけじゃないですか。宇多丸くんだってそうだし、Ｚｅｅｂｒａだってそうだし。たまに昔のＣＤとかにスペシャルサンクスで俺の名前が入ってたりするんですよ。そうするとみんなビックリするよね。当時は人がおもしろいからつき合ってたって感じ。ヒップホップはよくわかんないけど魅力的で。

――ボクが大好きなのは宇多丸さんとの酒の席でのケンカなんですよ。左右の激突。

ギュウゾウ　宇多丸くんも弁が立つんでね。だいたい僕、ヘコまされちゃうんだけど。

――だいたいギュウゾウさんが論破されて。また宇多丸さんがキツい感じで言うからギュウゾウさんがカチンときて、「俺

ココバット
硬派なハードコア音源が評価が高く、ミュージシャンのファンが多い。そのためミュージシャンズミュージシャンと評価されることも。エクストリームミュージックに理解が深いトイズファクトリー所属。

が若い頃だったらぶん殴ってた」って言うと、「いま殴ればいいじゃないですか！　やってくださいよ、ほら！」って宇多丸さんが挑発して（笑）。

ギュウゾウ　ホントですよ！「殴りゃいいじゃないですか、はいどうぞ！」って。宇多丸くん、ワイン2本目にいくとワインの赤みで唇が真っ黒になってブラック宇多丸になって、黒い発言がいっぱい出てくるんですよ。あの人、早稲田の法学部じゃないですか。ラッパーじゃなくて弁護士になったほうがいいよ！　金稼げるよ、口ゲンカ十段だから。そういえば昔、宇多丸くんのファンの人があんまり態度がよくなかったから俺がひっぱたいちゃったら、「僕のファンなんですからやめてくださいよ！」っていうのはあったけど。

――ひっぱたいてるじゃないですか！

ギュウゾウ　もうそれはないんですよ。

空気を読めない男とみんなに呼ばれる

――アイドルヲタになってからは平和で。

ギュウゾウ　うん。アイドルっていうジャンルが人を温和にさせるんじゃないかな。だから、申し訳ないとってイベントにはホントに感謝してて。僕、掟さんと話してみたかったの。なんでいい大人がこんなに夢中になってアイドルの話してるんだとか、すごい興味があって、思い切って新幹線で話しかけて。そしたら降りるまでずーーーーっとアイドルの話を聞かされて、変わった大人だなーと思ったんだけど、後々僕もアイドルオタクになるわけで。宇多丸くんと掟さんとミッツィー申し訳と、あとは豪ちゃんがデカい。ハロプロの洗礼を受けなくてよかったなとは思ってるんですけど、みんな夢中だったじゃないですか。あれ見て変わってんなーと思って。それが後々僕もBiSで起こるんですけど。

――人生が変わって人間関係もごっそり変わって、周りがヲタだらけになるっていう。

カメラマン　俺もそうでしたけど、ハロプロで人間関係も激変しましたよ。あのままプロレスだけだったらダメだったよね、俺。

ギュウゾウ　俺もあのまま右翼やってたらダメだったと思う。モーニング娘。の洗礼を受けなくてよかったなと思うのは、あまりにもキツすぎて。喫煙事件とかいろいろあるじゃないですか。あれは、こっちもぶっ壊れちゃう。いま加護ちゃんがタバコくわえてる写真とか見るとドキッとするもん。ホントの少女がタバコくわえてるわけじゃないですか。そんなの見ると、「怖い怖い！」と思ってね。

――でも、ギュウゾウさんがここまでアイドルにハマるとは誰も思わなかったですよ。

ギュウゾウ　そうね。BiSはもともと何回か仕事をしてて興味はあったけど、四谷のアウトブレイクにBiSが出るイベントへギュウゾウさんも出てくれないかってイベンターに頼まれて、最初断るかDJでごまかそうかと思ってたんだけど、豪ちゃんに相談したら、「かみ合いますよ、やったほうがいいですよ」って言ってくれたんで、じゃあ俺と若手でBiSとコラボパフォーマンスでもやりますかっていうことでやったらなかなかおもしろくて。ただ、いまとなってはこういう状況だったんだなっていうのが、楽屋とかで打ち合わせしてたりしても……。

――メンバーが不仲で空気が悪くて。

申し訳ないと
ミッツィー申し訳が掟ポルシェらと主宰していたJ-POPメインのDJイベント。宇多丸、ギュウゾウ、GEE、掟ポルシェ、サイプレス上野がDJをプレイ。13年に終了するも、新たにDJイベント「The 男子音楽厨房」がスタートしている。

ギュウゾウ　うん。当時は気がつかなかった（あっさりと）。そういうもんなのかなと思ってたんで。当時は人柄がどうのこうのっていうよりも、客がおもしろかったですね。

――ギュウゾウさんは空気を察する能力がないので、そこも察するわけがなかった！

ギュウゾウ　わかんなかった（笑）。その次に電撃ネットワークとBiSがツーマンでやったのかな？　DJでサ上が出たり、いいメンツだったんだけど。そのときはさすがにちょっと様子が違うぞ、なんかあるぞっていうのは思ったけどね。これがさ、いろんな負荷がかかってたり、そういうなかで絞り出していく女の子たちとかね。渡辺淳之介さんもいい人なんだけど、渡辺さんも演じてたというか、こなしてたと思うのよ。そういうところもどんどん魅力的に見えてきちゃってね。どんどんハマッてくわけですよ、仕事に差し支えるぐらいまで。掟さんに「よりによってBiSですか！」って言われて。

――掟さんはBiSに一切引っかからなかった人ですからね。子供じゃないから（笑）。

ギュウゾウ　こないだウチのイベントのスタッフと飲んだとき、「ギュウゾウさん、ラストアイドルのどこらへんが好きなんですか？」って言われて。音楽的にはあんまり聴かないジャンルなんですよ。だけどどこにワクワクしてるのかなと思ったときに、女の子が苦しくてカットがかかったときに泣き崩れるとか、顔面蒼白のまま、「私、この人たちと仲良くなれる自信がない」っていう、そういうところから笑顔でやっていく、絞り出していくっていう、その負荷がかかってる状態から頑張ってるところがワクワクしてるんじゃねえかなっていうふうに思ってますね。

――BiSでアイドルを知った人には引っかかるんでしょうね。この子たちも追い込まれてるぞって。

ギュウゾウ　そうそうそう、そこから負けずに闘ってる姿勢にワクワクしてるんだと思うんですよ。これはエンターテインメントの一部だなと俺は思ってるんだけど、ツイッターとかみなさん若いんで、ちょっと筆が走りすぎたりしちゃうわけじゃないですか。

――「ギュウゾウ許さないぞ」みたいな感じで荒ぶってる人が、いまだにいますからね。

ギュウゾウ　いますね。僕が落としちゃった相澤瑠香さんが「いまでもまだ悔しいんです」って、俺んとこに書かなくていいよって（笑）。俺ツイッターヘタなんだから。ラストアイドルのファンの人が本人と絡むのは、そろそろ禁止したほうがいいと思うけどね。

――長月翠さんは何度かキレてますからね。

ギュウゾウ　長月さんおもしろいね。おもしろいなあ、あの人。怒ってツイ消しして。あれボロボロになっちゃうよ、もしくは鈍感力が高くないと。ツイッターとか僕もついついやらかしてしまうんでね。そういうとき、僕は簡単に謝って反省できるタイプなんだけど。

――ライムベリー事件でおなじみの。

ギュウゾウ　そうそうそう（笑）。

――『B-GIRLイズム』事件。

ギュウゾウ　あれは反省してますね。たまに自己嫌悪でのたうちまわるときもあるんですよ。ホントに胃に穴空いちゃいますよ。COMA-CHIさんもいい人でよかった……。

マッド・カプセル・マーケッツ
85年の結成から次々とスタイルを変えていき、そのどれもが評価された希有なバンド。特に人気最盛期の打ち込みを多用したデジタルハードコアサウンドは、唯一無二な存在感を放った。ボーカルはKYONO。マッド初期のパンクサウンドはKYONOの趣向の影響だったとされる。その後はラップ歌唱なども体得していく。

ラストアイドル
17年から放送されているオーディション番組で、その番組のアイドルグループの名前。オーディションで最後まで残ったメンバーが最高のメンバーに違いないとの理念から、現メンバーと挑戦者のバトルを毎週繰り返していくコンセプト。最後まで残ったメンバーが、秋元康プロデュースの「ラストアイドル」としてデビューしている。その後コンセプトを変えながら、番組は継続。

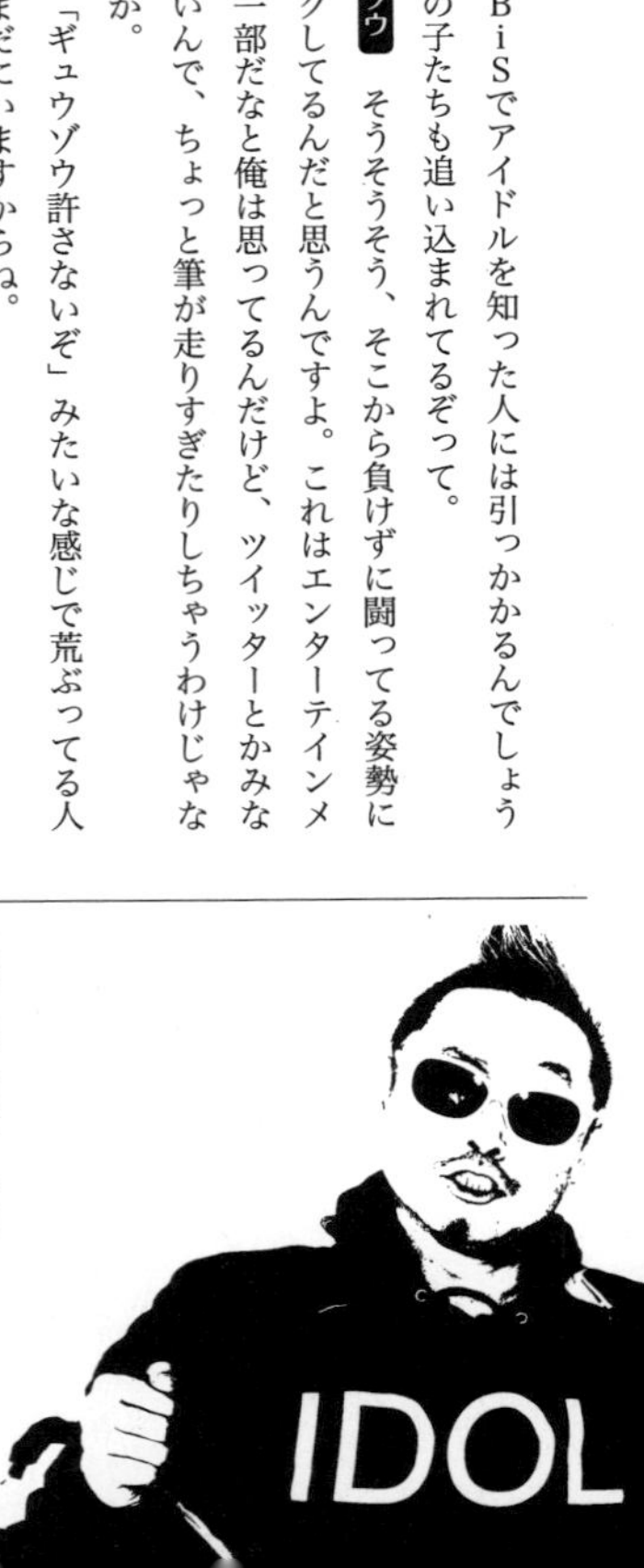

――「ライムベリーがライムスターの『B‐BOYイズム』をオリジナルリリックでカヴァーした」というギュウゾウさんの勘違いツイートによって、COMA‐CHIさんには「ライムベリーが私の『B‐GIRLイズム』をオリジナルだと言い張って勝手にカヴァーした」みたいに誤解されちゃって、そしたら今度はギュウゾウさんがCOMA‐CHIさんをディスり始めるんですよ、「自由にカヴァーもできないとは嫌な時代だ的な。で、ライムベリーが謝罪したら全部ギュウゾウさんの勘違いだったことが判明して。

ギュウゾウ　次の日に一番穏やかなDJ OMOCHIちゃんが、「なんでいつもこうなっちゃうんだろうな」って書いててね……。またあそこもね、僕も含めていろんなことのボタンをかけ違ってしまって上手にいかないっていう部分がけっこうあったりもするんでね、悪いことしちゃったなっていうね。

――ギュウゾウさんのラジオにライムベリーが出たときに、ボクがそのことをなんとかネタにしようと思ったら、向こうが異常にピリピリした空気でしたね。

ギュウゾウ　話しかけるなオーラすごかったですね。さすがにあれは僕も気がつきましたよ！　僕、いろんな洗礼を受けてないんですよね。たとえば自分の推しが不祥事を起こしたり、不祥事じゃなかったとしても、つながったとかなんでもいいけど、それによってすごいつらい思いをして、その子に二度と会えないっていう経験がなくて、プー・ルイが卒業するのが実感湧かなかったんだけど、いよいよ実感が湧いてきちゃってさ。前のBiSが終わるときはね、半分ぐらいはやっと終わってくれたっていうのがあったんですが。

――研究員みんな消耗してましたからね。

ギュウゾウ　消耗してました。消耗がまた楽しいんですよ、仕事をやめて生活保護を受けたりしながらも。

――離婚したり、BiSで人生を捨てて。

ギュウゾウ　そうですそうです！　おもしろかったんですよ。ホントみんな仕事をやめてツアー全通して。あれ、よくないなと思ったのは、最後のツアーがみんな箱ちっちゃかったじゃないですか。研究員みんなデッドヘッズっていうんだっけ？　みんな一緒に旅しちゃってチケット全部買っちゃうから、地元のファンが観られないっていうね。楽しかったですよ！

――ひとり風邪ひいたら全員に蔓延して。

ギュウゾウ　そうでした！　旅先で俺たちはいいもの食うんですよ。

――BiSメンバーは食べられないけども。

ギュウゾウ　そうそうそう。僕もこっそりメンバーにウチの農場のお米を送ったりしてたんだけど。でも、そんなの続かないわけで、メンバーも研究員もみんな疲弊はしてて。楽しいから続けてたけど、やっと終わってくれたっていうのがあって。

――いつまでもこの学園祭前日状態が続かれても困るっていう感じだったんですかね。

ギュウゾウ　そうなんですよ。学園祭前日がずっと続いてる感じでワクワクな。運がいいのは、僕がハマッたBiSのメンバーたちはまだ全員芸能界にいるんですよ。ワッキーさんだけは完全にやめたけど、ミチバヤシリオさんなんかは一般人になったけどチョコチョコ現場にいるしね。

――ついに音源まで出しましたからね。

ギュウゾウ　彼女は研究員と仲良かったから。だから、もう二度と会えないとか、たとえばアダルトのほうに行っちゃったり

ライムベリー事件
日本の女性ヒップホップグループ「ライムベリー」がCOMA‐CHIの『B‐GIRLイズム』をカバーするも、ギュウゾウが勘違いし、ライムスターの巧妙なカバーだと喧伝。結果、ライムベリーがCOMA‐CHIに勘違いされて怒りを買うことになる。

ワッキー
ワキサカユリカのこと。24時間耐久100キロマラソンに挑戦した際、高校時代に痛めたという足首の持病が再発。13年にBiS脱退を発表した。

ミチバヤシリオ
愛称は「ミッチェル」。「可愛い女の子が大好き！　キモミッチェル」というキャッチフレーズのキモい担当としてファンに親しまれていた。

とか、そういうショックも特にないしね。

——そういえば、元BiSの寺嶋由芙さんとはなんで仲が微妙になっちゃったんですか？

ギュウゾウ なんでだろう？ 僕はそこでも鈍感でさ。彼女も頑張ってるみたいだから応援しようと思ってツイートしてみようと思ったら、「……あれ？ どうしたんだろ、故障してんのかな？」って。ブロックっていうシステムがあんまりよくわかってなくて（笑）。

——何をやったかの記憶はゼロ？

ギュウゾウ たぶん『BUBKA』の記事だと思う。ヒラノノゾミさんとの対談の小見出しがよくなかった。そのせいで、あのときは研究員ともケンカになりそうでしたよ。

——ヒラノさんも怒ってましたよね。

ギュウゾウ めっちゃ怒ってましたよ！

——推しなのにブロックされましたよね？

ギュウゾウ はい、のんちゃんに「なんでこうなるんですか！」ってめっちゃ怒られたんですよ。すげえ怒ってて。でものんちゃん、読んでないんですよ。ネットの騒ぎだけ見て。（笑）。見出しの名前が間違ってって。

——研究員も激怒して、「ギュウゾウいますぐ来いよ！」ってネットで挑発されて、ギュウゾウさんが飲み屋に飛んで行ったりで。

ギュウゾウ そうですそうです。……あーよかった、アイドルの話になって（笑）。

——アウトローの話に戻しましょうか？ あのときボクらは言ってたんですよね、「アイドルヲタはギュウゾウさんナメすぎだよ！ あの人、右翼だよ！ 右翼を呼び出して叱るとか、

寺嶋由芙
愛称は「ゆっふぃー」。BiS時代はテラシマユフの名義で活動。BiSの方向性についていけなくなったとの理由で13年に脱退。ゆるキャラ好きの一面もあり、16年と17年の「ゆるキャラグランプリ」の司会を務めた。

ヒラノノゾミ
愛称は「のんちゃん」。BiSのオリジナルメンバー。同じく元BiSのファーストサマーウイカとともに「BILLIE IDLE®」を結成。

おまえらバカか！」「あの人は安藤昇さんと村上竜司さんと中山一也さんと4人で麻雀やるような人だよ！」って（笑）。

ギュウゾウ ハハハハハハ！　アイドルにハマるきっかけってそれぞれあって、心に隙間ができたときにスッと入ってくるとかいうけど、皆さん何をきっかけにハマッていくのかな？

――弱った瞬間みたいなのが多いですね。

ギュウゾウ そういうふうに言われると、僕も弱ってたと思う。メンバーが癌になって。

――活動がままならなくなったりで。

ギュウゾウ そうですね。三五さんが倒れてから……三五さんが倒れる前からBiSとコラボとかをやってたけど、倒れてからの夢中度はすごいよね。三五さんが倒れて、脳に転移しちゃってもうわけわかんないなんていう報道が出ちゃったけど、じつは最後までしっかりしてて、「BiSにハマッてるらしいじゃん」って話してて。由美ちゃんのことを三五さんは「あのかわいい子」って言ってたんだよ。南部さんと小柳くんはあんまり興味なかったみたいだけど。当時いた事務所の社長からマネージャーからみんなビックリしてたからね。

――頑なにロックしか流さなかった人がアイドルDJになるとは思わないわけですから。

ギュウゾウ ぜんぜんロック聴かなくなっちゃった（笑）。アイドル聴くだけで時間が足りないから。当時、BiSがまだ売れてなくて、ツッコまれやすいじゃないですか。見た目もあんまりよくなかったし、音楽にしても僕はものすごくBiSの音楽が好きだったんだけど、いわゆるアイドルソングじゃなかったし。でも、最後に横浜アリーナまでいくわけじゃないですか。あのころ、俺はエンターテインメントっていうものに少し鈍感になっちゃってて、何がおもしろいのかわからないし新ネタも作れなくなっちゃってるし……だけど仕事はあるんですよ。へタに新ネタやるよりも往年のネタやってほしいって言われて。あと、僕がやってるネタがどんどん禁止になってくる。

――当然、テンションも下がりますよね。

ギュウゾウ そんななかでBiSが出てきて、この感覚は昔あったぞって。電撃の最初の頃なんてお客さんも狂ってて、あちこちでケンカが始まっちゃったりとか、ステージに上がってこようとしてる連中もいたり、野次もすごかったし、こういうのがまだあるんだなって。何しろカッコいいなと思ったんだよね、お客さんも含めて。みんながダメだダメだって言ってるんだけど、俺がおもしろがってることをまだおもしろいって言う人がいるんだなって。その自信を持たせてもらったっていうのがあって感謝してるんですよね。……このインタビュー大丈夫？　いい話ぜんぜんないでしょ、さっき話しそうになったこともあるんだけど、さすがに僕もいろいろ学んできて、僕だけの話じゃないなっていうね、相手がいることですからっていうのはあるんですよね。

――ラーメン屋を破壊した以上の何かがある。

ギュウゾウ うん、ある！　都市伝説となって1周回って別の話になって俺のところに戻ってくる、ものすごい尾ひれがついて。

――話しても大丈夫じゃないですかね。

ギュウゾウ いやさすがに。あるバンドマンさんと大ゲンカした話とか、中国人系マフィアさんに……切られちゃったっていう話。僕のなかではたいした話ではないんですが。青春のぶつかりみたいなものなんですけど、それが傍から見てるとあまり

南部
南部虎弾。電撃ネットワークのリーダー。おでこから後頭部まで剃り上げられた髪型がとても特徴的。17年3月に持病の糖尿病が悪化し入院。緑内障や糖尿病による合併症の影響で満身創痍の状態だという。ダチョウ倶楽部の元リーダーでもあった。特技は頭くっつき男。

小柳
ダンナ小柳。電撃ネットワークのメンバー。デンマーク女王の前で割り箸一本尻割りの芸を行ったという伝説の持ち主。また、「痛みを感じない」という特異体質も持っており、過去には乳首が取れてしまったことがある。

にも衝撃的みたいなんですよ。でももう、いま仲いいし。

――そのバンドマンとは和解して。

ギュウゾウ 中国人系マフィアさんとは仲良くなってないですけど（笑）。あと僕のいいところ、すぐ忘れるんですよ。バカになってんじゃねえかっていうぐらい忘れちゃう。

――ギュウゾウさんの忘れっぷりと空気の読めなさは天才的だと思いますよ（笑）。

ギュウゾウ やめて、広めないで！ 最近、吉田豪と渡辺淳之介っていうのは誤解が多いなと思ってて。ふたりとも冷酷人間だと思ってる人が多い。吉田豪、冷酷人間、ＡＩなんじゃねえかとか、渡辺淳之介、サイコパス、冷血みたいな。じつは渡辺さんはすごく情のあるタイプで、豪ちゃんもすごく気を遣ってくれてるなと思ってるんだけど、最近はみんなが僕を空気読めない男って言い出して。

――だいぶ広まりましたね。

ギュウゾウ あれ困るんだよ〜。

――ボクの努力のおかげで（笑）。

ギュウゾウ 豪ちゃんのいいところは、5回に4回は「空気を読めない」じゃなくて「空気を読まない」って言ってくれるんだけど、世間は「空気読めないヤツ」って蔑んでくるんですよ。たしかに空気読めないんだけど。あと、あれもそうなんです、プー・ルイさんが僕につけたあだ名。「誰にでもいい顔オジサン」。それも曲解してみんなが使いだすんですよ。あれやだなー。

――『ＢＵＢＫＡ』でやったギュウゾウさんとＢｉＳの座談会のときもすごい思いましたもんね、あんなにＢｉＳのメンバーがヘコんでるのにギュウゾウさん一切気づかなくて。

ギュウゾウ ホントです、そうなんですよ。

――ちょうど目標だった武道館のライブができなくなった瞬間だったんですよ。「明日発表するはずだったことができなくなった」ってすごいヘコんでて、こっちはすぐ察して「ああ」って言ったらギュウゾウさんまったく気づかず、無邪気にはしゃぎまくってて。

ギュウゾウ 次の日に大きなフリーライブがあって、僕らのなかではそのフリーライブをどれだけ楽しくするのかってことに夢中で。

――「大きな発表ができなくなって」みたいなことは一切気にならなかった（笑）。

ギュウゾウ それを当日その現場に行って知るわけですよ。ガチヘコみして泣いてたりして、そこでハッと気がついて、このインタビュー使えないんじゃねえかと思って、豪ちゃんに「申し訳ない！ はしゃぎすぎました、反省してます」ってメッセージを送って。

――「とんでもないことをしてしまった！」「返事は無用です！」って文面で（笑）。

ギュウゾウ 僕の自己嫌悪モードです。豪ちゃんごめんね、今日もいい話ぜんぜんできなくて。

デリヘルは楽しかった

浅野いにお

2012年12月収録

漫画家。1980年生まれ。茨城県出身。1998年、『ビッグコミックスピリッツ増刊Manpuku!』（小学館）掲載の「菊池それはちょっとやりすぎだ!!」でデビュー。2017年の『零落』（小学館）は初めて漫画家を主題にした作品で、設定がリアルすぎると話題になる。その他の代表作に、『おやすみプンプン』『デッドデッドデーモンズデデデデデストラクション』（ともに小学館）など。

——浅野いにお先生、二度目の登場です！　前回は、「いにお先生は敵か味方か」っていうことをテーマで取材に来て、とりあえず敵ではないという認識になったわけですけど。

浅野　それで再取材って、小学館の謝恩会での話がよっぽど気に入ったのかなと思って。

——そうなんですよ。かなり衝撃的な告白を聞いたんで、どこまでの決意なのか聞けたらおもしろいし、そのワンテーマでどこまで膨らむかの実験をしてみようかと思いました。

浅野　そうそう。前回の取材のとき、僕がたしか「付き合ってる彼女の顔があんまり好みじゃない」みたいなことを言ったんですよ。

——それでたいへんな問題になったらしいっていう噂は聞きましたよ、その彼女から（笑）。

浅野　はい。非常に揉めてしまいまして。

——別れる別れないの話に発展したとか。

浅野　そうなんですよ。まあ、それでも結局その人と結婚したわけなんですけど……。

——おめでとうございます！

浅野　あれからインタビューであんまり言いたい放題言うと……当たり前ですけど、多少気遣いをしないといけないんだなって。でも思ってることは言わないと気持ち悪いから、それから基本的にずっと仲が悪いんですよ。

——えぇーっ！　結婚したのに？

浅野　会話がホントになくなりました。

——思ってることを言っちゃうからですか？

浅野　普段から言ってたんですけど。たとえばテレビを観ててかわいい女優とか出ると、ずっと「かわいい」って言ってたんですよ。そういうのを言うのもやめろとか、こっちを気遣えっていうことを言われて。気持ちはわかるから言わないようにするけど、言わないようにするためには、思ったら言っちゃうから、思わないようにしなきゃいけないと思って。

——さすがにそれは無理ですよね？

浅野　でも、かなり何も思わなくなりました。

——無心になれるようになったんですか？

浅野　テレビを観てても、一般的に美人だなとは思いますけど、ぜんぜんべつに関係ないからな、みたいな。その域にはなれましたね。

——思っても何も言わないっていうことはできると思うんですけど、そうじゃなくて。

浅野　思わないようになりましたね。だから、すごい淡泊な人生になりました。こないだの小学館の謝恩会で話したことも、それが発展していったことなんです。僕、あるときから、はるな愛に不思議な感情を抱いてて。

——どういうことなんですか、それ（笑）。

浅野　なんかね、嫉妬心に近い。

——嫉妬？

浅野　嫉妬っていうか、うらやましい。

——それが、いにお先生のベースに女装願望があるっていうことにつながるわけですね。中学時代に女装はしていたし、いまでも女装したいんだけど、似合わないからできない。だから女子高生になってオッサンにスカートの中を覗かれたりする妄想はするっていう。

浅野　そう。はるな愛さんっていうのは女装の資質があった。それに好感を持ってる反面、嫉妬っていうか、もちろんいろん

二度目の登場
前回の浅野いにおインタビューは、『人間コク宝まんが道』に収録。

な努力があってああなってるんでしょうけど、結果的にうらやましい。そういう話を奥さんにしてて。

――……会話が減ったのに、はるな愛さんに嫉妬してる話だけしてたらダメじゃないですか！

浅野 でも、思っちゃったから（あっさりと）。基本、無言なんですけど。もしかしたらニューハーフとかそういう感じの人と付き合いたいって俺は思ってるかもしれないって話をしたんですよ。そしたら彼女も「男だったら付き合ってもいいよ」って言うんで。

――なるほど。女との浮気は許せないけど、男だったら完全に別ものだから許す、と。

浅野 そうなんですよ。そこから自分はそっちにいけるのかどうかっていうのをまじめに考えるようになりました（あっさりと）。

――ダハハハハ！　最近、『おやすみプンプン』を読んでたら、「仮に奴がタイで性転換してムチムチボインになって帰ってきても驚きませんね」みたいなセリフが出てきて、ハッと思ったんですよ。謝恩会のあとだったから、電波を出してると思って読んでました。

浅野 最近はそんな感じになってて。

――要は、謝恩会で花沢健吾先生とかと飲んでるときに、いにお先生が真顔で突然「性転換したいんですよ」って言い出した、と。

浅野 あのときは、花沢さんもしかしたらわかってくれるかなと思ってたんですけど。

――ぜんぜん違いましたよね。花沢先生は包茎手術をしたいって言ってて、それと花沢夫人に豊胸手術をさせたいって言ってて。やっぱり変態度のレベルが違うと思うんですよ。花沢先生は等身大の童貞イズムなんですけど、こじらせのレベルはいにお先生が上なんだろうなって。

浅野 そうですね。やっぱり、この男性性っていうのにちょっと飽きてきてるというか。

――飽きるほどに何かしたんですか（笑）。

浅野 何もしてないんですけどね。でも元から男らしさみたいなものにあこがれがないんで。

――そうですよね、ヤンキーの恐怖から、男性的じゃないジャンルに行った側としては。

浅野 そうなんですよ。男性にこだわる必要もないわけで。いまロングスカートとか穿く男の人もいるけど、あれは正直ちょっと気持ち悪いから自分もできないんですよね。

――似合えばやりたいけど。

浅野 やりたいけど（笑）。似合えばやってます（キッパリ）。だから僕、身長があと10センチ低かったら、10代のときにいろいろ決意してそっち側の道に行ったような気がするんですよね。あとは顔つきというかね。だから童顔の男の人とか、丸顔の男の人とか見てもなんかザワザワするっていうか……。

――「いいな、女装が似合って」と（笑）。

浅野 かわいい顔してんなあとか。

――いにお先生がそういう視点で同性をうらやましがってるとは誰も気づいてないです！

浅野 そうですよね。こないだ古屋兎丸さんに会ったんですけど、あの人も童顔じゃないですか。かわいいなと思って（あっさりと）。決して僕はゲイというわけではなくて、あくまでうらやましいということなんですけど。女装が許される男性って

『おやすみプンプン』
浅野いにおによる漫画。普通の少年「プンプン」が自らの人生に起こったイベントを通して、成長や葛藤する姿を描いた作品。07年から『週刊ヤングサンデー』（小学館）、その後、08年から13年まで『ビッグコミックスピリッツ』（同）に連載された。

古屋兎丸
漫画家。94年、『月刊漫画ガロ』（青林堂）掲載の『Ｐａｌｅｐｏｌｉ』でデビュー。高い画力と、ブラックユーモアのある作風が特徴。代表作に『ライチ☆光クラブ』『帝一の國』など。

いうものに対する羨望というのが、どうしてもあるんですよ。

――女装して何したいっていうわけでもないんですよね、まず女装がしたいっていう。

浅野 最終的には女性になりたいんです。

――あ、性転換したいんですか（笑）。

浅野 はい。女性になって包容力のある男の人に守られたいなっていう（あっさりと）。

――ダハハハハ！　具体的には誰ですか？

浅野 僕、昔から「好きな男性タレントいますか？」って言われたとき、自分がこうなりたい男性タレントを選ぶべきなのか、自分が付き合いたい男性タレントを選ぶべきなのかがちょっとわからなくて。自分はこういう身なりだから、まっとうにあこがれるんだったら……わりと僕は中肉でヒゲとか生えてて熊っぽい人になれればいいなとか思って。

――それカミングアウトに近いですよ！

浅野 それは自分が男であるんだったら、もしもなるんだったらそういうラインのほうがいいなってことで。これはないものねだりなんですけど。やっぱり付き合うとかって考えるんだったら、加瀬亮みたいな感じがいい。

――急に女の子みたいになってますけど。

浅野 シュッとした人のほうがいいなって。

――そういうことを普段考えている、と。

浅野 最近考えてます。そういうふうにハッキリと言語化できるようになったのが最近なんで、着地点がどこなのかよくわからない。

――自分でも何がなんだかわからないまま。

浅野 どうしたいんだろうと思って。

――でも、結婚することである程度真っ当な人生を送る決意をしたわけじゃないですか。

浅野 ……まあそうなんですけど。ホントに僕いい加減な感じの結婚しちゃったんで。

――ケンカしていたから慰めるために「とりあえず結婚しよう」みたいなことですか？

浅野 いや、あっちに「仕事の都合がいいから結婚してくれ」って言われて、僕も「べつにいいよ」って。ただ僕、向こうの親への挨拶とかが嫌だから、一切してないんですよ。

――えっ！　そういうことって嫌だからって理由だけでしなくていいものなんですか？

浅野 そういうのをOKしてくれる奥さんだから結婚したわけなんですけど。結局、あっちの父親には会ってなくて。たぶん僕の本名も知らないんですよね。僕も名前も知らないし、顔も知らないんですよ。でも円満にやってます。べつに嫌い合ってるわけじゃなくて、お互いにまあいいか、みたいな感じで。

――向こうはまあいいやと思ってはいないと思いますよ。もっと近寄りたいはずだろうし。

浅野 いや、向こうもいいらしいんですよ。あっちの父親ももともと親戚付き合いとか苦手だから、ちょうどいいらしくて。僕もそれに甘えてる感じなんです。それに僕、結婚する前は浮気願望があるとか言っちゃうし。

――ああ、思ったことを口にしちゃいますからね。

浅野 実際にやるかやらないかは別として、願望はあるし、しないとは限らないから言っちゃうんですよ。「絶対にしない」って言ったら嘘じゃないですか。だから入籍したときも僕の第一声が、「浮気を頑張るよ」って。

――え！　そこを頑張っちゃダメですよ！

浅野　するかしないかは別として。頑張るって言うとおかしいかもしれないですけど。

――間違いなくおかしいですよ（笑）。

浅野　最低ですね（笑）。さすがにあっちも、「そんなこと言われても」みたいなことを言ってて。それも亀裂のひとつですね。

――当たり前です！

浅野　それをあえて言うっていうことが、僕は浮気をしないっていう自信なのかなって。

――なるほど、「頑張ってもできないだろうから、実際」っていうのがあるわけですね。

浅野　そう。所詮できないから、これぐらいの願望は持たせてくれよ、みたいな感じで。

――それは伝わりづらいですよ！

浅野　それぐらい結婚みたいなものにあこがれてなくて。やっぱり恥ずかしいんですよ、結婚とか。結局、結婚式もしてないし。最大限の照れ隠しとしてそれを言ったんですけど。

――間違った照れ隠しです！　付き合いの長い奥さんでもショックだったと思いますよ。

浅野　でも、もとをたどればいまの奥さんと付き合いだしたとき、「私は浮気とかされてもべつに構わない」とか言ってたんですよ。そういう子だから付き合えるかもと思って付き合ったのに、いざ僕がそういうことを言うと唖然としたり、意外とふつうの女の人の対応するから。

――みんなたぶんそうなんだと思います。

浅野　でも、言ったことは守れと思うし、できないことは言うなってずっと思ってて。

――それが女心ってヤツなんだろうし、せっかく結婚したんだから仲良くしましょうよ！

浅野　そうなんですけどね。それ以外の価値観的なものは、どこにも疑いようのない相性のよさはあると思うから、だからこそ続いてはいると思うんですけど、たまに向こうの女っぽさみたいな部分で非常に腹が立って。

――今回のインタビューも、相当気をつけないとまた奥さんとガチ揉めしそうですよね。

浅野　今回は、この取材を受けることはもう言ってあるんで、「読むんならそれぐらいの覚悟をして読め」って帰ったら言います。

――そのレベル！

浅野　僕は彼女がどこで誰と遊んでようが聞かないのに、ウチの奥さんは過干渉で、僕に対する所有欲みたいなものが異常に強いんですよ。普段ほとんど僕は家にいるのに。

――たぶん客観的に見てモテるはずだし、その気になったらそっちにいけるタイプだっていうことへの危機感があると思うんですよ。その気になかなかなれない人だから何も起きてないけど、そこで「浮気を頑張る」って言われたら、そりゃ心配になるわけですよね。

浅野　最初は「浮気ぐらいべつに。最終的に戻ってくればいいよ」とか言ってたから、僕もその気だったんですよ（あっさりと）。

――その気にならないでくださいよ！　それで、浮気できないなら、同性だったらいいのかなって考え始めたってことなんですか？

浅野　そうですね。でも、自分と男がどうこうしてるのはビジユアル的に気持ち悪くて。

――それは自分がかわいい女の子になっていれば、素晴らしい光景にもなるだろうけど。

浅野 それでいろいろ調べていって。女性ホルモンを打てば徐々に肉体が丸みを帯びていくみたいなのを見て、いい変化があるんじゃないかなと思うようになってきて。それでこないだ花沢さんに「一緒に女性ホルモン打ちませんか？」って言ってみたんですけど。

――「いいですね、一緒に打ちましょう！」とは、なかなかならないですよね（笑）。

浅野 花沢さんは髪が薄くなってるのを気にしてるみたいだから、それも解消されるようなんで。

――女性ホルモンで増えるらしいですね。

浅野 そうなんですよ。増毛の薬自体は僕も花沢さんも同じ薬を飲んでます。あれは、まず男性ホルモンを抑えるものなんですよ。

――それとここ最近の心境の変化が重なってる可能性もありますよね。男性ホルモンが抑えられたことで性転換の欲が高まってきて。

浅野 やっぱりふたつ理由があると決断しやすいですよね。女性ホルモンで頭もハゲなければ女性的にもなれるっていうんだったら。

――一石二鳥ですね（笑）。

浅野 だからいいかな（あっさりと）。

――ダハハハハ！　いいのかなあ（笑）。

浅野 ただ、そういうホルモン治療とかすると、結果的に性欲がなくなるっていうことがあるから、それは本末転倒な気がしちゃって。性欲がなくて、男とも女ともつかない自分の体ってどうしたらいいかわからない。

――……というような話を謝恩会で聞いたわけですけど、とても謝恩会で出る話題じゃないので、何を言い出してるんだっていう。

浅野 そうなんですけど、こういう話でも花沢さんだったら笑ってくれるかなと思って。

――隣で、いにお先生の女性アシスタントが絶句してましたよ。初耳だったみたいで。

浅野 普段はこんな話アシスタントにはしないですからね。してもしょうがないし。

――性転換したいって奥さんに言いました？

浅野 一応言ってみましたね。

――なんて言ってました？

浅野 「チンチンを切り取ったらストラップにするからくれ」って言われました。

――阿佐ヶ谷ロフトで食べさせましょうよ。浅野いにおのチンコを食べる会で（笑）。

浅野 花沢さんも食べるかどうかで悩んでましたからね。「浅野いにおが入ってくるならいいか」って最終的に言ってましたけど。

――浅野いにお成分が入って浅野いにお的な才能も得られるんなら食べるって話してましたね。「いにお君とヤレるかどうか」みたいなことをまじめに考えて、花沢夫人も「浅野さんなら許します」って許可を出してて。

浅野 僕がホントにきれいに女性化が成功したら、花沢さんと付き合ってもいいですよ。

――それは作家として尊敬してるからなんですか？　それとも人として好きだから？

浅野　まあ、なんかかわいらしい人ですよね、性格的に歪んではいますけど。実際付き合ったら面倒くさいかもしれないけど。最近はそういうふうに、男の人も……いや、違うな、恋愛対象で見てるわけではないんですけどね。

受け側になるのが理想

――あと謝恩会のときに印象的だったのが、性転換したいっていうのが何か自分に負荷をかけたい的な意味もあるっていうことで。

浅野　ああ、コンプレックスみたいなものはなかなか消えるもんじゃないですけど、うまくいけばそういうのは薄れていくわけで。

――収入によって消えるって話でしたね。

浅野　そう、収入によってだいぶね。

――ルサンチマンはなくなったっていう。

浅野　プレッシャーもなくなってきて。ただ、いまも連載はしてますけど、モチベーションがイマイチ上がらないっていうか。

――もともとルサンチマンでやってきた人が、ルサンチマンが徐々になくなったときにモチベーションをどう保つのかっていう。

浅野　そうなんですよね。やっぱりどう頑張っても実現不可能な目標みたいなものを新たに立てないといけなくて。意外と目標を立てると叶っちゃうので。無理のない目標を立てるから。たとえば初版３００万部とかは無理ですけど、1巻が10万部超えれば成功みたいな、具体性のあるラインなので。

――ヴィレッジヴァンガードで推されるとか、そういう計算でやってますからね。

浅野　そうなんですよ。そこは超えて成功といえば成功みたいになると、もっとどうしようもない……できれば性的なコンプレックスみたいなのがほしいなって。花沢さんとか見てると、一生自分はああはなれないなと思って。あと最近の売れてる漫画とか見てると、なんだかんだでベースがＢＬものだったりすることが多いと思って。表立ってＢＬではないけども仲いい男みたいな。それを描いてる人は何かしら倒錯した感覚を持ってるんだろう、と。自分はそういう倒錯したものが、いままであんまり表立ってなかったから。

――女装癖がベースにあるぐらいで。

浅野　そう。でも、あんまり女装癖っておもしろくないんですよ。自己完結しすぎっていうか、外に求めていかないから。自分がどうなるかっていうナルシストの感じになっちゃって。だからゲイ的なものというか、ＢＬみたいなものを僕が描くのはどうかと思って。

――基本、等身大というか作品でも嘘つけない人じゃないですか。たぶんＢＬ的なものを描くには、それに近いような感性にならなければいけないっていう思いはありますよね。

浅野　そうそう。僕は女性じゃないから、ＢＬが好きなだけじゃなくて、そのＢＬの渦中に入らなきゃいけない（あっさりと）。

――そこに飛び込まなきゃいけない（笑）。

浅野　それはイケそうな気がするんですよ。

――漫画家さんの中ではイケそうなタイプですよ。原克玄先生とＢＬやればいいじゃないですか（笑）。原克玄先生、イケ

原克玄
漫画家。シュールなギャグが得意。代表作に『みんな生きてる』『かばやし』など。15年からは、『ミラクルジャンプ』（集英社）にて『恋のはじまりはレモン色』を連載。

メンだし。

浅野 いや、原君ちょっとちっちゃいからなあ。やっぱり僕は受け側になるのが理想なんですよね。だからたくましい……(急に冷静になって)たくましいヤツも気持ち悪いか。やっぱり加瀬亮みたいなタイプがね……。

——ダハハハハ! やっぱりそっち(笑)。

浅野 一時期、神木隆之介がすげえかわいいと思ってて。その場合は完全に僕が男なんですね。そういう場合もあるし。最近だと向井理を見てても、ちょっと付き合いたいなって。

——完全に感性が女の子ですよ(笑)。

浅野 そうなんですよ。下北にいそうな女の子が好きそうな男の子。非常によくわかる。

——下北の女の子になりたいんですかね。

浅野 下北の女の子……いいですねえ。

——ダハハハハ! この妄想が実際に動き出したら漫画界に衝撃が走ると思うんですよ。

浅野 そうかもしれないですけど、べつに自分のファンはそれを求めてないですよね。

——まったく求めてないですよ。みんな絶句しますね。何やってんだっていう(笑)。

浅野 最近ホントに退屈なんですよ。

——何か波乱を起こしたい感じなんですね。

浅野 そう、さっき言った目標に関しても、前回豪さんに取材されたときはツイッターもやってなかったですけど、そのあとに始めて。最初は花沢さんのフォロワー数を抜かしてやろうっていうモチベーションでやってて。で、抜いたんですけど、『情熱大陸』に出たときに急に1万人ぐらい増えちゃって。

——そうなんですか!

浅野 たぶん豪さんも今日増えますよ(この日は『情熱大陸』吉田豪編オンエア当日)。ほとんど僕のことを知らないであろう人が1万人増えるんですよ。そのときに何を言っていいかわからないじゃないですか。そこからまたツイッター上人格みたいなものが新しくできて。それもまたこなれていくわけで。そのあともジリジリ増えていって、最近やっと江口(寿史)さんを超えたんですよ。

——ああ、マンガ背景論争で去年ぐらいにちょっとした因縁があった江口さんを!

浅野 もうちょっとで江口さんを超えそうだっていうときに、普段あんまりやらないんですけど、かわいい女の子を描けばフォロワーが増えるかなと思って、わざわざ描いて。

——そんなあざといことやったんですか!

浅野 それで一気に抜いてやれ、みたいな。実際抜いたんですけど。あとはみんな追いつかないぐらい多いんですよ。6万ちょいぐらいで、羽海野チカさんとかは10何万とかいるから、もう絶対に追いつかないと諦めたので、ひとまず達成しちゃったんですよ。だからやることがないっていうか、精神的に退屈で。

——目標が次々クリアされてきたから。

浅野 そうですね。でもここ1~2年、ツイッターがなんだかんだ楽しいんですけど。

——自分の名前で検索はするタイプですか? 昔は2ちゃんをチェックしてましたけど。

浅野 2ちゃんだけだったんですよ。それも毎日ってわけじゃなくて。それまでエロサイトとかも一切見なかったんですけど、30歳を越えてからは急にもういいかと思って。エロサイトも見

羽海野チカ
サンリオに勤務後、独立してフリーとして活動。00年に、『ハチミツとクローバー』で漫画家デビュー。同作品は05年にアニメ化、06年に映画化、08年にはドラマ化され大ヒット。その他の代表作に、高校生棋士を主人公にした『3月のライオン』など。

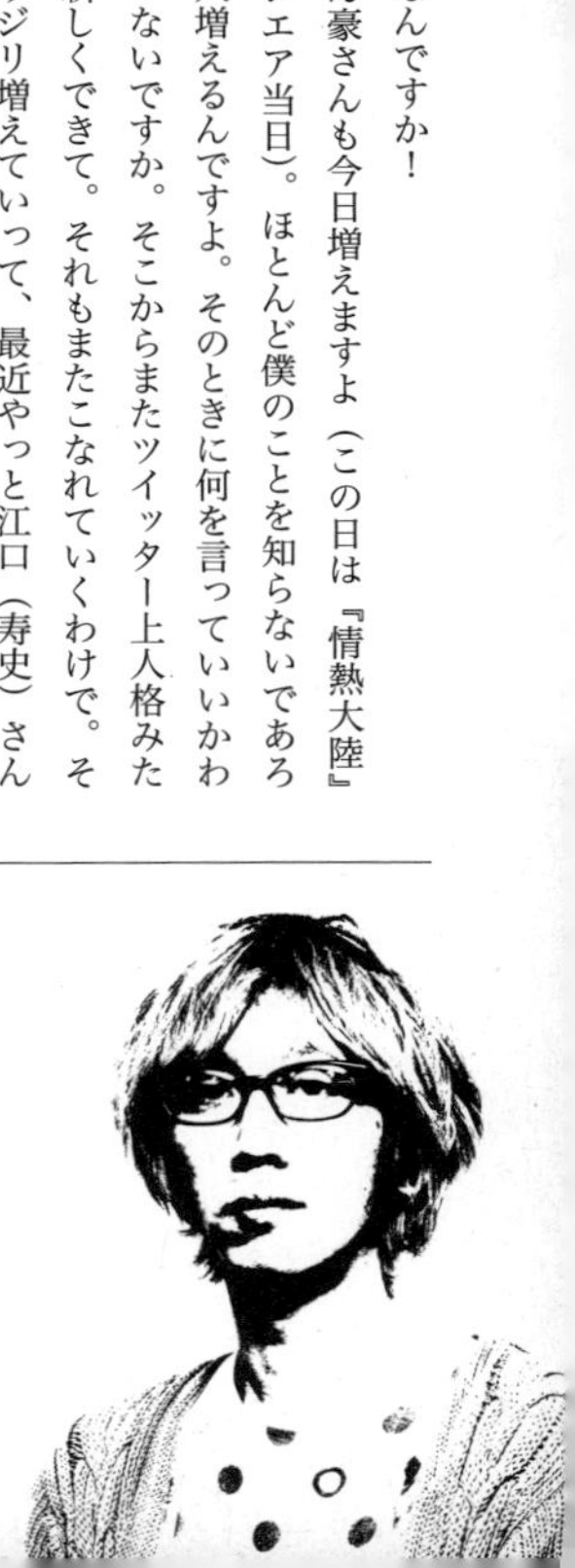

るし、2ちゃんのまとめサイトもすっげえ見るようになって。たぶん、いまはもう1日8時間ぐらい見てるんですよ。

――見すぎですよ！

浅野　常に机にいますから。最近、豪さんが『情熱大陸』のサイトで「B級アイドルから政治家まで取材してる」って書かれてとばっちり受けてる感じ（道重さゆみインタビューの映像も使われていたから、「ハロプロをB級アイドル呼ばわりするのか！」とハロヲタに怒られる）とか、ひと通り全部見てるんですけど（笑）。それをきっかけにツイッターも始めて、いわゆるエゴサーチっていうヤツを始めて、たぶんここ1年半すべて見てますよ、リアルタイム検索で。まあ、あれも見てりゃある程度慣れてくるんですけど。

――批判慣れは2ちゃんで相当してるわけだし、ツイッターならそこまで批判もされないんじゃないですか？

浅野　そうなんですけど、ツイッターのある意味ごくごく一般的な感性を持った人たちが俺を嫌ってるって、それはまたショックなんですよね。普段はごく一般的なふつうのいい人なんだろうけど、そんな人間が俺を嫌うなんて、俺なんか悪いことした？　と思って。

――ダハハハハ！　たしかに、そっちのほうが怖いかもしれないですね。2ちゃん的な悪意なら、まだそういうものとして捉えられるけど。

浅野　そうそうそう。人を嫌うのもひとつの美徳というか、そういうのが2ちゃんねるにはあるから、まだそういう納得の仕方もできるんだけど。普段はニコニコしてるような……。

――アンチが作った別アカウントとかではなくて、ふつうの人が自分を嫌ってるっていう。

浅野　そうなんですよ。だから、あまりにもひどいこと言ってる人は、その人のツイッターを見て。その前後が下ネタばっかりとか、ずっと悪口ばっかりだったら、こいつは嫌なヤツだって思えばいいんですけど、大体はふつうにニコニコと友達とかとやり取りしてるっていうのを見て、それでも「浅野いにお死ね」って言うんだなって。俺、こんな人に死ねって思われて、立場ないなと思って。

――なんなんですかね。でも、嫌われるっていうか仮想的にしやすい対象なのは、モテそうなビジュアルと作風のせいですよね。

浅野　昔はそういうイメージだったんですけど、最近描いてる『おやすみプンプン』っていう連載がわりとエグい話になってきたから、たぶんまっとうな素直な人生を歩んできた人的には、こんなエグい話を見せてくれるなって感じで怒りを持つらしいんですよ。

――あ、最近はそういう反発も出てきたんですか。

浅野　はい。まあ、そう言われたらたしかにそうなんで、すみませんとしか言いようがないというか。僕もべつに読めって強要してるわけじゃないんだけど。『スピリッツ』で『あさひなぐ』とかを読みたいのに、気持ち悪い漫画が入ってて不愉快みたいなことを言われると、わかるんだけどショック……死ねとか言わなくてもいいんじゃないかなって。

――それはいにお先生だからですよね。『闇金ウシジマくん』がエグいからって「真鍋昌平死ね」にはならないわけじゃないですか。

浅野　とはいえ、ツイッターはかなり楽しくて。もともと寂しいからっていうのもあったんですけど、純粋に返事が来るとう

『あさひなぐ』
こざき亜衣による日本の漫画。薙刀（なぎなた）をテーマにした作品で、高校の薙刀部で奮闘する女子高生の姿を描く。17年には乃木坂46のメンバーが主演で、映画化&舞台化。『ビッグコミックスピリッツ』（小学館）にて11年より連載中。

『闇金ウシジマくん』
真鍋昌平による漫画。丑嶋馨が経営する、10日で5割の超暴利な闇金融「カウカウファイナンス」を舞台に、債務者の心情や社会の闇をリアルに描いた作品。『ビッグコミックスピリッツ』（小学館）にて04年から不定期連載中。

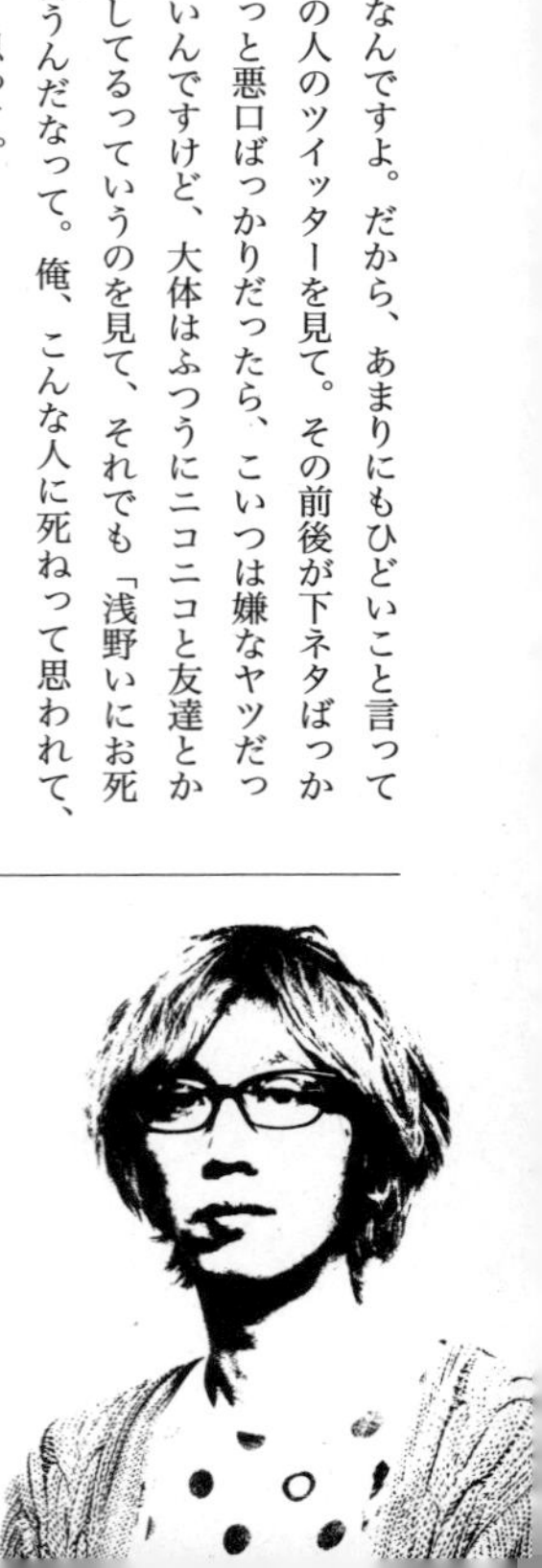

れしいですよね。ずっとひとりで仕事やってるわけだし。僕もわりと返すときは返すんですよ。結局なんか女の子ばっかりに返してて。文面がかわいい子に返したくなるんですよね。

――それは下心的なものではなく、女の子へのあこがれがベースにあるわけなんですか？

浅野 はい。女の子とキャッキャしたい。

――ダハハハ！　なるほど（笑）。

浅野 男はなんか、図々しいヤツは図々しいし、うるせえよおまえって思うときもあるんですよ。女の子は☆とかつけちゃって、かわいらしいし。僕もその感じで返して。僕、アイコンをかわいくしてるから、ふたりでキャッキャしてる感じが……まあ、実際の俺が出てったらまたちょっと違うんでしょうけど、そういう仮想のアイコン上でのキャッキャウフフが楽しくて（笑）。基本、ソフトセクハラですよね。

――なるほど。ただ、ツイッターだと花沢先生とかの下ネタがキツすぎるつぶやきの前例があるからあまりひどく見えないんですよね。

浅野 そうなんですよね、あそこまでいくと引かれるだろうし。僕の場合はそれでもシャレて見えるのかわからないですけど、きわどいラインを狙って。基本下ネタだけど、女の子もウフフって言える程度に抑えてやり取りして……セクハラっちゃセクハラですけど。

――あれは女子会的な感覚だったんですね。

浅野 そうですね。女子会に自分が混ざっていって、自分も同じような気持ちになって。

――女装が似合わないという自負があるいにお先生も、ツイッター上だとそれができて。

浅野 そう、アイコンですから。あそこで俺の写真だったら、ツイッター上の人格って変わるじゃないですか。それもフォロワー数が伸びていって、たとえばよくリプライをくれる子と相互フォローしたら、ダイレクトメールができて。そこでメールのやり取りとかして、実際に会うとか、たぶんできますよね。

――できますね。

浅野 でも、そこまでの勇気はなかなかなくて。まだ自分が独身だったら、もうちょっと積極的だったかもしれないですけど……。

――浮気を頑張る宣言はしたけれど。

浅野 1回よくリプライくれる子に、「どうしても伝えたいことがあるんで1回フォローしてもらえませんか？」って言われて、相互フォローして。僕のファンって結構悩みを抱えてる人が多いから、深刻な相談でもされるのかと思ったら、「いま新宿で飲み会やってるんで来ませんか？」ってメールで。

――ダハハハ！　ちょっとフランクすぎますけど、行けばいいじゃないですか（笑）。

浅野 一瞬行こうかなと思ったんですけど。ここまでふつうに誘われると、俺もいいかなと思って。忙しかったんで行きませんでしたけど、暇だったら行ってました。でも、やっぱりこの1年間ぐらいで心境の変化はありましたよ。いまの連載がわりと佳境で、もう終わりも見えてる感じなんで、そろそろ次のこと考えなきゃなと思ったときに、いままでは自分の周りの狭い話ばっかり描いてたんで、もうホントに描くことないんですよね。だからもうちょっと広げていかなきゃいけないんだけど、やっぱりホントに興味あることじゃないと、無理があって。それで一番自分が食い入るように見たのが性転換うんぬんの記事だったんですよ。

――いろいろ調べた結果、そこだった。

浅野 そうなんですよ。だから、いままで一度も取材したことないんですけど、『ウシジマくん』の真鍋さんに頼んで女装男子の取材は取りつけてもらったんですよ。とりあえず会って、今後はゲイの人に会ってみたり、性同一性障害の人に会ってみたりしてみて、自分がどこに当てはまるのかっていうのを判断しないと。

――これから自分探しが始まるわけですね（笑）。

浅野 やっぱり性同一性障害の人っていうのは、本人はすごいたいへんなんでしょうけど、ちょっとうらやましいっていうか。ネットで自分が性同一性障害かチェックできるサイトがあって、やったら僕は違ったんですよね。なんかね……負けた気がするんですよ。これじゃ俺ただの変態じゃねえか、みたいな。

――ダハハハハ！　いいじゃないですか、変態でも（笑）。もうちょっと悲劇性がほしいんですかね。

浅野 そう。変態だと誰からも同情されないじゃないですか。そこがちょっとつらくて。

――これは次回作がそっち方面の願望を描いた作品になる可能性が出てきたわけですね。

浅野 そうですね。結構具体的に考えてますね。いまいくつか候補があって、ひとつはそういうのはぜんぜん無関係な、売れそうなSF的なアイデアと、ゲイっぽいBL的なのがあって、いまちょっと迷ってるんですけど。でもいまは圧倒的にBLのほうが興味があって。

――SF的なことを調べるよりは、そっちを調べるほうがワクワクするわけですよね。

浅野 だからSFをやろうと思ったとき、タイムスリップものとかやってみようかなと思ったんですけど、まったく興味なくて（あっさりと）。どうでもいいよ、そんなの。絶対ありえないんだから関係ねえわと思って。

――ダハハハハ！　まあ、それを言っちゃったら終わりですけど、そうですよね（笑）。

浅野 元も子もないんですけど。起きないことをなに頑張って考えてんだと思ったら嫌んなっちゃって。それならBLのほうがおもしろいって思っちゃうんですよね。頑張れば自分がそれになれる可能性もあるのがいいですよ。タイムスリップはできないですからね。

デリヘルに行ってみた！

――しかし、奥さんは心配だと思いますよ。どんどんそっち方面にまい進していく旦那を見て。浮気よりはマシかっていうぐらいで。

浅野 それは奥さんに問題があるっていうかね。僕に自由度を与えなかったのがよくない。「女の子の話をするな」って僕に言うから、内に内に抱えていっちゃったわけじゃないですか。それが結果的に、男を好きになったほうが得、みたいな。そういうすり替えが起きて、そしたら僕が、どんどんそれに本気になっていってしまったわけじゃないですか。

――ダハハハハ！　ちょうど増毛の薬を飲んだこともあって、男性ホルモンが抑えられ。

浅野 そうそう。でもそのハゲ薬、何パーセントかの人はインポになるらしいんですよ。だから処方箋が必要なんですけど、

インポになるんだったらなってもいいかと思ったり。

——インポになるんだったら性転換したほうがまだいいんじゃないかと思いますけどね。

浅野 とにかく現状に不満があるんですよね。このままの自分でいるのは嫌だっていう。実際、現実で面と向かってモテるっていう経験は相変わらずないんですけど……。

——ツイッターモテはあるじゃないですか。

浅野 ツイッターモテはあります。「結婚して」だの、「付き合って」だの、エゴサーチしてても「好みだ」みたいなことが描いてあるわけですよ。でも、そこで言われても、べつにセックスできるわけじゃないし（笑）。仮に目の前にいて「好きです」って言われても、「漫画家としてはカッコいい」と思ってんだろうな、みたいなところがあって。べつにセックスさせてくれるわけじゃないから。

——ダハハハハ！　そこで頑張ったらセックスさせてくれるかもしれないですけど、「浮気を頑張ります」的なガッツがないですよね。

浅野 頑張っても……いや、「ファンです」みたいなキラキラしたのも、なんか気持ち悪いっていうか。できればまず最初に「セックスできます」って僕に宣言してほしい。「セックスＯＫです」ってまず最初に言ってくれないと、僕もちょっと心を開けないですね。

——まずそこをハッキリしてくれ、と（笑）。

浅野 そう。ハッキリしてくれないと。僕も基本的には人に心開けないタイプだから。仲いい女の子って全員付き合ってるんですよね。やっぱりセックスをしないと何もしゃべれないんですよ。趣味の話とか苦手だから。

——セックスしないと話せないんですか！

浅野 それちょっと語弊がありますけど……。

——対異性の場合はそうだ、と。

浅野 異性の場合は。でも、男性もどっかずっと溝は残るわけだから、ホントはセックスできるんだったら、もっと時間かけないで仲良くなれるんじゃないかと思うんですよ。

——酒を飲んで距離を縮めたりの過程もなく、一気に懐に飛び込めるんじゃないかってう。

浅野 そうそう。おそらく僕はお酒を飲めないから、その代わりとして性的な交わりがあったほうが円滑なんですよ。でも、なかなか浮気ができないから、仲いい人が増えない。ホントはみんなと仲良くしたいんですよ。でも、胸の内で何を考えてるかわかんないから怖くて。どう思われるかもわからないし。セックスした上で嫌われるってことはまずないじゃないですか、いろいろわかってるし。ホントはもっと近づきたいっていうか、男も。

——みんなとセックスできれば仲良くなれる。どんなユートピアなんですか（笑）。

浅野 なんとなくそういうのもわかってくれるかなって人には近づけるんですよね。だから花沢さんとかは距離が近いんですよ。わりと近づいていきたくなるんですけど。すごいまじめな人とかだと、そういうの気持ち悪いと思われそうだから、いつまで経っても距離を取って、しゃべってることも表面的な会話になってしまうし……つらいですね……。

——ダハハハハ！　そういう人ともセックスさえできれば上手くいくのになぁ、と。握手のようにセックスをしようっていう感じで（笑）。

浅野 そうなんですよ。べつにセックスなんてたいしたことじゃないじゃないですか。

――大きなものとして捉えて、みんなそれに恵まれなかったことを引きずり続けるけど。

浅野 そうそう、引きずったり、それを過剰に嫌悪したりするけど、たいしたもんじゃないですよ。しゃべってるほうがもっと……。

――たいへんなんだ、と（笑）。いま話しててふと思ったのが、前にAKBの指原莉乃さんと対談してるじゃないですか。彼女のフォローもいくらでもできそうですよね。「そんなスキャンダルで叩くとかおかしい！　たいしたもんじゃないんだから！」みたいな。

浅野 それはたしかにありますね。さっしーのあのスキャンダルとかすごいうれしくて。

――うれしかったんですか！

浅野 だってファンと付き合うなんて。

――まあ、夢のある話ですよね。

浅野 そう、夢のある話ですよ。

――しかも、アイドルから連絡してきて。

浅野 そうそうそう、いい子だなと思って。

――ダハハハハ！　なるほど（笑）。

浅野 そういう点で、AKBとかぜんぜん嫌いじゃないんですけど、俺はアイドルファンじゃないんだなと思ったんですよね。女の子のファンみたいな。だからさっしーのスキャンダルって、女の子っぽいじゃないですか。ホントうれしくて。いい話だなと思って。

――「夢をありがとう！」みたいな。

浅野 そうです。あれはよかったですね。

――なかなかそう結論づけられる人は少ないですよね。ヲタとしては「なんで俺じゃないんだよ！」っていう思いはあるんだろうし。

浅野 ああ、そうか。僕の場合は自分じゃなくてもぜんぜんいいんですよ。どっちかっていうと、さっしー側にいきたいっていうか。

――「俺が指原になりたい」（笑）。

浅野 自分はアイドルだけど一般の男を好きになってしまって、しかもそいつがタレコミとかしてて。本人はつらいじゃないですか。そのとき一番美しくなると思うんですよ、女性っていうのは。ただ、そのあと「頑張ります！」とか言われると冷めるんですよね。

――ああ、それは美しくないですか。

浅野 それと前田敦子と佐藤健が撮られたとき、前田敦子に女性ファンが増えたって聞いて。前田敦子の必死さに、女の子が「頑張ってるんだな」と思ったって。そういうふうに、もうちょっとみんな人生の色っぽさみたいなものをわかってくれたらいいなと思うんですけどね。付き合ったり別れたりっていうのは一番おもしろいわけじゃないですか。

――ボクもAKBのメンバーはスキャンダルによって好きになれるんですよね。指原も前田敦子も高橋みなみも秋元才加も、みんな。

浅野 弱点を持つと急によく見えますよね。

――だから、いにお先生も何か弱点みたいなものを作りたくなったわけですよね。

浅野 結局、同情してほしいんでしょうね。

——そういうことなんですか！　みんな死ね死ね言うけど同情してよってことですかね。

浅野　そうなんですよ。そんな強い人間じゃないんです、ホントに。弱い人間なんです。これ記事じゃ使えないかもしれないですけど、ちょっと前に初めてデリヘルに行ってみて。自分の中ではすごい進歩だったんですよ。

——風俗とかはぜんぜん経験なかったんですか？

浅野　キャバクラも行ったことないです。

——また腹を括りましたね（笑）。

浅野　急にね、今日は帰れないと思って。

——自分を変えなきゃと思って。

浅野　吉祥寺のラブホテルに入って、すぐ電話して。10分後に来て。それなりにかわいい子で、すごい楽しかったんですよ。それで結局、2週間で3回行きましたからね。

——うわっ！　完全に目覚めましたね！

浅野　経験に幅を持たせないと、あまりにも最初にいい思いしたから、地雷みたいなのも見ないとずっといい思い出になっちゃうじゃないですか。だから2回目でちょっと残念だな、みたいになって。それを取り戻すために3回目に行ったらまたかわいい子が来て。基本、デリヘルは楽しかったなって感じになってしまって。

——逆効果でしたね（笑）。

浅野　もちろん行為自体は楽しいんですけど、僕はいつもだったら自分は漫画家として振舞ってるわけじゃないですか。でもそこでは漫画家とは言わないんで、いろいろ自分を作って。僕、名前は深沢さんってことになってるんですけど、深沢さんはイラストレーターで、ウェブのちょっとしたイラストを描いてるみたいなことを言って。

——一応、現実の延長線上にはするわけですね。「私も絵とか好きなの」とか言われないですか？

浅野　吉祥寺って土地柄のせいか、ちょっとそっち寄りの子が多いんですよ。で、僕は「30越えてるけどちょっと若作りしちゃってて」みたいなキャラを作って。その吉祥寺にいそうな子たちに、自分は漫画家っていうのを抜きにしてモテるかどうかっていろいろ試してるんです。結果わりとモテた。わりと好感持たれてた感じですね。それでちょっと満足しちゃってて。頑張ればイケるのかなと思ったんですけど。

——そうですよ、頑張ればなんとかなるはずなんですよ。いままで頑張ってなかったんですよね。

浅野　それはデリヘルで、やることやるっていうのはわかってるから話せるんですよね。

——ああ、それもセックスありきで。

浅野　少なくともそれ的な展開はあるので。でも、じゃあナンパできるかって言われたら、そんな不確定な状態で僕はニコニコとは話せない。

——いにお先生おもしろいです（笑）。

浅野　でも、こないだの謝恩会のときもそうなんですけど、漫画家仲間がいつまで経ってもできないっていうか。一番仲いいのは花沢さんだと思うんですけど、1年に2～3回、謝恩会と花見ぐらいしか会わないし、普段メールのやり取りもしなくなっちゃって。

——ボクと同じ程度じゃないですか（笑）。

浅野　花沢さんとかの周りにいる人たちって若杉公徳さんとか、なんとなく同じ属性の作家っていうか。でも、自分と同じ属性の漫画家っていうのはどこにいるのかわからなくて。僕も便宜的にオシャレサブカルみたいなことを自分でも言ったりするけど、そんなシーンってホントにあるのかわからなくて。

——「俺以外に誰がいるのか」と。

浅野 そう、僕の仲間を教えてくれよって。ヴィレヴァン的な作家で気になる漫画家ってだいたい女性作家だし。

——比較的、兎丸先生は近いんですかね。

浅野 そうか、兎丸さんはそうですね。兎丸さんはちょうどひと回り違うんですけど、やっぱり一回り分先を行ってるんですよね。だから自分の道筋の先に兎丸さんがいるような気がするんです。ただ、兎丸さんは童顔ですけど、僕は違うんですよ。その身体的な差が一生埋まらないのかと思うと悲しいですね。兎丸さんは何を言ってもかわいい。そういえばこないだ兎丸さんの『ライチ☆光クラブ』が舞台になったのを観に行ったんですけど、98パーセント女の子ですからね、キャーッて感じで。

——うらやましいですか?

浅野 うらやましいです。こないだ兎丸さんと対談があったんで相談したんですよ。「僕は正直、読者にも不信感があるんで、今後もっとバカ売れするような売れ線のほうに行くか、もしくはいままで通りやるか、どっちがいいんですか?」って聞いたら、兎丸さんは「きっと周りの大人はいままでの路線を捨てて新しいことをやったほうがカッコいいみたいなこと言うけど、僕はそのままやったほうがいいと思う」みたいなことを言ってて。やっぱ兎丸さんは大人だなと思って。顔はかわいいなと思いました。

——結局、この顔いいなっていう話（笑）。

浅野 やっぱり妬まれもせず共感もされない方向に自分は行くしかないんだなと思って。

——そのゴールが性転換なんですか（笑）。

浅野 どっちでもない、みたいなとこに行くのが一番いいのかな。女性になれないのはわかってるわけだから、その中間をいくしかないのかなっていまはすごい思ってますね。

——性転換、頑張って下さい！

『ライチ☆光クラブ』
古屋兎丸による漫画。思春期の葛藤をテーマに、秘密基地「光クラブ」に集った少年たちの狂気や愚かさ、愛憎、裏切りを描いた作品。

中村勘三郎さんが生前、
「日本で初めてテレビでラップ
やったのは泰葉だよ」って

泰葉
a.k.a. ヤスハ カーゼンプール

2018年2月収録

歌手。1961年生まれ。東京都出身。初代林家三平の娘。『フライディ・チャイナタウン』でシンガーソングライターとしてデビュー。春風亭小朝と婚約した後に芸能活動を休止するが、2007年の離婚会見で復帰。2008年にハッスルでプロレスラーデビュー。2017年、イラン人と結婚。2018年、自己破産したと公表。現在は、「ヤスハ カーゼンプール」名義で活動している。

――ボクの元上司が山口日昇という、ハッスルのプロデューサーだったんですけど……。

泰葉 えーっ！ 山口さん、元気？

――ハッスルで数億円の借金を背負いながら今度は女子格闘技の興行を始めて、でもやっぱりそれも雲行きがあやしくなってるみたいで、いまでもたいへんそうではありますね。

泰葉 あら！ 私のハッスルのときは？

――そのときはボクが離れたあとでした。

泰葉 そうですか。いい思い出でした！

――あ、あれはちゃんといい思い出。

泰葉 最高！ 私にとって、みんないい思い出です。私、嫌な思い出なんかないもん。

――お金もらえなかったりで、ハッスルが嫌な思い出になってる人は多いんですけどね。

泰葉 私はしっかりいただきました。

――じゃあなんの問題もなく。

泰葉 はい、問題なく！

――あのとき泰葉さんと一緒に試合してたマネージャーさんも知り合いなんですよ。

泰葉 清水（大充、Ｅｓｐｅｃｉａマネージャー）さんね。いまでもすごく仲良しです。

――泰葉さん、ハッスルはいい試合でしたよね。

泰葉 いい試合なんてもんじゃないですよ！ テレビ東京さんであの時間（２００９年の大晦日の23時過ぎ）で視聴率10・何パーセントいって、史上ない数字をたたき出して。私、数字を持ってるんです、よく言われるの。

――あれは安生洋二さんもうまかったです。

泰葉 安生さん！ お元気かしら？

――お元気ですよ、いま串焼き屋さんで働いてて。安生さんもプロレス界ではつらい思い出が多かった人なんですけど、一番楽しかったのがハッスルだったって言ってました。

泰葉 わかる！ そうでしょうね。安生さん、私の試合はけっこう手応えあったと思う。

――そうなんですよ。プロレス経験のない人たちといい試合をするっていうことに、ものすごい手応えを感じてた人みたいですね。

泰葉 そうでしたか。いいアレンジをしてくれて……私は音楽家なんでアレンジって言っちゃいますけど、技をどう組み合わせるかとか、言っちゃいけないのかもしれないけど。

――いや、ハッスルなら大丈夫です。

泰葉 回転海老名固めを生んでくれてるし。

――一緒に練習して、技の提案をして。

泰葉 よくやりましたね、いまはもう歳でできないですけど、私も若かったし最高の思い出ですよ。もう上がりたくないけど（笑）。

――プロレスは1回で十分（笑）。じゃあ、山口日昇にもいい思い出しかないんですね。

泰葉 ええ、ホントにいい思い出しか。闘いましたけどね、途中から言うこと変えやがって。だからリング外でも闘いましたよ。

――何があったんですか？

泰葉 最後に勝って歌うって流れだから出させていただくってことだったんですけど。

――ですよね、勝てば歌えるって企画で。

泰葉 なんでかっていうと、いつかフランク・シナトラがやっ

山口日昇
プロレス・格闘技専門誌『紙のプロレス』の元編集長。プロレス団体・ハッスルの代表取締役に就任するが、倒産により巨額の負債を抱えるハメに。

ハッスル
プロレス興行。04年1月4日、さいたまスーパーアリーナで旗揚げ戦を開催。従来のプロレスとは一線を画し、芸能人がレスラーとして登場するなど、高いエンターテイメント性が特徴だった。

Especia
つばさレコーズとジャンカラの共同企画「ソクデビ」10年度準グランプリを受賞した冨永悠香を中心に結成されたアイドルグループ。大阪・堀江で活動していたが、16年より活動拠点を東京に。17年に解散。プロデューサーの清水大充は泰葉の元マネージャーでもある。

たみたいな360度円形ステージで歌いたい、これはエンターテイナーとして経験しなきゃいけないことで。そういう意味ではプロレスのリングも360度だから、そこで歌うってことだったのに、試合の2日前ぐらいに「負けて担架で運ばれるシナリオに変えてくれ」って山口が言うから。

——それだと歌えないじゃないですか。

泰葉 そう、だから「バカヤロー!」って大ゲンカになって、「じゃあ出ない」って。清水も当時のつばさ（エンターテイメント）も相当やってくれたみたいで、それでちゃんと勝ったんですけど……。

——清水さんが乱入して、みたいな感じで。

泰葉 いや、清水が乱入するのはもう……。

——最初から決まってたんですね。

泰葉 はい、それはあったんですけど、結末だけ変えてくれって言うから、それじゃ話が違うでしょってすっごいケンカしました。おもしろいから次の試合も出てくださいって。

——なるほど、要は1回負けて次にリベンジみたいな感じで2試合やって欲しくなって。

泰葉 そう、嫌ですよ!　お便所じゃねえんだ、リベンジだって。ここ書いといてください（笑）。私、闘うの好きだし絶対に負けませんからね。私を怒らせたら怖いですよ!

——泰葉さんが闘いを好きなのは、子供の頃に革命家にあこがれたことが原点ですよね。

泰葉 よくご存じで。赤軍派とか学生運動がその頃、すごい盛り上がってて、なんか革命で世の中を変えるぞって。私もリーダーシップを取るのがすごい好きで、生徒会役員とか副会長は必ずやってたので、そういう闘魂みたいなのが湧いてきて（笑）。それで、まずはマルクス、レーニンをバーッと読んだり。

——理論武装もしてたんですか!

泰葉 私、読書が大好きで、外国ものが好きでしたね。っていうのはウチが古典芸能だったので、毎日が「てやんでえ、べらぼうめ」の世界ですから。それでヘルマン・ヘッセの『車輪の下』を小1で読んでたんですよ。

——そして音楽に目覚めて。

泰葉 パパ（林家三平）が洋楽好きで、音楽で外国の文化を取り入れる最初の落語家でしたから。6歳の6月6日からお稽古ごとをすると上達するっていう古典芸能の一般的なのがあるので、私も6歳の6月6日から日本舞踊からピアノ、バレエ、いろんなもの習わせてもらいました。そしたら、父がどうしても音楽やりなさいっていうことで、この才能を見抜いてたんですね。それには音楽学校に入るのが条件で。それもかなり父と闘って、中学から行けって言われたけど、高校から行くって言って。でも言うこときいといてよかった、厳しいレッスンの数々を乗り越えて。

エコーズ事件の真相

——そして歌手デビューに至る、と。

泰葉 方向転換は父が病気になったことですね。ちょうどそれが芸大受験と重なりまして、5次試験までいったんですけど、やっぱりすごくお金がかかるんですね。その当時、父が倒れて弟（林家こぶ平＝9代目林家正蔵）は前座やってて1日500円、私が1回10万円のレッスンを受けてるのは嫌だと思って、それでポップスとかジャズのほうをやろうと思いまして。その

安生洋二
UWF時代に道場破りでヒクソン・グレイシーに挑戦している（あえなく惨敗）。その後、前田日明も襲撃。次第にお笑い色の強いレスラーへと変貌し、「ハッスル」には高田モンスター軍のアン・ジョー司令長官として参戦していた。

林家三平
落語家の初代・林家三平。58年10月、真打昇進。「爆笑王」と呼ばれ、60年代から70年頃まで続いた「第一次演芸ブーム」の中心的存在だった。80年9月に54歳で逝去。

林家こぶ平
落語家。78年、父である初代・林家三平に入門。90年代には、イジられタレントとしてバラエティ番組へも多数出演。05年3月、九代目・林家正蔵を襲名。落語協会の副会長も務めている。

ほうが儲かると思って。案の定、すぐに儲かりました（笑）。

――実際すぐにデビューもできて。

泰葉 はい。クラシックもいいんですけど、自分としてはポップスとかジャズのほうが合ってましたね、自由な感覚ですから。ただ勉強してよかったですよ、基礎ができてるとブレないし潰れない。あれは並大抵の訓練じゃないし、勉強も半端じゃなかったですよ！

――歌手デビューに向けてのダイエットもたいへんだったんじゃないかと思いますけど。

泰葉 私ホントついてるんですけど、その当時、八神純子さんとか小坂明子さんとかピアノの弾き語りが流行り始めて。当時のプロダクションのみなさんが、「太ってるからピアノ弾いて体を隠せ」って（笑）。私もピアノはヘタじゃないし、合ってたし。それで次の年の東京音楽祭世界大会の銀賞ですからね。いい時代でした。私は自分でやるだけやって、ボイストレーニングも毎日欠かさないし、曲もすごく書いたし、これぐらいはイケるだろうなっていう自信はありましたね。

――すごい順調だったんですね。

泰葉 壁にぶつかったのは、それこそ小室哲哉さんなんですよ。今回、引退ってことになっちゃいましたけど。小室さんが台頭なさって、私が学園祭の女王だった頃に渡辺美里さんが私の前座でやってくれてて。もちろん私のほうが盛り上がってたいへんな騒ぎにはなるんですけど、彼女の『Ｍｙ Ｒｅｖｏｌｕｔｉｏｎ』を聴いたとき、「あ、これはもうダメだ、私のいる場はない。すぐに結婚しなきゃ」と思って。そしたら小朝さんが出てくるんですよね。ホントすごい人生。楽しい。

――大好きな革命ネタを使ったこういう曲を小室さんに作られたらもうダメだっていう。

泰葉 そう、いいとこお気づきになる。レボリューションですもんね。かたや私はチャイナタウン（笑）。でも、いまだに『フライディ・チャイナタウン』はヒットしてますから。

――歌手時代には、あまり知られてないですけどいとうせいこうさんと絡んでましたね。

泰葉 はい、ラップをやりたくて。それで、私の『ＹＡＨＨＯ!!』っていうアルバムのなかの『チャンスはキュートにグッバイ』って曲のラップを書いてくれたんですけど。

――ラップがやりたくてだったんですか！

泰葉 うん、ラップを絶対やろうと思って。

――超早いじゃないですか！

泰葉 だって『いいとも！』に呼ばれたときに友達の輪をラップでやって、中村勘三郎さんが生前、「日本で初めてテレビでラップやったのは泰葉だよ」ってよくおっしゃってくださって。アルバムでせいこうさんが書いてくれたラップを残して、せいこうさんのライブにも行って。そのあとせいこうさんが正蔵と仲良くなって。病気がよくなって『浅草映画祭』に呼ばれて母と一緒に行ったときに、まだちょっとフラフラだったんですけど、そしたらせいこうさんが抱きしめてくれてね。

――せいこうさんも鬱を経験してますから。

泰葉 そうですか、みなさんやるんですね。「よかったね、待ってたよ」って言ってくださったとき、ホントありがたかったです。

――ラップをやろうと思ったきっかけは？

泰葉 ラップは絶対これ全世界的にすごいことになるって直感が働いて。私ホントにそういうの早くて。クラシックが出て次

『フライディ・チャイナタウン』
泰葉のデビューシングルで、81年9月に発売。自ら作曲も務め、テレビではキーボード弾き語りで歌唱することも多い。

中村勘三郎
歌舞伎役者。59年4月、歌舞伎座「昔噺桃太郎」で中村勘九郎として初舞台。05年に十八代目中村勘三郎を襲名。旧来の歌舞伎はもちろん、野田秀樹や串田和美といった現代劇の劇作家、演出家らと組んで新演目を構築するなど、改革的な演劇活動でも有名。12年、急性呼吸窮迫症候群のため57歳で死去。

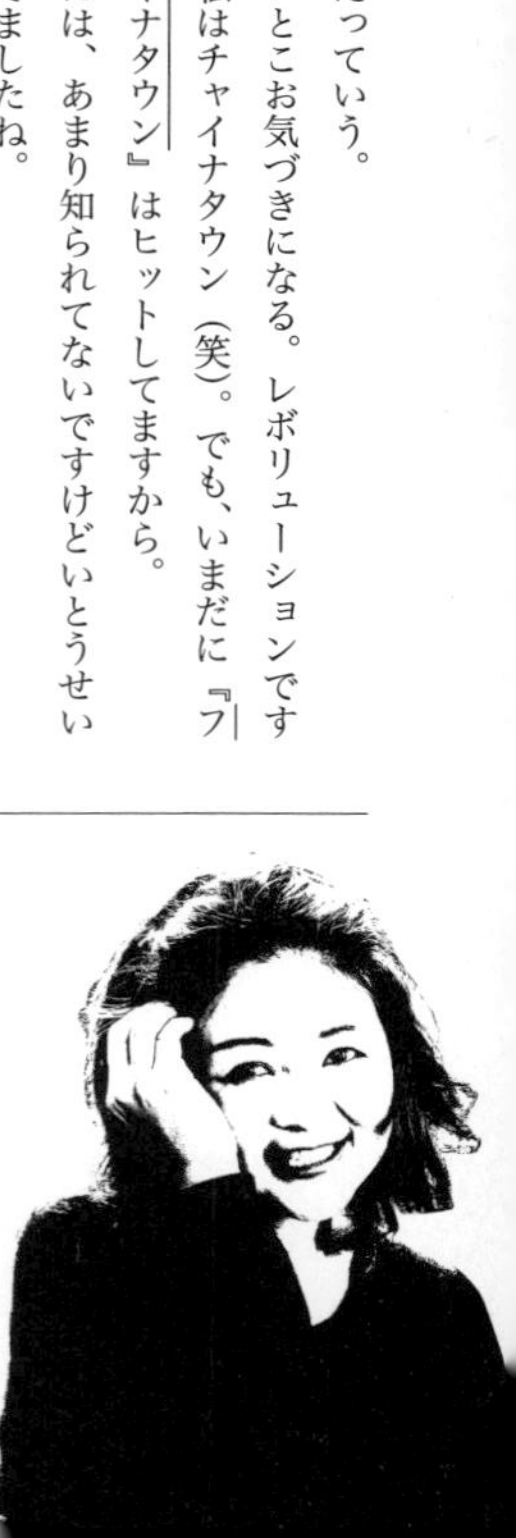

はポップスがでて、ラップで終わると思ってたから。ひとつのジャンルができた！　と思って飛びついたんです。でも、そのあと小室さんが出てきちゃったからもうダメだった（笑）。

――いまチョロッと『テレフォンショッキング』の話が出ましたけど、『テレフォンショッキング』でも伝説を残してましたよね。

泰葉　へへへへへ。あの頃はまだ自分でプッシュフォンを押す時代で、しばたはつみさんに電話して、「もしもし、はつみさんですか？」って言ったらどうも声がオバサンなんです。「はつみさんですか？」「違います」って、素人さんの家にかけちゃって。それでタモリさんに替わって、「明日来てくれるかな？」「いいとも！」ってなって、素人コーナーが3日間続いちゃいましたね（笑）。

――あれ、リアルタイムで観てましたよ。

泰葉　私、リアルタイムで出てましたよ！

――その頃、正蔵さんがワハハ本舗に入る流れもあったじゃないですか。あれって、いとうせいこうさんと知り合うほうが先ですか？

泰葉　その頃、私はあんまり知らないのでわかんないですけど、同時期ぐらいじゃないですかね。でも、もう恥ずかしかった、みんなで観に行こうって、お嫁さんと母と行ったらふんどし一丁の弟がいて、胸毛を燃やされてて。何このアングラ劇団と思って（笑）。帰ってきた弟と口もきけなくなっちゃって。でも楽しかった、ああいうことやってるのは。

――歌以外にもバラエティから何から、いろんな仕事をしていたわけじゃないですか。

泰葉　はい、才能あるんでね（笑）。

――やしきたかじんさんとのラジオとか。

泰葉　あれはもう一生の宝ですよね。このトークが開花したのもたかじんさんとのやり取りですから。私は血筋的に落語というひとりしゃべりのものは持ってるんですけど、たかじんさんで漫才の呼吸を学んだんですよね。

――当時からたかじんさんは、あの調子で？

泰葉　うん、もうあのまんま。すごかった。

――ゲストがどんな相手でも気にせずに。

泰葉　暴れて（笑）。

――だって、伝説のエコーズ事件のときも一緒にいらっしゃったわけですもんね。

泰葉　エコーズ事件はホントにいまでも忘れられないわー。ふたりでブチ切れたから！

――あれって辻仁成さんの態度が悪かったみたいな話は聞いたことあるんですけど。

泰葉　エコーズがホント態度悪いんですよ。

――泰葉さんも怒ってたみたいですけど。

泰葉　私が最初、ブチ切れたんですよ。なんか聞いても「はぁ～」って感じでね、反逆児？　たいしたことやってねえくせに！

――ダハハハ！　その通りです！

泰葉　質問にはちゃんと答えろよって思って。「はいはいはい」とか言ってるから、ついに私がブチ切れて。たかじんさんもプツッて音がしたのはわかったんですけど、あの人は大人だから。それで私、頭にきて「たかじんさん、やっちゃって！」って言ったの。

――噂で聞いたままじゃないですか！

泰葉　そしたら「よし、わかった。おまえら入れ！」って、楽

ワハハ本舗
劇団、芸能事務所。劇団東京ヴォードヴィルショーの若手公演の演出を手掛けていた喰始と、同劇団のメンバーだった佐藤正宏、柴田理恵、久本雅美らが84年に創立。下ネタの多い作風が特徴。

エコーズ事件
辻仁成率いるロックバンド「エコーズ」が、関西ローカルのMBSラジオで放送されていた『ハローナショナルショールーム』に出演した際に起きた事件。辻の態度の悪さに、司会を務めていたやしきたかじんと泰葉が激怒した。

屋に入れたんですよ。

——それまではふつうにスタジオでライブとトークを録っていたわけですよね？

泰葉 ふつうでもないかも（笑）。スタジオっていうかライブステージがあって、うしろが楽屋になってて。で、「おまえらちょっとここ入れ。泰葉、つないでろ」って言うから、「わかりました。みなさん、始まっちゃいましたねえ」とか言って。そしたら楽屋からドカーンって音がして、「おんどりゃあ！」「ギャーッ！」みたいになって（笑）。「みんな、やってるね」「イエーイ！」って。

——お客さんはそんな感じだったんですか。

泰葉 そう、大阪の人たちは慣れてるから。「泰葉が仕掛けてやっちゃった」って。

——超いい話じゃないですか！

泰葉 うん、最高ですよ！

——そういうことはよくあったんですか？

泰葉 けっこうありました。打ち合わせがあるんですけど、そのとき気に入らないと「やっちゃう？」とか言って（笑）。赤い鳥っていう人たちとか、フォークのつまらない人、憂歌団とも仲悪かったな。でもあの人たちは大人だからやらないし。まあ、エコーズが最低でしたよ。で、たかじんさんが亡くなってから「たいへんすみません」って辻仁成から手紙が来たけど。亡くなっちゃった後の特集番組でカメラを回させてくれって言うから。

——たかじんさんとすぐ仲良くなれました？

泰葉 会った瞬間にうまくいくと思いました。MBSラジオのプロデューサーさんが「泰葉とバッチリ合う人がいるから」って。最初の面会は覚えてないんですけど、「あ、この人だ！」って、すぐわかりました。

——それぐらい馬が合った。

泰葉 うん！『おんどりゃあパチキ入れたろか』っていうのが挨拶だからみんなにしろ」って言われて、偉い人にも「おんどりゃあパチキ入れたろか！」って（笑）。そんなこと教えてくれたりして。懐かしいね。

——ちなみに明石家さんまさんとの関係は？

泰葉 そこいきます？ さんまさんは飛ぶ鳥を落とす勢いの、ちょい手前で会ってるんですよ。もちろん私が三平の娘だって知ってるもんですから、「デートしよう」って言われて電話番号を書いた紙を渡してくれたけど、女が何百人いるかわからないような状態でしたから。結局、電話してもすれ違いになっちゃって、最終的に番組でプロポーズしてくれたんですよ。「あ、いいですよ、出世しそうだし」って言ったら、結局それは「三平の名前がほしかった」っていう粋な下げなんですけど。そのあとも何回かお会いしてますし。

——デートは実現してないんですね。

泰葉 してないです。こないだ会ったとき、「したっけ？」「してない！」とか言って。あの人、何千人といるからわかんないの。

——泰葉さん、身持ちは固かったんですか？

泰葉 すごく固いですけど彼氏はいっぱいいました。モテるんです。つき合っては別れるってかたちで、一夜のそういうのっていうことは家も厳しかったのでありませんね。キチッとおつき合いした数が多いっていうだけ。

——当時のインタビューでは、「結婚相手と決めた人以外と

赤い鳥
69年に結成されたフォークグループ。74年に解散するも、83年に大阪で再結成コンサートが行われた。代表曲は『翼をください』『竹田の子守唄』など。

憂歌団
70年に結成されたブルースバンド。75年、シングル『おそうじオバチャン』でデビュー。88年6月、アメリカのイリノイ州で行われたシカゴ・ブルーズ・フェスティバルに日本人として初めて出演し、同年アルバム『BLUE'S』がヒット。

セックスをしてはいけないという教育を受けた」って発言もありました。

泰葉 そうですよ。私は必ずつき合った人と結婚すると思ってそういうことをします。だから浮気は1回ぐらいしかしてないですね。

——ダハハハハ！ 1回ぐらいしか（笑）。

泰葉 1回はしました（笑）。

小朝とのドタバタ

——そして春風亭小朝さんとの結婚に至る。

泰葉 もうそこいっちゃいますか？ 結婚に至りましたね。小室さんの音楽を聴いて、もう私には居場所がない、これがドワーッといくだろう、と。私はあまり打ち込み系ではなくて、自分の音に揺らぎがあっても直したりするのも嫌だったから、そうじゃなくて。

——打ち込みが苦手っぽいのはYMO時代の高橋幸宏さんと雑誌で対談して、テクノがいかに嫌いなのかっていう話をずっとしてて、「人間味のない音楽だ」とか、ひどいことばっかり言ってたことからも伝わって（笑）。

泰葉 ハハハハハハ！ 高橋さんと対談やった！『セブンティーン』ですね。楽しかったですよ、幸宏さんパパのファンだから。

——「どうもテクノポップっていうのはわけわかんなくてついていけないんです」から始まって、すごい物騒な発言の連発でしたよ。

泰葉 だってテクノ大嫌いだったんだもん、いまでもあんまり好きじゃない。（記事を見て）うわ、私かわいいね（笑）。ほら、楽しそうでしょ？ 言いたいこと言ってるもん。

——言いたいことしか言ってないです！

泰葉 ヤバい、読みたくない（笑）。これユーミンさんのときにね、「ユーミンさん、なんで口パクなんですか？」って聞いてすごい怒らせちゃったの（笑）。でも、これ好評で。私、歯に衣着せないっていうか嘘つかないし、言いたいこと言ってて。でも、けっこうみんなおもしろがってくれるんですよね。

——「あなたの音楽よく知らないんです」みたいな第一声が多くて驚いたんですけど、それだけ正直に言ってもなんとかなるタイプ。

泰葉 うん、こんな感じだからいいんじゃないですか？ 本気で怒ったのは誰もいないもん、ユーミンさんがちょっとピリピリッとして、「お姉さんに向かってそういうこと言うんじゃない！」とか、その程度でしたよ。

——打ち込みやテクノが嫌いだったけど、それでも小室さんには衝撃を受けたんですね。

泰葉 うん、すごい才能！ 素晴らしいですよ。だから引退っておっしゃる気持ちもわかるけど、もうちょっとほとぼりが冷めたらね。まあ、世の中がほっとかないですよ、あの人は神様だから。きっと大丈夫ですよ。

——小室さんの取材したときに感じましたけど、ホント騙されやすそうなんですよね。

泰葉 だって音楽しか知らないんだもん。

——つけ込まれやすい空気が出てました。

泰葉 わかる！ 私もまったく同じで、お嬢で音楽家で、そりゃつけ込まれた。でも、もうだいぶ大丈夫です。いろいろ経験

春風亭小朝
落語家。70年、5代目春風亭柳朝に入門。76年7月、二つ目に昇進。新進の若手落語家として注目を集め、80年には36人抜きで真打に昇進。俳優やタレントとしても活躍する中、全国各地で落語公演を行い、現在の落語界を支える中心人物のひとりである。泰葉とは88年に結婚し、07年に離婚。

高橋幸宏
ドラマー、作詞家、作曲家、編曲家、音楽プロデューサー。高校在学中の60年代後半からミュージシャンとして活躍。YMOの他、サディスティック・ミカ・バンドのメンバーとしても有名。

したし。去年まで最後の闘いやってたんですけど。

――この10年ぐらいでたいへんな思いをして。

泰葉 ええ、すごいしましたね。病気とも闘いましたからね。でも、もう闘い終わり！

――病気のことがちゃんと出てなかったんで誤解された部分があると思うんですよ。ただおかしな人みたいな感じで受け止められて。

泰葉 それはやっぱり、まず自分で病気だと思ってなかったですから、おかしな人って思われてもしょうがなかったと思います。でも、ここに来て元夫のやったことが犯罪だっていうことで、4月にポロッとヘアメイクさんが「泰葉さん、それ犯罪よ」って言ってくれたところから、じゃあ病気の原因はこれなんだっていうことでやっとわかった、だから人様がわからないのはしょうがないですね。

――そういう時期に浅草キッドの水道橋博士といろいろやり取りをされてたんですね。

泰葉 そうです、博士にも助けてもらって。

――同じ時期に博士も鬱だったんですよね。

泰葉 え、知らなかった！

――この前、博士が出した『藝人春秋2』という本に泰葉さんのことも書いてあるんですけど、そこで初めて自分の病気を告白して。子供がいるから鬱だってことは言わないでおこうと思ってたんだけど、ようやくよくなってきたからそこもオープンにしたって話で。

泰葉 いまはよくなってきたんですか？

――そうみたいですよ。

泰葉 あの人、ひと言も言わなかった！

――だから泰葉さんのことはすごいわかるっていう感じでフォローしてたんでしょうね。

泰葉 ああ、それでやってくれてたのか、優しいね。博士が私とサンキュータツオさんをつき合わせようとしたとき、あいつ逃げやがって（笑）。

――そんなこともあったらしいですね。

泰葉 そうよ。向こうから寄って来たから、「じゃあつき合ってあげようか？」って言ったら逃げ出しやがって。やっぱり私は手に負えないでしょ、これだけ経験値も豊富だし。

――タツオさんみたいにヘタに落語とか知ってると、余計に手を出せないと思いますよ。

泰葉 それは父の娘だからってことですか？

――その後のことも含めての。

泰葉 ああ、小朝さんの元奥さんであり、これだけ落語を知ってると一筋縄じゃいかないです、私の落語知識。ヘタな評論家よりよっぽどいいこと書きますから。勉強したした！ でも落語にいって良かったんじゃないですかね。それはそれで運命だと思うし。母にあこがれておかみさんになりたくて、落語しゃべりたくて父みたいになりたかったのをふたつ同時にできてましたから楽しかったですよ。

――博士の本に書いてあったのが、泰葉さんから聞いた談志さんのエピソードでした。

泰葉 あ、書いてた？ よかったでしょ。談志という神からの啓示をもらった人間なんてほかにいないですから、そりゃあタツオは手が出ないでしょうね、ざまあ見ろ（笑）。

――病気のことについてもうちょっと聞くと、病院に行って初めてわかったんですか？

水道橋博士
お笑いコンビ「浅草キッド」のツッコミ。芸能界の怪人奇人を描いたノンフィクション『藝人春秋2 下』（文藝春秋）の「エピローグ 芝浜」で、泰葉による談志話を取り上げている。

サンキュータツオ
お笑いコンビ「米粒写経」のツッコミ。芸人活動の他に、お笑いの学術的研究も行っている。落語にも造詣が深く、渋谷のユーロスペースで行われる落語会「渋谷らくご」では、番組編成を担当。

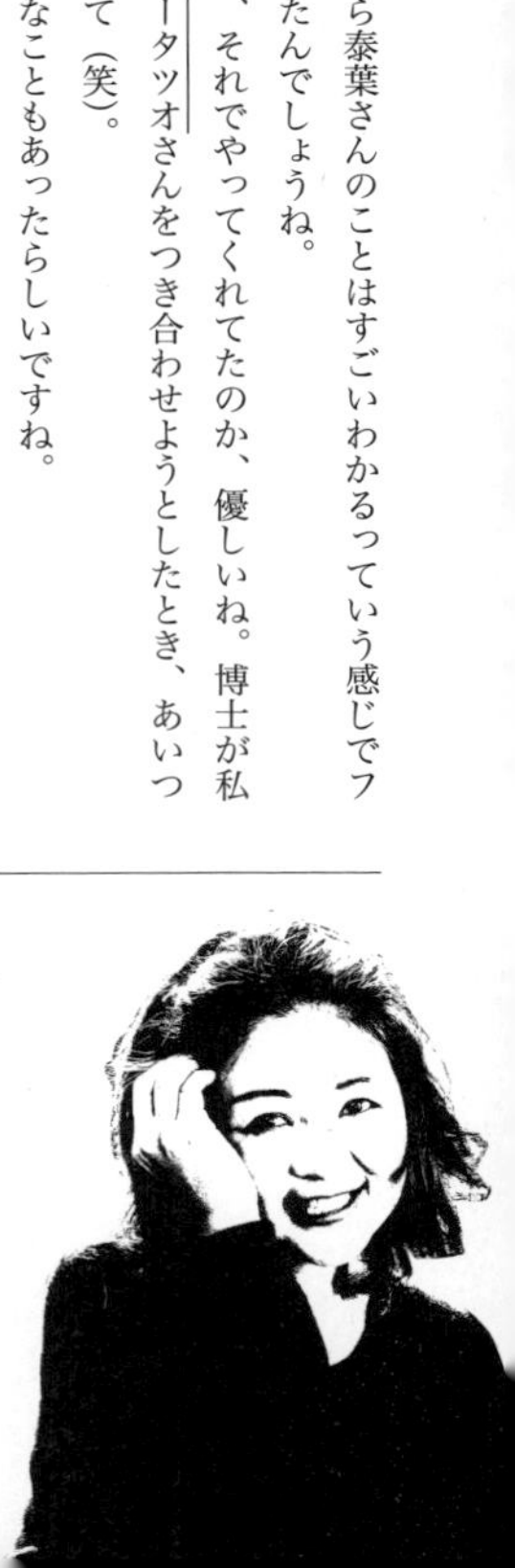

泰葉 いや、自分で病気って気がつかなかったんですけど、ちょっとあまりにも……。

――PTSDではあるだろうな、ぐらいの？

泰葉 いや、PTSDって言葉も知らないから。離婚して10年ぐらい体調もずっとおかしいし、仕事する気にもならないし、でも、鬱だってことがわからなくて。あまりにも動けない状態が続いたとき、これもまた運命なんですけどウチの弟が丸岡いずみさんと有村昆さんと懇意にしていて、根岸（実家）の新年会におふたりがいらしてて、丸岡さんが鬱病を克服なさって薬を飲んでたっていうことをうかがったんですね。私は薬は飲んでないんですけどトローンとした状態で何もできないから、「それでどうなんですか？」って言ったら、「やっぱり薬は飲んだほうがいいですよ」って言われて、病院に行きました。

――丸岡さんのおかげだったんですね。

泰葉 そのときはPTSDってわからなくて鬱病だと思っちゃったんですね。でも薬が合わなかったようで、そこからちょっと死にたい地獄に入りますし、三平（林家いっ平＝二代目）がバンクーバーにさっちゃん（国分佐智子）と母（海老名香葉子）と連れてってくれて、何してるかわかんないけど地ビールの飲み比べだけは美味しかったなとか。あとは三平が歌やってほしいからっていうことで、よくコンサートに連れてってくれたのが、歯医者じゃなくて目医者じゃなくてミーシャ。

――小ネタが入りました（笑）。

泰葉 それとか松山千春さんのコンサートに連れてってもらって。そしたら楽屋で千春さんが、「君は才能があるんだから頑張れよ」ってあの声で言ってくださったりしてね。それでも死にたい地獄でたいへんでしたね。とにかく死にたいんですよ、消えたいの。思い出しただけで震えるぐらい嫌です。あれが人生始まって一番の試練じゃないでしょうか。

――結婚してるあいだはそこまでではなく。

泰葉 まったくなかったです。楽しいし落語の勉強できるし。で、別れてからPTSDだってわかるまでの死にたい地獄から抜け出すまで、それで会社を興そうと思って会見して、そのあとにPTSDだってわかって先生を替えてから、ガラッとよくなるんですね。

――結局、双極性障害だったんですか？

泰葉 それは違うってわかったんです。PTSDによる鬱状態で双極性障害ではないっていまの主治医に言われたんですよ。「双極性障害の人はもっと暗いんですよ、泰葉さんみたいに明るくないです」ってことで（笑）。

――一時的に鬱々としてたぐらいの感じで。

泰葉 鬱々どころじゃないですよ。地獄でしたよー！　あれはなった人じゃないとわからないだろうな、ホントかわいそう。でも治るってわかりましたからね、みなさんにも治療を受ければ治るってことは言いたいですね。

――薬によってだいぶ復活して。

泰葉 薬が合えば。あとは原因がわかればですね。あと自分でも気がつくってことですよね。主治医だって自分から申告しなかったら税金と同じでわかんないから（笑）。笑ってください、笑うところは笑ってください！

――了解です！　もうだいぶ持ち直して。

泰葉 もう完璧にいいと思います。やっぱり恋人ができると女性として安定しましたね。

――原因はなんだったと思います？

丸岡いずみ
『情報ライブミヤネ屋』（日本テレビ系列）のニュースコーナーに出演した際、MCの宮根誠司から「奇跡の38歳」と呼ばれ、注目を浴びる。11年9月、キャスターを務めていた『news every.』（日本テレビ系列）を体調不良で降板。のちに、鬱を発症していたことを本人が告白した。

林家いっ平
落語家。初代・林家三平の次男。89年11月、林家こん平に入門。09年3月、二代目・林家三平を襲名。タレント活動も多く、11年に『水戸黄門』（TBS系列）での共演がキッカケで、女優の国分佐智子と結婚。16年5月には笑点の大喜利メンバーに新加入した。

国分佐智子
女優、タレントで二代目・林家三平の妻。97年、グラビアアイドルによる女性アイドルグループ「ベイキャニオンズ」のメンバーとしてavexよりCDデビュー。その後、ドラマ『ナースのお仕事』（フジテレビ系列）、『メモリー・オブ・ラブ』（TBS系列）など、女優として多くの作品で活躍。

海老名香葉子
初代・林家三平の妻。おかみさんとして林家一門を束ねる他、エッセイスト、作家としても活躍。自身の戦争体験をもとに、平和をテーマにした講演活動やテレビ出演も多い。

泰葉 やっぱり小朝師匠の暴力とセクハラっていうか異常性行為。あとそれから……やっぱり小朝師匠ですね、暴力行為すごいから。

――そのときはそれが当たり前みたいに思い込んじゃって感情を押し殺してたんですか？

泰葉 いや、楽しいからわかんなかった。落語に没頭しちゃって。やっぱり父の子ですから血が騒ぐんですよね。何されてもこれでいいと小朝師匠を受け止めて、母親のような気持ちでいて。私はプロデューサーとしても能力ありますから、「こうやったら？」「ああやったら？」って言うとどんどんウケていって、超満員のお客さまが全国で待っててアンコールまで来るようになっちゃって。内助の功を発揮するのはすごく得意ですから。そうやっていくうちに、つらいとかないんですよね。芸人なんていうのは「人間、動物、芸人」っていうぐらいで、そういうカテゴリのなかに入る一種の変態ですから、それも含めて全部受け止めて当然と思って。ただそれが犯罪っていうのはちょっとわからなかった。

――「結婚ってこういうものなのかな」と。

泰葉 ええ。ただパパはそういうことなかったし、弟たちもそういうことはないんですけど、多少キチガイ的な異常なことはあってもアーティストはしょうがないと思ってました。それを上回る落語に魅了されていって。それを談志師匠が認めてくれるし。談志師匠のあの言葉で私はまっとうできて、「20年間おしまい！」って思いました。素敵だった、あの日のことはいまでも忘れられない。

――改めて聞くと、具体的に談志さんに何を言われたことが大きかったんですか？

泰葉 博士が書いてくれたとおりなんですけど。亡くなったのが2011年の11月でしたよね。「泰葉ちょっと来い」って電話があったのが6月くらい。根津の家に行って、どうせ汚い格好で出てくるんだろうなと思ってピンポンしたら「入れ」って開けてくれて。

――もうけっこう病気が進行してる状態で。

泰葉 かなり進行してて、「もうぜんぜんダメだ」とか言ってて。で、「ちょっと座れ」って言われて。そのときに、「おまえ、なんで小朝と別れたんだ」って言われて。「じつはSMで」と（笑）。そしたら「だけどな泰葉、SMっていうのはな」って、談志師匠はSM好きだから団鬼六さんの話とかガンガンされて、1時間ぐらいそういう話でした。

――「あれもいいものなんだ」と（笑）。

泰葉 「団鬼六の妻がな」とか、そんな話までしてくれたんですけど。「いや師匠、わかるんですけど私は愛のあるセックスが好きだから嫌なんですよ」って言ったら、「あ、そっか」って、それで終わって。で、パパの思い出話をすごい愛してて、これはうれしそうでしたね。パパのことをすごい愛してて、最後にパパが亡くなった池袋で『やめろっと言われても』『三平！』ってみんなでやってくれっていうのもやったんだよ。『三平！』って言ったらお客さんがなあ……」とか話してくださいまして。それで1時間半ぐらいしてから呼吸で間を置いて、「……泰葉な、俺、落語をまっとうしちゃったんだよ。もういいんだよ、ちょっと聞くか？」って、そこで『芝浜』の最後のところ、「おまえさんね」っていうところからやってくださったんですよ。

――貴重すぎますよね……。

泰葉 そしたらそのあとイリュージョンになって、「こいつし

団鬼六
小説家、脚本家。62年から連載が開始された『花と蛇』が反響を呼び、SM官能小説の第一人者となる。その後、自ら「鬼プロ」を立ち上げ、ピンク映画製作やSM専門誌発行など、70年代のSMシーンの中心的存在に。11年5月、食道がんのため79歳で逝去。

やべらせといていいのかよ」って親方が言って、おかみさんが「そうだよね、おまえさん。もう帰ろう帰ろう」って言って帰って行って、残った談志師匠がまたしゃべってるっていうところをやってくれたんです。私そのとき一生ぶんの集中力をそこにかけようと思って見て。神が降りてきましたよ。で、最後に「……な、泰葉いいだろ？　もう落語をまっとうしたんだ。俺、死んでいいだろ？」っておっしゃったんで、「あ、いい。師匠、死んじゃえ！」って言ったら喜んじゃって。「そうか、死んでいいか？」「死んじゃえ死んじゃえ！」「いいか？」ってやり合いになって（笑）。それで最後に抱きしめてくれて、「おまえにはお父さんの血と俺の狂気が流れてるから、思ったとおりまっすぐ進め。じゃあな」って言って別れて、それで死んじゃったの。それが遺言ですよね。

――そして談志さんの狂気も受け継いで。

泰葉 受け継いじゃった（笑）。女なのに談志の狂気いらないんだけど！　すごいたいへん、私を怒らせたら地獄に落ちるよ（笑）。

――いま思い出しましたけど、山口日昇は立川談志師匠にギャラ未払いだったんですよ。

泰葉 ハハハハハハ！　そうなの？

――インタビューしてギャラ未払いで、談志師匠自らかけてきた抗議の電話を受けたのが、まだぺーぺーのボクだったんですよね。

泰葉 怖かったでしょ？

――怖いですよ。「……あのね、おたくはどういう了見なんだい？」って怒られました。

泰葉 「了見」いいね、談志っぽい（笑）。

――一生ものの体験だと思いますけどね。

泰葉 よかったね、弟子だって怒らないんだからよかったじゃないですか。よかった、お互いにね。それで落語はまっとうして、私は20年間尽くしたし、『大銀座落語祭』とかやって、弟の襲名披露16万人ですよ。あれもたいへんでしたけど。石原プロの小林（正彦）専務が陣頭指揮を取って私がセカンドについて、立て看板の30センチに至るまで直されまして。寝る間を惜しんでやったんで、だからすごく数字持ってるっていう実感はありますね。だから当時、（古今亭）志ん朝さん、（桂）枝雀が亡くなって落語界が低迷してた頃に小朝師匠がどうしても落語をもう一度ブームにっていうことで、「泰葉、銀座の街の全部のホールを落語で笑いにしたいんだ」って言われて、「わかった！」って、まあ動いた動いた。それで大成功して5年間続いて別れたら終わり（笑）。いかに私がやったかでしょ。誰も知らないから小朝師匠がひとりでやってると思ってたけど、（笑福亭）鶴瓶師匠なんかはいまでも私に、「やーこ（泰葉）がいなかったらできなかったんだよ」って言ってくれますよ。ありがたいことで、やっとみなさんがわかってくださって。まあ、自分から言うことでもないですけど。

――小朝さんとは3回のデートで結婚したっていうのは有名な話ですけど、2回目のデートのときに『悪魔の毒々モンスター』を観に行ったっていうのはホントなんですか？

泰葉 そうですそうです（笑）。私が観に行きたくて。ホラー系もけっこう好きでね。林家しん平さんから、『毒々モンスター』おもしろいから、小朝と一緒に行ってキャーッとか言って抱きついたら？」「いいねいいね！」とか言って、出来レースで「キャーッ！」とか言ってやって接近して（笑）。

『大銀座落語祭』
04年から08年まで、東京の銀座界隈で開催された落語会。落語団体の枠を超えて結成された六人の会（春風亭小朝、笑福亭鶴瓶、9代目・林家正蔵、立川志の輔、春風亭昇太、柳家花緑）が主催し、東西から多くの落語家が出演した。

『悪魔の毒々モンスター』
アメリカのホラーコメディ映画で、日本では87年公開。ひ弱ないじめられっ子が産業廃棄物の中に落下。化学反応により醜悪な毒々モンスターに変身し、悪を退治していく。

林家しん平
落語家。74年11月、初代・林家三平に入門。90年3月、真打昇進。映画監督や脚本家としても活動。11年、自らの落語家経験に基づき、原作、脚本、監督を務めた映画『落語物語』が公開された。

――しん平さんチョイスだったんですね。

泰葉 しんちゃんホラー好きだから。

――すごい的確なチョイスだなと思ったんですよ。映画でいうとボクが好きな話が、『ロッキー』の評価で姉弟ゲンカしたって話で。

泰葉 そうなんですよ。『ロッキー』観て、私は「最高！」って言ってたら、弟の正蔵が、「あんなわかりやすいアメリカンな映画は嘘だ」とか言っちゃって。弟はその頃ジャズに狂っちゃってたから、ちょっとひねったクールなものが好きで。1回収まって寝たんですけど、「人生っていうのは素直じゃいけない？」と思って、枕を抱いて弟の部屋に行って、「『ロッキー』はおもしれえんだよ！」って本気で言ってボコボコにして。私のほうが強かったもんですからね（笑）。

――最高のエピソードですよ。いまでこそ『ロッキー』の評価がちゃんとされてますけど、当時はバカにされがちでしたからね。

泰葉 だから私が正しいんですよ！

――姉弟ゲンカはよくしてたんですか？

泰葉 いえ、弟とデカいのはそれくらいで、ウチすごい仲良しなんですよ。ただ、正蔵はいまの三平を相当イジメてて。三平、かわいかったんですよ、私と11コ離れてますんで、生まれたときホントにかわいくてかわいくて。それで部屋で遊んでると正蔵はもうニキビだらけの男になってるでしょ。通っていくたびにガーッて殴って。そうすると「ワーンお兄ちゃんが！」ってなるから正蔵は三平の口を押さえて。相当イジメてたらしい。

――かわいがられる弟への嫉妬ですね。

泰葉 そう、すごい嫉妬して。そんなこと話してますけど、いまは相当仲いいみたい。

――海老名美どりさんとの姉妹仲もいろいろ噂されてましたけど、どうだったんですか？

泰葉 姉とも仲良しでしたけど、姉のほうがモテたんですね。ありとあらゆるカッコいい人を連れてきて。だから私はちょっと妬むんですよ。私はちょっと太ってきちゃってるし。だから姉と口きかなかった時期はありましたけど、基本的に仲良しです。ただ私が結婚したときに、これ世間で言われてるのはすごい誤解があって、小朝さんがすっごいウチに楯突いた時期があって、それを峰（竜太）さんがボコボコにしてくれたんですよ。

――当時から報道されてましたよね。

泰葉 忘れもしない、婚約中に私を人質みたいにして家に帰さなくなっちゃったんです。そしたら「根岸の三平の娘に何やってるんだ」って弟子たちが怒って。それで峰さんが、「じゃあ僕がやります」って言ってボコボコにしてくれたんです。もう婚約ダメかなと思ったんですけど、小朝さんにもそれなりに計算があったと思いますし、たいへんでした。だから家族同士で権力争いに巻き込まれたという感じで。いまでも姉とはすごく仲いいですよ。

――男同士がちょっと尾を引いただけ、と。

泰葉 男同士の争いですね。醜いね、男同士の争い。女も気持ち悪いけど、男もね。

――峰さんに関しては何もないんですね。

泰葉 ないですよ！ 峰さんは立派な人で、長野県下伊那郡のヒーローですよ、看板も出てるんですから。そういうとっても強い人だから、正義感強いし、姉のこと守ってるし。『アッコにおまかせ！』だって、私はよくブログにも書くんですけど、『竜

海老名美どり
元女優、美容研究家。女優として活躍する一方、『海老名美どりの部分やせ体操』『海老名美どりのスリムキープダイエット』『海老名美どりのやせる56ポーズ』など美容に関する本も出版。夫は俳優の峰竜太で、子供向け番組『おはよう！こどもショー』（日本テレビ系列）で共演したことが結婚のキッカケ。

峰竜太
75年、海老名美どりと結婚。76年から石原プロモーションに所属し、『大都会』（日本テレビ系列）、『西部警察』（テレビ朝日系列）などのドラマに出演。その後、バラエティ番組にも進出し、現在は『アッコにおまかせ！』（TBS系列）、『出没！アド街ック天国』（テレビ東京系列）などに出演中。

太におまかせ！』だから。前の日に打ち合わせに行って、朝早く行って。和田アキ子さんなんて何もやってないんだから（笑）。スタッフさんからもそう聞いてますし、私も知ってます。

――いろいろ感情的になった瞬間はあったかもしれないけど、基本的には問題もなく。

泰葉 姉の家族もいい家族で何もないです。

――病気が落ち着いてきたことで、すべてがうまく転がるようになってきたんですかね。

泰葉 そうですね、更年期も重なってたみたいでひどかったですね。体はしんどかったんでしょう。それではち切れて、原因わからないまま別れようと思いました。なんで別れたいのかよくわからないのに（笑）。部屋が汚いから嫌なのかなとか、トイレにソープランドの本が40冊以上置いてあるからかなとか、わからないけどもうダメってなって。

――当時の報道を見ててもみんなよくわからないのはしょうがないわけですよね。そもそも自分がよくわかってなかったっていう。

泰葉 そう、私もわかってないから。

――浮気は認めるとか風俗も認めるって言ってた人が、そんなことで別れるわけもなく。

泰葉 梨元さんだけでしたね、「泰葉さん、DVでしょ」って聞いてきたの。記者会見の帝国ホテルの桜の間で、金屏風の前で。私、DVって言葉も知らなかったから、「AVですか？」って言ってるのかと思って（笑）。「AVが原因だったらウチいっぱいあるし、それではないと思います」なんて。あのとき「離婚とかけて謎掛けを」って記者の人に言われて、「今日の会見とかけまして小朝師匠と説く、その心は『怖さ（小朝）知らず』とか言っちゃってね。小朝師匠は、「え？　できません」とか言って弟たちもできないのに、私だけ「はーい！」とか言って（笑）。

――いまになっていろんな謎が解けますね。

泰葉 うん、私はブレないんですね。ちゃんと歩いていくんで、自分としても全部がつながるようにできてるからおもしろいですね。いろんなおかしいなと思ってることが、パッと解けると全部スパーンとつながります。（持参した過去の記事を見て）あ、これ被災地で泣いちゃって歌えなくなっちゃったときだ。病気だからこんな顔してるんですよね。

――顔を見ればわかりますね。

泰葉 完璧に病気の顔だ。メイヒディ（・カーゼンプール。婚約中のイラン人）と結婚してなかったらたいへんなことになってた。

――最近は地下アイドルのプロデュースを始めるみたいな話をされてましたよね。

泰葉 はい。そういうお話をいただいて、ぜひっていうことで、ココロオドルというグループをプロデュースするという話で着々と。今度、このへん（清里）に泰葉カフェを作ろうと思ってるんです。いまそこに廃墟となってる幽霊ホテルがあって、誰も買い手がないんですけど、バブルのときに建てられてるからすごく骨組みがしっかりしてて、10年もあのままで安いに決まってる。私が目標としてるのはアイドルのショーが毎日あるとか、そういう宿泊施設カフェを作りたいの。「ただオバケが出るって有名ですよ」っておっしゃるから、それを逆手に取って稲川淳二さんを呼んできてショーをやったりして、マニアを喜ばせようって話になって。内装はメイヒディでイランふうに

梨元
芸能リポーターの梨元勝。女性誌『ヤングレディ』（講談社）の取材記者を経て76年、芸能リポーターに転身し、多数のテレビ番組に出演。「恐縮です」というセリフを言いながら、芸能人たちに突撃取材を行う手法で知られた。10年8月、肺癌のため65歳で逝去。

したり、お料理も好きなのでそういうこともやろうと思ってますね。小説も出版社が決まったんですけど、『下町2丁目10番地』っていう小説を書きました。

――小説を出すなら緊急会見やって、唐突に作家転身を発表してほしいです（笑）。

泰葉 うん、「ミステリー作家になります」って（笑）。姉がやったみたいにやる？

――『ビッグアップル殺人事件』（笑）。

泰葉 ただ、みんなは私のブログを見て文章力あるのわかっちゃってるから、あんまり会見してもダメかもしれない。メイヒディと別れました会見ならいいけど（笑）。記者の方がまじめに聞いてくれちゃうんで、あんまり下げのある会見できなくなっちゃって。

――ふざけると意外と叩かれますからね。

泰葉 うん。でもマスコミの方はみなさん叩いててもフォローしてくださるんですよね。

――離婚会見のあと、ちょっと叩かれたのとかはぜんぜん気にしてない感じですか？

泰葉 父の教えで、「マスコミの方に関しては感謝と敬意を持ちなさい。どんなふうに取り上げられようとも、取り上げていただくだけで感謝しなさい。言われてるうちが華なんだ」と。だからマスコミの方に対して「これは違う」とか「こうです、ああです」っていうのは一切言わないっていうのは父の教えなんです。それは守ってるし、実際にお書きになってることで間違ってることはあんまりないんです。私が発信することがブレないからでしょうね、間違ってること一切ないから。

――よく調べてらっしゃるっていう。

泰葉 そうです。だからぜんぜんなんにもないし、父だって落語じゃない部分で、女はいるわ隠し子はいるわ、どんだけ叩かれたか。

――ああ、その報道も合ってたんですね。

泰葉 フフフフ。だからそういう父の姿を見てるので、何を言われようと気にしない。それはぜんぜんふつうだなと思ってました。自然に受け入れてましたね。だけど今度の彼はイスラム教だから浮気ひとつしそうにない。もう月とスッピン？　あ違った、スッポン。

――……またきましたね！

泰葉 ぜんぜん笑ってくれない。

――笑ってますよ！

泰葉 無理してる！　でも、神様が見てるなって思うぐらい、私の人生の喜びがすべてなんですね、イスラム圏の男性、特にメイヒディはそういう人で。愛されちゃってますね。

――出会いの経緯があれだったから、どうなのかみたいな報道もありましたけど、結果こうなってるとよかったなと思いますよね。

泰葉 よかったです。何か言われるのは当たり前ですよ、フェイスブックで出会ってね。でも、私は疑いはなかったです、その前に何人も詐欺師がいたんで。それでもこのなかに絶対運命の人がいると思って行ったら、案の定メイヒディがいて。直感に頼って生きてるんで、外れたことないですね。小朝師匠のときだって悪いと思わなかったし。あれは神様が降りてきた、みたいな出会い。嫌だったら20年も一緒にいませんし、こんなに話うまくなりませんから。いま私のほうが小朝師匠より話うまいでしょ、フフフフ（笑）。

『ビッグアップル殺人事件』
海老名美どりが書いたミステリー小説。91年発行。著者の美どりは発売前、「緊急発表」という見出しでマスコミ各社へＦＡＸを流し、会見でミステリー作家としてデビューすることを宣言した。

あとがきにかえて

吉田豪 逆インタビュー

聞き手・構成／姫乃たま

吉田豪さんは、大きな男の人です。

たしかに身長も高いのですが、それだけじゃなくて、もちろんペンギンみたいに逆立った金髪の迫力のせいだけでもなくて、インタビューをする時のどっしりと構えた様子や、熱心なファンしか知らないようなことまで把握している知識量や、それによってもっと深い話をしてもいいんだと相手に思わせる安心感が混ざり合って、豪さんを実際の体格よりもずっと大きく見せています。

豪さんはプロインタビュアーですが、佇まいはほとんどプロレスラーです。インタビュー中は試合みたいに必要な分だけ緊張感があって、こちらの言葉を受け止めたら話が展開するように確実に返してくれます。その代わり、波風を立てないようなつまらないことを言っても、豪さんは絶対に愛想笑いをしません。きっとすぐにインタビュイーの階級を見抜ける能力があって、相手がどのくらい本気を出して話しているかが、わかるんだと思います。思わずこちらも本気で話してしまうので、豪さんが「ダハハハ！」って笑ってくれると嬉しいのです。

豪さんはそうやってインタビュイーを意気込ませて、とことん独り相撲をとらせてくれます。滅多に取材を受けない人が豪さんのインタビューなら快諾したり、豪さんのインタビューしか受けない人がいたりするわけも、よくわかります。漫画家の羽海野チカさんがはっきり「カウンセラー」と呼んだように、話している人に独り相撲を取らせることができるのは、豪さんのインタビュアーとしての手腕に、カウンセリングの技術も含まれているからです。そしてインタビューが終わるとすぐ、自転車に乗って街に消えていきます。試合を終えたプロレスラーみたいに。診療が終わった精神科医みたいに。

それでその後、個人的にすごく親しくなるとか、そういうことはありません。

「今回のあとがき、人生を振り返る感じにしたいんです」

だから、豪さんがそう切り出した時、私にとっては精神科医が急に語りかけてきたような驚きがありました。

「ほら、『コミックビーム』で連載してる、地の文がたっぷり入った姫乃さんならではのインタビューあるじゃないですか。あれでまとめてほしいんですよ」と、豪さんは言いました。

まるで精神科医が白衣を脱いで、病院の外で話しかけてきたみたいです。

「えっと、豪さんって普段あまりご自分のお話されないですけど、じゃあ、

生い立ちとか聞いていいってことですか。そしたら、えーっと、生まれた場所、家族構成、性格……」

　異常事態が起きた興奮と焦りに、嬉しさが手伝って、基本的な質問を始めた私に、アイドル向けのインタビューっぽい、と少し笑いながら、豪さんは話し始めました。

「江古田生まれで、家はアパート。両親と姉と4人家族。姉の影響は大きいです。パンクだのメタルだのニューウェーブだの、音楽もプロレスも、少女漫画も姉を通じて読みました。ある程度の歳になって振り返ると、ボクは多動症的な何かだったと思う。ひとりだけ教卓の横に机をつけられて、みんなとは別の枠にされてた記憶が何度もあるから。人間としてヤバかった自覚があります」

子供時代――ボクもややこしくて

　両親が印刷会社に勤めていたので、父親の麻雀仲間はほとんどが出版関係の大人で、彼らは雑誌が刷り上がると、姉弟には漫画や『ミュージック・ライフ』などの音楽誌を、母親には婦人雑誌を、発売前に贈ってくれました。出版物と身近な家に生まれたのです。おかげでふたつしか歳の違わない姉は、文化的にずいぶんと進んだ子供でした。

　豪さんは「何かの病だと思う」くらい片付けができない子供で、彼の部屋だけ本やアニメのポスターが散らばって足の踏み場もありませんでしたが、放任主義だった両親から、そのことで叱られた記憶はありません。

「親の年齢？　全然わかんない。考えたこともない……姉がかろうじて2個上だなって感じで、ぼんやりしてます。親戚づきあいもあんまり。墓参りとか、ほとんどしたことない」

　覚えている家族旅行の風景は、父親の会社が持っているマンションがあった山梨県の石和あたり。マンションの下にはプールがあって、町にはストリップ小屋が並んでいました。そこに描かれていた天狗のいかがわしさが、プールのきらめきよりも、はっきりと頭に残っているのです。

　家族で江古田から同じ練馬区内に引っ越して、豪さんが転校したのは小学校2年生の時でした。

「子供って転校とかすると、喧嘩になるんですよね」

　すぐにクラスで一番ワルい男の子が、自分の縄張りを守るように喧嘩を仕掛けてきました。

「たしか喧嘩してる最中に、姉が加勢してきたんですよ。最終的に子供だからボクも相手も泣いて、なんか引き分けだから同格ってことになって、好かれるようになっちゃって。小学生の時はただのアニメオタクだったから、そいつからのちょっとワルいことしようぜ、みたいな誘いが嫌で嫌でしょうがなかったんだけど、ボクもややこしくて。

　怪獣消しゴムが流行った時、当然そういうものは大量に集めるんだけど、もういいやってなった時に、近所の子供を集めて、家の2階にある階段の窓から消しゴムを投げて奪い合うのを見て楽しんだりとか、完全に頭がおかしかった。翌日どうなるかとか全く考えてないんですよ。忘れ物もしなかったことがないくらいのレベルで、宿題も家に帰った瞬間に忘れちゃうから、やった記憶がない。すぐリセット！」

　足も遅くて運動が嫌いだった豪さんの遊びは、父親から借りたマイクロカセットテープでアニメの主題歌を録音すること。いつか思いつきで、一番仲の良かった男の子（子供なのにスーツを着ていた。「父親が土方兼猟師で、猟犬とか飼ってて、子供を襲わせたりするようなヤバいタイプだった」）と、クラスで一番ワルい男の子の悪口を吹き込んだこともあります。

「悪口の出来が良すぎて本人に聞かせたくなっちゃって、聞かせてみたら大問題になって。人としてヤバかったと思うんですけど、その場が楽しければいいやみたいな発想があったんですね」

もしかしてこの時、おもしろい会話を公にした体験が、インタビュアーとしての原点になっているのかもしれません。と、考えるときれいですが、それはなんだか、私が安易に考えすぎているような気もします。

小学校の卒業旅行はディズニーランドでしたが、豪さんは参加しませんでした。ディズニーランドよりもマイクロカセットテープのほうが魅力的な子供もいるのです。

同じクラスには楽しいことが好きで、行事だけ参加する不登校の女の子もいましたが、豪さんは顔を合わせたことがありません。昔から、「行事ではしゃぐ人間を見ると腹が立つ」のです。

思春期——悪趣味と愛が混ざり合った感じでした

「中2くらいからかな。ずっとオタク知識で舐められちゃいけないって気持ちはあったけど、周りがどんどんヤンキーになっていくので、このままオタクやってたら舐められるって思って。そういうのはすごい気にしてました。だからバイクとかなんの興味もないのに雑誌で読んで、不良的なものを勉強して。それでアイドルも研究しなきゃみたいな感じで。当時はアイドルって不良文化だったから、ワルい奴らがカバンに『〇〇命』とか書いて、ほかの人は好きって言っちゃいけないみたいなシステムがあったんですよ。キョンキョンはどこどこの誰が好きだから、ほかの奴はキョンキョンを好きって言ったらいけないとか。ヤンキーがアイドルを独占する恐ろしい時代だったんです」

豪さんにとってアイドルはオタクカルチャーの延長でありながら、同時にヤンキー文化への入り口でもありました。

「おニャン子クラブのライブに行ったんですけど、ボディチェックで警棒とかどんどん出てくるんですよ。そういう暴力の場だったんです。戦い？　いや、ただのハッタリなんですけど、ボクが一緒に行った不良の友達は、一部が終わって帰る人の胸ぐら掴んで『一部のセットリスト教えろ！　オラァ!!』って。そんなことしなくても教えてくれるでしょうよっていう（笑）。

そういう不良と一緒に、いじめられっ子の家に行ったりしてました。いじめられっ子とはアニヲタだった時代に仲良くて、そいつもボクに尻尾振りたいから、レコード屋に勤めてる兄貴が集めてたポスターとか、『ファンロード』の創刊号とか勝手にくれたり。当時好きだった岡田有希子のポスターもそいつの家からもらってきて、３枚くらい部屋に貼ってました」

不良文化の研究には熱心だった豪さんですが、学校の勉強はとにかく嫌いでした。試験前に「試験勉強しない自慢」をしている同級生を巻き込んで、本当に勉強しないように結託するほど、勉強嫌いも徹底していて、高校も「入試で30点だけ取れれば入れる」大学付属の私立校に単願推薦で入学しました。

「入った瞬間に失敗したって思った。公立のほうがアクの強い人間が多い。入学してすぐオリエンテーション旅行っていうのがあって、生徒を3日間くらい地方に閉じ込めるんですよ。当然タバコ吸いたい奴とか出てくるじゃないですか。喧嘩する奴も。そういう奴を駆逐するシステムなんですよ。で、牙を抜かれた人間だけが残る（笑）」

１９８６年4月8日、そんな3日間の初日。学校の規則や、生活のルールについての講義をやり過ごしていると、信じがたい噂が流れてきました。しかし、情報源になるテレビが確認できるのは、18時になってから。まだ見慣れない同級生たちに囲まれながら、じりじりとした時を過ごして、18時のニュース番組から、噂は事実になって流れてきました。

「いますぐ東京に戻りたかったけど、戻ったら高校をクビになる。でも、行けなくてよかった。資料映像として一生ダメージを受けるような映像を残してたに違いないから。現場で号泣してるのとか」

3日後、オリエンテーション旅行から帰ってきて最初に、部屋に貼ってあった岡田有希子のポスターを全て剥がしました。初めて夢中になったアイドルでした。どうしようもなかった。それから彼女の写真が載っている週刊誌を、死体写真を載せているものまで全部、買ってきました。

「入学直後は名札を付けないといけなくて、枠を黒く塗って、そこに週刊誌に載ってる岡田有希子の写真を切り抜いて、日替わりの遺影を飾って。ダハハハ。死に向き合うというか、ボクの中では悪趣味と愛が混ざり合った感じでした。完全にヤバい奴扱いでしたよ」

がらんと寂しくなった部屋の壁をパンクのポスターで埋め尽くして、豪さんはアイドルから離れました。そういえば岡田有希子の前はアニメのポスターがたくさん貼ってあった壁です。生きていて、時間が経つと、いろんなことが変わっていきます。

「高校からは完全にパンクとヤンキー文化ですね。文化祭で実行委員になって、文化祭実行しない活動とかしてました。みんなが楽しそうにしているのがとにかく嫌。でもほかの奴らが勝手に実行委員抜きで、英字新聞を壁に貼った喫茶店をやりますって言い出して、前日に英字新聞を壁に貼ってたから、俺ら抜きでやるのは許せねえってスプレー買ってきて、『もっと英語を強化してやる』ってスラングを書きまくって（笑）。当日になったら張り替えられてたから、ますますこの野郎！ってなって、ここからは先は言えないんですけど」

言えない話は本当に書けない話で、一体何が豪さんをそこまで突き動かしていたのか不思議です。

みんなが楽しそうにしているのがとにかく嫌、という気持ちは、私もなんとなくわかります。……嘘です。はっきりとわかります。それでも完全に厭世的になって部屋に閉じこもるわけではなく、あくまで学校にダメージを与えにいくところに、豪さんのおもしろさはあって、愉快な気持ちになります。

本来は心の根っこにそういう暗さを抱えているタイプの人間が、つい張り切ってしまう行事が文化祭だったりするはずですが、誰とも違う方向に力を発揮してしまう豪さんは、根っからのヤンキーからも、ほかの文化系やサブカル趣味の生徒たちからも、自然と一際目立ってしまう存在だったはずで、それがいまでも吉田豪として注目されて活躍している所以なのかもしれません。

しかし、というか、もちろんというか、学校の式典にはとことん縁がなくて、高校の卒業式はなんと職員室に閉じ込められていました。

「3年生の冬休みに金髪にして、卒業式は黒のスプレーをして行ったんだけど、色がまだらになったせいで逆に目立っちゃって、文化祭の件もあったし、教師から『嫌がらせしにきたのか』って言われて職員室に監禁されて、『お前らは今日来なかったことにする』って（笑）。卒業式が終わってみんなが帰るまで、髪を伸ばし始めたメタル好きの男の子と3人。今だったらアウトですよ（笑）」

学生時代——スパイ容疑をかけられてた気がして（笑）

帽子で隠していた金髪が見つかって、あっさりバイトをクビになりました。原宿駅前に屋台が軒を連ねている賑やかなテント村の一角で、ぽつりと、あっさりと。

大学付属の高校だったとはいえ、エスカレーター方式で進学するには先生の言うことも聞かないといけません。入試も辛いけど、それも辛い。進路を決めないまま、とりあえず高校を卒業した豪さんは、テント村にあるパンクショップでバイトを始めたところでした。タイミング悪く、テント村全体に金髪禁止令が下された頃です。

赤とか緑なら許されたのかしら、なんて、ついこじつけを考えていたら、豪さんも、「金がなくて時間だけあるのが一番辛いですね」と当時を思い出して言いました。

「無職のあの1年は本当に辛かった。死ぬほど時間はあるけど、死ぬほど金がないっていう時間が1年間流れて、あれが辛かったから、いまどんなに忙しくてもやっていけてるところはあると思います」

不意に豪さんの仕事に対するモチベーションの在り処が垣間見えて、はっとしました。絶えずツイッターを更新し続けて、いつどこでもパソコンで原稿を書いていて、イベントやメディアへの出演で飛び回っている豪さん。多忙な日々に耐えられる理由は、ずっと好きとか楽しいだけでは説明しきれないように感じていたのです。

10代も終わりに近づいていた、あの頃。海外の美少年バンドが好きだった姉には、外国人の恋人がいました。

「姉はロシアに留学しに行ってたんです。まだ国交が正常化する前のソビエト連邦に出入りしてて、当時『今日のソ連邦』っていうソ連の広報誌を定期購読してました。ボクは姉の影響でJAPANだのハノイ・ロックスだのキュアーだのヴェルヴェット・アンダーグラウンドだのポジティブパンクだの聴くようになったんですけど、パンクにかぶれた流れでどんどん左翼的になっていって、反戦・反核・反天皇制みたいな、デモとライブが合体してるようなイベントに行ってて、兄弟でそんなだから、明らかにスパイ容疑をかけられてた気がして（笑）。自宅の電話が盗聴されてて、ノイズがすごいの。ダハハハ！」

豪さんは磁場みたいに、豪さんと、豪さんを好きな人にとって、おもしろい人物や出来事を自然と引き寄せる特殊な性質を持っています。

たとえば、時は少し巻き戻って、卒業後の進路をやんわりと決めかねていた高校生のある日。映画『AKIRA』の試写会がよみうりランドでありました。

「前座がレピッシュだったから、これはパンクスがたくさん来るぞと思って、高まって応募したら9割がオタクで、がっかりして。ふと横を見たらオタク5人くらい挟んでパンクスがいたから、オタク全員どかして、そいつの隣に行って話してたら、東京デザイナー学院にいるからおいでよ、って言われて」

彼はバンドを組んでいて、それから会うたびにパンク界で名を上げていくのがおもしろかったのだといいます。なんといっても、「無試験で入れるから」の一言に背中を押されて、豪さんが本当に東京デザイナー学院に入学した時、彼はもう卒業していましたが、時々学校に顔を出してくれたので付き合いは続いていきました。

「いまはラフィン・ノーズのマネージャーやってるんですよ。なんかそういう運がいいなと思うのは、中古のビデオ屋で働いてた時も、そこの先輩がシブがき隊のバックバンドの『シブ楽器隊』だったり、その後バイトしてたビデオ屋の店長もメジャーデビューしたことがあるバンドの人で話がおもしろくて、その次の店長は本田理沙とWinkの元マネージャーだったり。Winkの仕事してたってことはポリスターと繋がりがあるから、CDをもらってくるんだけど、フリッパーズ・ギターの『GROOVE TUBE』を発売前にカセットで聴かせてもらって、うわー、フリッパーズこんなことになってるー！　って衝撃を受けたりしてました」

高校を卒業してから、時間がふやけて伸びてしまったような1年間を過ごしたので、学生生活は楽しくて仕方ありませんでした。「無職期間と比べたらなんて楽しんだろう！」反学園祭活動にも、ぐぐっと気合いが入ります。

「漫研がやってるアニメクイズ大会に飛び入りで参加してぶっちぎりで優勝して、お前らオタクは全然知識がないってことをアピールして、午後の決勝大会は無視して行かずに、バンドで『反戦・反核・反オタク・反東京デザイナー学園』をテーマに、アニソンをパンクアレンジにしてオタクの悪口を歌ったりとか、ねじ曲がってるんですよ！」

にゃははは！　インテリジェンスが絶妙にねじくれて、どうかしすぎていて笑ってしまいます。それが最終的には、卒業制作で暴露本を発表するまでに至ったのです。

「体育会系っぽいっていうか、生徒に人気ある感じの先生が子供の時から本当に大嫌いで、みんなで仲良くしようぜー、みたいな。もっとヒッピーあがりの先生とかと仲良くなって、そういう人から情報を聞きだすんです。あとは掃除のおばちゃん。学長の愛人の家まで掃除に行かされたって聞いたら、本当かどうか調べたり。学長が2回脱税で捕まってるって聞いた時は、ネットとかないから、図書館で新聞の縮尺版を片っ端から探して、友達と、あったー！　とか言って（笑）。あれ、よく見つけたと思う」

卒業式。ひとりひとり名前を呼ばれて卒業証書が手渡されていく中、豪さんと暴露本を作った友人だけが、無言で証書を渡されました。

「『デザインの現場』に載ってた教師の作品が、いかにレベルが低いか書いたりしました」

卒業制作は翌年から、学校が選んだ作品だけが代表で展示されるようになったそうです。

編集プロダクション――リリーさんのスーツ

しかし、おばちゃんとはどこにいてもお喋りをする生きものなんだなあ。

「おばちゃんは大事です。会社に入ってからも経理のおばちゃんとすぐ仲良くなって飯食ったりしてました」

豪さんと経理のおばちゃんの食事というのが、思い浮かびそうでイマイチ思い浮かびません。ふたりの間にテープレコーダーがないなんて。

「最初の会社にいた経理のおばちゃんは、すごい可愛らしい上品なおばちゃんで、『子供がプロレス？　好きなのよ、怖くてぇ。FMW、っていうの？　血を見るのが怖くて怖くて……。UWFみたいに血が出ないプロレスならいいんだけど』みたいな」

なんてばっちりな話題。それならダハハと笑う豪さんが思い浮かぶようです。

「最初の会社ですか？　これも話すと長いんですけど、専門学校の時に一回、漫画情報誌の編集部に受かってるんですよ。反原発漫画情報誌の『コミックボックス』っていうのがあって、『噂の真相』に『コミックボックス』の社員、セクハラで大量離脱って書いてあったから、チャンス！と思って。すぐ面接に行ったら明日から来てくれって言われたんだけど、就職するにもまだ9月だったし、もっと後で来ていいですか？　って。無職期間があったせいで学生生活が楽しかったのもあるし、面接の時点で、『1年間便所掃除だぞ。文章なんか書けると思うなよ』って言われて、セクハラだけじゃなくてパワハラもすごいなっていうのがわかったから、その後、3月くらいに行ったんだっけな。最初の面接は友達に借りたスーツで行ったんだけど、2回目は私服で行ったらアウトで、就職浪人が決まって。専門で一緒に暴露本作った奴は編プロに紛れ込んでたんだけど、そいつの同僚が1カ月でやめちゃったので、チャンス！　と思ってすぐ面接受けに行ったら、その人がいなくなった翌日にそこの机に座れた（笑）」

9月に決まっていたはずの就職先が3月になくなって、4月末の少しずれた時期に就職。マイペースな豪さんと、おっとりした経理のおばちゃんとの食事が、より味わい深いものに思えます。

その編集プロダクションでは、『宝島』の読者コーナー「VOW」や、『ビデオボーイ』『マガジンWooooo！』などのエロ本に掲載される書評やレコード評の仕事がありました。

「最初に書いたのは『マガジンWooooo！』の書評かレコ評か、どっちか。あまりライターデビューって感じでもなかったです。『ビデオボーイ』の連載陣の中に杉作（J太郎）さんがいて、ぺーぺーの時に杉作さんの原稿をファックスで受け取って、ワープロで打ち直してフロッピーに入れて入稿してました。それからボクがリリー（・フランキー）さんを連載陣に引き込んだんです。好きだったから」

豪さんはリリーさんが、「俺さあ、今度30歳になっちゃうよ」と言った姿をいまでもよく覚えているそうです。師弟関係になりはじめた頃。何年の付き合いなんだ、と豪さんは嬉しそうに笑います。

「ボク、スーツとか持ってなかったから、リリーさんに借りてパーティー行ったりしてましたよ。ヴィヴィアンかなんかの肘が90度に曲がった、ボタンが全部ちんこの形したスーツ。リリーさんと知り合った頃は、リリーさんと話せるネタがないのがコンプレックスで、電話する時は意気込むんだけど、聞き手に回るばっかりでおもしろい話ができなくて、リリーさんに話せるネタを考えなきゃって。その辺で鍛えられたところはあるかもしれません。この間読んだ本で、とか、この間取材した人が、とか」

おもしろい人からおもしろい話を聞く力も、インタビューでは好きだから聞いているという姿勢でいることの大事さも、リリーさんとの師弟関係の中で育まれたのかもしれません。

「この仕事を始めてまだ半年とかの時に、リリーさんが渋谷のＤＪバーインクスティックでやってたＤＪイベントに入れてくれて、『ゲストＤＪ吉田豪』っていう文字が、Ａ．Ｋ．Ｉ．とか宍戸留美とかと同じ大きさで書かれてて、これは大変なことになった……って。ＣＤＪが発売される前だったからＣＤウォークマンをふたつ繋げてＤＪやってた時代だったんですよ。歌謡曲ＤＪの文化はあったけど、８センチＣＤを流すっていう文化はなかったと思う。最近になって、そこに掟ポルシェとか、ありまくんってハロヲタで有名な人とかがみんな来てて、記憶はないけどボクのＤＪデビューに居合わせてたことがわかって。たしかに、いまの人間関係はその辺りでもうできてたんですね」

紙のプロレス——人間はやっぱりどうかしてるところがおもしろい

編集プロダクションでの仕事も2年ほど経った頃、『紙のプロレス』に引き抜かれるようにして働くことになりました。

「紙プロは書評のページを外注して書かせてたんですけど、基本的に本のことなんか全然書いてなくて、ネガティブな自分のことがぐちぐち書いてあるんですよ。それ読んで本当に腹が立って。まず近況をおもしろく書くのがプロだと思って、ボクはたった2行の近況のために、宮﨑勤の実家に行って来ましたとか、なんで?!　っていうような活動を始めたんです。その写真を撮ったりしてるうちに連載に繋がっていきました」

ライターとしての仕事が増える中で、『紙のプロレス』ではインタビュー記事を評価されたことが、豪さんにとっては発見でした。

「好きにやれば認めてもらえることもあるんだって。でも昔はボクも頭が固かったんですよ。アントニオ猪木も認めてなかった。昭和天皇が崩御した時に、プロレス団体によって対応の仕方が違ったことがあって、新日本プロレスが選手と観客を起立させてみんなで黙祷させたり、ＵＷＦは全員で記帳に行ったりする中で、全日本プロレスはジャイアント馬場が『それは観客に強制するものではない』って楽屋で選手のみで黙祷したって聞いて、ボクはジャイアント馬場派だなって。ゴリゴリのパンクで政治的な方面に向かってた時は、そういうのが邪魔してたんだけど、だんだんどうでも良くなってきて。その後のアントニオ猪木のスキャンダルとか見て、政治家としてはどうしようもないけど、最高って思った。人間はやっぱりどうかしてる、間違ってるところがおもしろいんです。猪木に学びましたよ。猪木を正しいかどうかで判断しても何の意味もない。ボクのインタビューも、思想的には合わないけど、人としてはおもしろいなって思って読んでもらえるのがいいですね」

インタビューに精を出す一方、『紙のプロレス』と縁が深かった『中洲通信』というミニコミでは、著名人のお墓参りや自殺現場に足を運ぶ連載をしていました。

「本当に好きな人のところにしか行かないんです。可愛かずみの自殺現場に行って、そこで寝てくるとか。興味本位だったらできないだろうってことをしてました。呼ばれてない葬式にも参列してて、藤子・Ｆ・不二雄先生も、Ｘ JAPANのｈｉｄｅも、勝新も、あの時代の葬式は片っ端から行ってましたね」

豪さんの中には、「人の死に関して真剣に向き合うルール」があります。高校生のあの日、岡田有希子がいなくなった時から、もやもやとそのルールは体の中に立ち込めていました。

「この仕事を始める少し前くらいに、またアイドルにハマったんです」

豪さんの興味をもう一度アイドルに引きつけたのは、3人組のアイドルグループ「みるく」でした。中でもメンバーの堀口綾子という女の子は、突然段ボールが好きすぎてミニコミを作っているようなサブカル少女で、なんとも言えず魅力的なのです。近い世界に身をおいて、近いものを好きだった彼女は、しかし遠いところに行ってしまいました。彼女に何かできることはなかったのか。後悔にも似た疑問が、豪さんの信念を揺れ動かさない重石になってずっと残っています。

翌年の1996年、『紙のプロレス』が分裂するのに伴って、双方から声がかかった豪さんは、『紙のプロレス』と格闘技専門チャンネル「FIGHTING TV サムライ」のどちらからも仕事が受けられるように、紙プロ編集部を事務所として間借りしながら、フリーランスのライターになることを選びました。

「だからボク、『FIGHTING TV サムライ』が開局する前の会議に出てるんですよ。最初に番組企画を出した時、みんなはプヲタ全開なんですけど、ボクはバラエティノリのものを提案したんです。マスクマン鳥人間コンテストとか。コーナーポストからどれだけ飛べるか確かめるっていう（笑）。あと、実写版あしたのジョーを探せって、無作為に少年院にハガキを送りつけてボクサーを育てるやつとか」

豪さんが賑やかな提案ばかりしていると、『格闘技通信』の編集長だった谷川貞治さんがやって来て、「豪ちゃんおもしろいねえ、みんなもこういうの出さなきゃダメだよォ！」と言うので、2回目の会議は賑やかな案が飛び交い、最初の特番は完全なるバラエティテイストになっていました。

「その時に予算を1桁間違えた伝説っていうのがあって、当初の予算を1回の特番で使い切っちゃって、誰のせいだってなったときに、なんかボクのせいになったみたいなんですけど、ボク全然、その会議しか出てないですよ！」

一方で『紙のプロレス』とも、編集部を間借りしている事務所代として、誌面づくりに協力する関係が続いていました。

「編集部を自分の部屋に作りかえたり、好き勝手やってました。リリーさんの部屋が当時、東映の古いポスターを壁紙代わりに貼ってて格好よかったので、紙プロ編集部で同じようにやったり、大量離脱でスペースが空いてたから自分のグッズをどんどん置いて侵食したりひどかった（笑）。ちょうどヤフオクにハマった時期で、いつも会社に誰かしらいるから送り放題なんですよ。どんどん注文して、1／1ビートたけし像とか買って、我が物顔で置いて。たけし像はいま、水道橋博士の実家にあります」

あっけらかんと、回収したいんですよね、と豪さんは言うのですが、一体自宅はどうなっているのでしょう……。

「全部グッズで埋まってて、空いてるのがベッドの上の1／4だけなので、そこだけで活動してます。寝る時は体を横にする感じです。完全に片付ける能力が欠落している」

専門学校に通っている時に、両親が離婚して、姉も結婚で家を出て、実家の部屋が空くと、あっという間に豪さんが集めた物たちで部屋はみっつも埋まりました。

「そしたら姉がマレーシアかなんかの人と結婚して子供4人作って、アパートじゃ手狭だから実家を明け渡せって言われて、ちょうど引越しシーズンだったから荷物運ぶだけで60万くらいかかったんですけど、ボクこんな性格なので新居とか調べるの嫌で、電柱に貼ってあったチラシで新宿二丁目のマンションに決めて、内覧して1軒目でもうここでいいですって4000万円即決しました」

いろいろと大胆かつ大雑把なエピソードにぽかんとしていたら、あ、ローンですよ、と豪さんが付け足すように声をかけてくれました。なんか、なんだろう、それもそうなんだけど、私は電柱のチラシでぽろっと部屋を買っちゃうところにも驚いているのですよ、豪さん……。それはさておき、そのマンションも12畳を完全に書庫にして、9畳ある部屋も壁一面をCDラックにしたのに、徐々に豪さんの居場所が狭くなってきました。完全な書庫としてもうひとつ借りているマンションにも、真ん中に大きな本棚まで立てたのに、もうふた部屋まるまる埋まっています。最近は自宅のいたるところの扉が閉まらなくなりました。

「これもまたちょっとした運命というか、ｐａｌｅ ｓａｉｎｔｓっていうちょっとシューゲイザーっぽい好きなバンドがいて、それの映像見てたんですよ。そしたら日本の音楽番組でｐａｌｅ ｓａｉｎｔｓを紹介してた司会の人が、ボクの住んでる部屋に前住んでる人だった。ボク、その人から家買ったんだもん。笑いましたよ！」

でもこの衝撃、あんまり誰にも伝わらないんだよなあ。豪さんは両手を両膝にまっすぐ置いたまま笑っていました。

ダハハハ!!! にゃははは!!!

これまで、アイドルや芸能人、おもしろい人、その時々の話題になっている人たちに焦点を当て続けて来た豪さんですが、２０１７年10月22日放送のアイドルオーディション番組「ラストアイドル」（テレビ朝日）に出演したことで、恐らく初めて豪さん自身が火種となって炎上が起こりました。

最近、身に覚えのないところで何かが動いてるんですよと、豪さんが不穏そうなことを言います。

炎上のきっかけは、ラストアイドルというグループの座を賭けて、アイドルふたりが戦う回に出演した際に、審査員としてジャッジを下したところ、豪さんの判定を不服に思った人たちが騒ぎ始めたことでした。批判や脅迫メッセージが届く日々は、それは落ち着かないだろうと思います。

「あんなジャッジしたら、もう二度と番組に呼ばれませんよ！　とかね。逆逆逆、テレビは逆って思いますけど（笑）。ツイッターで自分の意見を出している人をみると襟を正すことが多いから、自分の意見はなるべく出さないようにしようと思いますね。こうならないようにしようって」

しかし、炎上自体はあまりに気に留めていないようで、それより気にかかるのは、「ラストアイドルの会議で秋元康が『吉田豪を売り出す』って言ってましたよ」と小耳に挟んだことでした。

にゃははははは!!!

ダハハハハハハハ!!!

秋元康が吉田豪を売り出す！　語感のおもしろさだけで、弾けるように笑ってしまいます。豪さんも改めて口にするとおもしろいようで、お互いの笑い声を聞いて、さらに笑いが誘発されます。はー……、なんの話だ。

「なんか会議でボクのことをいろいろ決めてるみたいなんですよ。表に出てない部分で、ボクも知らない間に、もっと翻弄されつつあるっぽいことが最近どんどん明らかになってて。秋元康に翻弄されるＡＫＢ48メンバーの気持ちがよくわかります。これか、って。ボクは大人だからなんとかなるけど、子供がこれに巻き込まれたら大変だろうな」

会話の内容は少しシリアスそうですが、ふたりともまだにやけていました。

「吉田豪を売り出す宣言って2回目なんですよ。ボクのことを売り出すって言った人が過去にもいて、百瀬博教さんって元ヤクザの作家。あの人が芸能事務所を立ち上げて、『豪なあ、俺なあ、お前を新しい久米宏にしようと思ってるんだ』って言われて、大変なことになったあって(笑)。誰が所属してるか聞いたら、ロシアンダンサーとかって言ってたんですけど」

突飛に聞こえる話ですが、これまでの生い立ちを聞いた後だと、このエピソードの端々まで豪さんらしさが詰まっていることがわかります。おもしろい人や出来事を引きつける性質。文章や絵を描くことが好きで、自分自身は表に出たいわけじゃないのに、つい目立ってしまう潜在的なスター性。

「こういうことでは絶対に浮かれないです。自分からは積極的に動かないんですけど、何かあった時には、それをおもしろがりながら距離を置くっていうのがボクのテーマですね。ズブズブにはならない。もし神輿に上がったら上がったで、その神輿っぷりをどこかで報告したいです。こんなひどいことになってるって。客観的でいたい」

それに、豪さんはやっぱりプロインタビュアーなのです。

「これからテレビでやっていくわけでもないし、本業あってこそだから。いまは雑誌不況なので、ウェブ媒体も、イベントの司会とかそういうのも含めてインタビュアーって感じです」

こうしてなんでもけろりとおもしろがっている豪さんを見ていると、今日の私みたいにたどたどしくインタビューしていたこともあるのかなあと、不思議な気持ちになります。

「昔パンクのミニコミを作ってた頃は全然音楽の知識がなかったから、バンドの人が出してくるバンド名がわかんなくて悔しかったですよ。それを解消しようとしたら、今度はバンドの人が音楽を知らないことにイライラしだしちゃって、あんまり詳しくなるのも良くないなって。ボクが音楽誌に向かないと思ったのはその辺ですね。あと音楽は好き嫌いがあるから。今回の本もそうだけど、いまの仕事ならその人の本業に関係なく、人がおもしろければインタビューできるじゃないですか。あれっ？」

豪さんがテーブルの上に置かれた単行本の目次に視線を落とすと、担当編集のＳさんが、「あっ、清野とおるさんですよね？ ちょっと単行本には載せられなくて……」と慌てたように椅子から身を乗り出しました。豪さんは頷きながら、インタビューの時のことを思い出します。

「清野さん、すごい精神的に追い詰められてた時期で、追い詰められてることにすら気づいてないくらいだったので、インタビューの時に病気ですよって言ったんです」

豪さんって精神科医みたいですよね。私がそう言うと、そうですね、それはすごい思います、と豪さんが言いました。豪さんが話し始める時の「そうですね」には、相手を安心させる重たさがあります。

「人と一定の距離を保てるのも、すごいプラスになってると思うんですよ。この仕事をする上ではすごいプラスで。それで人としては何かが欠けてる。対人関係も確実に欠けてますよ。自分が変わってるなと思うことは多々あります。プライベートを一切言わないルールであったり。親にも言わないから、ゲイだと思われてたんですよ。新宿二丁目に引っ越すときは本気で心配して手紙を送ってきて、『たまに遊びにいくのは良いですが、あまり感心していません』みたいな。姉が親を説得してくれて助かりました（笑）。

誰にも見せたくないですね。いろんなことを人に言いたくないし、人間関係も多分すごく薄いし、人の話は聞くけど、自分の話はしない」

たとえば、子供の頃とかは好きな女の子ができたら、本人にだけでも伝えたりしなかったんですか？

「若い時に不良の友達がひとりでボロボロの一軒家に住んでて、そいつの家によく遊びに行ってて、ヤンキーの先輩とか来るんですよ。『おめえ、最近集会に顔出さねえじゃねえかよ』とか言って。それでヤンキーの集会だと思ってたら創価学会だったっていう」

ダハハ！　と笑ってから豪さんがふっと止まったので、私もつられて笑いながら、今日初めて固まった豪さんを見ていました。本当に、本当に心の底から不思議そうな顔で、「……あれ、なんの話だっけ？」と言うので、無意識のレベルでプライベートの話をしないように徹底しているんだなあと思ったら、その頑なさが豪さんらしすぎて、くつくつと笑えてきて、今度は私だけが笑ってしまいました。

「えっ、友達の話？　なんだっけ」

豪さんはまだ困惑しています。あの、好きな子ができても本人にも言わないんですかって話です。

「ああ、そうだ！　で、そいつが泥酔するといろんなところにいたずら電話かける奴だったんですよ。男闘呼組が流行ってた頃だったから、テレビ局に電話かけて、『あんな奴らパンクじゃないんだから出さないでください！』とか、わけのわからない抗議の電話をかけたり。そいつが中学の卒業アルバムを出してきて、当時は個人情報とかめちゃくちゃだから連絡先載ってるじゃないですか。偶然、好きだった女の子にかけたことがあって。そいつが酔っ払って「みにゃっ……みょっ……」とか言った後に、電話代わってくれって言ってきて。ボクは名乗る気もないし、相手も怒ってたけど、なだめて平和に電話を終わらせたりしてました。電話の奥で兄貴の『なんでいたずら電話に長く付き合ってんだよ！』とか怒ってる声が聞こえるんですよ。でもちゃんと笑いもとって、平和に」

ぼろぼろの散らかった部屋と、卒業アルバムと、泥酔した友人と、受話器を握る豪さん。へんてこなくらい奥ゆかしくて、可愛らしい話で、しみじみ聞けてよかったと思いました。豪さんにインタビューできて、よかったなあ。

私は「にゃはは！」とは笑わなくて、豪さんも「ダハハ！」とは笑わないんだけれど、ふたりとも発音は「ははは」なのに、雰囲気は「ダハハ！」と「にゃはは！」に限りなく近くて、いつの間にか「ダハハ！」と「にゃはは！」が充満した喫茶店の会議室を出て、今日も自転車に乗って新宿に消えていく豪さんの背中を見ていました。

帰ってきた
人間コク宝
吉田豪

発行日
2018年5月12日
初版第一刷発行

著者
吉田豪

発行人
太田章

編集
坂本享陽

発行所
株式会社コアマガジン
〒171-8553
東京都豊島区高田3-7-11
☎03-5952-7832（編集部）
☎03-5950-5100（営業部）

印刷・製本
大日本印刷株式会社

ISBN978-4-86653-169-4　C0076